21 世纪高职高专规划教材·连锁经营管理系列

# 连锁企业门店营运与管理

李志波　党养性　主编

清华大学出版社
北京交通大学出版社
·北京·

## 内 容 简 介

本书系统地介绍了连锁企业门店营运与管理知识，主要包括门店店长作业化管理、收银作业管理、销售作业管理、理货作业管理、进货和存货作业管理、卖场布局、商品陈列和维护、商品盘点作业管理、促销活动的组织和实施、防损作业管理、顾客投诉处理及服务质量评价、安全作业管理、门店经营目标及绩效评估。

本书以项目导向的教材设计模式，划分若干任务，以任务实施的形式为核心合理安排教材内容。本书在每个任务的前面安排工作任务作为知识的导入，让读者带着问题进行阅读，后面设有知识拓展、案例分析和技能训练。在每个项目的最后都设有综合案例分析，充分体现了按项目分解能力、以能力引导知识，实现了理论和实践教学一体化的教学目标。

本书适合作为高等院校，尤其高等职业院校、高等专科学校、成人高校、民办高校及本科院校举办的二级职业技术学院连锁经营管理专业及其他相关专业的教材，也可作为经济类、企业管理类的参考性教学读本，还可作为连锁企业管理人员培训用书。

### 图书在版编目（CIP）数据

连锁企业门店营运与管理／李志波，党养性主编. —北京：清华大学出版社；北京交通大学出版社，2010. 6（2019. 1 重印）

（21 世纪高职高专规划教材·连锁经营管理系列）

ISBN 978 – 7 – 5121 – 0122 – 7

Ⅰ. ①连…　Ⅱ. ①李…　②党…　Ⅲ. ①连锁商店 – 商业经营 – 高等学校：技术学校 – 教材 ②连锁商店 – 商业管理 – 高等学校：技术学校 – 教材　Ⅳ. ① F717. 6

中国版本图书馆 CIP 数据核字（2010）第 098329 号

责任编辑：刘　洵

出版发行：清华大学出版社　　　　邮编：100084　　电话：010 – 62776969　　http://www. tup. com. cn

　　　　　北京交通大学出版社　　邮编：100044　　电话：010 – 51686414　　http://www. bjtup. com. cn

印　刷　者：北京时代华都印刷有限公司

经　　　销：全国新华书店

开　　　本：185×230　　印张：21. 25　　字数：475 千字

版　　　次：2019 年 1 月第 1 次修订　　2019 年 1 月第 8 次印刷

书　　　号：ISBN 978 – 7 – 5121 – 0122 – 7/F·625

印　　　数：19 001 ～ 20 000 册　　定价：48. 00 元

本书如有质量问题，请向北京交通大学出版社质监组反映。对您的意见和批评，我们表示欢迎和感谢。

投诉电话：010 – 51686043，51686008；传真：010 – 62225406；E-mail：press@bjtu. edu. cn。

# 编 委 会

**主　任：**周建共（大连职业技术学院教务长）

**副主任：**赵　顺（大连连锁协会秘书长）

张　敏（大连职业技术学院工商管理系副主任）

**编委会成员：**

赵明晓　李志波　王燕华　徐　佳

姜雪梅　张秀霞　崔　岫

# 前　言

观察全球与中国这几年的经济发展，连锁经营已成为重要的企业扩展方式，几乎出现在所有领域之中。业态也较为多样化：超级市场、便利店、专卖店、折扣店、百货商店等连锁企业比比皆是，尤其是便利店和超级市场在市场上已经占有非常重要的地位。然而，由于缺乏连锁经营管理理论知识的指导，许多连锁企业不能适应市场环境的新变化，走到倒闭和被兼并的地步；同时，一些已在争夺市场、赢得消费者青睐方面取得成功的连锁企业，也纷纷出现经营萎缩、效益下降等现象。因而，我们不仅要借鉴国外发达国家先进的管理理论与方法来管理企业，更应进行适当的调整，创造符合我国国情的连锁企业管理理论与方法。本书以连锁超级市场与便利店为重点，介绍连锁企业营运与管理的策略与方式。希望本书能为中国连锁经营的发展作出微薄的贡献。

本书从连锁企业门店的各个工作岗位对门店的营运与管理进行了系统的阐述，并引入了近几年国内外连锁经营理论的最新成果，希望本书能够成为连锁企业门店营运与管理的好帮手。本书具有如下特色：① 完整性。连锁企业门店管理理论体系比较完整，内容涵盖了连锁企业门店的各个工作岗位，前后顺序设置，由简单到复杂，符合一般的认知规律。② 系统性。每个任务都有其工作流程，而且和门店的工作流程相吻合，使读者能够理清工作的顺序，思路清晰。③ 可操作性。每个任务之后都有能力训练，让读者在阅读完每个任务之后，应用理论知识进行独立思考。④ 全面性。书中除对连锁企业门店管理基本理论进行阐述之外，还提供了国内外大量连锁企业门店营运活动的案例、补充阅读等，这必将激发读者的学习兴趣和研究兴趣，增强其信心。

本书由大连职业技术学院李志波老师、杨凌职业技术学院党养性老师担任主编，由李志波负责教材的统稿。具体编写分工如下：

李志波编写课程导入、项目五、项目六、项目八～项目十二，党养性编写项目二、项目四、项目七、项目十三，崔岫编写项目一、项目三。

本书在编写过程中得到大商集团尹燕女士的帮助和指导，在此表示感谢。同时，还要感谢参考文献的作者。

由于作者水平和精力有限，收集资料不够全面，难免存在缺陷和不足，恳请读者和各位同仁在使用本书的过程中给予理解和关注，并欢迎批评指正。

本书相关课件可在北京交通大学出版社网站 http：//press. bjtu. edu. cn 上下载。

编者

2010. 6

# 目　　录

# 课 程 导 入

连锁企业门店是连锁经营企业的经营单位。作为一种组织形式和经营方式，连锁经营企业的规模效益、竞争优势是通过其下属若干门店的有效营运实现的。连锁经营体系下的门店是以总部为核心，组成统一、规范、标准化的经营网络，在市场竞争中形成规模化优势。一个连锁企业能否取得成功，与其门店数量、门店营运质量密切相关。门店数量多，可以给连锁企业带来规模效益；门店营运质量高，则可以增强单店的盈利能力，进而提升连锁企业的整体盈利能力。可以说门店是连锁企业的经营细胞和利润源。

## 一、门店的特征和类型

连锁企业门店以零售业居多，由于企业经营业态的不同，在经营方式上也表现出明显的多样性、差异化特征。

### （一）连锁企业门店的功能和特征

#### 1. 连锁企业门店的功能

连锁企业门店是连锁经营的基础，主要职责是按照总部的指示和服务规范要求，承担日常销售业务。门店在其总部的统一规划下，通过实施广泛的布局、分散的销售，实现规模效益。连锁企业门店通过统一规划的外观设计、招牌、橱窗、内部设计、商品组合、规范化服务等具体手段，吸引顾客，具体体现在以下几个方面。

（1）门店外观的吸引力。门店的外观要素包括店面设计、招牌设计、橱窗设计、出入口设计和停车场设计等。门店的外观会给顾客留下第一印象，这往往是决定顾客是否驻步停留，并进店参观购物的关键所在。

（2）内部环境的刺激力。卖场环境直接影响到顾客的购买情绪。优雅、舒适的环境，可以让顾客兴奋，使其把购物当成一大乐趣。门店通过科学的卖场布局、商品陈列、灯光照明、背景音乐、色彩搭配等创造出良好的卖场气氛，顾客在这种温馨的环境下，会产生自我发现、自我实现的购物心情。

（3）店内商品的影响力。琳琅满目的商品陈列、品类齐全的商品组合，能满足顾客的需要；自由选择、购买方便的服务方式会使顾客有一种自得其乐的感觉；商品价格档次适度，会更贴近大多数人的购买能力和消费水平。顾客在一种轻松、愉悦、休闲和享受的心情下选购自己中意的商品，使购物成为一种乐趣。

（4）服务的表现力。门店的服务对象是消费者，在人格上经营者和消费者是平等的，开店经营的目的是赚取商业利润，而表现方式是为顾客服务。营业人员表现出来的优质服务，会使顾客感到人格上受到尊重；营业人员的真诚服务和热情接待会使顾客感受到购物中的满足感。

**2. 连锁企业门店的特征**

（1）数量众多，规模经营。连锁企业门店是连锁经营企业的门市，是企业有计划设立在不同地区或地点的分散的经营网点。连锁经营企业将这些门店以一定的形式组成一个联合体，少则十几家，多则几千家，通过统一化、专业化、规范化及标准化运营管理实现规模化经营。

（2）店名、店貌、服务标准化。连锁企业门店在店名、店貌方面实行统一规划，在服务上推行标准化。连锁经营企业下属的所有门店都使用统一的店名、店貌和标识，并为顾客提供标准化的商品和服务。

（3）统一分销。连锁企业门店是在其总部的统一管理下分销商品，将采购、配送等业务集中于总部，从而使连锁企业门店实现简单化经营。

（4）经营方式多样。不同的连锁企业门店的经营方式有明显不同。如百货商店、专业店采取柜台销售和开架面售相结合的方式，超市、便利店采取顾客自助服务、统一结算方式，购物中心则采取各经销店独立开展经营活动等。

（5）经营规模各异。连锁企业门店的经营规模不尽相同，小到不足百平方米，大到几万平方米。有的便利店的经营规模仅仅几十平方米，而大型百货商场、大型超级市场的经营规模都在一万平方米以上。

**（二）连锁企业门店的类型**

连锁企业门店的类型是由企业经营战略和目标市场定位来决定的。目前，在连锁经营企业所开设的门店中主要有超级市场、大型综合超级市场、便利店、折扣店、仓储式商场、百货商店、专业店及专卖店等。

**1. 标准超市门店的定位**

标准超市门店初步实现了满足消费者一站式购买生活必需品的需要。标准超市的门店以经营生鲜食品和生活日用品为主。将商品品类细分成果蔬、鲜肉、活鱼与冰鲜、熟食、一般食品、日用百货、杂品类等，按营业面积分块设定商品经营区域。

**2. 大型综合超市门店的定位**

大型综合超市门店由于其经营内容的综合化，能够真正满足一站式购买所需商品的需要，按营业面积分块设定商品经营区域，采取统一标准化管理和一次性集中付款运营方式。

**3. 仓储式商场门店的定位**

仓储式商场门店属批发性质的超级大卖场。其特点表现为实行会员制、量贩式经营，运用会员制度牢牢地锁定小商店、小酒店、小服务业及机关、学校等稳定的顾客群，采用法人与个体会员制相结合的服务方式，集中体现批发配销的业态性质；门店选址上以交通便利为首要的选择目标，以高速公路为各目标市场之间的物流连接线，采取仓场合一的经营形式。

**4. 便利店门店的定位**

便利店门店在经营上体现了便利的经营特点。便利店的目标市场应在城市中的车站、学校、医院、居民小区及公共活动区附近，目标顾客主要为年轻人，特别是大学生、中学生、居民小区及工作岗位上的年轻人和"夜猫族"。其目标顾客追求的是便利而不是价格。

**5. 百货商店门店的定位**

百货商店门店是以中高档消费者、追求时尚的年轻人和流动人口为目标顾客。商品以时尚生活日用品为主，采取柜台销售与自选销售相结合的方式，服务功能较齐全，商品价格一般较高，经营面积较大，商品品种丰富，选址为城市繁华区和交通要道。

**6. 专业店门店的定位**

专业店是从百货商店中分化出来的，专门经营一类商品或几类相关联商品的商店。其目标市场定位在某一类商品上做到了品种齐全，或在某一种商品上做到了款式多样、花色齐全。由于其经营商品种类的有限性和专业化，使得门店经营与管理相对简单、门店运营效率很高。门店能够提供完善专业的商品销售服务，营业员不但要了解商品的基本性能、功能和对顾客的吸引力所在，还要掌握商品的原料特性、工艺流程、使用与保养等各个方面的知识。完善的顾问式咨询和无顾虑的售后服务，是专业店门店服务的典型特征。

**7. 专卖店门店的目标市场定位**

专卖店是指专门经营或授权经营某制造商品牌或中间商品牌，以适应消费者对品牌选择需求的一种零售业态。专卖店门店经营商品的品牌具有排他性，而且只经营同一品牌的不同种类的商品，具有品牌经营的个性化的特点。专卖店的服务比一般的零售店的要求高，强调周到灵活的服务。因为专卖店的服务对象往往是比较固定的，眼光通常比较挑剔，而且还掌握了一定的专门知识，极个别甚至达到了"发烧"的地步。专卖店的营业员和导购员一定要是该商品的行家，具有相当丰富的商品专业知识，能用令人信服的理由来引导顾客购买相应的商品。周到灵活的服务还体现在能够帮助顾客进行消费设计，根据顾客的特点，为他们设计生活、引导消费，提供多种个性化服务、多功能服务及专项服务等。专卖店门店的另一个显著特点是实行特许经营。

## 二、连锁企业门店的组织结构

连锁企业门店组织结构是描述组织的框架体系。管理者的计划、指挥、控制等职能的顺利实现，都依赖于适宜的组织结构支撑。

### （一）组织结构的基本类型

**1. 职能型组织结构**

职能型组织结构，其本质是按照工作职能将具有相同专业背景的人员归入同一部门，以减少资源浪费，取得规模效益。其固有的缺点是：各职能部门由于工作专业化程度高，对组织的整体动作缺乏了解，开展工作易从本部门利益出发，易引发部门间矛盾，增加协调工作量。图1－1所示为职能型组织结构。

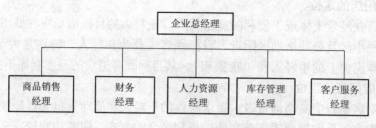

图 1 - 1    职能型组织结构

### 2. 分部型组织结构

分部型组织结构，赋予各分部负责人在运营方面的绝对权力，每个分部类似于一个职能型组织，而总部对其提供相关方面的支持，同时对其进行监控。

分部型组织结构有利于各分部从全局出发，提升经营效益，同时总部也可以从大量的事务中抽身，关注如信息系统基础平台的建设、发展战略、品牌宣传等关键性问题。其缺点在于部门重复设置，导致相关资源利用没有形成规模经济，造成效率的下降。

分部型组织结构，根据企业的发展战略不同，可能是按照产品或商品划分的事业部制，也可能是按照地区划分的地区分部制。图 1 - 2 所示为按地区划分的分部型组织结构。

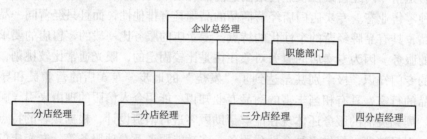

图 1 - 2    按地区划分的分部型组织结构

### 3. 简单型组织结构

这种组织通常是小型组织，由于人员较少，其复杂性低，没有严格的规章制度即正规化程度低，同时决策制定权通常集中于一个人手中，因此称为简单型组织。采用这种组织结构的企业其优点在于经营手段灵活，对市场反应敏捷。但是其只适合于企业规模较小时，规模扩大时决策权高度集中的弊病将暴露出来。

### 4. 矩阵型组织结构

这种组织是对职能型组织与分部型组织的一种综合。在职能型组织的基础上，企业中正在开展的各种项目，可以由一位项目经理负责，从各职能部门抽调人员组成项目组完成项目。这种组织结构兼有职能型组织和分部型组织的优点，可以更好地配置各项资源，促进经营目标的达成。但其缺点在于，矩阵型组织的项目组通常是临时性的，而且接受双重领导，也容易造成组织内部的矛盾。

### 5. 网络型组织结构

网络型组织即只有规模很小的核心组织，与其他组织按照合同关系完成运营环节的大部分经营活动。这实际上是组织相关职能的外包，外包环节的多少，决定了核心组织需要完成哪些任务。采取这种组织结构的企业，对市场反应敏捷，各个环节都能体现出专业实力。但是网络型组织以合同为基础，各部门之间的联系不紧密，存在一定的隐患。

## （二）连锁零售企业的典型组织结构

### 1. 连锁零售企业总公司的组织结构

连锁零售企业为实现规模效益和确保品牌的良好形象，一般都采取集权方式，各连锁店管理层主要负责门店的商品销售，而在店铺建筑风格、内部设施和装饰、经营的商品品种组合、商品配送、服务规范及促销活动等各方面，都执行统一标准，良好的物流和信息系统保证其日常经营的顺利进行。其典型的组织结构，如图1-3所示。

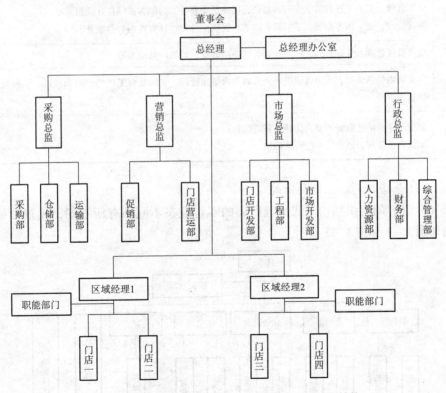

图1-3 直接管理模式下连锁企业总公司的组织结构

### 2. 连锁企业门店（分店）的职能与结构

连锁门店的组织结构相对较简单，因为连锁企业的商品采购、配送、财务等作业在总部集中统一管理，而门店的组织结构则依门店的性质、业态特征、规模大小及商品结构等因素的不同而有所差异。

1) 门店（分店）的职能

门店（分店）是连锁企业总部各项政策、制度、标准、规范的执行单位，也是利润的直接创造者，其基本职能如表1-1所示。

表1-1 连锁企业门店（分店）的基本职能

| 职 能 | 主 要 内 容 |
|---|---|
| 销售管理 | 跟进市场销售情况、发展趋势，并据此提出对策和建议<br>制订销售计划，提出促销建议，落实促销方案<br>总结促销工作，为企业制订销售计划提供依据 |
| 商品管理 | 对商品陈列、商品库存、商品质量、商品损耗、商品销售状况等方面进行管理 |
| 人员管理 | 员工管理：对员工进行科学管理和培训，提高员工素质，为顾客提供良好的服务<br>顾客管理：建立顾客档案，了解顾客需求，提供个性化、针对性的售后服务 |
| 财务管理 | 负责收银管理及凭证管理，严格控制各项费用开支，降低经营成本等 |
| 情报管理 | 负责店内经营情报、竞争者情报、消费者需求情况管理，总结运营工作的经验和教训，不断提高分店整体管理水平 |
| 环境管理 | 创造干净整洁的购物环境，让顾客舒适购物；<br>加强安全管理，创造安全的购物环境 |

2) 门店（分店）的组织结构示例

门店（分店）的组织结构形式因其所属的零售业态不同而有所不同，比较常见的门店组织结构如图1-4和图1-5所示。

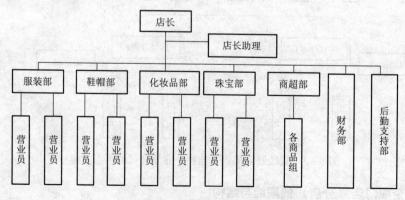

图1-4 百货连锁门店组织结构

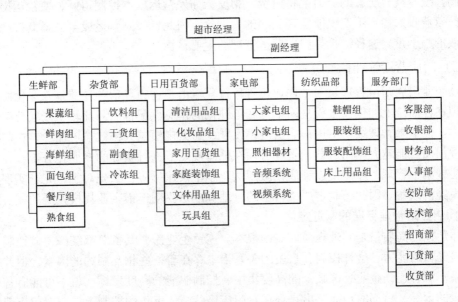

图 1-5 超级市场门店组织结构

## 三、门店营运管理目标

企业存在的前提就是利润，连锁企业经营的主要目标就是实现长期利润并使之最大化。连锁经营的规模效益和连锁企业的利润是通过连锁门店的发展得到的。一家门店营运依靠的是门店店长及其带领的其他管理人员的管理，且各门店之间营运水平有所不同，所以必须按营运的标准化、规范化、系统化来体现每一个门店的工作质量、操作质量、商品质量和服务质量，从而达到最佳的经营效益。也就是说门店运营管理的目标就是完整地把连锁企业总部的目标、计划和具体要求体现到日常的作业化管理中，实现连锁经营的统一化，从而实现企业经营目标。

### (一) 连锁企业门店营运管理目标

连锁企业门店营运管理目标主要体现在以下两个方面。

#### 1. 营业收入的最大化

如果营运成本既定，营业收入的最大化意味着实现了门店利润的最大化。营业收入等于交易次数与客单价的乘积。因此要不断提高交易次数和客单价，才能实现门店的利润目标。而这并不是盲目地或单纯地运用各种促销方式就能达到的，必须通过正常的标准化营运作业才能实现。

#### 2. 营运成本的最小化

营业收入不管怎样提高，如果不严格控制门店各环节的损耗费用，那么门店可能只有很低的利润甚至亏损，所有的努力都将白费。相反，如果营运成本控制得好，使营运损耗最小化，即使营业收入稳定不变也能实现利润的最大化。因此，控制营运成本、降低损耗是提高经营绩效的一个重要途径，也是门店营运管理的主要目标。

### （二）门店营运管理标准

连锁企业门店营运管理是一个作业化管理过程。由于连锁经营各环节是专业化协作的分工，体现在各岗位上的作业过程是简单化和单纯化的作业性配合，因此较易产生分工所带来的高效率。但如果管理跟不上连锁店的规模发展，那么规模越大，效益可能越差；门店开得越多，亏损面可能越大。门店营运管理必须在整体规划下进行明确的专业化分工，在分工的基础上实施集中管理，才能使连锁店在激烈的竞争中快速反应，领先对手，充分实现连锁经营的规模经济效益。因此，制定严格科学的管理标准是驱动连锁企业规模发展的核心。

**1. 门店营运管理标准的制订定体**

整体运作的高质量是实现规模效益的根本。连锁企业需要具备总部统一协调控制和分店自主调整经营的能力，这种控制和自主的关系当中存在着一些相互制约的因素，但并不是矛盾的关系。没有连锁企业总部政令的高度集中、控制职能的高度发挥，就不可能有各个门店合理有效的运转。总部的功能突出表现在对门店经营整体运作的控制上。制定门店营运管理标准则是连锁企业总部的主要工作之一。

连锁企业内部通过总部与门店的分工，实现了决策与作业的分工。通过做好分工，减少总部和门店的不协调因素，总部和门店有机地结合为一个整体，由连锁企业总部统一制定门店营运管理标准。实质上连锁企业总部是决策中心，而门店则是作业现场。门店根据总部制定的营运管理标准，实施具体的作业化程序，最终实现连锁企业的协调运作。

**2. 门店营运管理标准的制定步骤**

（1）确定作业的对象分工。确定作业的对象分工，通常是关键性的工作。具体作业分工包括把何种工作、多少工作量、在什么时间内安排给何人承担。作业过程与质量管理的好坏，将会直接影响每一家门店的经营状况。作业管理比岗位管理更进一步，既能体现岗位作业的技术性要求，也能更具体更细化地考核岗位工作质量的好坏。只有通过合理的分工，才能把这些工作具体落实下来，保证正常的营运水平。

（2）确立标准化作业的程序。全面分析不同作业人员如收银员、理货员、店长、盘点员等的工作情况，消除多余的、不必要的动作、环节，合并有关环节，合理安排具体的作业顺序，以提高效率、降低成本。

标准化作业程序在明确分工、出勤计划的基础上，通过具体操作表来明确这项工作的具体操作规则。例如，理货员进行货架商品的补货，就包含了定时补货与不定时补货的具体时间、操作程序，以及相应时间内应达到的工作量等。通过这些具体化作业的落实来保证门店的正常营运管理。

（3）记录作业情况。是指将确定的分工作业与标准化作业程序，运用适当的时间，全面、准确地记录不同岗位的工作运行情况。门店欲维持正常的营运，对于各项外在因素与内在因素均必须予以有效的掌握。因此，标准化作业程序运行的数据或报表均为十分有价值的参考资料，如营业实绩的统计、不同作业分工的实施情况与效果等。积累了这些资料，便于总部进一步比较分析，进而灵活地加以运用，最终使营运管理标准健全化。

（4）制定作业标准。标准化是连锁企业经营成功的基础。连锁企业通过数据采集与定性分析、现场作业研究，应制定出既简便可行又节省时间和金钱的标准化的作业规范。

科学的管理标准制定是一项长期而艰苦的工作。要使连锁企业的规模发展既快速又健康，管理标准就一定要合理。管理标准的科学性具有两层含义：一是指具有一定的先进性；二是指具有客观的实际性。对一个连锁企业来说，企业的管理标准除了必须考虑到标准所具有的先进性和客观性的特征外，还需经过长期的艰苦探索（包括借鉴）和实践去制定，试图在短期内用抄袭的方法去复制是不现实的。从另一个意义上说，一个企业的管理标准是区别于其他企业和体现自己经营管理思想和特色的主要方面，这也决定了企业必须要依靠自己的艰苦努力去创造。因此借鉴、消化、创造是连锁企业制定标准的正确之路。

**3. 控制门店营运的制度与标准**

"控制"是管理的一项重要内容，有了控制职能的实现，才有了人、财、物等资源能量的有效发挥。制定控制门店营运质量考核的制度与标准，主要从商品布局与陈列、商品缺货率、单据、盘点、缺损率、服务质量、经营业绩等方面入手。

（1）商品布局与陈列的控制。门店的商品布局和陈列是根据总部的商品布局图与配置表来实施的，反映了连锁企业的商品经营策略思想与营业目标。如果总部所确定的商品布局与陈列被门店做了很大的变动，就无法实现连锁企业统一的营业目标。要把控制门店商品布局与陈列同实现总部营业目标联系起来。

（2）商品缺货率控制。商品缺货率的控制主要是对主力商品缺货率的控制。缺货率控制在什么比例下，各连锁企业可自行确定，一般确定为2%是恰当的。

（3）单据控制。门店每天都可能有大量的商品送到，不管是配送中心或供应商送来的货都必须有送货单据。要严格控制单据的验收程序、标准、责任人、保管、走单期限等。单据的控制是为了控制违规性签单、违规性保管、违规性走单，保证货单一致的准确性，保证核算的准确性和供应商利益，同时杜绝门店的舞弊现象。

（4）盘点控制。盘点是最后检查连锁企业门店经营成果的控制手段。对盘点的控制主要在于检查盘点前的准备是否充分；检查盘点作业程序是否符合标准，是否实行了交叉盘点和复盘制度；实行总部对门店的临时性抽查制度，有条件的连锁企业可以成立专业的盘点队伍，专职进行门店的盘点和抽查。

（5）缺损率控制。缺损率是失窃和损耗率的统称，缺损率失去控制就会直接降低门店的盈利水平。目前，国内大部分连锁企业实行缺损率承包责任制的方法，落实到人。这种方法虽然很有效，但有一定的负面影响。缺损率控制的方向是在加强责任制的同时，注重设备的保养和先进技术的应用。缺损率一般控制在5‰比较合适。

（6）服务质量控制。"门店经营的唯一产品就是服务"，服务的质量是企业在竞争中制胜的法宝，直接关系到连锁企业的信誉和市场影响力，从根本上决定了门店的生存现状与发展前景。服务质量控制的手段包括两方面：第一，增强服务意识，进行教育与培训是控制服务质量的重要手段；第二，实行明查和暗访相结合是门店服务质量控制的主要方法。

(7) 经营业绩控制。对门店经营业绩的控制主要是考核目标销售额的完成情况，通常采取基本工资加奖金的方法来进行这一控制，即基本工资固定，再按月销售额提取一定比例的奖金。利用这一方法进行经营业绩控制时应注意以下两点：① 月销售额目标要根据不同门店的实际情况来加以确定，体现目标的科学性；② 要明确月销售额目标的确切含义。

实际上，每一个目标都可以作为考核的基础，连锁企业可以把这些目标综合起来考核，或者根据自己的实际情况和业态模式的特征加以确定。

### (三) 门店营运与管理标准的展开与实施

严格、科学地展开与实施管理标准，是连锁经营标准化管理的实质。可以说管理标准是企业内部的"法律"，执"法"要严，企业运转才会有序和高效。管理的标准化与标准化管理是管理活动得以开展的两个方面，具体包括以下两个方面。

#### 1. 编写营业手册

通过作业研究和比较，发掘最有效的作业方法，以此作为标准，并编写具体的营业手册。营业手册的编写实际上是将连锁企业门店经营的经验、技巧上升为明确的理论和原则。

任何一个连锁企业总部所制定的营业手册都应全面地包括每一个岗位、每一作业人员，应尽可能发现每一细节并加以规定。尽可能完整地包含所有细节，这正是营业手册的精华所在。

#### 2. 建立完整的培训系统

对连锁企业来讲，标准化要求高质量的培训。离开了培训，营业手册所规定的作业标准就难以为员工所理解、接受和执行。因此，建立完整的培训系统，有利于连锁企业门店各级员工的有效选拔、任用、教育、开发，是连锁企业稳步发展、持续进步的关键所在。

通常一套完整的培训系统包括多种类型，按纵向层次开发分为三个层次。

(1) 职前培训。职前培训是指新员工进店后的基础培训，偏重于观念教育与对专业知识的理解，目的是让新员工明确连锁超市门店的规章制度、职业道德规范以及相应的专业知识。其基本内容如下。

① 服务规范。让每个员工树立依法经营、维护消费者合法权益的思想，同时把服务仪表、服务态度、服务纪律、服务秩序等作为培训的基本内容，让员工树立"顾客就是上帝"、"员工代表企业"的思想。

② 专业知识培训。在帮助员工树立正确的工作观念的基础上，传授各个工作岗位的有关专业知识，一般可分为售前、售中、售后三个阶段的专业知识。售前，即开店准备，具体包括店内的清扫、商品配置及补充准备品的确认等必须掌握的专业知识；售中，即营业中与

销售有关的事项，具体包括待客销售技巧、维护商品陈列状态、收银等事项；售后，即门店营业结束后的工作事宜，包括建立良好的顾客利益保障制度、商品盘点制度等工作。

（2）在职培训。由于企业内外部环境和工作重点变化的影响，有时要对在岗员工进行转岗或晋升，同样需要培训。在职培训是职前培训的延续与发展。通过在职培训，可以提高员工的积极性，有利于员工工作绩效的进一步提高。

在职培训偏重于职前培训基础上的操作实务性培训，主要按各类人员的职位、工作时段、工作内容、发展规划进行，主要涉及店长（值班长）、理货员、收银员等门店工作人员，按其职级开展和实施。

① 店长的培训主要包括以下内容：店长的工作职责、作业流程、对员工的现场指导、员工问题的论断与处理、商品管理、如何开好会议、顾客投诉处理、管理报表分析、信息资料管理等。如家乐福的店长课程就包括店长就职培训、财务、人力资源、团队管理、市场营销和美工培训等 15 个课程。

② 理货员的培训主要包括以下内容：理货员的工作职责、作业流程、领货、标价机、收银机或 POS 机的使用、商品的陈列技巧、补货要领、清洁管理等。

③ 收银员的培训主要包括以下内容：收银员的工作职责、收银操作、顾客对答技巧、简易包装技巧等。

（3）一岗多能的培训。员工除了掌握各自岗位所需的知识和技能外，许多情况下也需要发挥其"多能"。事实上，超市门店尤其是便利店，某些工作需要全体员工都能操作。如商品的盘点、商品损耗的处理、收银操作等。店长如果在这方面抓好了对职工的培训和管理，就能大大减少用工人数，减少相应费用支出，从而提高门店的盈利水平。

### （四）营运标准的探索与改善

营运标准的贯彻执行，依靠的是科学的严格管理，否则制定再多标准也形同虚设。分工越细就越需要协调，否则各个职能部门的运行会相互牵制，各个作业岗位的衔接也难以顺利进行，作业化管理所带来的优势就难以转化为连锁店的现实竞争优势。因此在实际营运过程中，必须不断探索与改善连锁店的营运标准，使作业化管理不断合理化。由于标准的统一性并不排除门店的能动性，只要能使连锁门店的盈利水平提高，各门店都可以提出建设性意见，使更好的方法成为标准。通过门店的探索和总部的进一步研究、开发，不断改善连锁店的营运标准。标准化效果的取得，靠的是在严格管理的督促下，长期地坚持与改善标准，从而确立连锁门店整体的竞争优势。

另外，门店运营管理标准化还要与本土化协调。比如，麦当劳的汉堡被世界各地的人们所接受，有人认为这是麦当劳的本土化策略带来的结果，麦当劳会根据当地人的口味适当调整自己的配方，所以它的每个店都非常成功。从单店营销的角度讲，强调本土化思想是非常正确并且是非常必要的。但是，从连锁经营的角度讲，标准化更有利于连锁企业的市场开拓和管理控制，应当把标准化放在连锁经营的首位，先进行标准化的经营，然后才是经营的本土化。

# 项目一 门店店长作业化管理

- **项目介绍**

  连锁企业门店店长是门店的最高负责人，店长作业化管理的质量好坏将直接影响到整个门店的营运效率。店长作业管理的重点是人、财、物和现代商业企业所需要的信息。他必须有效地利用和管理门店的人、财、物及信息资源，做好日常销售服务工作，最大限度地使顾客满意，最终实现预定销售计划和利润目标。

- **学习目标**

  能力目标：能根据门店实际情况制定作业流程；能对作业流程进行分析；能不断改进提高作业管理水平。

  知识目标：明确连锁企业门店店长的作用与工作职责；了解店长应具备的资质；掌握店长作业化管理流程和作业管理的重点。

  社会目标：能够带领好团队，能与其他员工分工协作，能够与顾客很好地沟通。

- **学习内容**
  1. 门店店长的作用与职责。
  2. 门店店长作业化管理。

## 任务 1 门店店长的作用与职责

连锁企业门店店长是门店的最高负责人，是门店经营管理的核心力量，担负着公司各项经营指标达成及门店运营管理的职责，起着领导、协调、组织及落实的作用。无论是面对上级的考核还是下级的期待，店长都必须对门店的营运管理质量和自己负责。

总之，"店长是门店的中流砥柱"。

## 资料：店长的权力

一般来说，经营规模小的店铺主要依靠企业内部发达的物流和信息系统支持，而大店铺则更依赖人力资源，特别是店长的作用。因此，以大卖场为主要业务的家乐福非常重视对店长的选拔和管理。家乐福在严格管理的同时，也赋予各个分店店长足够的权限。其独特的店长权限体制使得家乐福提高了应对竞争对手的灵活性。家乐福认为，只有门店的经营者最了解该地区的消费者，对货架上该上什么商品最清楚，知道如何使自己门店的商品、经营特色更贴近消费者。因此，家乐福在不改变其整体风格的基础上，把以前集中在总部的权力下放到了各分店，赋予各店长足够多的权力，如商品组合结构的决定权、价格变动权、产品促销权等。

家乐福店长主要有以下几大方面的权力和责任。

（1）采购权。家乐福采用的是部分采购权形式。家乐福设置一个统一采购部门，该部门负责统一采购，同时，各个分店掌握与采购有关的其他权力。例如，中国家乐福门店的采购权全部集中在上海总部的商品部，各分店的店长并没有采购权，各个分店也没有采购部门。但是分店有谈判的权力，家乐福的各分店店长可以决定各自的"上架费"（由供应商提供的上架费用）、促销费及某种商品在货架上的存放时间。所以，家乐福在采购上比其他中央集权制的竞争对手更具有灵活性。

（2）负责保证顾客满意。家乐福的各分店店长要对家乐福的顾客全权负责，对如何实施一系列维护顾客满意度的政策具有决定权。例如，店长可以针对顾客满意度开设800热线；可以在每天早晨召开一级主管的晨会，探讨如何提高顾客的满意度；可以经常召开顾客圆桌会议，了解顾客是否满意；还可以针对顾客是否满意展开市场调查等。

（3）决定分店的资产政策。家乐福分店的资产政策主要由店长把握。例如，店长可以决定分店的一般花销，只有大额的如几十万元的花销才需要由上级审批。店长要具体了解店内资产的损害程度，每年年底给区域总经理做年度资产投资的预算。

（4）决定人事系统。在人事上，家乐福各分店店长所起的作用是决定性的，他对于自己属下的各部门处长、科长有绝对的任免权。虽然分店中每个部门在家乐福区域分部和总部都有相对应的上级部门，但这些上级部门无权决定店内下级的去留，任何人事变动必须通过店长。因此，店长必须控制好人事成本，控制好每个分店人员的效益，并使管理层的流动率保持在5%以下。

（5）决定商品定价。家乐福各分店店长可以决定他所在门店的商品价格，这最能体现家乐福店长的权力。

这样在赋予分店店长权力的同时，店长和管理人员的经营指标责任也非常细化地落实了。不仅极大地减少了人事管理的成本，减少了不必要的管理机构；而且，由于给予了店长充分的权力，有效激发了店长的工作热情。同时，一旦分店运营过程中遇到特殊情况，这种店长负责制还有利于店长及时采取灵活的应对措施。

**要求：**

1. 根据上面的资料，你认为一个连锁企业门店的店长有哪些职责？

2. 一个连锁企业门店店长拥有这么多的权力和责任，他应该具备哪些素质才能保证用好这些权力，担起这些责任？

3. 门店店长作业化管理的重点是什么？

 **相关知识**

## 一、店长的作用

店长是门店中最重要的灵魂，可以带动团队，赋予门店生命力，以团队精神塑造门店特色。就店长而言，处于众多关系之间，应顺应当时的时间、场合、状况，有效利用总部授予使用的资源，控制成本，维护设备，热情接待顾客，以发挥各个关系者的作用。

### （一）店长代表整个门店的形象

店长是门店的代表者，对连锁企业而言，店长代表连锁企业与顾客、社会有关部门建立关系；对员工而言，店长是员工利益的代表者，是门店员工不可或缺的代言人。

门店内不论有多少服务人员，他们在不同的时间、不同的部门为顾客提供不同的服务。每位服务人员的表现可能有好坏之别，但整体门店的经营绩效及店铺形象都必须由店长负责。所以，店长对门店的营运必须了如指掌，才能在实际工作中，做好安排与管理，发挥最大功效。

### （二）店长必须执行总部的经营目标

连锁企业门店既要满足顾客需求，同时又必须创造一定的经营利润。对于总部的一系列政策、经营标准、管理规范、经营目标，店长必须如实地执行。因此，店长必须懂得善于运用所有资源，以达成兼顾顾客需求及连锁企业需要的经营目标。同时，店长在门店中，必须成为重要的中间管理者，才能强化门店的营运与管理，确保连锁企业门店经营目标的实现。

### （三）店长指挥门店卖场的作业

门店的区域有卖场、后场之分，其中以卖场最为重要，因为顾客每天活动最频繁的场所就是卖场。因此，店长必须负起总指挥的责任，安排好各部门、各班次服务人员的工作，指示服务人员，严格依照总部下达的门店营运计划，运用合适的销售技巧，将最好的商品，在卖场各处以最佳的面貌展现出来，以刺激顾客的购买欲望，提升销售业绩，实现门店销售的既定目标。

### （四）店长应激励员工的士气

员工工作欲望的高低是一件不可忽视的事，它将直接影响到员工工作的质量。所以，店长应时时激励全体员工保持高昂的工作热情，形成良好的工作状态，让全体员工都具有强烈的使命感、责任心和进取心。

### （五）店长需对员工进行培训

员工整体的业务水平高低是关系到连锁企业门店经营好坏的一个重要因素，所以店长不仅要时时充实自己的业务经验及相关技能，更要不断地对所属员工进行岗位训练，以促使门店整体经营水平的提高。同时，店长工作繁忙，并且常有会务活动等，为了不影响店内事务的正常处理，店长还应适当授权，以培养下属的独立工作能力，训练下属的工作技能，并在工作过程中及时、耐心地予以指导、指正与帮助。由此可见，培育下属，就是提高工作效率，也是间接促成连锁企业顺利发展的保证。

### （六）店长需要协调门店出现的各种问题

连锁企业门店的全体员工是一个有机协作的工作团队，而作为这个团队的带头人，店长的使命不仅在于全面贯彻落实公司的营运计划，创造优异的销售业绩，提供良好的顾客服务，还在于如何领导、布置门店各部门的日常工作，在日常工作中深刻理解、把握和弘扬连锁经营企业的企业文化，最大限度地激发员工的积极性和创造性，从而不但营造一个令全体员工心情愉快的工作环境，而且使自己成为一名连锁企业文化最基层的执行者和捍卫者，尽最大可能为连锁企业的集体和长远利益服务。

店长应具有处理各种矛盾和问题的耐心和技巧，如与顾客沟通、与员工沟通、与总部沟通等方面。如果店长对上级的报告、对员工的指令传达都没有问题，但是在与顾客沟通、与员工沟通、与总部沟通等方面却做得不够好，无形中就会恶化人际关系，所以，店长在上情下达、下情上传、内外沟通过程中，应尽量注意运用技巧和方法，以协调好各种关系。

### （七）店长是营运与管理业务的控制者

为了保证门店的实际作业与连锁企业总部的规范、标准、营运计划和外部环境相统一，店长必须对门店日常营运与管理业务进行有力的、实质性的控制。其控制的重点是：人员控制、商品控制、现金控制、信息控制及地域环境控制等。

### （八）店长是工作成果的分析员

店长应具有统计、计算与理解门店营运各项数据的能力，以便及时掌握门店的业绩，进行合理的目标管理。同时，店长应始终保持着理性，善于观察和收集与门店营运与管理有关的情报，并进行有效分析，对可能发生的情况进行预估。

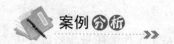

## 家乐福店长应对突发事件

1998 年 4 月 17 日下午，开张仅十天的重庆"家乐福江北金观音店"中一大批顾客突然向饮料货柜拥去，抢购 1.25 升装的百事可乐。但是，当顾客按每两瓶 2 元的价格付款时，收银员却不知所措……

事前，商场准备开展为期三天的特价酬宾活动，其中 1.25 升装的百事可乐售价 5 元，同时赠送一听价值 2 元的天府可乐。为何顾客以 2 元买 2 瓶可乐呢？原来，当天重庆某报上刊登了一则"家乐福"特价酬宾广告，在数十种商品中，"百事可乐"原价 5.00 元，现价买一赠一（2.00 元）。由于广告有歧义，造成顾客理解与商家原意不符。

就在顾客与收银员为价格僵持不下时，"家乐福"江北金观音店店长，法国人布拉松只说了一句话："尊重顾客的意愿。"

从几十人到上百人，一会儿就把 500 件百事可乐购买一空，商场马上调货补充，并调集保安人员维持秩序。最后，为不影响整个商业环境的平衡，商场不得不每人限购两瓶，并在本市报纸上发出启事对原广告修正，才将问题圆满解决。

显然，江北金观音店卖出的百事可乐大大低于成本价。问及该店损失，布拉松却说："我不在乎利润的损失，我的宗旨是顾客满意为先。"

资料来源：《销售与市场》1998 年第九期.

**思考问题：**
1. 此次突发事件为什么能够圆满解决？
2. 试分析此次事件中该门店的得与失。
3. 店长应具备什么样的素质？

## 二、店长的素质要求

连锁企业门店店长是具有特殊性质的管理者，他拥有的是范围宽广的职务，他既是门店的全面负责者，但又不是一个具有各方面决定权的决策者。因此，店长这一特殊职务必须具备的素质如下。

### （一）身体素质方面

门店店长不仅要能承受得住长期疲劳的考验，还要能承受满负荷的紧张工作所带来的压力。

### （二）品格方面

领导者的品格主要包括：道德、品行、人格、作风等，优秀的品格会给领导者带来巨大的影响力。诚实的品格是门店店长最基本的素质要求，是一切能力的基础，店长必须注意品格与修养。

### （三）性格方面

（1）拥有积极的性格。无论什么事情都能积极地去处理，无论什么时候都可以面对任何挑战，从不会想要躲避困难。

（2）拥有忍耐力。在门店的作业化管理过程中，往往能顺利进行的时候很短，而辛苦的时候和枯燥的时候却很长。

（3）拥有明朗的性格。带着明朗的笑容工作是一天，而毫无表情或脸色阴沉地工作也是一天。店内全体员工的工作气氛是明朗或是阴沉，很大程度上依赖于店长的心情。

（4）拥有包容力。店长对门店运作中的问题要及时纠正，对同事、部下的失败或错误要教育和批评，但店长的出发点应是关怀员工、帮助员工，同时要鼓励员工，激发员工的工作热情，从而有效地维护店长权威。

### （四）技能方面

（1）拥有优良的商品销售技能。店长对于门店所销售的商品应具有很深的理解，这对门店营运水平的不断提高起着至关重要的作用。这就要求店长对门店销售商品具有客观理解和正确判断，尤其是对销售过程中所遇到的新问题或例外事项，必须有很强的判断力，且能迅速地处理问题。

（2）拥有实干的技能。店长身为管理者要指挥全体店员，让全店员工心服口服地接受他的指挥，就必须样样能干、样样会干、样样都干得好，具有实干的技能。

（3）拥有良好的处理人际关系的能力。店长要十分注意与下属之间的情感关系。人与人之间，一旦建立了良好的情感关系，便能产生亲切感。在有了亲切感的人际关系中，相互的吸引力就大，彼此的影响力也就大。因此，店长拥有良好的处理人际关系的能力，对于门店营运与管理的顺利进行有着举足轻重的作用。

（4）具有自我成长的能力。店长应以自我管理能力为前提，随着企业的成长，培育自我成长的能力。因而，店长应该具有较强的自学能力，能从门店的管理实践中，不断总结经验，充实自己。

（5）拥有培训下属的能力。目前连锁企业的从业人员大多数是没有经验的非专业人员，店长身为教导者，应是下属的"师傅"和"老师"，并能发现下属是否能力不足，帮助其成长与努力向上，指挥下属达到既定目标，从而使下属提升业绩，让下属的能力得到最大限度的发挥。

（6）必须具备连锁企业卖场管理的四种基本能力。即人事组织能力、沟通能力、门店规划能力、信息分析能力。能否做好卖场管理是考察一个店长是否具有较强综合能力的试金石。

## （五）学识方面

学识与才能是紧密联系在一起的。学识是才能的基础，才能是学识的实践表现。一个人学识的高低，主要表现为其对自身和客观世界的认知程度。在学识方面，门店店长最好要有一定的数理化基础，这实际上是要求其为复合型人才，主要包含以下几个方面。

（1）具有能洞察市场消费动向的知识。

（2）具有关于零售业的变化及今后发展的知识。

（3）具有关于零售企业经营技术及管理技术的知识。

（4）具有关于连锁经营企业的历史、制度组织、理念的知识。

（5）具有关于销售管理等方面的知识。

（6）具有关于教育方法和技术的知识。

（7）具有关于门店的计划决策方法的知识。

（8）具有计算及理解门店内所统计的数据的知识。

（9）具有关于零售业的法律方面的知识。

店长应该是具有上述知识、技能、经验、性格、素质的人。但这些素质不是生来就具备的，因此店长需要认清自己的缺点和弱点，努力地改善和弥补，这样才可以不断提高自己的资质，得到下属的爱戴与尊敬，进而提高门店的经营业绩。

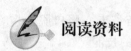 阅读资料

## 某连锁门店店长招聘要求

（1）3 年或者 3 年以上零售业或客户服务岗位工作经验，其中至少 2 年从事零售业店铺管理。

（2）熟悉门店的各工作岗位（收银作业、促销作业、盘点作业）的工作流程并能进行全面的管理。

（3）具备良好的沟通、领导、协调能力，能激励员工更好地进行工作，亲和力强，并能承受较大的工作压力。

（4）工作思路清晰、条理性强，工作有耐心、细心。

（5）熟悉卖场日常的管理（卖场巡视、工作安排、卖场清洁、POP 宣传、订货单、报表）。

（6）具备较强的商业技能，能有效促进店铺销售及提供高标准的客户服务。

（7）普通话流利，能用英语进行沟通，熟悉计算机操作。

（8）掌握员工管理的技巧（员工培训、工作安排等）。

### 三、店长的职责

（1）宣布与执行总部各项指令规定。传达、执行总部的各项指令和规定；负责解释各项规定、营运管理手册的条文。

（2）完成总部下达的各项经营目标。经营指标一般包括营业目标、毛利目标、费用目标及利润目标。根据总部下达的各项经营指标，各门店的店长应结合本店的实际状况及周边竞争对手的情况和动态，制订相应的每月、每周、每日的销售工作计划，并根据本地门店的消费群体消费习惯、商业氛围、节日类别推出相应的促销活动内容，尽全力去完成各项经营管理指标。

（3）负责门店的日常经营管理。店长应监督门店的商品进货验收、仓库管理、商品陈列、商品质量、清洁卫生等有关作业；执行总部下达的商品价格变动；执行总部下达的促销计划与促销活动；根据门店销售动态，向总部建议新商品的引进和滞销商品的淘汰；掌握业绩和管理目标，将各项目标分配给下属，并实现目标。

（4）负责店员的管理。根据门店的规模设置店员岗位；负责员工日常工作的安排、指导、监督、激励，评估店员的工作表现，及时反映店员动态，协调矛盾并对新员工进行培训；激发店内员工的工作热情，调节卖场购物气氛。

（5）负责商品的管理。包括商品采购、验收、退货、理货、补货、库存、盘点等；商品的陈列与展示；商品的结构与价格变动的管理。

（6）负责财务的管理。包括：监督和审核门店的会计、收银工作，保证商品交接的准确无误。严格控制门店的各项费用，对门店的盈亏负责；严格管理门店的收入、营业额；对库存金额和零用金的管理。为加强对门店会计、收银的管理，店长应做好各种报表的管理，如店内的顾客意见表、盘点记录表、商品损耗记录和进销商品单据凭证等。

（7）负责顾客管理及公关管理。包括：顾客服务；建立本店与顾客的良好关系，满足顾客需求；处理顾客的意见与投诉；同政府部门、供应商等关系的协调与管理；组织门店大客户部的成员进行大客户的开发，提高门店团购数量和质量，从而提高门店整体销量等。

（8）负责对信息的管理。包括：有关商圈的动向、竞争店的情报、顾客的情报、商品的情报、销售的动态等各种情报的搜集和分析；传达总部指令、规定、信息等，反馈门店信息和需求；及时用书面形式向连锁企业总部营运部汇报上述信息。

（9）维护门店的清洁卫生与安全。包括：对店内设备（如收银机、冷冻柜、空调等）进行维护和维修；监督门店卖场与后场的清洁卫生；检查保安工作和消防安全。

（10）其他非固定模式的作业管理。包括：对各种突发事件，如火灾、停电、盗窃、抢劫等，应迅速处理；做好与门店周围社区的各项协调工作。

 **知识拓展**

# 店长应有超前的战备观念

古之善用兵者，揣其能而料其胜负。库存孰足？赠品孰多？人员孰有？此为连锁店店长"战备"三要。

"凡事预则立，不预则废"，有备方能不患。连锁店店长在日常管理的过程中需要关注货源、人员、促销物资是否齐备，以免其成为制约销售实现的要素。重大节假日尤其如此。其一，因为，随着连锁企业的发展，同城多店、一库多店，甚至一库多城的情况越来越多，而目前连锁企业在采购管理技术尤其是安全库存当量的设计方面缺乏相应的标准和技术，同时点售出、技术性无货现象越来越突出，从而导致成交成功、交易失败的次数越来越多，招致消费者的严重不满。

罗兰·贝格和中国 From EMKT.com.cn 连锁协会联合开展的一项研究表明，缺货已经成为连锁企业形象的隐形杀手；缺货导致的销售额损失超过 15% 以上。因而，笔者把战备的第一要素归结为：库存孰足？连锁店店长应该作为货源组织的参谋者，提供货源监控信息，协助采购部门合理订货。

其二，促销品在连锁店销售过程中的作用越来越凸显，但是，连锁企业的促销品分配主要倾斜于核心店面，周边社区门店所能够分配到的促销品往往是"朝不保夕"；同样，厂方促销品也是"救急不救穷"，甚至经常"杀贫济富"，把优势促销资源向强势店面倾斜。这种情况下，连锁店店长就不得不考虑"赠品孰足"的问题了？要知道，弱势连锁店的成交难度其实远比强势店面要大得多，如果在促销品资源方面再稍逊一筹，那么店面的经营业绩就可想而知了。

其三，连锁店店长在审视"战备"的时候，还需要考虑一个最主要的因素，那就是"人员孰有"。由于连锁店数量的剧增，导致厂方促销员的数量也随之剧增；然而，厂方促销员的编制是有限的，如果达不到厂方的贩卖量要求，厂方要么是不肯配备促销员，要么临时配备了促销员后期又把编制挪为他用。

另外一个问题是，如果连锁店的集客力一般，促销员能力越强就越可能留不住，因为在进店顾客数量不足的情况下，成交率再高，绝对销量终归有限，促销员的提成也就极其有限，因此，导致促销员队伍不稳定。我们经常看到连锁店在开业前后促销员基本上能够配置到位，开业一段时间以后，促销员越来越少，以致出现大面积"空柜"的现象。所以，很多连锁店店长的精力已经不是如何开展人员管理的问题，而是在有没有人可用的问题上伤透脑筋。关于这一点，目前各连锁企业既无直接有效的解决方法，又缺乏全部使用自有人员、"壮士断腕"的勇气。但是作为连锁店店长并非无所作为，笔者遇到的大多数连锁店店长的经验是"以情动人"，通过与厂方促销员建立良好的个人感情，营造亲情化的氛围，再通过鼓励、打气等方式，带领团队走出困境，改善业绩。

资料来源：http://www.chaoshi168.com/

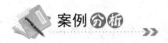 **案例分析**

## 店长如何解决难题

元旦过后，客户张先生向店里订了一批年货，打算好好地犒赏他的员工。由于他是店里的常客，关系相当好，当场就把钱付清了，并约定10天后来取货。

那段时间正好是门店的销售旺季，店里的商品供不应求，就这样，张先生所订的商品发生了缺货，到了约定取货的这一天，还是有几种商品数量达不到要求。当天上午，张先生很早就来到店里，要将他所订购的商品运回公司。店里值班长很不好意思地告诉他，他所订的商品中有几样缺货，问他是否可以改用其他商品代替，张先生顿时勃然大怒，责问道：我如此信任你们，为什么不事先通知我？由于值班长没有处理这类事情的经验，不能立刻让张先生获得满意的答案，于是双方一直僵持不下，值班长只好打电话向店长求救。

店长立即赶到店里，表明自己的身份，并且希望能以同类商品代替，让张先生顺利将商品带回去。虽然那些商品价格都比张先生原来所订的要高，但店长还是以张先生原来所订的那种商品的价格给他。由于店长的态度诚恳，再加上处理很果断、迅速，马上就把东西配齐了。张先生终于不再坚持。

资料来源：周勇．连锁经营原理．北京：高等教育出版社，2000.

**思考问题：**

1. 该案例中店长起了什么作用？
2. 作为一名店长，应具备什么样的能力？

## 技能训练

**一、思考题**

1. 连锁企业门店店长的作用是什么？
2. 店长应具备哪些素质和能力？
3. 店长的工作职责是什么？

**二、能力训练**

1. 选择几种不同业态的门店，了解其店长的工作职责和内容，并作比较。
2. 如果你是店长，顾客把商品弄坏，员工让其赔偿，引发争执，你会怎么办？

# 任务 2　门店店长作业化管理

通常连锁企业门店店长作业管理的事项非常烦琐，但其内容大部分是重复的例行性事务，占总工作量的 70% ～ 80%，仅有 20% ～ 30% 是非例行性事务，由店长自行判断处理。作为门店店长只要把握门店和作业环节的重点，就能基本保证门店作业的正常进行。店长作业管理的重点无非是人、财、物和现代商业企业所需要的信息。店长必须有效地利用和管理门店的人、财、物、信息资源，做好日常销售服务工作，最大限度地使顾客满意，最终实现预定销售计划和利润目标。

## 资料：店长心得

经过企业推选和中国连锁经营协会审核，117 位店长当选为 2008 年度金牌店长。同时在 2008 年 11 月 7 日至 9 日于郑州召开的"第十届中国连锁业会议"现场评选出了"十佳金牌店长"。以下是十佳店长的心得（节选）。

**武汉武商量贩黄陂店店长　李荆雁**

（1）带好团队。店长要运用公司企业文化和价值观及个人领导魅力去凝聚团队，让团队每位成员对公司充满希望，对工作充满热情，从而主动去做好各项工作，形成积极、团结、向上的工作氛围。

（2）成为专家。连锁经营是一项专业化高、技术性强的商业经营，在员工管理、商品管理、信息技术、财务运算、防盗技术、节能降耗等各个方面都要不断学习，注意知识的更新，成为一个"懂行"的管理者，并通过培训，将专业知识迅速地复制在员工身上，让员工成为专家。

（3）坚韧的意志。对于连锁超市这个高对抗、高竞争的业态，成功的路上充满着艰险和挑战，唯有练就坚韧的意志，才能面对竞争带来的成功与失败，百折不挠的信心和勇气是持续进步和取得最后胜利的前提。

**苏果超市溧水通济平价店店长　周晓巧**

（1）全面做好门店的管理与控制，建立健全各项预案机制，以此来保证门店持续长久的运行与发展。

（2）打造一支高效优质的团队，凝心聚力，激励团队，不断提升团队的整体竞争力。

（3）必须具备很强的自学能力和沟通能力。连锁超市的发展速度越来越快，有很多新兴事物和设备需要了解和学习。提高沟通能力，则是为了妥善处理好对内对外和对上对下的种种关系，同时还要将自己的超市管理知识和经验，毫无保留地传授给门店的其他职员，以提高门店员工整体水平。

**长春欧亚超市连锁车百店店长　王佰杰**

（1）店长要有良好的职业素养，廉洁自律、率先垂范、以身作则，善待供应商，关心员工，以人格魅力带动整个团队向共同的目标前进。

（2）店长要有较强的组织、领导、驾驭能力，具有较强的创新意识、责任意识、学习意识、团队意识、竞争意识和良好的沟通能力，提升团队的凝聚力、向心力，推动员工整体素质的提升。

（3）店长要有敏锐的洞察力和商业眼光，分析市场，正确研判，主动出击，适时调整经营策略，使销售业绩不断创出新高。

**广州友谊集团股份有限公司广州友谊环市东商店店长　胡洁君**

（1）确立你的目标市场方向（即经营定位），做到目标明确、锲而不舍。

（2）确定你的销售服务管理方法（即抓好商品、陈列、管理等要素）。

（3）维系服务好你的内外部顾客（即顾客、员工、供应商）。

**天津劝宝超市宝鑫小区店店长　崔绍东**

（1）爱岗敬业，对行业的现状及发展有整体认识。

（2）不断提高专业技术水平，富于开拓创新精神，适应时代发展要求。

（3）抓住人、财、物的管理，敏锐观察问题，提高应变能力，一切服从大局。

要求：

1. 试述如何做一名优秀的店长。
2. 试述店长的作业化管理的重点是什么。

 **相关知识**

## 一、店长的作业流程

### （一）店长的作业时间

不同的连锁企业，因其经营业态不同，其门店的营业时间也有所差异。以超市为例，一般营业时间为早上9点至晚上10点，总计13小时。因此，通常店长的作业时间，除每星期必须有一天实行全天工作外，店长一般为早班出勤，即上班时间为早上8点至下午6点半，这种作业时间的规定可使店长充分掌握门店销售过程中中午及下午的两个营业高峰，这对店长掌握门店每日的营业状况，搞好门店营运管理极有好处。店长下班后，店内的管理工作通常由副店长（或值班长）代理。

### （二）店长的作业流程

由于连锁企业业态、经营内容和目标顾客的不同，店长每日的工作内容也就有所不同，连锁企业可根据自己的实际情况，制定适合企业自身需要的店长作业流程。下面是一典型的连锁企业门店店长的作业流程。

**1. 营业前的准备情况**

（1）店员的报到。每天应提前 15 分钟到店，做店员的签到和考勤，查看交接记录及营业状况，待人员到齐召开店员会议。

（2）早会。早会由店长主持，所有店员必须参加；检查仪容仪表；总结前一天的销售状况和工作；介绍今天的销售计划，提出当日的销售目标；提出当日的工作要求、服务要求、纪律要求、卫生标准、顾客的反馈意见；注意每位店员的情绪，调节好他们的工作状态；针对新员工进行工作安排；传达上级的工作要求。鼓励表扬优秀店员；指导清理店内的卫生，分区进行；指导收银员准备工作；店长带领店员喊企业口号，迎宾气氛一定要活跃，表情自然亲切。

**2. 营业中**

（1）巡视卖场，检查清洁工作，带领员工向顾客打招呼，并检查补货。

（2）注意整个卖场的气氛。

（3）每隔一定的时间到收银处察看营业状况，对照以往进行分析，并及时提醒和鼓励店员。

（4）注意店员的休息、工作状态，切勿同进同出、同时休息或频繁休息。

（5）空闲时间可请店员介绍商品价格、特点、材料等基础知识。

（6）指导店员及时整理货物、做清洁卫生。

**3. 营业后**

（1）总结当天的销售状况，核对是否完成当天的目标。

（2）分析并解决相关的问题，提出相应的策略。

（3）方便顾客购物，跟踪反馈信息。

（4）完成各种报表。

（5）货物的清点和补充。

（6）清洁货场和安全检查。

## 二、店长作业化管理

店长作业管理的重点可以归纳为"四流"，即商品的流动、人员的流动、资金的流动和信息的流动。店长只要具备妥善处理这"四流"的能力，一切便可迎刃而解了。

### （一）商品流动管理

商品的流动是门店的主要商业行为，没有商品的流动，就不会有门店其他方面的流动，所以商品流动是门店的立足之本。门店日常的核心经营活动是全过程商品管理，商品管理的好坏直接影响到销售业绩。商品管理包括商品的包装、验收、订货、整合、陈列、损耗、盘点等作业，同时也包含对商品的清洁、缺货方面的监督。门店商品管理的重点主要包括以下几个方面。

（1）商品的订货管理。在门店商品管理中，店长应根据门店的年度销售计划，准确地作出市场预测，提出每月的商品订货计划，报总部配送中心统一组织货源。定期按时向总部提交要货计划，以保证商品配送的及时性和准确性。

（2）商品的陈列管理。商品陈列是门店促进销售的重要手段，其管理的重点主要如下。

① 商品是否做到了满陈列，只有满陈列才能最有效地利用卖场空间，要把陈列货架理解为卖场的实际面积，予以高度重视和充分利用。

② 商品陈列是否做到了关联性、活性化。关联性能使顾客增大购买量，活性化则能给顾客一种强刺激，促成购买。

③ 商品陈列是否做到了与促销活动相配合。由于季节性和节庆假日往往会成为连锁企业门店销售的高潮，因此，配合促销活动搞好商品的特殊陈列，是大幅度增加门店销售额的重要环节。

④ 商品补充陈列是否做到了先进先出。商品在货架上陈列的先进先出，是保持商品品质和提高商品周转率的重要控制手段，店长对此应给予充分重视。

⑤ 商品分类是否易于选购，种类是否齐备，数量是否充足。

（3）商品的质量管理。商品质量是连锁企业门店的生命，把好商品质量关是维护消费者权益的基础。店长对商品质量的管理重点是控制商品在货架陈列期间的质量变化和保质期，控制冷冻设备、冷藏设备的完好率，对收货、验货质量把关，确保搬运方法、陈列方法的正确操作，以及对商品质量进行统计分析，并将这些信息及时上报给连锁总部的采购部门。

（4）商品的缺货管理。门店商品缺货会使顾客的某些需求无法得到满足，顾客就会流失，导致销售额下降，从而大大削弱门店竞争力。店长要时刻注意门店商品的缺货率，加强检查监督工作，及时与配送中心或供货商联系，努力把门店缺货率降到最低水平。

（5）商品的损耗管理。由于商品的破包、变质、失窃等因素可能造成较高的损耗率，损耗率的高低就成为获利多少的关键之一。上海超市业曾做过一项统计，往往一个商品的损耗，需要 5～6 个商品的销售毛利才可弥补，因此店长对商品损耗的管理就成为门店节流创利的重要环节。店长对商品损耗管理的主要事项包括如下方面。

① 商品标价是否正确。

② 销售处理是否规范（如特价卖出，原售价退回）。

③ 商品的有效期管理是否得当。

④ 价格变动是否及时。

⑤ 商品盘点是否有误。

⑥ 商品进货是否不实，残货是否过多。

⑦ 职工是否擅自领取自用品。

⑧ 收银作业差错率是否在正常范围内。

⑨ 顾客、员工、厂商的偷窃行为。

## （二）现金流动管理

门店店长对现金管理的主要内容是收银管理和进货票据管理。

（1）收银管理。连锁企业门店现金管理的重点是收银台，因为收银台是门店现金进出的集中点。抓好收银管理可从三个方面入手：一是选择诚实、负责任、快捷与友善的员工担任收银员；二是按总部规定严格控制收银差错，一般连锁企业总部制定的收银差错率的控制标准是5%，如果差错率不控制在这个标准之内，对连锁企业的损失是很大的；三是规范收银员行为，加强对收银员的管理和监督，防止伪币、退货不实、价格数输入错误、亲朋好友结账少输入和内外勾结逃过结款等现象。

（2）进货票据管理。门店的进货票据也是现金管理中不可忽视的环节，因为进货票据是日后付款的凭证，也是日后兑现的凭证，实际上就是今后的现金支出。店长对进货票据的管理主要体现在进货票据验收、登录会计报表等作业环节上。因此，店长每日亲自检查核实进货的数量、质量和价格是非常重要的，应加强管理，避免流失。

## （三）人员流动管理

门店对人员的管理既包括对内部员工的管理，又包括对顾客的管理，还包括对供应商的管理。

### 1. 员工管理

员工管理的目标是根据门店营运对人力的需要，合理地确定岗位的人数和安排员工的岗位，并最大限度地发挥员工各方面的潜力，使员工愿意为门店尽心尽力地工作。员工管理包括以下几个方面。

（1）出勤情况。连锁企业由于涉及特定业态的要求（如超级市场、便利店、餐饮店等），通常经营利润较低，因而，控制员工人数是提高连锁企业门店盈利水平的重要环节之一。这就要求店长合理、经济地配置好各作业部门工作人员，安排好出勤人数、休假人数和排班表，并严格考核员工的出勤情况。店长若抓不好门店的出勤情况，就会直接影响门店的进货、出货、补货陈列和顾客服务等工作，难以使门店保持较佳的营运状态。因此，店长应在认真分析竞争对手的休息日、节假日和地方性活动后，预测不同日期及一日中各时间段可能的消费额、顾客人数和销售数量，以此掌握适当的工作量，安排适当人数的员工，制定出月间和周间出勤安排表，以充分发挥门店员工的积极性和主动性。

（2）服务质量。店长对员工的管理还体现在加强员工服务水准的管理和控制，要根据员工手册的要求经常督促员工保持良好的服饰仪容、对顾客的礼貌用语和友善的应对态度，并且随时留意和妥善处理顾客的投诉及意见反映，不能让顾客觉得不满而不再上门的现象发生。

（3）工作效率。人工费用在连锁企业门店总费用中所占比率最高，往往会超出月营业额的6%。如何提高工作效率、降低人工费用是门店营运管理的重要内容之一。店长应经常调查各部门人员的作业安排表，合理调度员工，充分发挥员工专长，以提高工作效率。此外，由于连锁企业门店均采用标准化作业管理，工作相对较单调。因此，国外大多数连锁企业门店有意识地让员工在不同岗位上轮流工作，即采用柔性工作时间（允许员工在一定范围内自己选择上班时间或在不同工作时段分别在不同岗位工作）等方式，以此提高连锁企业门店的工作效率，值得我国连锁企业门店借鉴。

 **阅读资料**

## 变罚为奖"三部曲"

　　小张是 A 药店一名才华出众的员工，颇得领导赏识。但他最大的缺点就是经常在店长眼皮底下"闹事"，犯一些没有技术含量的低级错误。由于小张死要面子，如果直截了当地指出，他肯定接受不了。更让店长痛心疾首的是，他经常着装不整，不是忘了戴工帽就是没穿工鞋。店长碍于颜面，私下给他上思想课。可是小张屡教不改，从不发威的店长忍无可忍了，如果置之不理，不但自己在员工面前颜面尽失，对小张个人发展也不利。在最后警告无效后，店长于某日晨会上对小张做出了严肃的批评并罚款 100 元。这样一来，从未受过这般"待遇"的小张的自尊心被刺痛了，抵触情绪溢于言表。每天看见店长都横眉冷对，工作也失去了往日的激情。

　　店长得知后，他首先不断地发动身边同事做小张的思想工作，让小张明白，惩罚店员是出于激励动机，从而抑制不良行为的重复出现，让小张充分认识到自己在工作中存在的不足。如今这种后果也是因小张导致店长的被动管理，要让小张理解店长的做法。稳定大局后，店长要亲自出马进行安慰。平和地与小张交流意见，让他发自内心地甘愿受罚，使之彻底地领悟到成长快的人不是因为没有犯错误，而是犯错误后能及时改正。如果店长一味纵容员工的过失，或员工面对错误不能以平和的心态去面对，反而意气用事，这样的员工走到哪里都会重蹈覆辙。即使能力再突出，哪家企业也不会允许这样的员工出现。最后，店长"奖罚并用稳民心"。他没有将罚金入档，而是在事后找了个合适的机会把罚金"送"回去。

　　一日，小张因在会上提出了一条适合门店发展的合理化建议并被采纳，店长不但从中抽出 50 元作为奖励，还在店内张贴红榜表扬，使小张士气重振。"作为管理者，如果员工犯错误，可以在事后将惩罚变为激励再'送'回去，运用先罚后奖达到激励目的，甚至可以起到比单纯奖励更好的作用。"店长的一句小结，将此事画上圆满句号。

资料来源：张明明. 连锁企业门店运营与管理. 北京：电子工业出版社，2009.

**2. 顾客管理**

顾客是连锁企业门店的生命之源，没有顾客就没有销售，没有销售就没有盈利。因此，顾客管理是门店营运管理的重点，主要应抓好以下四个要点。

（1）顾客来源。在门店营运管理中，店长要认真分析本门店商圈内顾客的户数、人数、职业、家庭规模和结构、收入水平、性别、年龄和消费爱好等因素，只有明确了这些因素，才能为顾客提供满意的商品和服务。

（2）顾客需要。在收入水平不断提高和消费者个性不断增强的情况下，顾客对各种商品和服务的需要会经常变化，这种变化必然会影响门店营运。因此，店长可以通过定期问卷调查、设立顾客意见箱等方法与顾客交流，虚心听取顾客对门店商品和服务的要求和意见，及时获知顾客的真正需要，调整门店的商品结构，改善服务，以最大限度地满足顾客需要。

（3）建立顾客档案。为了掌握顾客的重要资料，与顾客保持长久友好的关系，建立顾客档案是门店营运管理必做的日常作业之一。店长可采取会员制等形式将顾客的姓名、地址、电话号码、惠购品（即主要惠顾本店何种商品）、采购时间等内容登记在案，并为其提供优质服务，以保持顾客队伍的稳定。

（4）妥善处理顾客投诉和意见。在门店经营管理过程中，由于各种原因难免会产生顾客与门店的矛盾，也会有顾客对门店的商品和服务进行投诉。如何处理好顾客的投诉和意见，是保持顾客与门店良好关系的重要环节，店长必须妥善处理好，以消除顾客不满，维护企业和顾客的利益。

 案例**分析** ▶▶

## 顾客永远是对的

有一次，一位身材微胖的女子在连锁店选购裙子。她要店员帮助她量腰围，腰围是 32，于是帮她找腰围是 32 的裙子，但是这位小姐却坚持她是 26 的腰围，于是这位小姐和店员为了腰围争执不休，到了最后，这位小姐落泪而走。

这时，整个店里笼罩一片阴影，这位店员也想不到会有这样的结局，此时店长提出一个重要的观念，服务就是要让顾客有舒服的感觉，有被尊重的感觉，于是店长作了一个决定，马上叫店员把所有 32 腰围的裙子标价牌拿掉，全部改挂 26 腰围的标价牌，一面叫人去追那位小姐，让她买一条"26 腰围"的裙子高兴地离去。

资料来源：张晔清. 连锁企业门店营运与管理. 上海：立信会计出版社，2006.

**思考问题：**

1. 这位店长为什么作出这样的决定？
2. 作为店长，该如何进行顾客管理？

### 3. 供货商管理

供货商管理应重点加强以下两个方面的作业管理。

（1）按时准确配送。连锁企业的不少门店经营食品、饮料、药品和果蔬等商品，这些商品都有一定的有效期和保鲜期，特别是超市中的鲜肉、水产、鲜奶、蔬菜和面包等日配品对保质期与鲜度的要求很高。供货商能否在每日开业前将这些商品及时送到店内非常关键。因此，店长必须对供货商的送货时间根据门店的要求严格控制。

（2）确保商品质量。商品质量对连锁企业门店的经营效益来说至关重要。店长必须按总部规定的质量要求对供货商送达的商品进行严格验收，如商品的外观、保存期、标示内容等，以确保商品质量。特别是对那些直接食用的商品更要加强管理，否则一旦顾客食用后出现问题，就会给连锁企业带来不可挽回的损失。

### （四）信息流动管理

目前连锁企业门店大多采用 POS 系统和 MIS 系统，店长能很快地得到有关经营状况的准确信息资料，店长要定期对商品销售日报表、商品排行表、促销效果表、顾客意见表、盘点记录表和损益表等信息资料进行分析研究，总结经验教训，做出改进经营的对策，提高门店管理水平。

 **知识拓展**

## 店长如何激发店员的工作意愿

提高店员的工作意愿除了专卖店固定的激励制度外，主要还是要靠店长巧妙地安排各种活动，使店员之间，店员与店长之间能相互沟通，逐渐融合成一个大家庭，使员工产生一种归属感。还有一种则是依靠店长独特的人格魅力，使店员们安心工作。其中有很多有效的方法。

（1）店长以身作则，为店员作出榜样。店长应拥有丰富的专卖店经营的经验，通过知识技术上的出色表现来树立权威，即通过理性的号召来征服店员的心，使他们在惊叹之余，对店长多一分敬佩之情，这样他们在工作中自然也不敢懈怠。同时自己必须投入。如果你自己不投入，你就没有理由鼓励别人投入。强迫推销顾客服务并不能得到员工诚心地投入，至多产生形式上的同意与遵从。

（2）通过店长的人格魅力，即感性来获得人心。店长应体察民情，关心店员的生活、学习，使店员感受到温暖，如为店员开生日聚会，或者亲自去看望有病的店员，这样他们自然就会努力工作。

（3）店长应形成自己独特的管理风格，引导店员形成固定的预期，明白什么该做、什么不该做，这样店长开展工作就省心多了。

（4）店长应培养专卖店特有的文化。"共同愿景"是指组织中人们所共同持有的意象和景象，它创造出众人一体的感觉，并遍布到一个组织所有的活动中。

提出一个"共同愿景"是很容易的，而要使员工分享它，并高度地投入是有一定难度的。因为只有员工自愿接受"共同愿景"，他才能发挥创造力和工作热情。未来的管理者、领导者应当学会如何管理"共同愿景"，它是企业员工工作热情、创造力和凝聚力的源泉。领导者、管理者应学会如何让员工参与制订有关的工作计划和策略。与顾客接触的工作人员不但清晰地了解顾客需要什么样的产品和服务方式，而且也深感目前工作方式中存在哪些问题及如何改进。一个具有他们意志成分的有关顾客服务的"共同愿景"会使他们积极参与工作，主动为顾客提供服务。

## 刘力的烦恼——店长角色的定位与转换

刘力是某零售企业的一名技术骨干，工作已经两年多，业绩突出。从性格方面来看，刘力比较内向，平日不太主动和别人沟通交流，但是和同事关系相处得都很好。随着企业业务的迅速发展，刘力被委任为该企业某连锁门店的店长。刘力在心中暗暗鼓足了劲头，准备好好地干出点儿成绩来。可是没曾想上任刚三个月，就面临一大堆问题。

（1）以前关系不错的同事，突然有意与他疏远，似乎有很多想法不愿意和他沟通。

（2）下属缺乏团队精神，各自为战，很难把大家有效地集中起来。

（3）刘力逐渐有了失落感，他很担心自己由于工作忙，而导致专业技术的落后，对管理有了厌倦感，经常想还是做原来的工作好。

（4）事情太多，忙得不可开交，即使老加班，工作也干不完。

**思考问题：**

1. 分析刘力所遇问题产生的原因。

2. 如何解决此类问题？

资料来源：www.docin.com

## 技能训练

**一、思考题**

1. 店长的工作时间是如何规定的？

2. 门店店长一般的工作流程是怎样的？

3. 店长作业化管理的重点有哪些？

二、能力训练

选择一家大型连锁企业门店，调查门店店长一天的工作流程，并分析其管理的重点内容。

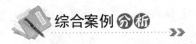

综合案例分析

# 北京家乐福店长成长记录

在家乐福中国区，像秦虹一样的店长有80位。这些一直被业内认为"权力很大"的店长为家乐福11年来在华圈定零售版图立下了汗马功劳。而这一位位天天"游走"在店内的店长们也因此披上了神秘色彩。用秦虹的话讲，他们像管家一样做着很多繁杂而具体的工作，她很多时候感觉自己唠叨得像"唐僧"。

## 1. "位高权重"的神秘角色

在通州九棵树的瑞都国际购物中心底层，记者在家乐福卖场的装修现场找到了正在安排工作的秦虹。在摆放了一些货架，还有些许凌乱的卖场中，秦虹手拿着对讲机，跟相关负责人敲定装修工作。对于担任过三家店店长的秦虹来讲，接手筹建一家新店还是第一次。"新的挑战挺令我兴奋的"，虽然筹建通州店的过程中工作时间经常达到12小时，但是这样的工作让她"有激情"。

进入中国11年的家乐福，被业内认为是把发展本土化策略贯彻得较好的外资零售企业。符合中国老百姓习惯的"生鲜早市"，像农贸市场一样叫卖声迭起的卖场环境等都受到好评。而一直被业内认为"权力过大"、"位高权重"的家乐福店长也被认为是执行本土化策略的神秘角色。

"家乐福的店长确实有自己一定权限，而这种店长掌有的灵活性也是家乐福在中国能够快速发展的重要因素。"秦虹介绍，家乐福店长的权力相比其他外资零售企业确实要大。比如，店内的毛利和营业额可以归单店支配，一些市场营销方面的投入和店内的投资、修整可以由单店自己来做等，这样店长可以根据自己店内的实际情况来调整门店的运营策略，更得心应手。但秦虹介绍说，发展到现在，总部正在慢慢回收一部分权力，致力于门店的标准化。

## 2. "开关"一样的店长脑袋

在业内人士看来，家乐福的店长有着重要的实权，而权利和义务是对等的。事无巨细、像管家一样的工作，令店长有着像"开关"一样的脑袋。

"每天早上的巡店是很关键的，看一看生鲜准备得如何，消防措施做得如何，开业前的准备工作做得好会使得门店在这一天迎来一个很好的销售业绩"，秦虹描述着她的工作，"在早上的晨会上，会向店内十几个部门的管理人员布置工作任务，包括来自区里的一些通告，而有一些亟待解决的问题也会在会上提出。之后，还会处理一些各个部门的杂事。"

在家乐福店长管理的十几个部门中，既包括生鲜、百货等业务部门，也有工程、人事等职能部门，而所有的来自于各个部门的细枝末节都由店长处理。

"我的脑袋经常像开关一样"，秦虹开着玩笑说，开完晨会后，经常是一个部门的主管进来商讨工作，而刚刚处理完这项工作另一个部门的主管又推门进来，又要处理另一个领域的事情，自己的大脑就像开关一样，马上要切换到相应的频道作出反应，反反复复不停地说，辛苦就不说了，经常觉得自己像"唐僧"一样唠叨。

### 3. 寂寞的职位

目前，在家乐福的 80 位店长中，有将近一半是中国人，而秦虹在三年前刚刚担任店长的时候也是"很自豪"的。

1995 年 6 月就加入家乐福的秦虹，已经在家乐福供职 11 年。"最开始做杂货秘书，工资是 1 200 元，一个月后被调为店长秘书，之后升为收银主管……"秦虹刚刚加入家乐福工作的时候，真的是紧张认真到"不上厕所不喝水"。

"在家乐福像我一样从基层干起的店长有很多，法国老板的思路也很简单，用工作业绩说话"，秦虹说，在家乐福踏实工作就有自己的晋升机会，目前已经有三个小区经理是中国人了。而按照家乐福的思路，今后在中国会有更多的中国店长，甚至将优秀的管理人员吸纳到全球管理体系中去。

"店长也是一个寂寞的职位"，秦虹说，与属下毕竟是上下级关系，听到的不一定都是真话，要自己分辨，同时还要承担着来自老板的工作压力。但是，店长和店长之间也有很多工作和情感上的交流。

　　　　　　资料来源：张明明. 连锁企业门店营运与管理. 北京：电子工业出版社，2009.

**思考问题：**

1. 为什么说店长是连锁企业门店的核心？

2. 可以看出，店长的工作零碎而烦琐，你认为一个合格的店长应具备什么样的素质？

3. 店长的作业化管理的重点是什么？

# 项目二　收银作业管理

- **项目介绍**

　　收银台是每一位前来门店购物的顾客都必须经过的区域，是连锁企业门店的"窗口"，在门店营运与管理中居于十分重要的地位。收银员的服务态度和服务质量直接体现了连锁企业的形象和管理水平，责任重大。

- **学习目标**

　　能力目标：能根据收银的作业流程准确、迅速地进行收银作业；能够在收银出现差错时，快速、准确地处理纠正。

　　知识目标：能清楚地认知与理解收银岗位所需具备的能力与素质；能掌握收银作业的岗位职责和管理重点。

　　社会目标：能够细心完成收银作业，灵活处理收银中出现的各种问题。

- **学习内容**

1. 收银员岗位职责及职业道德要求。
2. 收银作业流程。
3. 收银日常管理。
4. 收银错误的处理及防范。

## 任务 1　收银岗位描述

　　为顾客提供结账服务是连锁企业门店收银员最基本的作业。收银员在收取顾客的货款后，并不表示整个门店的销售行为就此结束。因为收银员在其整个收银作业的过程中，除了结算货款外，还包括了对顾客的礼仪态度，还要向顾客提供各种商品和服务的信息，解答顾客的提问，做好商品损耗的预防及现金作业的管理，进行促销活动推广、卖场安全管理工作等各项工作。

 **工作任务** ······

## 资料：收银员工作守则

连锁企业收银员的工作不仅关系到各个门店营业收入的准确性，而且关系到整个连锁企业门店综合管理工作的水平。所以，门店中收银员必须遵守如下工作守则，以保证工作顺利推进。

（1）热爱本职工作，熟悉零售商品的购、销、调、存各环节的工作程序，忠于职守，认真履行职责，努力做好本职工作。

（2）坚守工作岗位，站姿规范端正。不得脱岗、空岗，不准与别人闲谈，不做其他与本职工作无关的事情，集中精力收款。

（3）严格按照规定的程序操作收款机和银行 POS 机，爱护机器设备，并负责机器的保管与维护。

（4）做好营业前的准备工作，领好备用款、包装物品，保管好周转金，严格执行现金管理制度，不得挪用、坐支销货款。

（5）工作态度要积极热情，收款找零，坚持唱收唱付，注意文明待客；货款当面点清，避免出现差错；对大额票面仔细辨别真伪；不准因结账、交接班、无零款原因顶撞顾客或拒绝收款。

（6）保管好现金、支票、有价证券及收款专用章，安全及时地送存销售货款，严格执行财务管理的有关规定，按时与财务核对当日销货款，发现差错，当日内查清，及时收取、汇总和上报商品进销存明细账。各商场按时上报对账单，以便会计人员进行审核与记账。

（7）只有在填写明确且有柜组长或商场经理签字的优惠销售凭证时才可做优惠销售，严禁擅自更改商品售价。

（8）为客户办理退货时，须严格审核是否有柜组和商场经理签字，金额款大的要与柜组取得联系后方可退款。

（9）收银时，认真核对商品信息，防止出现收银错误，造成损失。

（10）严格执行交接班制度，清点货款，整理账目，明确责任；检查机器运行情况，营业结束，按规定程序关闭机器、切断电源，将账款、周转金整理封包，交商场统一保管。

资料来源：http://www.chaoshi168.com/

**要求：**

1. 从上述资料中提炼出连锁企业门店中收银员应具备的岗位能力和素养。
2. 试述收银员应掌握的知识和技能有哪些。
3. 试从收银作业的特点总结出收银员工作的基本要求。

**相关知识**

## 一、收银岗位认知

连锁企业收银员的工作不仅关系到各个门店营业收入的准确性，更是整个连锁企业门店的一项综合性管理工作。大多数连锁超级市场、便利店都把进口处和出口处（收银处）设计在一起，因此顾客一进入门店第一个看到的工作人员往往就是收银员，而当顾客选好商品到出口处结算货款时，直接接触到的还是收银员，所以收银员的服务态度和服务质量直接体现了企业形象和管理水平，关系重大。

对收银员的工作要求，较门店内其他职工来说要高得多，这是由其岗位的固定性和责任的重大性所决定的。作为一个专门的岗位和一项专门的技术，收银工作有以下几个方面的特点。

（1）专业性。收银工作作为商家在其营业场所设立的一个重要的经济岗位，有着专门的操作技术和工作要求，是一项专业技术性很强的工作。

（2）责任性。收银工作是一项经济责任很大的工作，收银台每天收取大量的货币现金，这些货币现金既关系着企业的经济利益，又关系着顾客的切身利益，因此，需要每个收银员都具有高度的责任心。

（3）效率性。由于现代生活的快节奏，加上超市商场等营业场所的客流量较大，所以收银工作时间性很强。为了节省顾客的时间，就需要收银员抓紧时间，提高收银速度，从而提高工作效率。

（4）服务性。收银工作是一项服务性工作。俗话说，顾客是上帝，让每一位顾客满意是收银工作的宗旨。收银服务应主动、热情、周到。

（5）法律性。收银工作是与钱打交道的工作。所以，收银员在拥有良好的思想品德的同时，还要具备较强的法律意识，不但要管住自己的手，还要管住别人的手，因此要严明收银员的作业纪律。

## 二、收银岗位主管能力及员工职责

### （一）收银主管的能力要求

#### 1. 工作能力

（1）熟悉各项收银作业，如营业前的准备、营业中的操作管理及营业后的结算收尾工作。

（2）安排收银员作业的能力。

（3）以身作则并督导下属做好对顾客正确、迅速、礼貌服务的能力。

（4）教育培训下属的能力。

（5）清账、结账工作能力。

（6）总部各项规定事项的执行、检查与追踪等能力。

**2. 工作知识**

（1）人事管理知识。

（2）商品知识。

（3）金钱管理。

（4）装袋技巧、包装技巧。

（5）卖场礼仪，顾客应对之道。

（6）收银机操作及简单故障的排除。

（7）顾客投诉处理技巧。

## （二）收银员的主要工作职责

### 1. 提供客户消费后的直接结账、收银等服务

根据顾客交来的核对无误的销售凭证进行操作（超市收银员凭顾客选购的商品进行扫描操作），正确办理现金、支票、银行信用卡、优惠券等各项资金及有价证券的收款业务。每天下班时将所收资金核对准确，及时上交。

### 2. 零用金及办公用品的领取和管理

及时领取所需零用钱、发票及办公用品；零钱不够时要求主管兑换，发票用完到总收款室登记领用；对于急需的办公用品及时报告主管。

### 3. 负责现金和转账结算凭证、单据的保管与安全保障

在销售中所收的资金、所用的发票、凭证表单、印单要妥善保管、加强保护，不得随便乱放，严防丢失、被盗和损毁。

### 4. 收款凭证和各种表单的装订与上交

收银员每天下班之前，要认真将销售凭证的记账联、开具的发票留存联等原始凭证装订好，连同当日收取的货币资金一并交到总收款室，结清当日账务。

### 5. 收银设备的日常管理与使用前调试

在日常工作中，要做好收银设备的清洁、维护与管理工作。每天开业前进行收款前的设备调试与检测；检查收银机各部分线路、外用设备是否正常连接。分别打开 UPS 电源开关、收银机外显示器、主机电源，保证一切收银工作设备的正常运转，使其处于正常的待机状态。

## 三、收银岗位的礼仪服务规定

如果每一位收银员在为顾客提供服务时，都能面带微笑地招呼和协助顾客，并且和顾客稍做家常式的谈话，将使顾客在购物之余，还能感受到愉快和亲切的气氛。也许顾客并不会当面称赞或表示感谢，但是顾客的再度光临，就是答谢工作人员的最好证明。因此，每一位收银员皆应切记要为顾客提供最好的服务，让顾客再度惠顾。

## （一）收银员的仪表

收银员的仪表应以整洁、简便、大方、富有朝气为原则。

（1）整洁的制服。每位收银员的制服，主要包括衣服、鞋袜、领结等，必须保持一致并维持整洁、不起皱。上岗时必须按规定在统一且固定的位置上佩戴好工号牌。

（2）清爽的发型。收银员无论是长发还是短发都应梳理整齐。

（3）适度的化妆。女性收银员化适度的淡妆可以让自己显得更有朝气，但切勿浓妆艳抹，以免造成与顾客的距离感。

（4）干净的双手。连锁企业门店无论销售的是食品还是服装等商品，若收银员的指甲藏污纳垢，或是涂上过于鲜艳的指甲油，会使顾客感觉不舒服，同时过长的指甲，也会造成收银员工作上的不便。

## （二）收银员的举止态度

（1）收银员在工作时应随时保持亲切的笑容，以礼貌和主动的态度来接待和协助顾客。与顾客应对时，必须态度诚恳，而不是表现出虚伪、僵化或敷衍的表情。

（2）当的确是顾客发生错误时，切勿当面指责，应以委婉有礼的言语来为顾客解脱。

（3）收银员在任何情况下，都应保持冷静和清醒，控制好自己的情绪，切勿与顾客发生任何口角。

（4）员工与员工之间切勿大声呼叫或相互闲聊。

 **阅读链接**

## 超市收银服务九禁忌

收银是整个购物环节的最后一道程序，如果收银员不注重服务技巧和细节，就会影响顾客愉悦的购物心情，继而产生不满甚至投诉。以下9个方面的问题，需要收银人员引起重视。

（1）忌带情绪上岗，上机前一定要调整好心情，要热情微笑服务。可面对整容镜练习，切不可绷着脸无精打采面对顾客，甚至将不良情绪发泄到顾客身上。

（2）收银时当顾客发现电脑价与标价不符时，首先要向顾客道歉，及时通知相关人员马上查实处理，请顾客稍等，切勿对顾客说："不关我的事，你去找服务台。"

（3）在收银时，如果顾客是用婴儿车推着孩子，忌太明显地弯着腰勾着头去检查车子，这样顾客很反感，要很自然的假装去亲近孩子，迅速检查车内是否有商品，并说："你的宝宝好可爱呀！"这样做不但顾客不会觉得反感，反而会觉得很亲切。

（4）当顾客产生误解生气时，切勿为自己辩解，甚至指责顾客的不对，对顾客微笑回复："非常抱歉，让你生气了。"要礼貌地给顾客解释，并迅速帮助顾客解决问题，如自己解决不了要通知领班处理。

（5）忌硬性促销商品。当顾客对你的促销商品不感兴趣而拒绝了你时，请不要强求顾客购买，这样会让顾客很厌烦，影响顾客的情绪。

（6）零钱是困扰每位收银员的难题，收银员要主动向顾客索要零钱，当顾客说没有时，切勿缠着顾客说："我都看到你有零钱了。"

（7）当发现顾客使用小面额的假币时，要礼貌地对顾客说，"您好，请换一张（个），好吗？"忌直接对顾客说："你这钱是假的，换一张（个）"。如果发现顾客使用百元假币时，礼貌地要求更换后，顾客仍拿出假币，此时就要马上通知防损员到场处理。

（8）当提货卡余额不足 5 元时，按公司规定要回收卡，在结算时一定要提醒顾客一次性消费完，忌在顾客不知情的情况下将卡收回再告之公司规定，这种行为很容易激怒顾客。

（9）忌仍有顾客排队，就下机不给顾客结账，告诉顾客到其他的收银台进行结账。应该直到自己台前没有顾客方可下机，或提前通知顾客到其他的收银台去结账。

收银岗位是重点形象窗口，也是与顾客接触最多的服务一线，不仅要注重工作时的仪容仪表和服务技能，更要注重服务技巧，让顾客走得高兴，能再次光临。只有我们注意细节，换位思考，收银工作才会做得更好。

资料来源：http：//www.chaoshi168.com/

### （三）正确的待客用语

由于顾客需求的多样性和复杂性，难免会出现不能满足顾客的情况，使顾客抱怨，而这种抱怨又常会在付账时对收银员发出，因此，收银员应掌握一些正确的待客用语。只要收银员能够友善、热心地对待顾客，顾客也会以友善的态度来回馈收银员。收银员常用的正确待客用语如下。

（1）暂时离开收银台时，应说："请您稍等一下。"（必须短暂离开顾客，为顾客做其他服务时，应先说这句话，同时将离开的理由告知顾客，如"我马上去货架查一下"。）

（2）收银员重新回到收银台时，应说："真对不起，让您久等了。"

（3）遇到由于自己疏忽或的确没有解决办法时，应说"真抱歉"或"对不起"。

（4）提供意见让顾客决定时，应说："若是您喜欢的话，请您……"

（5）希望顾客接纳自己的意见时，应说："实在是很抱歉，请问您……"

（6）当提出几种意见询问顾客时，应说："您的意思怎么样呢？"

（7）遇到顾客抱怨时，应仔细聆听顾客的意见并予以记录，如果问题严重，不要立即下结论，而应请主管出面向顾客解说，其用语为："是的，我明白您的意思，我会将您的建议汇报店长并尽快改善，或者您是否要直接告诉店长？"

（8）当顾客买不到商品时，应向顾客致歉，并给予建议，其用语为："对不起，现在刚好缺货，让您白跑一趟，您要不要先买别的牌子试一试"或"您要不要留下您的电话和姓名，等新货到时立刻通知您"。

（9）不知如何回答顾客询问，或者对答案没有把握时，绝不能说"不知道"，应回答"对不起，请您等一下，我请店长来为您解答"。

（10）顾客询问商品是否新鲜时，应以肯定、确认的态度告诉顾客："一定新鲜，如果买回去不满意，欢迎您拿来退钱或换货。"

（11）顾客要求包装所购买的礼品时，应微笑地告诉顾客："好的，请您先在收银台结账，再麻烦您到前面的服务台（同时打手势，手心朝上），会有专人为您包装的。"

（12）当顾客询问特价商品的信息时，应先口述数种特价商品，同时拿宣传单给顾客，并告诉顾客："这里有详细的内容，请您慢慢参考选购，祝您购物愉快。"

（13）在店门口遇到购买了本店商品的顾客时，应说："谢谢您，欢迎再次光临。"

（14）本收银台收银空闲，而顾客又不知道要到何处结账时，应该说："欢迎光临，请您到这里来结账好吗（以手势指向收银台，并轻轻点头示意）？"

（15）有多位顾客等待结账，而最后一位表示只买一样东西，且有急事要办时，对第一位顾客应说："对不起，能不能先让这位只买一件商品的先生（小姐）先结账，他好像很着急。"当第一位顾客答应时，应再对他说声"对不起"。当第一位顾客不答应时，应对提出要求的顾客说："很抱歉，大家好像都很急。"

### （四）收银员应该避免的言行表现

（1）收银员在为顾客结账时，从头至尾不说一句话，只是闷着头、面无表情地操作收银机。找钱给顾客时，不进行装袋工作，或进行下一笔结账作业。

（2）为顾客提供装袋服务时，不考虑商品的性质，全部放入同一购物袋内，或者将商品丢入袋中。

（3）顾客询问是否还有特价商品时，收银员以不耐烦的口气用一句话来打发顾客。例如："不知道！""你去问别人！""卖光了！""没有了！""货架上看不到就没有了！""你自己再去找找！"等。

（4）收银员彼此互相聊天、谈笑，当有客人走来时，往往不加理会或自顾自地做事，等到顾客开口询问时，便以敷衍的态度回答，然后继续聊天或做自己的事。

（5）当顾客询问时，只是让对方等一下，即离开不知去向，由于没有告诉对方离去的理由，使顾客不知所措，不知道到底要不要等或等多久。

（6）在顾客面前，和同事议论或取笑其他的顾客。

（7）当顾客在收银台等候结账时，负责该柜台的收银员突然告之顾客："这台机不结账了，请到别的收银机去"，即关机离开。让排队的顾客浪费了许多等候的时间而又必须重新排队。

**知识拓展**

## 超市收银员的工作职责

对于超市收银员或者准备从事收银工作的人员来说，要想做好收银工作，成为一名合格的超市收银员，首先应该明了超市收银员的工作职责。

1. 为顾客提供结账服务

收银员在提供结账服务时不仅要快捷，而且必须准确。不可将低价位的商品，以高价位打出，损害顾客利益；也不可将高价位的商品，以低价位打出，损害企业的利益。对于扫描不出的商品，应输入商品的代码，在输入时应看清数字，杜绝错误。

2. 为顾客提供咨询服务

收银员不仅要熟练掌握收银工作技能，还要全面了解整个商场商品的布局。在顾客询问时，要能够准确回答顾客的问题，热情礼貌待客，做好导向服务。

3. 现金管理

收银员由于其工作岗位的需要，每天与大量现金接触，所以必须严格遵守超市有关现金管理的规定。如工作时身上不可带有现金，不可在工作岗位上清点现金等。

4. 超市防损

顾客在结账时，会因某种原因将一些商品留在收银台上，这时，收银员应及时将顾客不需要的商品归位到货架上，避免不必要的损耗。从某种程度上说，收银员也是兼职防损员。

5. 推广促销活动

超市经常有各种各样的促销活动，收银员在推广促销活动中，除正常收银作业以外，应特别注意做好宣传和告知工作，告知的内容主要包括以下三项。

（1）享受优惠或赠品的条件。

当顾客所购商品的金额已接近这次活动所需金额时，收银员应提醒顾客再选购一些商品就可以得到某种优惠或赠品等，这样可以使顾客获得某种意义上的满足感并感受到被尊重。

（2）有关注意事项。

收银员在解答顾客关于促销活动的问题时，应将有关注意事项告知顾客，比如，截止日期、参与条件等。

（3）促销活动的类型。

促销活动有"累计"计算和"不累计"计算之分。在"不累计"计算的促销活动中，收银员应注意此项活动特点的宣传与说明，避免一些不愉快的场面出现。

资料来源：http：//www.liqungroup.com

 案例分析

## 收银员工作失误引发的顾客投诉

2001 年 7 月，在顾客服务中心收到这样一则投诉，顾客杨某一家在买完单时无意中发现，他的小票上多录入了两件他并没有购买的商品，与此同时，跟随他身后买单的家人，也发现小票上多录入了两件并没有购买的商品。杨某当时非常气愤地跑到顾客服务中心，大骂："你们简直是诈骗犯！"而且一直嚷嚷："如果不对这件事做出合理解释，我就投诉到消协。"并口口声声说"要炒掉这样的员工，要狠狠地处罚她"。闻讯而来的主管马上拿过小票进行核实，发现情况确实如此，而且错误出自同一个收银员。主管立即向顾客道歉，并将这一家人引至自己的办公室内，倒水安慰他们。待他们冷静后，主管再次对收银员工作的失误进行诚恳的道歉和检讨，并答应就此事要对该收银员进行严肃的处理和教育。当时商场正在进行有奖促销活动，主管就多给了几张抽奖券给顾客，并说"这次差错是我们工作中的一次失误，我们一定会引以为戒，提高我们员工的工作质量，希望您能继续支持和相信我们商场。"在主管的耐心解释下，杨某一家才慢慢地消了气，并主动说："算了，也不要炒掉她了，现在找一份工作也不容易，但要好好教育她，不能再出现这样的失误，否则对你们商场的声誉影响太坏了。"

资料来源：http://www.docin.com/

**思考问题：**

1. 案例中的收银员犯了哪些方面的工作失误？
2. 如果你是这位收银员，面对这种情况怎样应对处理？

## 技能训练

**一、思考题**

1. 简述收银工作和防损工作的关系。
2. 收银员在工作中有哪些注意事项？
3. 收银员的工作范围有哪些？
4. 简述收银员主要的岗位职责。

**二、能力训练**

1. 根据收银员的岗位特性，去当地连锁超市调研，了解收银员的工作内容和工作职责。
2. 如果你是连锁企业门店的收银主管，你如何培训自己的下属，使其称职地工作和提供满意的服务？

# 任务2　收银作业管理

## 资料：超市收银员工作流程

收银是一个专业化的岗位，只有熟练地掌握岗位技能，才能成为一名合格的收银员。收银员每日作业可分为营业前作业、营业中作业、营业结束后作业。

### （一）营业前准备作业

（1）提前半小时换好工作装。

（2）在班长的带领下到现金房领取备用金。

（3）收银员在班长在场的情况下清点备用金（按"币种"明细表）。

（4）确认无误后，在相应的栏内画"√"，确认签字。

（5）在班长的带领下返回卖场，做早礼，做开店前准备。

（6）进行收银台的区域整理（搞好收银台的卫生，物品要码放整齐）——开启收银机（检查收银机是否正常，如有异常应马上调整）——备品整理。

（7）整理工装、工牌，以饱满的工作热情迎接开业。

### （二）营业工作中的要点

（1）遵守收银工作重点，欢迎顾客光临。

（2）对顾客的提问耐心回答。

（3）发生顾客抱怨或由于收银结算有误，顾客前来投诉交涉时，立即联系值班班长，避免影响正常的收银工作。

（4）对顾客不要的小票要当场撕毁，不得保留。

（5）重扫商品，必须由班长、经理进行取消。

（6）交接班时做到确认收银机、抽屉及周围是否有忘记回收的现金。

（7）在等待顾客时，进行收银前的各项工作的准备。

（8）在非营业高峰期间，听从班组长安排从事其他工作。

（9）按照装袋要求对商品进行分类装袋。

### （三）营业结束后的处理

（1）营业结束时拿好备用金、营业款及各类单据，到指定地点填制清单，并按公司规定的金额留存备用金。

（2）填写现金交款单，全部点好并整理好现金。在其他人员监督下转入钱袋，将收回的购物卡及银行单据放入卡袋，拿好现金袋、卡袋到指定地点，在登记簿上签名后交收银主管签收，并将备用金有序地放入保险柜内。

（3）整理收银作业区卫生，清洁、整理各类备用品。

（4）关闭收银机并盖好防尘罩。

（5）协助现场人员做好结束后的其他工作。

资料来源：陈险峰．收银实务．北京：中国财政经济出版社，2006.

**要求：**

1. 从上述资料总结收银员日常工作的内容。

2. 试述收银作业中，在金钱管理方面都有哪些注意事项。

 **相关知识**

# 一、收银作业流程

具体收银作业可针对每日来安排，每日作业流程可分为营业前、营业中、营业结束后三个阶段。

## （一）营业前

营业前作业流程如图 2 – 1 所示。

图 2 – 1 营业前工作流程

（1）领取机号。参加晨会和礼仪训练并领取收银员机号。

（2）领取设备用具。领取为每台收银机准备的专业设备和文具，收银柜上备有的海绵缸、干净抹布、小票带、购物袋等。

（3）清洁整理收银作业区。包括：收银台、包装台台面、收银机设备；收银柜台四周的地板、垃圾桶；还有收银机前货架商品的整理、清洁灰尘、核实价格标签等。

（4）准备购物袋、小票带等。检查所有规格的购物袋、小票带是否足够，将购物袋、小票带放置在正确的位置和设备上，保证正确的安装，还要检查库存小票带是否安全地收放在收银柜中。

（5）仪容检查。收银员检查自身服装是否整洁、合乎规定，身份识别证件是否佩戴到位，个人头发、仪容是否整齐、清洁。

（6）开机、检查收银机。检查收银机系统的日期是否正常，开机状态是否稳定，机内的程序设计和各项统计数值是否正确，关键是检查收银机能否扫描、收银。

此外，收银员还应确认当天的特价商品、变更售价商品、促销活动及重要商品所在位置。

## （二）营业中

遵守收银工作要点，为顾客提供正确快速的结账服务。在整个结账过程中，收银员必须做到三点，即正确、礼貌和迅速。营业中基本的收银作业流程如图2-2所示。

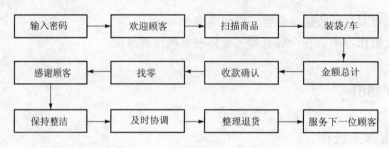

图2-2　营业中收银作业流程

（1）输入密码。输入上岗收银员的密码，收银员只能够也只允许用自己的密码上岗。

（2）欢迎顾客。面带笑容，与顾客的目光接触；等待顾客将购物篮里或手上的商品放置收银台上；让收银机的活动荧屏面向顾客。

（3）扫描商品。逐一扫描顾客购买的商品，要手快、有速度感且正确无误，既不漏扫更不要多扫商品；登录完的商品必须与未登录的商品分开放置，避免混淆；检查购物篮底部是否还留有商品尚未结账。

（4）装袋/车。将已经消磁的商品按照装袋的原则与标准装入相应的购物袋或放入购物车中，妥善地交给顾客。

（5）金额总计。结算商品总金额，并告知顾客。

（6）收款确认。唱收顾客的钱款，确认顾客支付的金额，并检查是否为伪钞；要注意赠品兑换或赠送、现金抵用券或折价券的折现等的处理。

（7）找零。正确找出零钱。将大钞放下面，零钱放上面，双手将现金连同收银条一并交给顾客，并要做到唱付；待顾客无疑问时，立刻将磁盘上之现金放入收银机的抽屉内并关上。

（8）感谢顾客。一手提着购物袋交给顾客，另一手托着购物袋的底部。确定顾客拿稳后，才可将双手放开，确定顾客没有遗忘的购物袋，面带笑容，目送顾客离开。

（9）保持整洁。时刻保持收银台及周围环境的清洁，包括擦拭收银台、清理环境、整理购物篮和推车等。

（10）及时协调。需要时协调、指导新员工及兼职人员，如协助门店搞好安全保卫工作。

（11）整理退货。收银空暇时整理顾客的退货，并进行分类。

（12）服务下一位顾客。重复以上程序，接待下一位顾客。

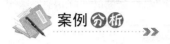

## 找零？找麻烦？

七月十六日，顾客张某和妻子到华联来购物。刚刚搬新居，家里很多东西需要添置，华联刚开业不久，而且有很多特价商品，所以他们赶了过来。到二楼买了满满一车日常家居用品，洗发水、沐浴露、香皂等，买了一些办公用品，然后到一楼又买了一些副食、调味品，到收银台一结账，总共花了1 002.70元，张某递给收银员十一张面值100元的钞票。收银员埋头递给张某找换的零钱并将清单交给他，接着接待下一位顾客。张某直接把零钱装入口袋，和妻子走出大门，将商品装上车。上车前在妻子的提醒下，把零钱拿出来一数，只有47.30元。他回头找到这位收银员，收银员赶紧解释："我找过您钱，97.30元，您再仔细找找，是不是掉了？"张某回答："我怎么可能掉了呢？我刚从这里出门，根本没有去任何地方，再说我也一路找过了。"收银员强调："钱款必须当面清点，一出柜台我就无法负责。"张某表示不满："你当时根本就没抬头，也没告诉我找了多少钱。"双方发生争执，这位顾客后来找到收银主管投诉。收银主管将该柜台所有收款项即时清点，并无差误。最后，在该顾客其中一个装满商品的塑料袋中找到了一张50元的面钞。顾客感到有些不好意思，但收银员却回头对收银主管说："这人就会找麻烦。"

资料来源：http：//www.docin.com

**思考问题：**

1. 上述案例中，收银员存在几个方面的错误？
2. 如果你是这位收银员，面对这种情况，如何应对处理顾客的质疑？

### （三）营业结束后

营业结束后，收银员应将收银机里的所有现金（除门店规定放置的零用金外）、购物券、单据收回金库，放入门店指定的保险箱内，收银机的抽屉必须开启，直至明日营业开始。收银机抽屉打开不上锁的理由是，为了防止万一有窃贼进入门店时，窃贼为了窃取现金等而敲坏收银机抽屉，枉增公司的修理费用。

收银员下班前的工作流程如图2-3所示。

（1）暂停收银：在快闭店时，如果还有顾客在收银机前，应该继续为其服务，然后放置"暂停结账"的告示，向附近的顾客说"对不起"，请其到其他收银机付款。

（2）执行班结程序：执行班结程序，打印班结清单。

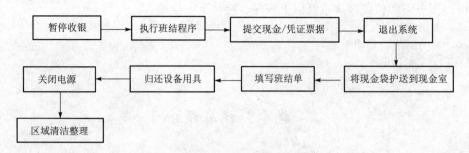

图 2-3　营业结束后的作业流程

（3）提交现金或凭证票据：应提交的包括收银机抽屉中所有现金（现金袋）、购物券、礼券、单据及代金券、友情卡、信用卡单、银行卡单、连锁企业门店许可充当现金的凭证、该收银机班结单。

（4）退出系统：退出收银机收款系统。收银机的抽屉则不必关上，让其打开，直到次日营业时间开始，其目的在于防止夜间歹徒侵入卖场时破坏收银台。

（5）将现金袋护送到现金室：将现金袋安全护送到现金室，现金予以登记，收银员不进行点钞过程。

（6）填写班结单：填写班结单，收银主管进行金额核实，无误后，在班结单上签名认可。

（7）归还设备用具：将借出的设备用具归还现金室。

（8）关闭电源：切断收银机及消磁系统电源。

（9）区域清洁整理：清洁收银台面和收银机；清理收银柜，将所有购物袋、小票带放回指定地方；清洁收银机周围区域；将收银机区域内的商品放到指定的地方；将停留在收银机区域的购物车、购物篮放回到指定区域。

## 二、收银作业管理

### （一）收银纪律管理

由于收银员工作对连锁企业经营特殊的重要性，对收银员作业的管理最好要细化到收银员作业流程的每一个作业程序，乃至每一个动作和每一句用语，确定对收银员作业管理的重点是十分重要的。

现金的收受与处理是收银员极其重要的工作之一，这也使得收银员的行为与操守格外引人注意，为了保护收银员，避免不必要的猜疑与误会，也为了确保门店现金管理的安全，作为与现金直接打交道的收银员，必须遵守企业严明的作业纪律。

（1）收银员在营业时身上不可带有现金，以免引起不必要的误解和可能产生的公款私挪的现象。如果收银员当天拥有大额现金，并且不方便放在个人的寄物柜时，可请店长代为存放在店内保险箱里。

（2）收银员在进行收银作业时，不可擅离收银台。收银台内现金、礼券、单据等重要物品较多，如果擅自离开，将使歹徒有机可乘，造成店内的钱币损失，而且可能会引起等候结算顾客的不满与抱怨。

（3）收银员应使用规范的服务用语。

（4）收银员不可为自己的亲朋好友结算收款，以免引起不必要的误会。

（5）在收银台上，收银员不可放置任何私人物品。因为收银台上随时都可能有顾客退货的商品，或临时决定不购买的商品，如果有私人物品也放在收银台上，容易与这些商品混淆，引起他人的误会。

（6）收银员不可任意打开收银机抽屉查看数字和清点现金。随意打开抽屉既易引人注目而造成不安全的因素，也会使人产生对收银员营私舞弊的怀疑。

（7）暂不起用的收银通道必须用链条拦住，如果不起用的收银通道也开放的话，会使一些不良顾客不结账就将商品带出。

（8）收银员在营业期间不可看报与谈笑，看报与谈笑不仅容易疏忽店内和周围情况，导致门店遭受损失，而且会给顾客留下不良的印象。因而，收银员要随时注意收银台前人员的进出情况和视线所能见的卖场内的情况，以防止和避免不利于企业的异常现象发生。

（9）收银员要熟悉门店的商品和特色服务内容，了解商品位置和门店促销活动，尤其是当前的商品变价、商品特价、重要商品存放区域，以及有关的经营状况等，以便顾客提问时随时作出正确的解答。同时收银员也可适时地主动告知顾客店内的促销商品，这样既能让顾客有宾至如归、受到重视的感觉，又可以增加门店的销售业绩。

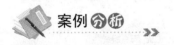
案例分析

## 不该丢失的营业款

一天晚上，天下着大雨，门外漆黑一片，此时，商场营业已结束，收银员均在收银机前做当日营业款的清点工作。这时，只听有人敲门，值班师傅问："什么事情？"门外人答："因肚子饿想买点点心。"在征得值班班长同意后，值班师傅将门打开放人进店购物。只见那人进卖场后，挑选了两盒八宝饭，到2号收银机处付款，而此时，值班班长收好1号收银机的营业款后也到2号机收款，当该人付款出门后，值班班长突然发觉刚收好的1号机的营业款的袋不见了，内存1号机当天营业款一万余元，当值班班长和值班师傅追出门外，寻找该人时，哪里还有踪迹。可以分析，该人在进商场前并无偷窃念头，但当他购完物付款时，发现1号收银机营业款正好放在2号机的柜面上，而且收款所用的袋子，正好是商场给顾客的包装袋。而且此时值班长的注意力全部集中在点验2号机的当日营业款上，给了那人可乘之机，而在出门时值班师傅一看是商场的袋，根本不会怀疑，值班班长的大意，造成了重大的经济损失。

资料来源：http：//www.china-tale.com

**思考问题：**

1. 上述案例中值班班长在收银作业中所犯错误有哪些？

2. 作为收银员，在收银作业中应注意哪些事项？

## （二）收银员装袋作业管理

将结算好的商品为顾客装入袋中是收银工作的一个环节，不要以为该项工作是最容易不过的，该项工作做得不好，往往会使顾客扫兴而归。

### 1. 正确选择购物袋

购物袋的尺寸有大小之分，根据商品的多少来选择正确大小、数量的购物袋。究竟用一个大的购物袋还是用两个小的购物袋，由商品的类别和承重来决定。

### 2. 将商品分类装袋

商品分类非常重要，正确科学地分类装袋，不仅可提高服务水平、增加顾客满意度，也体现了尊重顾客、尊重健康的理念。一般分类的原则如下。

（1）生鲜类食品（含冷冻食品）不与干货食品、百货食品混合装袋。

（2）生鲜食品中的熟食、面包类即食商品不与其他生鲜食品混装，生熟分开。

（3）生鲜食品中，海鲜类不与其他生食品混装，避免串味，水果不能和未处理的生鲜蔬菜放在一起等。

（4）化学用剂类（洗发水、香皂、肥皂、洗衣粉、各类清洁剂、杀虫剂等）不与食品、百货类混装。

（5）服装、内衣等贴身纺织品，一般不与食品类商品混装，避免污染。

（6）其他比较专业的、特殊的商品一般不混装，如机油、油漆等。

### 3. 装袋技巧

（1）硬与重的商品垫底装袋。

（2）正方形或长方形的商品装入包装袋的两侧，作为支架。

（3）瓶装或罐装的商品放在中间，以免受外来压力而破损。

（4）易碎品或轻飘的商品放置在袋中的上方。

（5）冷冻品、豆制品等容易出水的商品和肉、菜等容易流出汁液的商品，应先用包装袋装好后再放入大的购物袋中，或经顾客同意不放入大购物袋中。

（6）装入袋中的商品不能高过袋口，以避免顾客提拿时不方便，一个袋装不下的商品应装入另一个袋中。

（7）超市在促销活动中所发出的广告页或赠品要确认已放入包装袋中。

（8）入袋时要绝对避免不是一个顾客的商品放入同一个袋中的现象。

（9）对包装袋中装不下的体积过大的商品，要用绳子捆好，以方便顾客提拿。

（10）提醒顾客带走所有包装入袋的商品，防止顾客将商品遗忘在收银台上。

### （三）收银员离开收银台的作业管理

当收银员由于种种正常的原因必须离开收银台时，其作业的控制程序如下。

（1）离开收银台时，要将"暂停收款"牌摆放在收银台上顾客容易看到的地方。

（2）用链条将收银通道拦住。

（3）将现金全部锁入收银机的抽屉里，同时将收银机上的钥匙转至锁定的位置，钥匙必须随身带走或交店长保管。

（4）将离开收银台的原因和回来的时间告知邻近的收银员。

（5）离开收银机前，如还有顾客等候结算，不可立即离开，应以礼貌的态度请后来的顾客到其他的收银台结账，并为现有等候的顾客结账后方可离开。

### （四）顾客兑换金钱管理

店内所持有的各种纸币和硬币，是用于维持门店每日正常的营业的，找钱给顾客的时候应保证收银机内有一定的存量，如果接受所有顾客额外兑换金钱的要求，必将难以有效控制门店内的现金。尤其是有一些不法分子以换钱为由，运用各种手段诈骗金钱，致使门店遭受损失。

因此，若顾客是以纸钞兑换纸钞的话，收银员则应予以婉言拒绝。若门店内设有公共电话或在店门口设有儿童游艺机，则可让顾客兑换小额硬币零钱，一般连锁企业为了不影响收银员的正常工作，规定顾客必须在服务台上兑换零钱，那么收银员应耐心地引导顾客到服务台进行钱币兑换。

### （五）本店职工的购物管理

连锁企业为了保证正常的营运与服务质量，对本店员工购物在时间和要求上有着明确、严格的管理与规定。

（1）门店员工不得在上班时间内购买本店的商品，其他时间在本店购买的商品，如要带入门店内，其购物发票上必须加签收银员的姓名，还需请店长加签姓名，双重签名是为了证明该商品是结过账的私人物品。

（2）门店员工调换商品应按连锁企业规定的换货手续进行。不得私下调换，收银员不可徇私包庇，以避免员工因职务上的便利，任意取用店内商品或为他人图利，慷企业之慨。

### （六）收银员对商品的管理

为了进行有效的门店商品管理，连锁企业门店采取集中结算的原则，即凡是通过收银区的商品都要付款结账。为了保证收银有条不紊地正常进行，收银员要有效控制商品的出入，商品的进入如无特殊需要，一般不经过收银通道。有些商品的出店，如对工厂或配送中心的退货，应从指定地方退出，不得通过收银通道，这样可避免厂商人员或店内职工擅自将商品带出门店，造成门店的损失。对厂商人员应要求其以个人的工作证换领门店自备的识别卡，离开时才换回。

（1）凡是通过收银区的商品都要付款结账。

（2）收银员要有效控制商品的出入，避免厂商人员或店内职工擅自将商品带出门店，造成损失。

（3）收银员应熟悉商品价格，以便尽早发现错误的标价，特别是调价后实行新价格日，需特别注意调价商品的价格。如果商品的标价低于正确价格，应向顾客委婉解释，并应立即通知店内人员检查其他商品的标价是否正确。

**（七）商品调换和退款的管理**

每一个连锁企业都有自己的商品调换和退款管理制度，原则上凡是食品不予调换和退款，除非是商品有质量问题，其他商品应予以调换。

（1）接受顾客要求调换商品或退款，门店应设有指定人员专门接待，不要让收银员接待，以免影响收银工作的正常进行。

（2）接待人员要认真听取顾客要求调换商品和退款的原因，做好记录，借此了解顾客退、换货的原因，同时这些记录可能成为门店今后改进工作的依据。

（3）退换货作业最好在门店服务台或其他指定地点进行，以免影响收银员正常结账作业。

 **阅读链接**

## 超市收银员退货流程

有的超级市场，收银员在收款的同时也负责顾客的退货服务。当顾客购买商品后，由于种种原因不想要了，就需要办理退货手续，其流程如下。

（一）退货过程

（1）如顾客请求退货，退款需提供电脑小票或发票，商品必须保持原包装。

（2）以下商品不得退货、退款：录音带、CD、书籍、内衣、电池、化妆品、烟酒。

（二）退款程序

无发票或电脑小票的，破损商品的退货必须经部门主管允许方可进行。单件商品价值在500元以下的由服务中心值班员验货后直接办理退货；商品价值在500元以上的需有关部门经理签字后方可办理退货。

员工退款流程：

（1）填写"销售退回证明"，单品价值在500元以上的，请主管签字，一式两联。

（2）把退货的价格输入退款收银机。

（3）将退款收据和顾客所提供的发票附在"销售退回证明"上。

（4）对于生鲜物品的退货需部门主管在退款收据上注明"可以重售"或"不可以重

售"备查。

（5）顾客签好"销售退回证明"后，将退款交给顾客。

（6）负责退货的人员要严格把握商品的质量，以防不法人员换取商场的商品。

（7）第一联的"销售退回证明"分部门放好，以备保安检查之用。

（8）将第二联存档。

资料来源：http：//www.chaoshi168.com

## 三、收银员金钱管理

### （一）零用金管理

为应付找零及零星兑换之需，零用金的妥当准备应注意以下问题。

（1）零用金应包括各种面值的纸钞及硬币，其数额可根据营业状况来决定，每台收银机每日的零用金应相同。

（2）每天开始营业前，必须将各收银机开机前的零用金准备妥当，并铺在收银机的现金盘内（有的连锁企业门店是将上一次结账结束后置放的零用金作为下一次开机前的零用金）。

收银员应填写零用金领取单，如表2-1所示。

表2-1　零用金领取单

| 日期 | 收银员姓名 | 领取金额 | 领取人签名 | 交回注销 | 备注 |
|------|------------|----------|------------|----------|------|
|      |            |          |            |          |      |
|      |            |          |            |          |      |

（3）除每日开机前的零用金外，各门店还备有足够数额的存量，以便在营业时间内，随时为各台收银机提供兑换零钱的额外需要。因而，收银员应随时检查零用金是否足够，以便及时兑换。

（4）零用金不足时，切勿大声喊叫，也不能与其他收银台互换，以免混淆账目，一般可请店长或理货员进行兑换。

（5）执行零用金兑换作业时，应填写"兑换表"（见表2-2），并由指定人员进行。兑换时必须经过收银员与兑换人员双方对点清楚。完成兑换之后，应将兑换表收存在指定位置，以便日后查核。

表2-2　零用金兑换表

| 日期 | 姓名 | 兑换金额 | 收银员签名 | 经手人签名 | 备注 |
|------|------|----------|------------|------------|------|
|      |      |          |            |            |      |
|      |      |          |            |            |      |

### （二）大钞管理

（1）收银台不仅人员出入频繁，也是卖场唯一放现金的地方，其安全值得格外重视。尤其是找钱给顾客时，并不需要用到最大面值的现钞，因此无须将最大面值的钞票放在收银机抽屉内的现金盘内，为了安全起见，可放在现金盘的下面，以现金盘遮盖住。

（2）当抽屉内的大钞累计到一定数额时（可按各连锁企业门店的营业状况加以规定，如2 000元），应立即请收银主管或店长收回至店内的保险箱存放，此作业称为中间收款，可避免收银台的现金累积太多，而引发歹徒作案。即使真遇到歹徒强行抢劫，也可因大钞已自收银台收走，而使门店的损失降到最低。

（3）收取大钞时，应暂停收银台的结账作业，将现金放在特定的布袋内，然后系在手上带走，并随时注意四周的情况。

（4）每次收大钞时，经过点数后，必须将收取的现金数额、时间登录在该收银台的中间收款记录本内，由收银员及收银主管分别签名确认。每台收银机应分别有中间收款记录本。

（5）大钞预收的原则如下。

① 大钞预收只能由店长或当班班长进行。

② 大钞收取和存放过程中必须保证资金的安全。

③ 店长（当班班长）和收银员两方均在场时，打开银箱收取大钞现金。

④ 收取的大钞必须用专用现金袋装，并放入保险箱。

⑤ 在银行上班时间内，大钞收取后立即押送到银行存储，途中不得停留。

（6）关于伪钞应注意以下几个方面。

① 如对钞票发生疑义，应进行伪钞鉴别程序。

② 不能作最后判断时，请求店长或值班班长的帮助。

③ 如确认是伪钞，请求顾客更换。

④ 收银员应该熟练掌握伪钞识别机的使用方法，对面值100元、50元的纸币，必须经过识别机验证。

（7）残钞：请求顾客更换。如不影响币值的，可考虑接受。

### （三）交接班金钱管理

为了分清各班次收银员金钱管理的责任，交接班时应注意以下几点。

（1）交班收银员在交班前应将预留的额定零用钱备妥。

（2）门店应准备一本现金移交簿，用于营业现金的交接签收。

（3）有些连锁企业门店（如便利店），有24小时门店与16小时门店之分。通常，24小时门店其交班收银员应取出收银机中的现金，先将额定备用金清点给下班收银员，然后清点营业款，收银员根据清点好的营业款填写现金解款单。16小时门店其晚班收银员在清点额定备用金时，店长应当场监点并放入收银机内，供次日早班收银员找零。次日早班的收银员上班营业前应与门店理货员同时打开收银机，清点额定备用金，发现不符应及时记录，并向店长汇报。

**（四）营业收入管理**

营业收入管理的重点是为了保证门店经营管理的最后成果的安全，各门店的营业款解交必须按照以下规定操作。

（1）每个门店可根据实际情况配备保险箱一只，用于存放过夜营业款，保险箱钥匙由门店店长保管。

（2）收银员的营业收入结算，除了在交接班和营业结束后要进行外，每天要固定一个时间做单日营业的总结算，这个时间最好选择在15:00—16:00，这样既可避免营业的高峰，也可在银行营业结束之前进行解款。在每天这个总结算时间里结出的营业收入（如每天15:00），代表昨天15:00至今天15:00的单日营业总收入金额。在进行总结算时，应将所有现金、购物券等一起进行结算。结算后由收银员与值班长在指定地点面对面点算清楚，并填写每日营业收入结账表，由收银员和值班长签名，该结账表是会计部门查核和做账的凭证。

（3）值班长在收银员清点营业款后，打印收银员日报表，并与现金解款单核对，收银损溢在现金解款单中写明，然后将现金与现金解款单封包并加盖骑缝章，最后在交接簿登记，移交给店长。

（4）店长将收到的营业款存入保险箱，如由银行上门收款的，在银行收款员上门收款时，在交接簿上登记并交给银行收款员；如解交银行的，应由专人（最好是两人）存入指定的银行，如可由店长在当班时解缴银行，同时最好对营业款存入银行的时间、路线等作出规定，以免发生意外。

（5）店长每日打印销售日报表，并收齐当日收银员日报表与现金解款单，同时按连锁企业总部规定的时间送到总部财务部（如每星期二、星期五）。

 **知识拓展**

## 综合超市的收银程序

**1. 营业开始前和工作开始时对收银台的检查**

每个班次开始，收银员必须检查收款机位置是否正确。

（1）收银员按规定程序在收银台登录后，收银台抽屉会自动打开，收银员即可将零钱箱置入其中。此时收银员必须在收银主管的帮助下检查收款机所有计数器是否处于零位置。收银主管必须检查收款机所有计数器零位置的正确性。

（2）如果收银员对×报表（即反映上个营业日结束以来各班次收银员输入的全部信息的报表）的正确性有怀疑或发现收款机未被封锁，那么收银员必须通知收银主管。而收银主管则必须重新执行×报表，以检查原有×报表的正确性。

（3）账单打印纸必须置入收款机的打印机上，收银台内必须存放一箱账单打印纸，以便收银员随时顺利更换打印纸。

### 2. 账单的编制

在大型综合超市和仓储式超市中，有的采用非会员制，有的采用会员制，也有的采用非会员制与会员制相结合的购物方式。因此，不同的购物方式下收银员所编制的账单有所不同。通常采用会员制的大型综合超市和仓储式超市，其账单制作相对复杂些。顾客只有向收银员出示顾客卡或临时顾客卡后才能获准购物。

（1）输入顾客号。在账单制作开始时，门店收银员应先输入顾客号，号码可以从顾客卡中取得。

若是本门店顾客卡，只要直接输入顾客号即可。

（2）临时顾客卡。若顾客购物卡为临时顾客卡，则收银员除了输入顾客号外，还要输入该购物卡的卡号（卡号为：×××××）。同时收银员必须收回临时顾客卡，并附在结算资料中。在账单编制结束后，收银员还必须在临时顾客卡上写明收银台编号和账单号。

### 3. 商品登记

商品登记主要通过商品的编号进行登记。收银员必须正确登记所有的商品。除了大体积商品外，所有商品均应放在输送带上。

（1）收银员只能根据EAN编码及完好无损的专用标签或按照收银管理处的指示来登记商品。标有条形码的商品可借助于扫描仪来登记，若登记正确就会发出"嘟"声和光信号。

（2）无法用扫描仪读入的商品必须立即通过键盘输入商品号。若收银员对商品的标签及其内容的正确性有怀疑，则必须迅速报告收银管理处、楼层经理或主管的部门经理，以便尽快纠正错误。

（3）若商品也无法通过键盘输入，则收银员必须通知收银主管，收银主管将立即会同有关的部门经理采取措施，以便对该商品进行登记。而收银员不得将一时无法登记的商品暂搁于购物车以待事后进行登记。

（4）若顾客购买某商品的数量在一件以上，则收银员必须在输入商品号前通过数量键先输入件数；若收银员不输入商品的数量，则收款机将其视为一件。若顾客购买某商品的数量超过999件，则收银员对此必须分次输入。例如：某顾客购买1 999本书，那么第一次输入999本，第二次输入999本，第三次输入1本。

（5）若收银员正确输入某商品后，则可马上开始输入下一种商品，在输入第二种商品前，上一次输入的商品就会显示在收银员显示屏和顾客显示屏上。

（6）收银员在结束对某顾客商品的登记后要按【合计金额】键。按【合计金额】键后，含增值税的账单金额就会显示在收银员显示屏和顾客显示屏上。顾客按这一金额付款。

（7）收银员通过键盘输入应付款项金额，同时输入相应的付款方式。收银员显示屏将显示付款方式及应付的附加费（如凭信用卡付款时的附加费）。若某顾客用多种方式付款，则收银员显示屏和顾客显示屏上会显示应付金额和应找余额。

　　　　　　　　资料来源：张晔清．连锁企业门店营运与管理．上海：立信会计出版社，2006.

# 外国人换零钱

## 1. 收银台上帮忙找钱

某日下午4点40分左右，一老一少两名外国人进到店里，比划着要买浴巾，并挑选了一条25元的浴巾，年轻的老外准备付款。

小陈拉开收银柜的时候，掏钱的这名老外表示想换零钱。接过零钱后，老外又操着不太顺溜的中文，告诉小陈他们，现在有一种新发行的编号以MO开头的百元大钞，拿着这种钱不仅可以全国旅游，还可以换更多的钱。

"你们这儿有新发行的以MO开头的人民币吗？可以换钱的。"话音未落，该老外就很热情地把手伸进收银柜里，抓出一大把百元大钞找起来。数过一遍后，老外很自然地把钱还给了小陈。

## 2. "抽芯"骗走800元

该店的负责人李经理也对"MO"大钞产生了兴趣，从随身背着的包里掏出5 000元仔细找起来。热情的老外又从李经理手中拿过钱，帮忙找了一遍。随后，老外把钱递还给李经理。李经理多了一个心眼，堵住两名老外，要求重新数一遍钱。

"他们俩不停地打断我，想阻止我数下去。"第五遍时，李经理终于数清楚了，5 000元只剩下了3 500元。

见事情败露，年轻老外立即从裤兜里掏出1 500元，往李经理手里一塞，就和同伴一起逃走了。

此时，意识到可能受骗的李经理立即拉开收银柜清查，发现整整少了800元。

"因为是老外，大家都放松了警惕，一般人是不会让他接触收银柜的。"李经理说，"我们做了这么多年生意，还是第一次碰见这种骗局。"

　　　　　　　　　　　　　　　　　　　资料来源：http://news.cqwin.com

**思考问题：**

1. 案例中，李经理和收银员小陈在金钱管理方面放松了哪些方面的要求？
2. 如果是你，你会怎么应对和处理这样的事情？

## 技能训练

### 一、思考题

1. 收银员在营业前应做好哪些准备工作？
2. 简述收银员结账程序。
3. 收银过程中收银员容易出现哪些差错？应如何处理？
4. POS 系统有哪些特点？应该如何操作？
5. 商品入袋有哪些原则？收银员在装袋过程中应掌握哪些技巧？

### 二、能力训练

1. 可乐、啤酒、牛奶、面包、火腿肠、方便面、可比克薯条，请将这些食品按照正确的装袋顺序进行装袋作业。

2. 五人为一小组到当地连锁超市调研收银员每日工作，并总结收银作业的重点，以书面报告形式在全班进行陈述。

# 任务 3　收银错误的作业管理

## 工作任务 ······

### 资料：结账出问题，消费者被"拘"2 小时

沈阳×××是一家集购物、餐饮、休闲、娱乐于一体的大型商业机构，其化妆品和服装几乎汇集了世界上应有尽有的著名品牌，赢得了沈阳众多高消费人群的青睐，凭借其坚定不移的"优质服务"宗旨，被沈阳消费者冠以"世界时尚的今天就在这里"的美名。可就是这样一个在世界也可谓一流水平的零售店，在其超市这样一个消费相对比较大众化的机构，却呈现了与其"完美服务"不相符的"另类"服务态度。

### （一）用福利卡，系统出现故障，引来顾客不满

一天，记者与家人一同前往沈阳×××超市购物，当时选购了价值 62.1 元的食品，结账时在收银机号为 0030、收银员刘洋（化名）处交款，当时出示的是职工团购福利卡，想不到划完卡后屏幕上显示"未能查到此卡"，过了很久机器未能工作，直到后面排队的消费者等得不耐烦，该收银员才想起让同伴去找班长，过了许久不见人来，收银员对记者说："你去前面找一下班长"，遭到记者拒绝，此时收银员再次找同伴去"请"班长，过了大约 20 分钟，班长姗姗来迟，了解情况询问完事情后回来说："系统出现问题，不能刷卡，必须在这里等系统恢复"，对于系统何时恢复没有给出具体时间，此时已经过去一小时，记者想退货，但被收银员以系统故障为由拒绝，只能等。但令记者奇怪的是后面的消费者出示的卡

都还能用，究竟是系统的故障，还是收银员的操作失误就不得而知了。

此时，由于浪费了大量时间，后面排队的消费者纷纷表示对收银员的不满，有的甚至换地方交款，与前面的消费者不同的是，后面一对情侣交款时出示会员卡也出现上面的情况，直到消费者无法忍受放弃用会员卡才算作罢。当得知系统已经恢复的时候，收银员再次让记者刷卡，发现卡上面的钱已经为零，说明最开始刷卡成功，但是收银员以要过系统为由，让同伴找来班长去楼上查询卡上的余额是否已经过账。明明已经显示刷卡成功，为什么还要消费者无止境地等下去，是商场一贯的宗旨，还是收银员怕担责任？气愤难平的记者感觉自身受辱，等同被"拘"。

### （二）结账少找一角钱，要等下面结完账再给

在漫长的等待过程中，还有一个花絮，也是一对情侣结完账之后，收银员竟少找一角钱，当顾客询问时，收银员镇定地回答："等他结完账再给你。"气愤的男青年回了一句："为了一毛钱，我还得等你啊？"二人扫兴地离开了超市。

### （三）结账2小时，讨要说法遇冷脸

过了许久，班长回来说钱已到账，收银员才继续为消费者结账，此时距离系统出故障已经过去两小时。结账后消费者要求给个说法时遭到收银员冷脸："这事你找我们班长吧，我不清楚。"当忍受到极限的消费者询问收银员姓名时，收银员夸张地亮出左胸前的小牌，无畏地说出："我叫刘洋。"

### （四）自认理亏，商场终道歉

消费者在此等候很久，代表商场出面的是一位自称是"班长"，叫张灵（化名）的女士，对于此事给予的解释是：商场超市的结账系统出现故障，对此让消费者感到的不便给予道歉！随后也没有打招呼，就消失在超市中……

资料来源：http://www.sybuy.net

**要求：**

1. 试述如果收银过程中遇到收银错误、突发事件，收银员应如何处理。

2. 从上述材料中总结该超市在收银管理方面存在哪几个方面的问题，思考应该怎样规避这些问题的再度发生。

### 相关知识

收银员在作业时发生错误是难免的，虽然使用POS机结算，由于故障、条码清晰度、平整度不够等原因，也会发生错误，关键是当收银作业发生错误时怎样进行纠正和管理。如果没有及时更正错误，不仅使顾客对收银员的工作品质及专业能力产生不信任感，同时也会影响到当天营业额的结算平衡。对不同的收银错误，应采用相应的作业处理程序。

## 一、收银差异

### （一）收银差异产生的原因

（1）收银员收款错误和找零错误。

（2）收银员没有零钱找给顾客或顾客不要小面额零钞。

（3）收银员收到假钞。

（4）收银员不诚实，盗窃卖场的收银款。

（5）收银员将收银机的输入键按错，如将现金键按成卡键。

（6）收银员在兑零过程中出现错误。

### （二）收银差异处理原则及方法

收银差异处理原则及方法如下。

（1）收银差异必须在 24 小时内进行处理，由现金室处理收银差异。

（2）超出一定金额的收银差异，必须在发现的第一时间报告安全部和收银主管。

（3）收银差异的原因由现金室进行查找。

（4）所有收银员的收银差异必须进行登记。

（5）对于超出规定收银差异的收银员必须给予警告处理。

### （三）减少收银差异的措施

减少收银差异的主要措施如下。

（1）加强收银员的培训，减少假钞带来的损失。

（2）加强收银员的道德品质培养，杜绝因不诚实而引起的现金盗窃。

（3）加强收银过程的标准化服务，包括唱收唱付。减少因收款、找零错误带来的损失。

（4）加强收银区域安全防范管理，对收银员的工作进行有效的监督。

（5）加强营业高峰和节假日的大钞预提工作，减少收银现金积累，减少现金被盗机会。

## 二、收银错误处理

### （一）结账错误的纠正

（1）发现结账错误，应先礼貌地向顾客致歉，并立即纠正。

（2）如发生结账价格多打时，应客气地询问顾客是否愿意再购买其他的商品，如顾客不愿意，应将收银结算单作废重新登记。

（3）如收银结算单已经打出，应立即将打错的收银结算单收回，重新打一张正确的结算单给顾客。

（4）礼貌地请顾客在作废的结算单上签名，待顾客离去之后，在一定时间内在作废结算单记录本上登记，并立即请收银主管或店长签名作证。

### （二）顾客携带现金不足或临时退货的处理

（1）如顾客携带现金不够，不足以支付所选的商品时，可建议顾客办理相当于不足部分的商品退货。此时应将已打好的结算清单收回作废，重打减项的商品结算单给顾客。

（2）如顾客愿意回去拿钱来补足时，必须保留与不足部分等值的商品，直至当班结束，而顾客支付的现金等值的商品可在完成结算后让顾客先行拿回。

（3）如顾客因现金不足，临时决定不购买时，不可恶言相加，其作废结算单的处理程序与上项相同。

### （三）结算作废的处理

此项作业管理的功能是控制收银员不良行为发生的要项，门店店长应予以高度重视。

（1）每发生一张作废结算单，必须立即登记在作废结算单记录本上，作废结算单上必须有顾客的签名，记录本上必须有收银员和店长两人的签名。作废结算记录本其格式为一式两联，一联随同作废结算单转入会计部门，另一联由收银部门留存，必须是一个收银员一本，以考核收银员的差错率等情况。

（2）如因作废结算记录本遗失，而不能办理结算单作废，应视为收银员的收银短缺，由收银员自己负责，这样可以防止收银员以记录本遗失为由，徇私舞弊。如遇特殊情况可补办重领手续，所以作废结算单记录本最好是在收银员下班时交专人保管。

（3）所有作废结算单按规定的手续办理，必须在营业总结账之前办理，不可在总结账之后补办，这是收银员可能发生不良行为的补漏手法，要予以重视。

（4）如一笔收款结账有多张结算单，只要有其中一张发生错误，应将其余的结算单一起收回办理作废手续。

### （四）营业收入收付错误的处理

营业收入收付错误的发生，对企业、对收银员个人及对顾客都是不利的。

（1）收银员在下班之前，必须先核对收银机内的现金、购物券和当日收入保险箱的大钞等的营业收入总数，与收银机结出的累计总账款进行核对，若两者不一致，其差额（不管是盈余或短缺）超出一定金额时（可按各连锁企业的收银管理的具体规定），应由收银员写出报告，说明盈余或短缺的原因。

（2）如是营业收入短缺，应根据收银员的工作经验，收银机当日营业收入金额，分析出是人为因素还是自然因素造成的，决定该短缺金额是由收银员全赔或部分赔偿。

（3）如是营业收入盈余，不管是什么原因，应由收银员支付同等的盈余金额，因为营业收入中出现了盈余款，说明收银员多收了顾客的购物款，这是有损于收银员和企业形象的，可能导致顾客不愿再度光临的后果，应让收银员吸取教训。

（4）收银员对于当班收银的差错情况必须填写收银员结账作业评估表，以说明原因。

**知识拓展**

# 收银考核体系

收银岗位具有责任的重大性和岗位的固定性两大基本特征。收银员的工作在连锁门店的营运过程中是十分重要的，关系着门店营运收入的准确收付。怎样考核收银员的工作就成为一个重要的工作内容。连锁门店应从以下几个方面考核收银员工作。

（1）收银速率：收银速率是检验收银员对商品的熟悉程度、对收银系统的了解程度、系统操作的灵活程度的基础，收银速率的优良与否将直接影响到商品的通货率。

（2）收银差错率：收银差错率将直接影响到商品的盘点准确率、顾客投诉率、公司效益等情况，收银差错的产生是因为收银员的失误、顾客的作弊、收银员的作弊、系统错误等方面因素造成的，控制收银员的收银差错率是控制公司利益的必要手段，公司规定收银差错率必须低于0.5‰。

（3）信息反馈：指的是在销售过程之中收银员对所接触到的商品信息、服务信息、业态信息与工作信息的反馈，要求收银员对所接触的信息能进行及时反馈，信息反馈率达到100%，信息总结率达到95%以上，信息分析率达到85%以上。

（4）顾客服务：顾客服务是商业企业的基础，提高顾客服务质量与服务意识是改变商业企业经营环境的必要条件，收银服务是超市经营的一个全视野的服务平台，如何利用并达到经营目的，则需要我们去不断地完善服务。减少服务的投诉、降低我们的商品服务成本是公司经营的一项硬指标，公司对收银员的服务考核与前台相同。

资料来源：http://www.hnchain.com

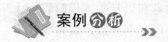
**案例分析**

# 收银台一幕

2002年5月1日上午，某购物广场迎来了顾客流的高峰期。一位顾客推着一车物品，在收银台前排队结账。当商品条码扫描进行到一半时，收银台前来了两位佩戴红色工牌的商品部门课长。只见这两位课长跟收银员说了几句什么，收银小姐立即放下了手中扫描了一半的商品，跟那两个员工核对起什么来。顾客没说什么，等着。然而5分钟过去了，他们三个人的核对仍然没有结束，顾客还是没说什么。10分钟过去了，核对仍没有结束，顾客与他的家人无奈地交换着表情。15分钟过去了，顾客实在忍无可忍，发了火："你们有完没完，能不能把我的东西结完账再说！"顾客边说边向其他等待结账的顾客说："连个招呼都没有，就把我们晾到一边去了。"其他顾客连连点头表示赞同。三个人这才结束了核对，收银员又继续开始工作，自始至终，没有人对该顾客说一句"对不起"，顾客很不满意地离开了。

资料来源：http://blog.163.com

**思考问题：**

1. 列举本案例中收银员所犯错误。

2. 对此情况，你会怎样处理？

## 技能训练

**一、思考题**

1. 连锁企业门店在日常营运与管理过程中，经常出现的收银错误有哪些？

2. 简述处理顾客要求兑换金钱的原则。

3. 收银差异出现的原因有哪些？

4. 出现收银差异时，处理的原则和方法有哪些？

**二、能力训练**

1. 顾客在结账时，要求兑换零钱，你怎样应对？

2. 为顾客结账发现多找了顾客钱，你怎样向顾客解释和应对这件事？

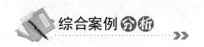综合案例分析 ▶▶

## 沃尔玛超市收银员的损耗控制管理

收银员在收银过程中所导致的损耗，占整个商场损耗的三分之一左右。

首先是漏扫商品。在沃尔玛公司有两个代名词，一个是"BOB 先生"，一个是"LISA 小姐"。这听起来是对两个人的称呼，而实际上它们各有含义。

"BOB"是指顾客拿在手中或放在购物车及购物篮里的、未被收银员注意到的商品，如小孩手中拿的糖果、小玩具，放在购物车下面的整箱酒、饮料、大袋的米、面，或烫衣板等。收银员在顾客结算时，要主动帮助顾客把商品从购物车或购物篮中拿到收银台上。这既可以显示出收银员对顾客的热情，又可以看清有无漏掉的商品。

"LISA"是指所有非原始包装且包装内可放其他物品的商品，必须开箱检查，如棉被、箱包、电饭煲等，因为里面可放些牙膏、鞋油、面霸等小件的商品，或可把贵重的商品放入廉价的包装盒内，诸如此类容易造成损耗的商品很多。

如果收银员在忙碌之中忘记做防损工作，须由周围的同事（领班或主管）来提醒。但为什么要这样称呼呢？就是怕直接指出来会使顾客反感，误以为把他当成小偷。所以，同事要像找人一样的提醒收银员："有没有见到 BOB 或 LISA 在哪里？"使收银员在顾客没有任何察觉的情况下做好防损工作，为公司挽回不必要的损失。

其次是扫描条码。一种情况是整箱的商品，由于商品录入的不同，有些包装箱上的条码是单品的价格，收银员误以为是整箱的条码，又不核对价钱，导致商品流失。另一种情况是促销装的商品（即赠品）与商品捆绑式售卖，由于捆绑不规范，将赠品的条码露于表面（应将赠品条码覆盖或在电脑中删除），使收银员错扫了价值低的赠品，而把商品漏掉。或者"买二赠一"的商品采用捆绑式售卖时，本应把绑在一起的两件商品分别扫描，收银员错扫成"买一赠二"，给公司造成损失。

再有，就是要核对所扫商品是否与电脑打出的一致，尤其是生鲜食品及糖果的称重码，一定要核对商品名称、型号、重量、价格。如有任何疑点，要立即让领班重新拿到楼面核对条码或重新称重，避免给公司造成损失。

资料来源：http：//blog. sina. com. cn

**思考问题：**

1. 常见的因收银员工作不当而导致的损耗有哪些？
2. 收银员应如何做好防损工作？
3. 在此案例中，你可以得出哪些对今后从事收银作业有益的经验？

# 项目三　销售作业管理

- **项目介绍**

　　销售是连锁企业门店经营中比较重要的一个环节，也是决定门店经营成败的关键。销售接待从顾客到来开始，随着顾客的离去而结束。营业员在接待过程中的工作就是满足顾客的需要和要求。要做好门店销售接待工作，首先要了解顾客购物时心理的发展过程，根据顾客购物过程中心理状态的变化，营业员就可以采取适当的步骤和方法做好柜台销售接待工作。

- **学习目标**

　　能力目标：能按照服务规范、运用柜台接待技巧进行门店销售服务；能制定柜台顾客接待流程；能有效地防止与排除和顾客的冲突。

　　知识目标：了解顾客的购物心理，掌握顾客接待技巧及步骤；了解营业员和顾客发生冲突的常见原因，掌握不同情况下化解冲突的技巧。

　　社会目标：树立正确的顾客服务意识，能够与顾客很好地沟通，提供优质服务。

- **学习内容**

　　1. 营业员接待服务规范。

　　2. 营业员对顾客的接待。

　　3. 营业员与顾客冲突的防止和排除。

## 任务 1　营业员接待服务规范

　　营业员的服务准则和规范是营业员在服务中必须严格遵守的工作守则。它是营业员提高服务质量的必要保证。服务准则和规范既是营业员职业道德、职业素质的体现，也是企业形象的具体体现。

## 资料：如此营业员

7月3日上午八点钟，在某购物广场食品区鲁花食用油专柜，三个年纪较大的顾客购买食用油。顾客一开始对调和油感兴趣，营业员李某为顾客详细讲解了调和油的主要成分、配料与优点，顾客开始有些犹豫，营业员李某于是向顾客承诺：买一大桶调和油即赠送一小瓶油。顾客有些动心，营业员李某拿出黄胶纸，开始将大小桶调和油捆绑在一起。当她捆好两三桶后，顾客突然改变了主意，认为纯正花生油更好。营业员李某便有些不耐烦，说顾客不懂，不会算账，其实买调和油比买纯正花生油实惠多了：价格更便宜，量更多。但顾客认为纯正花生油质地纯正，对身体好。营业员李某却坚持说调和油也是一样纯。

最后顾客坚持要买纯正花生油，于是营业员从货架上提起一大桶油，重重地摔在顾客面前。顾客一看生产日期是3月份，就要求买生产日期近些的。营业员李某说纯正花生油都是3月生产的，只有调和油有6月生产的。后来顾客自己看到了标有5月生产的纯正花生油，于是对营业员李某很不满，营业员李某这才为顾客挑了两桶5月生产的纯正花生油。顾客走后，营业员李某一边狠狠地撕开才捆绑好的调和油，嘴里一边说："买个油都变来变去，这么麻烦，耽误我的生意。"

**要求：**

1. 根据上面的资料，你认为该营业员的行为有什么不妥之处？
2. 请你试着制定一份连锁门店营业员的服务规范。

## 一、营业员岗位职责

（1）保障库存商品销售供应，及时清理端架、堆头和货架并补充货源；

（2）保持销售区域的卫生（包括货架、商品）；

（3）保持通道的顺畅，无空卡板、垃圾；

（4）按要求码放排面，做到排面整齐美观，货架丰满；

（5）及时收回零星物品和处理破包装商品；

（6）保证销售区域的每一种商品都有正确的条形码和正确的价格卡；

（7）整理库存区，做到商品清楚，码放安全，规律有序；

（8）先进先出，并检查保质期；

（9）事先整理好退货物品，办好退货手续；

（10）微笑服务，礼貌用语。

## 二、营业员基本素质要求

营业员除了售卖货物，还应该具有一定的开拓市场能力，应该将优质的产品与良好的服务和广大顾客分享，以现有客源的口碑效应，宣传门店商品和树立企业形象。营业应具备以下几方面的基本素质。

### （一）职业道德素质

**1. 品行端正、诚实、正直**

卖场是赢得顾客好感的重要之地。它的运转和管理水平，直接影响着整个商场的经营效益和形象。除规章制度的监督制约外，还必须加强门店员工的品行修养。品行的修养在于自觉，各门店员工要自觉按照社会公共准则和职业道德要求不断地完善自我，应廉洁自律、廉洁奉公，自觉抵制各种精神污染。

**2. 良好的服务意识**

卖场是商场和顾客之间的桥梁，是商场管理系统中的中枢神经。这就要求员工通过自己的悉心观察，以自己的不懈努力，在第一线为顾客提供优质服务；树立"一切以顾客为中心"的服务意识，能设身处地站在顾客的立场为顾客着想，热情适度，耐心周到，真诚服务，对待顾客一视同仁。

**3. 敬业乐业的精神**

勤业精业，是职业道德的关键环节，也是敬业乐业的落实。忠于职守、认真负责、精益求精，是勤业精业的具体要求。

### （二）业务素质

**1. 基本的门店业务知识**

营业员须从实际出发，熟练掌握包括商品的验收、销售、保管、盘点和损益处理及价格管理等相关环节的基本业务知识。同时，作为现代连锁企业的销售服务人员，对企业经营策略、市场预测决策等知识也应熟知。

**2. 较丰富的商品知识**

商场的顾客来自四面八方，性别、国籍、职业、年龄、受教育程度、职务等不尽相同，这就要求营业员平时要注意积累商品知识，比如了解商品的名称、商标、规格和产地、商品的原料、成分、商品的使用方法等，掌握一些基本维修技巧和商品展示技巧。同时营业员还应该对历史、地理、宗教、交通及本土的风景名胜和国外的一些风俗习惯等方面的知识，有不同程度的了解和掌握。

### （三）能力素质

**1. "征服"顾客的能力**

顾客在选购商品的过程中，既有对商品的需求，又有对服务的需求。顾客进店是为了购买商品，但是，高明的营业员通过一次热情、周到、公平、迅速的优良服务，能够使顾客感到好像买的不是商品，而是享受，顾客购买一次商品，就被营业员的优良服务所"征服"，成为这位营业员的忠实顾客。

**2. 观察能力**

具有敏锐而深刻的观察能力，是优秀营业员所不可缺少的重要心理品质，对做好营业工作具有重要意义。有良好观察力的营业员，不会加入任何主观偏见与情感，能全面掌握事物的真相。比如，一些善于观察的营业员，不仅能从消费者的言行举止、面部表情和视线上准确地判断消费者的意图与需求，还能由此了解到消费者的兴趣指向和气质特点，从而采取相应的接待方法；同时也能迅速地掌握消费者的心理变化，灵活运用各种心理策略诱导购买行为或满足消费者心理欲求。

**3. 吸引顾客的能力**

营业员应以其优美的姿态、甜美的微笑、文雅的举止、礼貌的用语、热情的招呼、熟练的服务技巧，对顾客产生一种无形而又巨大的吸引力。

**4. 注意能力**

由于营业员所处的特殊的劳动环境，要求营业员不但有稳定的注意能力，而且还要懂得注意力的灵活运用与分配转移。可以说，这是一个营业员要在营业活动中取得成效的必备条件之一。

例如，当顾客流动时，营业员应有目的地分散自己的注意力，把注意的区域尽量扩大，以便掌握顾客的动态，及时捕捉顾客在环视商品或注目橱窗后的各种反应。即使在做售前准备工作时，也应把注意力较多地分配在这方面。

**5. 良好的表达能力**

主要表现在介绍商品和答复顾客问题时言语表达的表现力、吸引力、感染力和说服力。要发挥这种表达能力的影响功效，要求柜台服务人员不仅具有动听怡人的声调，掌握广泛的知识丰富的词汇，还善于运用合乎逻辑、流利畅通的讲述和易于理解、易于接受的寓意，针对不同接待对象的心理特点变换表现方式和情感成分。可以说，营业员的表达能力，综合反映出他们的知识技能、思维能力、记忆能力、想像能力、鉴别能力等，在很大程度上决定营业员的服务质量和经营效果。

案例分析

## 崭新衣袋里有 1 900 元钱

伸手一摸，崭新衣服的口袋里有叠大钞，新世纪百货营业员杨晓莉和邓成英一数，1 900 元！这衣服是一位男顾客当天来换的货，那男子急匆匆地走了。两人将钱如数收好，等男子回来领取。

好不容易等到当晚8时许，那男子带着妻子返回新世纪百货4楼绅士男装柜台。男的欲言又止，试探性地问道："我是下午来换货的顾客，你们还记得吗？你们看到我的1 900元钱没有？"这时，杨晓莉和邓成英立即拿出已用信封包好的现金，请顾客清点。这对夫妇非常感激："没想到，新世纪的员工素质的确高。"

此事已过13个月，但杨晓莉和邓成英仍对此记忆犹新，说对"上帝"理应如此。

资料来源：www.jwos.com

**思考问题：**

1. 本案例中的营业员素质高在哪里？
2. 一个优秀的营业员应该具备哪些素质？
3. 如果你是上述案例中的营业员之一，你会希望你的行为得到什么样的回报？

## 三、营业员服务基本规范

连锁企业门店营业员的服务基本规范主要包括以下几个方面。

### （一）接待礼仪规范

**1. 营业员的迎宾礼仪**

接待礼仪最重要的是态度亲切、以诚待人。面带微笑，使进来的客人感觉亲切且受到欢迎。当客人进来时，坐在位子上的营业员要立刻起身迎接，以示对客人的尊重。要亲切地说"欢迎光临"。此外，最重要的是用心，千万不能心口不一。比如顾客来临时仍坐在位子上，或坐着向客人说"欢迎光临"等，都是没有诚意的行为。

在商场中"顾客至上"是不变的原则，所以在传送商品给客人时应双手接递以示尊重。

无论客人是何种身份，都应视其为贵宾而诚挚款待，不能厚此薄彼，以怀疑的眼光看人或用外表穿着来打量别人，并作为是否隆重接待的依据。让每个上门的顾客感觉到备受重视及舒适，是接待的最高艺术。

**2. 营业员的接待礼仪**

营业员想要有效率且专业化地接待顾客，在服务态度上应注意以下几点。

（1）说话口齿清晰、音量适中，最好用标准普通话，但若客人讲方言（如闽南话、客家话），则应在可能的范围内配合客人的方便，以增进相互沟通的效果。

（2）要有先来后到的次序观念。对先来的客人应先给予服务，对晚到的客人应亲切有礼貌地请他稍候片刻，不能置之不理，或本末倒置地先招呼后来的客人，而怠慢先来的客人。

（3）在营业场所十分忙碌、人手又不够的情况下，接待等候多时的顾客时，应先向对方道歉，表示招待不周恳请谅解，不宜气急败坏地敷衍了事。

（4）亲切地招待客人到店内参观，并让其随意自由地选择，最好不要刻意地左右顾客的意向，或在一旁唠叨不停。应有礼貌地告诉顾客："若有需要服务的地方，请叫我一声。"

（5）如有必要应主动为顾客提供帮助，若客人带着大包小包的东西，可告诉他寄物处或可以暂时放置的地方。

（6）顾客有疑问时，应以专业、愉悦的态度为客人解答。不宜有不耐烦的表情或一问三不知。细心的营业员可适时观察出客人的心态及需要，提供好的意见，且能对商品作简短而清楚的介绍，并以有效率的方式说明商品特征、内容、成分及用途，以帮助顾客选择。

（7）不要忽略陪在客人身旁的友人，应一视同仁一起招呼，这样或许也能引起他们的购买欲望。

（8）与顾客交谈的用语宜用询问、商量的口吻，不应用强迫或威胁的口气要顾客非买不可，那样会让人感觉不悦。

（9）营业员在商品成交后也应注意服务品质，不宜过于现实，以为拿了钱就了事，而要将商品包装好，双手捧给顾客，并且欢迎下次再度光临，最好能送客人到门口或目送客人离去，以表示期待之意。

（10）即使客人不买任何东西，也要保持一贯亲切、热诚的态度谢谢他来参观，以给对方留下良好的印象。

### （二）行为仪态规范

**1. 营业员的着装要求**

（1）着装应整洁、大方，颜色力求稳重，不得有破洞或补丁。

（2）纽扣须扣好，不应缺少纽扣，不能挽起衣袖（施工、维修、搬运时可除外）。

（3）男员工上班时间应着衬衣、西裤，系领带；女员工应着有袖衬衫、西裤、西装裙或有袖套裙。

（4）上班时间不宜着短裤、短裙（膝上10厘米以上）及无袖、露背、露胸装。

（5）男员工上班时间应穿深色皮鞋，女员工应穿丝袜、皮鞋。丝袜不应有脱线，上端不要露出裙摆。鞋应保持干净，不能穿拖鞋、雨鞋或不着袜子上班。海鲜档员工等特殊岗位人员因工作需要可以穿雨鞋。

（6）快餐厅、面包房及生鲜熟食区员工上班时间必须戴帽，并将头发束入帽内；其他人员若非工作需要上班时间禁止戴帽。

**2. 营业员的修饰要求**

（1）修饰要自然大方，适合自己的行业特点。

（2）女营业员的化妆以淡妆为宜，不能浓妆艳抹。

（3）发型宜短、散、直，或微长弯曲，以显自然、端庄之美。

（4）男营业员的修饰应以整洁为主，要经常理发修面，头发要保持清洁，尤其不要留长发和胡须。

（5）在工作时间内，营业员一般不允许佩戴过多的个人装饰品，除工作需要外，不要佩带戒指、耳环、项链、手链等，以免分散顾客的注意力。

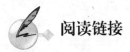

## 阅读链接

### 营业员适当的修饰

女员工在修饰自己仪表时，需要注意以下内容。

比如，佩戴胸针时放在什么位置有所讲究。一般穿带领的衣服，胸针佩戴在左侧；穿不带领的衣服，则佩戴在右侧；头发发型偏左，佩戴在右侧，反之则戴在左侧。胸针的上下位置应在第一个纽扣及第二个纽扣之间的平行位置上。

如果佩戴耳环，就要佩戴简洁的耳环，以给人一个深刻的印象。香水是无形的装饰品，它能快速、有效地改变一个人的形象，增添其魅力。适当地使用香水，能令人神清气爽，做事充满信心，周身充满活力。但是要选择气味清香、淡雅型的香水。营业员一定要注意，不能使用劣质或太浓的香水，那样会让顾客反感。对香水喷洒的位置则没有一定的规定。

　　　　资料来源：张明明. 连锁企业门店营运与管理. 北京：电子工业出版社，2009.

### 3. 营业员的站姿要求

卖东西的第一步就是站柜台候客。站柜台只有精神集中，才能及时接待顾客。柜台服务人员在柜台里边站立时应姿势端正，不要离柜台太远，随时准备接待顾客。

柜台服务人员基本站姿的标准做法：

（1）头部抬起（一般不应高于自己接待的对象），面部朝向下前方，双眼平视，下颌微微内收，颈部挺直。

（2）双肩放松，呼吸自然，腰部直立。

（3）双臂自然下垂，处于身体两侧，手部不要随意摆动。

（4）手部虎口向前，手指稍微弯曲，指尖朝下。

（5）两脚呈“V”状分开。注意提起髋部，身体重量平均分布在两条腿上。

（6）恭候顾客时，双脚可适度地叉开，相互交替放松，但叉开的双腿不要不停地换来换去，否则会给人以浮躁不安，极不耐烦的印象。

### （三）服务用语使用规范

良好的口语表达能力对创造和谐的营业环境，促进消费者的购买行为有重大影响。因此在销售服务过程中，柜台服务人员要用热情巧妙的语言来打动顾客，促进商品的销售。

### 1. 柜台销售服务招呼用语的要求

说好第一句话，落落大方，笑脸相迎，亲切称谓，使顾客有宾至如归之感。不允许呆若木鸡，爱答不理，不主动，不亲切。所以，接待顾客时营业员要精神饱满、面带笑容，顾客临近柜台时，要点头致意，表示欢迎；例如，"您好！您要看什么？""欢迎光临，请随意参观选购。""您需要点什么？"等。

**2. 柜台销售服务介绍用语的要求**

要求热情、诚恳、实事求是，突出商品特点，抓住顾客心理，当好"参谋"。不允许哗众取宠，言过其实，不符实际，欺骗顾客。例如，"这是××（地点、工厂）的新产品，它的特点是……""您想看的是这个商品吗？""这种商品耐低温而不耐高温，使用时请注意。"

**3. 柜台销售服务询问用语的要求**

问语要亲切，礼貌待人，热情招呼，谈吐自然。不允许见面不理不睬，态度傲慢。应注意与顾客保持和谐友好的关系。例如，"您想看看这个吗？需要什么款式的（或什么商品）我给您拿？""有什么能帮您的？"等。

**4. 柜台销售服务道歉用语的要求**

要求态度诚恳，语言温和，争取得到顾客的谅解。不允许做错了而不向顾客道歉，反而刺激顾客、伤害顾客和戏弄顾客。例如，"对不起，让您久等了。""对不起，耽误您的时间了。""对不起，让您白跑一趟。"等。

**5. 柜台服务价格用语的要求**

要求书写清楚，报价准确、真实，不虚报瞒价，应明码实价。不允许含糊不清，报价不准。顾客没有听清报价，再次询问时，不应不耐烦，甚至让顾客自己看价签。

**6. 柜台缺货时的接待用语要求**

当柜台缺货时，有顾客需要而无货可供时，柜台服务人员应代表商场向顾客表示歉意，语言要诚恳，不能用简单的否定句说：没有，而应委婉些。例如，"这种货过两天才有，请您到时来看看。""这种商品暂时缺货，方便的话，请留个姓名及联系地址或电话，一有货我们马上通知您，好吗？"

 **知识拓展**

## 各地的服务规范要求

◆ 美国的商店一般强调三个要素：一是速度，即销售服务要迅速；二是热情，即销售过程要笑容常驻；三是诚实，即对商品的介绍要实事求是。

◆ 日本强调四个要素：一是谦，即谦虚、恭敬；二是赞，即赞扬顾客；三是谢，即感谢惠顾；四是笑，即笑脸相送。

◆ 香港有些商店规定：不忘修饰自己，经常保持微笑；待客诚恳和气；说话文明礼貌；随时注意小节；待客一视同仁；忠于店员职守。

◆ 上海市也曾指出"三要、三不要"和"三声、两到手"的服务要求。"三要、三不要"，即要礼貌待客，不要让顾客受气；要买卖公平，不要让顾客吃亏；要介绍真实，不要让顾客上当。"三声、两到手",即顾客上柜有招呼声,收找钱票有唱收唱付声;顾客离柜有道别声;商品送到顾客手;钱票递到顾客手。

资料来源:葛春凤.连锁企业门店开发与营运管理.北京:中国财政经济出版社,2008.

## 营业员与顾客

(1) 有一天,两位顾客到米奇专柜看衣服。其中一位顾客对一件特价商品表现出较大的兴趣,就问营业员可不可以试一下。营业员看了一下,没有回答。顾客再问了一次,营业员态度很冷淡地说:"那你就试一下吧。"顾客看见营业员如此态度,生气地扭头就走了。

(2) 某毛衫柜组,有两名营业员在岗,一名顾客走进柜组看衣服,一名营业员专注地入账,另一名营业员一边低头抠着指甲,一边默默地跟在顾客后面走动,顾客看了一会儿走了。

资料来源:http://blog.sina.com.cn

**思考问题:**

1. 如果你是连锁企业门店营业员,你会如何接待顾客?
2. 做好销售接待服务需要从哪些方面入手?

## 技能训练

**一、思考题**

1. 营业员的岗位职责是什么?
2. 营业员应具有什么样的基本素质?
3. 营业员的服务规范包括哪些方面?

**二、能力训练**

1. 假定你是一连锁便利店的店长,你会从哪些方面加强管理,提高店员的服务意识和服务质量?
2. 到大型的购物商场或超级市场实地观察,找出营业员的服务不规范的地方和礼仪不恰当的地方,并提出修改意见。

# 任务 2  营业员对顾客的接待

现在的连锁企业门店,大都十分注重营造优美的购物环境,提供丰富多彩、适销对路的商品，但往往忽视柜台接待技巧和方法。同顾客直接打交道的营业员一向被看作门店的门脸，其形象也是门店整体形象的反映。所以，营业员素质的高低、接待技巧如何对连锁企业门店来讲是至关重要的。

### 资料：服务暖人心

正值国庆销售高峰前期，卖场内的各大堆头前人潮涌动，14 部的皮鞋堆头更是如此，各位促销员都彬彬有礼地站在堆头前，等待着过往的顾客前来选购。

这时一个温柔的声音吸引了我："小姐，您看这双米色的鞋合适吗？"回头一看，只见一位梳着短发的促销员正笑意盈盈地拿着一双休闲鞋给一位怀孕的女顾客看，那位顾客看着面前摆放着的各式各样的鞋子，脸上流露出犹豫的神色，嘀咕说："我也不知道该选哪双好。"促销员笑着说："这双米色的比较清爽，这个季节穿刚好，而且今年也比较流行米色，您觉得怎样？"顾客看了看，没有吱声，又随手拿起一双黑色的端详，促销员又耐心地询问："您打算配什么颜色的裤子？您平日深色裤子多还是浅色裤子多呢？"顾客说："我想买一双配黑裤子的"。促销员看了看说："那这双黑色的是不是更好一些？"边说边拿起米色和黑色的鞋子放在一起让顾客比较，然后又说："您要不要先试穿一下，看哪双更好一些？"顾客这时看了看旁边一双高跟的皮鞋，眼里流露出羡慕的神情，善解人意的促销员马上笑着说："现在穿这种不太适合，不过再过一段时间就可以了，是吧？"顾客听完笑了笑，便拿起一双黑色的试穿起来，待穿好后，促销员在一边耐心地询问："合不合脚？感觉还合适吗？"顾客觉得很满意，便点了点头。"就这双吗？那好，我帮您包起来吧。"

促销员边说边动作麻利地把鞋包装好，开好销售小票，双手递到顾客手中，指着前面礼貌地说："麻烦您到前面床用区的那个收银台付款好吗？谢谢！"顾客拿着小票愉快地走向了收银台。

**要求：**

1. 试归纳出该营业员接待顾客的步骤。
2. 试分析该促销员的销售技巧。
3. 营业员接待顾客是否越热情越好？举例说明。

## 一、接待顾客的准备

### （一）了解顾客的购物心理

顾客在购买动机驱使下进入商店，挑选商品，到决定购买，在心理上大致经过 10 个阶段。这就是顾客购物过程中的心理。

**1. 店貌感受**

当顾客进入商店后，会有意或无意地环视商店。商店的装饰、卫生、秩序、商品的陈列等都会给顾客留下深刻的印象。这种印象的好坏会直接影响到购物的兴趣，尤其是购物环境是否与商品相称，也会直接影响消费者的购物兴趣。

**2. 知晓商品**

顾客进入商店后，根据其购物目的会有选择地去知觉商品。经过随意地或有目的地寻找，就会对与购物目标相接近的商品产生兴趣，或发现某个目标商品的存在。

**3. 观察了解**

商品选定后，顾客就会接近柜台或货架。要么自己观察了解商品，要么向营业员进行咨询了解。

**4. 引起兴趣**

通过对目标商品的观察和了解，使顾客获得了对目标商品的主观感受。这种感受若不佳，会使顾客放弃购买；若获得良好的印象，就会由此引起顾客的兴趣。所谓兴趣，就是人的一种迫切要求，即认识某种事物或参加某种活动的强烈的心理倾向。这主要取决于顾客的感觉。在兴趣的作用下，顾客会进一步了解商品，并由此产生喜悦的情绪，并推动购买心理向下一阶段发展。

**5. 产生联想**

兴趣产生后，随着对商品的深入了解，会产生对有关商品的物理性能（使用价值）和心理性能（欣赏价值、社会价值），以及给自己带来的满足和享受的联想。这种联想是一种由当前感知的事物引起的，对与之有关的另一事物回忆或设想的心理活动。在这种心理活动中，商品仿佛有了生命力，变得具体而又形象，这使顾客对商品的认识也具体和深刻化了，从而激发其拥有该商品的欲望。

**6. 激发欲望**

这个阶段中，由于顾客对商品的浓厚兴趣，从而激起其购物的欲望。然而此时由于顾客还有选择心理的存在，还不会在这一阶段马上做出购物决定。但这种购物欲望的产生，已经促进了顾客的思维发展。

**7. 比较判断**

顾客购物欲望的产生，使其往往要进一步对商品的质量、价格、样式等进行判断比较；

或对可供选择的同类商品从各方面进行细致的区别比较，权衡利弊，以作最后的评价。因而，这一阶段对促进顾客做出购物决定是非常重要的。

### 8. 决定购买

顾客通过对商品的比较、判断，最后确信购买某种商品是明智的，并对所选定商品产生信任。于是，顾客就会做出购物决定；反之，则舍弃。

### 9. 采取行动

购物决定一经做出，就会付诸购物行动，开始进行商品成交的实际行动，顾客开始进行挑选、检验、付款、取货等一系列行动。

### 10. 购后体验

顾客购物后，会对连锁企业门店的店风、店貌、商品、服务态度等留下印象。这一印象直接影响着顾客是否愿意再度光临这家门店购物。顾客还会通过对所购商品的使用及别人的评价，来检验自己的购物决定是否明智。若这种感受较好，可能会使顾客进一步重复、扩大购买，或向别人宣传，影响别人的购物决定。

## （二）预测顾客的三种需求

营业员在接待顾客之前，应先预测一下顾客可能有哪些方面的需求，再分别地一一做好准备。

### 1. 信息需求

例如，去餐厅吃饭，那么会想要知道该餐厅都有什么菜，哪道菜是招牌菜，哪道菜的口味最好，多长时间能够端上来，价格是多少等，这些都称为信息需求。

为了满足顾客的这种信息需求，就要求营业员事先做好充分的准备，不断地充实自己的专业知识。只有专业，才能提供令顾客满意的服务，才可能去满足其对信息的需求。

### 2. 环境需求

例如，在天气很热时，顾客希望房间里很凉爽；如果一次服务需要等候很长时间，顾客一定会需要一些书刊、杂志等打发等待的时间，这些都叫作顾客对环境的需求。

### 3. 情感需求

顾客都有被赞赏、同情、尊重等各方面的情感需求，营业员需要去理解顾客的这些情感。如顾客可能说："你看，这么大热的天，到你们这儿来，我骑车已骑了半个小时，浑身都湿透了。"如果营业员能跟顾客说："今天天气是很热，我给您倒一杯水吧。"那么，顾客听后心里就会感到舒服很多。

满足顾客这种需求的难度是相当大的，要做好这方面的准备工作也是相当不容易的。这就需要营业员有敏锐的洞察力，能够观察到顾客的这些需求并加以满足。

营业员在认识到顾客的这三种需求以后，就应该根据顾客的这些需求做好相应的准备工作。如果每个营业员都能根据本行业的特点做好这三方面的准备工作的话，在真正面对顾客的时候就有可能为顾客提供满意的服务。

## 阅读链接

### 正在康复的老人

（1）信息需求

老人首先需要一套最佳最有效的康复治疗方法，这就要求康复中心的员工本身要有很强的专业知识，应能充分地去指导老人用最有效、最安全的方法使用这种器械进行治疗，以便尽快地恢复健康。

（2）环境需求

环境应该安静和舒适，房间的温度应该适宜。老年人的腰可能不是很好，那么给他垫一个枕头的话，他会相对地感到舒服一些。如果在康复器械的摇把上包一些柔软绒布的话老人会感觉到更舒服，要是能再加上一些轻松的背景音乐的话，效果会更好。

（3）情感需求

如果说营业员能提供很好的专业知识，又能够提供很好的环境，然后在伴随老人进行康复治疗的过程中，尽量地陪他聊聊天，就能让他心情变得好起来；如果能说一些安慰和鼓励的话，老人就一定能很快康复，他的心情也会变得更加的舒适。

资料来源：曹泽洲．连锁企业门店运营与管理．北京：北京交通大学出版社，2008.

## 二、接待顾客的步骤

知道顾客购物过程中心理状态的变化，营业员就有可能采取适当的步骤和方法做好顾客接待工作。营业员接待服务应按以下程序进行：热情招呼、等待时机—捕捉时机、接近顾客—展示和介绍商品—参谋推荐—促进信任、达成交易—收取货款、包装商品—道别、送客。

### （一）热情招呼、等待时机

顾客进店后走近柜台或货架，营业员应面向顾客，面带微笑并使用招呼用语，随时准备为顾客服务。根据顾客的活动情况灵活调整站位，最好是与顾客保持1米左右的空间距离，不要长时间站立在一个位置，也不要总是站在顾客想挑选的商品旁边，或总是跟在顾客的身后，使顾客有一种被监视的感觉。

### （二）捕捉时机、接近顾客

接触答话就是掌握恰当的时机，主动接近顾客。接近顾客的时机有以下几个：

（1）当顾客在柜台前脚步放缓，并浏览商品时；

（2）当顾客长时间凝视某一种商品时；

（3）当顾客触摸某一种商品时；

（4）当顾客把头从观察的商品上抬起来时；

（5）当顾客的目光在搜寻什么商品时；

（6）当顾客把脸转向营业员，视线相对时。

这几个时机意味着顾客已经意识到对某种商品的需要或希望得到营业员的帮助，营业员可通过接触搭话唤起顾客的注意，或使顾客从无意注意转向有意注意。

### （三）展示和介绍商品

展示商品就是在顾客表明对某种商品产生兴趣时，营业员立即取出商品双手送到顾客手中，以促进其产生联想，刺激顾客的购物欲望。营业员与顾客搭话以后，应尽快展示商品，使顾客有事可做，有东西可看，有引起兴趣、产生联想的对象。展示商品的同时，营业员应实事求是地、恰如其分地对商品加以说明和介绍，刺激顾客产生购物欲望。

### （四）参谋推荐

参谋推荐就是针对顾客的情况，在顾客比较判断的阶段刺激顾客购买欲望，促成购买。这一般需要三个步骤：

（1）列举商品的一些特点；

（2）确定能满足顾客需要的特点；

（3）向顾客说明购买此种商品所能获得的利益。

这就是将商品特征转化为顾客所向往、所理解、所需要的东西，即顾客利益的过程。

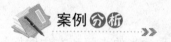

案例**分析**

## 衣服上的瑕疵

一家商店正在抛售一批库存多时的儿童服装，花色款式都很好，就是有些跑线之类的小毛病，可半价出售也没有多少顾客购买，于是老板想出一个主意，在店外挂了块招牌，上面写着"衣服虽有小毛病，小孩穿了不要紧——五折降价"。

营业员耐心地将每件衣服的毛病指给顾客看。"其实这件也没什么大毛病，就是有些脱线，您回去自己缝两针就好了。""这件质量更没问题，就是袖口这几个脏点，洗洗就没了。"听到这些实在的话语，许多原来心怀疑虑的顾客，都变成了积极的购买者。很快，库存的童装销售一空。

**思考问题：**

1. 在本案例中，库存童装销售一空的窍门在哪里？

2. 如果你是营业员，对商品的不足之处，会采取什么处理方式？

## （五）促进信任、达成交易

促进信任就是要抓住机会、促进顾客对欲购商品的信任，坚定顾客的购物决心从而达成交易。促进信任的时机有四个：

（1）当顾客关于商品的问题提完时；

（2）当顾客默默无言独立思考时；

（3）当顾客反复询问某个问题时；

（4）当顾客的谈话涉及商品售后服务时。

营业员在把握这四个时机时不应在一旁默默等待，而应坚定顾客的决心，消除其疑问，用平缓的语调、建议性的语气使顾客购买，切忌使用粗暴、生硬的语言。

## （六）收取货款、包装商品

这一阶段的工作主要有：顾客同意购买，开售货小票→顾客付款→收回小票，核对电脑小票（核对数量、金额、印章等无误后，方能付货）→提示顾客检查数量、规格、型号、外观、配件及注意事项→开发票（包括商品质量保证单、三包卡、保修卡等）→包装商品。

营业员向顾客开票时一定要认真核对价格标签，以确定价格准确无误。包装商品要力求牢固、整齐美观、便于携带。

## （七）道别、送客

送别顾客是营业员接待服务工作中的最后一道环节。有礼貌地送别顾客是营业员应有的修养。送客时眼睛应注视顾客，要怀有感激的心情向顾客道谢，有礼貌地向顾客道别。

## 三、接待顾客的技巧

### （一）接待顾客的时机和方式

#### 1. 是否主动问候顾客

在顾客进店后，向顾客致意是很重要的。有些连锁门店要求营业员在看到顾客后必须在10秒钟内接待顾客。其理由是营业员迟迟不向顾客致意，不接待顾客，顾客就会感到被冷落。而另一种观点认为，营业员积极主动地与顾客打招呼往往会使顾客产生压迫感，会吓跑顾客，是一种扰客行为。应该等顾客有所表示时，再问候他。因此也就有了现在零售业的服务理念，即提倡适度服务。

实际上两种观点都有可取之处，都有各自的道理。问题的关键，不在于是否应该主动与顾客打招呼，而在于以什么方式、向顾客表达问候。比如，见到顾客后，满面微笑，无声地点头致意，这样的热情问候，顾客也会很喜欢。

#### 2. 顾客多时怎样招呼接待

有时一个营业员要同时接待多名顾客。大多数营业员在准备接待后来的顾客时，只是对先来的顾客说一声："请等一下，我马上来。"对此，有些顾客无所谓，有些顾客则不满。在顾客多时，营业员有以下几种可行的接待方式。

（1）按照先来后到的顺序，接一、顾二、招呼三。即在正常情况下按照顾客来到的先后次序，在接待第一个顾客的同时，照顾到第二个顾客，同时与第三个顾客打招呼，请他稍等。

（2）对有明确目的、赶时间的顾客，在向其他顾客打招呼、征求他们谅解的情况下，优先接待。类似的情况还有，老年顾客、带小孩的顾客、受到特别尊重的顾客。

（3）根据情况给予先来的顾客一定的等候时间，而先接待后来者。有时，先来的顾客因为需要仔细挑选，或是犹豫不决，或是他根本就没有明确的目的，这时，你可以先接待其他后来的顾客，以便了解先来者是有明确目的，还是无目的地闲逛。

## （二）常见的接待顾客的方法

### 1. 服务性接待

这种接待方式是指营业员主动与顾客打招呼，并使用诸如"您要点什么?"等服务用语。除非顾客有明确的购买目的，他自己完全知道要买什么；否则，这种冷漠的、例行公事式的接待方式最容易使顾客打消购买欲望而离开。

### 2. 问候性接待

这种方法是指营业员简单地使用"早上好"或"下午好"之类的问候语来招呼顾客。在营业员拿不定主意该讲什么好时，使用这种简单的问候可能是最安全的了，顾客一般都不会有什么不良反应。

问候之后，营业员还应继续与顾客进行交谈。要随机应变，通过引导顾客继续交谈，创造进一步了解顾客需要的机会。

### 3. 商品介绍性接待

如果顾客已经在关注某种商品，商品介绍性接待可能是最好的接待方法。比如，问候之后，营业员可以直接介绍某一特定商品。通过将注意力集中到商品上，营业员就能排除诸如"不，谢谢，我只是看看"之类的回答。因为顾客实际上已经在认真地观看。另外，由于商品介绍性接待是使用陈述方式，而非提问方式，所以就限制了顾客说"不"的可能性。

在运用商品介绍性接待时，营业员应努力作事实性陈述，避免掺杂个人偏好。否则，顾客会表示异议，使生意在成交机会出现之前就告吹。

## （三）如何接待不同需要的顾客

### 1. 有明确购买意图的顾客

这类顾客事先有明确的购买目标，进店后一般目光集中，脚步轻快，迅速地直奔某个陈列区域，主动提出购买要求，或是目光专注地加以寻找。对于这类顾客，正确的接待方法如下。

（1）顺从顾客的要求，尽量满足他。例如，对于一位一进入商品陈列区就要求看灰色针织男装的顾客，营业员就应拿出所有顾客指定的服装，除非店里缺货。如果货架上有几种不同的式样，就应全部拿出来，让顾客自己挑选。

（2）建议顾客作最佳选择。如果营业员知道顾客选定的商品不完全适合他的需求，出现这种情况，营业员最好将顾客选定的商品与营业员认为更符合顾客需求的商品都拿出来，让顾客自己选择。

**2. 想买但没有明确购买目标的顾客**

这类顾客是想买某种商品而又拿不定主意买什么品牌、价位、规格。他们进店后一般目光不集中，脚步不轻快，但神情自若，随便巡视，邻柜或是邻近商品陈列区也不急于提出要求，只是东瞧西看。对于这类消费者，营业员正确的接待方法如下。

（1）静观等待，寻找机会。对于这样的顾客，营业员应让其在轻松自由的气氛下任意观赏，不可过早接触，否则，会冲散顾客的注意力和观赏情绪，或者令其产生紧张心理。当顾客对某个商品以专注神情驻足而视时，才可靠近，而当他用手指点商品或触摸商品时，才是与其搭话接触的好机会。

（2）运用多种方法，迅速了解顾客的真实意图。当最佳的搭话接触机会到来时，营业员还要注意搭话的早晚和分寸，应根据顾客指点或触摸商品的神态的细微变化而恰到好处地招呼接待。

如果顾客只是要求拿来看看，或轻轻触摸，或目光仍游离不定，观看那些毫无关联的商品，说明他的兴趣还不大，目标还不明确，这时营业员可以在以下接待方法中选择比较好的一种方式接待：或静观其变，再适当等待片刻；或只简要介绍其品名、规格等外在因素；或进行必要的提问。

（3）对意图比较明确者，展示介绍，尽力促成交易。如果顾客指点某种商品时口气坚决、神态笃定；又是触摸，又是欣赏；或一边触摸，一边寻找相关商品或同类商品，加以细心比较，说明其兴趣较大，目标已有头绪，这时，营业员应对其指点或反复触摸过的商品详加介绍。不但要介绍品名、规格，还要对其产地、性能、优点、价格、促销、服务等尽量罗列详尽。这时如果过于迟缓或作过于简单的介绍，将无法满足顾客进一步观察了解的需求，会降低顾客对商品的兴趣程度。

**3. 无明确购买意图的"闲逛者"**

对于这类顾客，营业员即使做了最好的接待，所得到的答复仍可能是"不，我只是看看"。这类顾客的行为特征是，进店后在商品陈列区东张西望，步态悠闲，行走缓慢。有的结伴而来，还谈笑风生，指指点点；有的单人而至，犹犹豫豫，行为拘谨；有的徘徊观望，随意浏览。对于这类顾客，正确的接待方法如下。

（1）不予打扰。这类客通常不想与营业员打交道，他们的非语言行为表示，他们不想别人来打扰。所以只要他们不作出要求服务的行为表示，营业员就不要接近他们。

（2）一触即离法。既然这类顾客不希望别人打扰，但营业员又不能失去可能的交易机会，解决这个矛盾的很好的一个方法，就是"一触即离法"。这种方法的运用是，营业员随便走近顾客，以常用的"您好"作为招呼，或是以微笑、微微点头等肢体语言作为招呼，然后转身离去，过一段时间再重复接触。营业员不停地来回走动，表示营业员正忙于做其他事情。运用这种方法时，有一个非常重要的注意事项，就是不要直接走向顾客。这一点很重要。

（3）随时准备接待。在闲逛中有时顾客也会产生购买行为。这类顾客在闲逛时，有可能偶尔发现自己喜欢的商品，这时他会停下来观看、触摸，这时"闲逛者"就变成了想买但目标不明确的顾客，营业员就要用接待该类顾客的方法来接待他们。

 **知识拓展**

## 门店顾客常见购买动机

| 序号 | 购买动机 | 主要描述 |
|------|----------|----------|
| 1 | 享受产品的利益 | 顾客因为能享受到商品本身的利益而产生购买动机 |
| 2 | 解决实际的问题 | 顾客因为需要解决实际问题，从而产生购买动机 |
| 3 | 身份地位的显示 | 顾客为了彰显其特殊身份和地位，需要购买一些特殊商品以使其身份突出 |
| 4 | 炫耀 | 顾客为了炫耀与众不同而产生购买的欲望 |
| 5 | 获利 | 顾客为了获得其他的利益而必须购买某些商品 |
| 6 | 猎奇 | 因为商品创新等原因，吸引了顾客的新鲜感、好奇心而产生购买欲望 |
| 7 | 节省资源 | 顾客为节省金钱、时间、精力和资源而产生购买意图 |
| 8 | 提升安全感 | 为了提升顾客自身安全需要而产生的购买 |
| 9 | 赠送他人 | 顾客因赠送他人之目的而产生购买商品的需要 |
| 10 | 基于迷恋偶像 | 因为对偶像人物的迷恋而产生的特殊购买需要，青少年特别具有此特性 |
| 11 | 口碑 | 商品历史悠久或者因为使用效果出众产生良好口碑，从而影响了顾客的购买决定 |
| 12 | 从众性使然 | 为了证明自己与他人的一致而产生的购买动机，女性顾客尤其明显 |
| 13 | 占有欲使然 | 不是因为对商品的功能急需和必要，而是纯粹为了"拥有"而购买，争强好胜或消费至上者常见此动机 |
| 14 | 被人说服 | 被营业人员或其他有影响力的人说服而产生购买行为 |

资料来源：龚震波. 零售终端实战培训手册. 北京：中国经济出版社，2009.

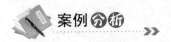 案例分析 ▶▶

# 买 裤 子

周五晚上，小婉陪男朋友小张看条裤子。两人刚一进店，一位微笑的营业员就迎了上来"先生、小姐想看些什么？"

"我们先随便看看。"小张一边应道，一边和小婉来到牛仔裤的货架边。他的眼睛被一条微喇牛仔裤所吸引，就在他的手刚伸向裤子时，那位小姐不为人所觉地出现在了面前。

"先生，真有眼光。"营业员将目光从小张的脸上移到了小婉的脸上，"这种裤型是今年非常时尚与个性的款式，非常吻合小姐男朋友的气质。"这句话说得小婉与小张对视一笑。

营业员麻利地将一条 L 码的裤子从货架上取了下来，并同时将目光从小婉身上移回到小张身上。"先生请跟我到试衣间试穿一下效果。"不等小张回答，营业员就提着裤子径直向试衣间的方向走去。

"去试试吧。"小婉不想扫男朋友的兴，她也想看看那条裤子穿上后的效果。

"先生，请先进去，我把裤子搭在门上。"营业员边拉开试衣间的门，边对小张说道。营业员打完招呼又向正在翻看女式衣服的小婉迎去。

"小姐的男朋友出来后，一定会更加帅气。"小婉抬起头对着营业员笑了笑。

"小姐，我为您推荐一款衣服。"眼看营业员又要拿出一款衣服给自己试，小婉赶紧说道："我目前还不想买衣服。"小婉说完这句话后，竟然觉得有点不好意思。

"没关系，您可以试试您今后想买的衣服。"营业员笑对着小婉说完后，又向试衣间迈去。这时候，小张刚刚从试衣间出来。

"先生果然更帅了。"营业员把试衣间的门拉了过来，请小张看看门面穿衣镜上的自己。

"您自己觉得怎么样？"小婉自己也有眼前一亮的感觉，可是她不想太早表露自己的意见。"可以的。"小张在镜子前转了一转，自己也觉得挺好。

"先生应该很喜欢这条裤子！如果您再配上这件 T 恤，感觉会更好。"营业员不知什么时候提了一件红色的 V 领 T 恤过来，并有意无意地看了小婉一眼。

最后的结果是，本来只打算买裤子的小婉和小张，在营业员热情的服务下，现在也想连那件 T 恤一起买。

资料来源：www.ora.com.cn

**思考问题：**

1. 该营业员身上有哪些地方值得我们学习？
2. 你认为该营业员还有哪些细节可以做得更好？

**技能训练**

### 一、思考题

1. 营业员柜台接待中与顾客接触搭话机会包括哪几种？
2. 展示商品的技巧有哪些？
3. 接待顾客的步骤是怎样的？
4. 顾客消费的心理过程是怎样的？

### 二、能力训练

1. 结合你平时购物的心理变化及平日的观察，试分析顾客消费的心理过程及顾客消费心理类型。

2. 营业员在接待顾客时要注意很多方面的技巧，假定你是一家连锁药房的营业员，你会如何接待顾客？

## 任务3　营业员与顾客冲突的防止和排除

营业员是连锁门店的代表，营业员在工作中与顾客配合，有时配合不够默契，发生冲突，这或许是因为营业员态度恶劣，或许是因为顾客没有达到退货的目的而恼羞成怒。如果出现这种局面，营业员必须意识到自己在营业场所的一切表现都代表整个连锁门店；营业员一定要记住"顾客永远是对的"这一至理名言，妥善处理与顾客的冲突。

 **工作任务** ······

### 资料：顾客抱怨商品价格太贵

顾客：小姐，你们的东西为什么比别人贵！

服务人员：有什么问题，我可以为您服务吗（保持平静，将顾客引至一旁）？

顾客：像这个××洗发精，你们卖26元，但是前面××超市人家才卖22.5元，为什么你们要赚得比人家多？简直是剥削消费者嘛！

服务人员：（仔细聆听，并且随时点头，眼神接触顾客，同时面露关心）在这里买了东西后，发现别的地方更便宜，心里一定很不舒服（运用同情心，同时将顾客的意见记录下来）。

服务人员：实在很抱歉，不过我们很感谢您给我们提供这些商品的信息，让我们了解应该改进的地方。我会将您的建议写在"顾客意见单"上并汇报店长和采购人员，我们一定会改善。如果您还有其他的问题，要不要我请店长出来，您直接告诉他（表示抱歉并提出解决方案）？

服务人员（在顾客同意之后）拿出"顾客意见单"请顾客填写，同时填写"顾客投诉意见记录表"存档。

服务人员在处理后，通知店长及采购人员立即做市场调查，由连锁企业总部重新评估是否有修订售价的必要。若商品确有降价的变动，可打电话告知顾客，本店已经依他的建议予以改善。

资料来源：曹泽洲．连锁企业门店运营与管理．北京：北京交通大学出版社，2008.

**要求：**

1. 上例中导致顾客不满的原因是什么？通常还会有哪些因素招致顾客的不满？
2. 该服务人员的处理是否得当？他是怎样避免与顾客的冲突的？
3. 怎样有效地避免和排除营业员与顾客的冲突？

 **相关知识**

## 一、营业员与顾客发生冲突的原因

冲突是两个或两个以上的相互依赖的主体间出现的不相容或对立的一种互动关系。冲突发生的一般原因是双方的彼此差异性，这种差异性包括：信息差异、认识差异、目标差异、角色差异。信息差异是冲突双方所获得的信息、了解的事实之间的差异。认识差异是源于冲突双方观念、社会背景等不同而对事情看法的不同。目标差异指冲突双方目标不一致而存在的差异。角色差异指冲突双方按自己角色要求行动而产生的差异。营业员与顾客发生冲突的主要原因如下。

### （一）顾客多、业务忙，营业员应接不暇

在顾客多、业务忙的情况下，顾客总希望自己能先买到商品，而营业员又不可能同时接待为数众多的顾客，这时营业员的接待速度就和顾客的要求发生了矛盾，易产生冲突。

### （二）顾客退换商品

冲突的产生是源自双方都各持己见，直接利益相抵触，如顾客在退换货时遇到问题，常把不满发泄到营业员身上，营业员蒙受委屈后往往采取防护性反击，由此引起冲突。

### （三）收款找零发生差错

这种冲突往往发生在交易结束，甚至顾客离开柜台之后，原因大多是营业员算错，或者是顾客记错和丢失。

### （四）商品暂时供不应求

一些热销商品或特价商品卖完而来不及补货，从而造成商品缺货，导致顾客空手而归，

致使顾客有被欺骗感而将怒气发泄到营业员身上，引起冲突。

## （五）营业员业务素质不高

营业员没有礼貌热情地同顾客说话，没有用心倾听顾客的话，对顾客做出了承诺但是没有兑现等常引起顾客的不满。这会使顾客的自尊心受到伤害，从而引起冲突。

## （六）连锁门店组织工作或经营管理不善

连锁门店因组织工作或经营管理不善造成服务不周全，顾客因享受不到应有服务而不满，进而迁怒于营业员。

另外，性格、气质、文化修养不同，往往由于相互间不能理解与谅解而产生冲突，顾客或营业员因单方或双方精神状态不佳，都是造成冲突的原因之一。

 案例**分析** ▶▶

## 买手机的风波

张先生的女朋友王小姐明天生日，张先生想起女朋友特别喜欢××通信商场的一款NOKIA 手机，于是，他决定今天带着王小姐一起去买。"欢迎光临，随便看看。"营业员机械地招呼着。王小姐看到她看中的那款手机依然还在，可出于比较心理考虑，王小姐决定先看看其他的，他们转了一圈还是觉得那款最合适，于是走到那款手机前，并询问营业员手机是否有其他颜色，可营业员正忙着和另一位顾客说话，尽管王小姐连续问了三次都没有任何反应，于是张先生很生气地拉着女朋友到隔壁的通信城。

可不巧的是隔壁那款机器已经卖断货了，没有办法他们只有硬着头皮回去，可能是营业员并没有认出他们来，照样还是麻木地招呼着。张先生带着一点不满情绪说，"我就是刚才问你三次，你都没有作答的顾客，我们是真心买主，但你让我今天心情不高兴了，你应该向我道歉才是。""不可能！"营业员甩了三个字就走开了。张先生非常气愤，于是在大厅大声质问她，其他导购见状急忙过来将张先生安顿在一个座位上。此时那位营业员却继续向一位顾客介绍手机，张先生看到这种情况情绪越加激动，再次大声嚷嚷，并坚持要找到店长给个说法，由于当时正是店铺营业高峰期，整个店铺局势失控，引起大量顾客围观……

资料来源：www. ora. com. cn

**思考问题：**

1. 在这个案例中，顾客是因何被激怒的？
2. 营业员在这件事中有什么责任？
3. 如果你是店长，你会如何平息顾客的怒火？

### 二、营业员与顾客冲突的防止和排除

#### (一) 冲突的防止

冲突的防止应从礼让中求得缓解，从让步中寻找妥协，从转移视线中得到缓和。

**1. 保持冷静，明确自己的角色**

当顾客对着营业员发泄其不满时，往往在言语与态度上带有激动的情绪，甚至有非理性的行为发生。面对这种不满的发泄或是毫无尊重的责骂，很容易使营业员在顾客情绪的感染之下被激怒，从而产生对抗性的态度与行为。事实上这是一种最不好的处理方式，因为这样只会导致彼此更多的情绪反抗与更加紧张的气氛。因此，营业员在这样的局面中首先要保持冷静，明确自己的身份。连锁企业要依靠员工来应对各种顾客的不满，最终满足顾客的需求，为连锁企业带来经营上和形象上的双重利益；同时顾客也必须通过营业员来表达自己的意见和消费权益。因此，营业员必须认知自己的角色，让连锁企业和顾客都得到最大的利益，而不是以逃避、私利心态对待顾客的不满。

**2. 让顾客发泄，仔细聆听，充分地道歉**

当顾客不满时，顾客要发泄的怒气可能会强烈到碰上谁就向谁发泄的程度。一些营业员只想马上解决顾客的问题，而把顾客的这种发泄看作是浪费时间。但是，不先了解顾客的感觉就试图解决问题是难以奏效的。只有在顾客发泄完后，他们才会听你说的话。

仔细聆听、充分地道歉是接待这类顾客的最基本态度。任何解决冲突的关键都在于营业员能否倾听顾客的讲话。在仔细聆听、理解顾客意愿的基础上向顾客真诚地道歉，即使错误不是由门店员工造成的。实际上营业员的道歉表明了公司对待顾客的诚意。

**3. 收集信息**

抱怨的顾客不仅需要营业员理解他，更需要营业员解决他的问题。应通过向顾客提问等方式收集足够的信息。

**4. 从让步中寻找妥协，给出一个解决的方法**

明确顾客的问题之后，要找出一个双方均可接受的解决问题的方法。为平息顾客的怒气，可给予顾客补偿性关照。补偿性关照是门店采取的一种具体行动，目的是向顾客表明门店的诚意，也暗示这种事情不会再发生，并且门店很在意与他们继续保持业务联系。

如果是营业员工作中的失误，比如态度不佳、疏忽大意等，营业员可以在向顾客道歉后，给予一些小小的补偿，比如赠送顾客一些免费赠品，包括礼物、商品或服务，也可以在营业员的职权范围内给予顾客购买的商品一定的折扣。

如果顾客购买的商品出现了质量问题，那么迅速给予换货或是退货是最佳的解决方案；如果营业员无法自行决定有关退换货的事宜，应立即向上级报告并与上级商量解决办法，让顾客知道你正在为他的问题采取积极的行动。

如果顾客对营业员的解决方案感到不满，可了解顾客的意见。不满的顾客希望能解决问题，所以对于营业员的处理方案，他不一定觉得是最好的解决办法。这时营业员一定要问顾

客他希望的解决方法。因为能令顾客满意的做法往往和公司想像的有很大的差距。如果顾客的要求可以接受，那就迅速、愉快地完成，这比和他讨价还价更能化解矛盾。

**5. 跟踪服务**

一场冲突避免后，营业员在问题解决后若干天可与顾客联系，询问其对问题解决的个人看法，比如更换了另一个商品后他的使用情况。这样可让顾客印象深刻，增强顾客对门店的忠诚度。

**（二）冲突的排除**

**1. 解决冲突的原则**

（1）妥协原则。妥协是放弃自己的观点或重新修订自己的评价使自己适应对方的观点和行为。妥协的实质是一种自我利益的牺牲和退让，如不考虑别人的利益，退让和自我利益的牺牲都是不可能发生的，所以这就要求妥协一方必须学会在适当的时候放弃个人的某些要求，而不是去压制别人的要求。由于妥协能较大幅度地降低对方心理上的挫折感，有利于缓和紧张状态，因此它是避免发生公开冲突的基本原则之一。妥协并非是无原则的，它应该在社会道德规范之内，是以不损害集体利益和社会利益为前提的一种个人的让步。

（2）体谅原则。体谅是对别人对自己的误解及无故的指责给予包容和理解的态度。体谅的核心是善意的理解。商业交往中发生的冲突，有相当一部分是由于双方的误解而造成的，误解本身是错误的认识，只要给予客观的善意的解释，误解就可以消除。然而现实中误解的消除并非这么简单，如果一个人发现别人对自己的看法是完全错误的，那么他就有辩解和澄清的必要，但并不是谁都愿意承认自己的看法是错误的，并乐于让别人来纠正，这种"自我维护"的心理，在双方交往过程中具有相互排斥性和缺乏善意的特点，也是导致误解上升为冲突的根本原因。消除误解往往要经过双方互相的解释、说明，甚至辩解才能完成。然而消除误解和没有误解不是等价的，后者只需单方面的体谅就可以完成。所以，在商业交往中，营业员作为门店的代表，能够体谅顾客应是最起码的道德修养。

（3）分隔（离）原则。分离是一种阻止冲突双方进一步接触，以避免矛盾进一步恶化的原则性措施。商业交往中典型的冲突是面对面的冲突，如果隔离冲突的双方，就使双方彼此失去冲突对象，冲突就可能得到平息，但是分离对双方并不是等效的。例如，当一位顾客与营业员发生冲突时，其他服务员来劝解顾客离开和劝解那位当事的营业员回避，二者对平息冲突的效果是不同的。前者可能会进一步激怒顾客，在别人看来，冲突中被拉劝的一方往往是主要的肇事者，并有态度恶劣非拉走不可之嫌疑。出于这种心理，顾客会极力反对这样的劝阻，并有把冲突进一步扩大到其他营业员身上的可能，但是如果其他营业员劝离自己的同伴，效果就不同了。因为他们彼此是同等的，相互之间早有了解，并且由于门店里多数人是顾客，这种方式往往容易被接受。当然，其他顾客劝离这位处于冲突中的顾客也具有同等的效力。

除了这种公开的劝离方法以外，还可以采取隐蔽的劝离方法。例如，另外一个工作人员走进柜台，告诉正在冲突的营业员有他的电话，从而接替他的位置。被接替者也应顺势离开，不要认为离开就意味着自己失败，是一种有碍脸面的事情。这种隐蔽的分离方法一定要注意技巧，应做到自然合理，如果接替者对当事人说"经理叫你有事"则会起到相反的效果。万一顾客发现了对方在接替，就需要向顾客强调指出，冲突的焦点不在人员本身，而是要澄清事情的本质，并说明营业员是相互负责的，有事同谁谈都一样。另外，也要注意替换的时机，接替者应在了解事实经过的前提下尽早介入，如果冲突发展到不可收拾的地步再介入，则替换不仅起不到作用，甚至干脆不可能替换。

（4）控制原则。控制原则是通过人们的主观或客观努力，积极地解决矛盾，制止或停止冲突的原则。控制分为自身控制和外界控制两种，前者主要是当事人通过自己的主观努力，对情绪加以控制，促使自己退出冲突的表现。营业员把自身控制作为解决矛盾的一条准则，称为主动原则。后者则是通过外部手段，如调解者、行政命令、舆论等直接干预制止冲突。无论是自身控制还是外界控制，都是对冲突行为的一种制止，都有强迫性。

**2. 解决冲突的步骤**

（1）正确对待顾客批评。

连锁企业门店营业员一定要学会控制自己的情绪，认识到顾客的批评意味着门店在经营管理方面存在缺点。因此，必须从思想认识上善意地看待顾客的批评。营业员在"妥协"认识的基础上，进而采取"妥协"的姿态，并不失礼貌地要求顾客提出批评。在顾客提出批评的过程中，营业员应该让顾客敞开胸怀尽情"倾诉"，而不能中途打断顾客的话头，否则顾客只会更加冲动。

当顾客说完自己内心的抱怨之后，营业员再阐明自己的立场。每个人都有"宣泄"的心理，只有吐出心中的不快，才能保持心理平衡。

（2）真诚地向顾客道歉。

如果顾客要求营业员进行解释，营业员就应该予以解释，而不能单纯地辩解。营业员一定要明白，当自己能及时主动地承担过失时，只要是通情达理的顾客，大多不会再抓住不放。而且在营业员的提示下，顾客也会反躬自省，甚至还会反过来向营业员道歉。对于连锁企业门店来说，当局面不可收拾的时候，营业员利用道歉来及时挽回门店的声誉，这是最重要的。

（3）提出解决问题的方法。

由于在发生冲突时，冲突双方都会把调停人当作公正的化身。因此，由第三者出面调停解决矛盾冲突，会更有利于息事宁人。不管具体情况如何，担当调停角色的门店负责人一开始就要非常明确自己的地位，首先要表示出对顾客的礼貌、尊敬和歉意，对顾客的"失态"要抱克制和冷静的态度。调停者不能过于认真，得礼不饶人，更不必去追究争吵双方的过错。要记住，每个人在感情冲动时都会失去客观感、公正感和自省感。调停者并不是法官，要力求辨别是非曲直。只要能够将事情化解，不因冲突而影响门店的信誉就好。因此调停者这时候唯一要做的事情就是息事宁人，向顾客提出某种建议，把对方思路叉开；或者设法将顾客请到休息室去谈话；或定下一个顾客能够接受的合理方法。总之，使顾客尽快平静下来，再积极、真诚地解决问题。

（4）跟踪服务，争取顾客。

问题解决的数日后，门店相关人员可与顾客联系，向其表示慰问，以示门店的诚意，争取挽回顾客对门店的好感。

 **知识拓展**

## 聆听的三大原则

人生下来有"两个耳朵，一张嘴"，所以他用于听和说的比例是 2:1。一名优秀的一线服务人员，更要善于聆听。他要倾听客户的要求、需要、渴望和理想，他还要倾听客户的异议、抱怨和投诉，他还要善于听出客户没有表达的意思——没说出来的需求、秘密需求。

**一、耐心**

（1）不要打断客户的话头。

（2）记住，客户喜欢谈话，尤其喜欢谈他们自己。他们谈得越多，越感到愉快，就越会感到满意。人人都喜欢好听众，所以，要耐心地听。

（3）学会克制自己，特别是当你想发表高见的时候。多让客户说话。

**二、关心**

（1）带着真正的兴趣听客户在说什么，客户的话是一张藏宝图，顺着它可以找到宝藏。

（2）不要漫不经心地听（左耳进，右耳出）。要理解客户说的话，这是你能让客户满意的唯一方式。

（3）让客户在你脑子里占据最重要的位置。

（4）始终与客户保持目光接触，观察他的面部表情，注意他的声调变化。一线服务人员应当学会用眼睛去听。

（5）如果你能用笔记本记录客户说的有关词语，它会帮助你更认真地听，并能记住对方的话。

（6）不要以为客户说的都是真的。对他们说的话打个问号，有助于你认真地听。

**三、别一开始就假设明白他的问题**

永远不要假设你知道客户要说什么，因为这样的话，你会以为你知道客户的需求，而不会认真地去听。

在听完之后，问一句："您的意思是——""我没有理解错的话，您需要——"等，以印证你所听到的。

有一种方法可以让烦躁的顾客慢慢平静下来，那就是聆听。当很多服务人员在听顾客诉说的时候，是一边听，一边紧张地在想对策：我要证明他是错的、我要为我或我的公司进行辩解、我要澄清问题的症结所在。甚至不等顾客说完就急急忙忙地打断顾客的话。其实，这只能令顾客的怒火越来越大。

资料来源：www.bizhall.com.cn

 案例分析 >>>

## 不能只说对不起

倘若一位在你面前大声呵斥"服务质量怎么这么差！"的消费者，经过你的道歉、解释、沟通后，再加上补救措施，终于露出了满意的微笑，那么门店更应事后检讨反省，不断地改正服务态度和方式。而这位顾客，长久下来，甚至可能成为门店的常客和最好的传播者。

那是两个月前的一天，一位中年妇女日前买了两包咖喱牛肉，食用后发生腹泻。这位顾客带了剩余的菜肴，到店里来投诉，值班长接待了她。因当时店长不在，新的值班长又没有这方面的处理经验，只能小心地说："事情知道了，店长不在，明天你打电话来，我们再解决。"当时这位妇女的态度还可以。第二天是双休日，天气晴朗，因前几天下雨，所以生意特别忙，人手感到特别少，店长也加入收银员的队伍帮助收银。快中午的时候，这位妇女打电话来，店里的员工回答她说："对不起，请你留下电话和姓名，现在店长在卖场忙，能否等一下再回你的电话？"店里的员工挂掉电话，又开始忙碌，也忘了将此事告知店长。直到晚上，那位妇女再度打电话来，不满的情绪明显增长，任店长百般安抚及道歉都无用，甚至要告到消费者协会和卫生防疫站。

在知道整个事情始末后，店长再度向客人道歉，并表示一定补偿她的损失。次日，店长又特意带上营养品，上门道歉慰问，才使她感到店长的真挚，平息了怒火。

资料来源：张晔清．连锁企业门店营运与管理．上海：立信会计出版社，2006.

**思考问题：**

1. 如果你是上例中接待顾客的值班长，你会如何处理这件事？
2. 怎样避免营业员与顾客冲突的升级？

## 技能训练

**一、思考题**

1. 常见的营业员与顾客的冲突有哪些？
2. 为什么说在处理冲突事件中，倾听很重要？
3. 什么情况下对顾客说"对不起"就可以，什么情况下仅有"对不起"是不够的？

**二、能力训练**

1. 假定你是一位连锁企业门店的店长或是卖区长，你会如何处理营业员与顾客的冲突

（分顾客一方有理和顾客一方无理取闹两种情形）？

2. 结合你及身边人的购物经历，谈谈令你或身边人印象最深刻的与店家冲突或是投诉的事件，并试着分析店家对事情处理得当与否及应在哪些方面加以改善？

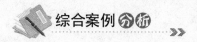 综合案例**分析** >>

## "只要您满意就好"

某日，顾客李小姐去某购物广场购物，在影集柜台前看中了一款自己喜欢的相册，便取下来翻看，当她打开影集时才遗憾地发现里面的纸张质量不是很好，有几页稍微有点褶皱，虽然夹相片影响不大，但一想自己花钱买的东西不完美心里就有些不舒服。

正在犹豫之时，在一旁的营业小姐便走过来询问："小姐，这个影集有什么问题吗？"李小姐便把自己刚才的想法告诉了她，"噢，是这样？"营业小姐边说边又从货架上拿下了几款其他式样的相册让李小姐挑选，李小姐看了看还是不太满意，便说："我还是比较喜欢刚才那种，封面很漂亮，只可惜里面的纸张质量有点不太好。"听完李小姐的话，营业员马上蹲下身从最底层的货架翻了半天，帮李小姐找了两个款式相似的相册又让她慢慢挑选，李小姐看了看还是觉得不太理想，但一想刚才营业员趴在下面吃力地帮自己找了那么久，便不好意思再说。这时营业员看见李小姐面有难色，马上说："您是不是不太喜欢？没有关系，我再帮您仔细找找看看有没有刚才您喜欢的那款。"边说边小心翼翼的移开放在货架前面摆放整齐的一本本相册，仔细地在里面翻看，"哟，太好了，这里正好有两个。"随着一声欢快的叫喊声，营业员从最里层的货架里取出了两本相册，李小姐一看正好是刚才自己相中的那款，也很开心，便马上打开看，虽然里面的纸张质量也不算特别好，但想想不太影响夹相片，而且刚才营业员为自己能够买到满意的相册耐心地找了那么久，而且没有流露任何不耐烦的情绪，李小姐便非常爽快地选下了这本。

临走时，她对那位营业小姐说："谢谢你，刚才你那么耐心，我都不好意思了。""没事，没事，只要您满意就好，您慢走。"李小姐拿着相册愉快地离开卖场，边走边回味着刚才营业小姐说的那句话"只要您满意就好。"……

资料来源：曹泽洲. 连锁企业门店营运与管理. 北京：北京交通大学出版社，2008.

**思考问题：**

1. 该营业员成功达成销售的原因是什么？试分析她的销售技巧。

2. 连锁企业门店营业员应具有什么样的职业素质？

3. 设想一下，如果最终李小姐还是因为对相册纸张质量不够满意而放弃购买，该营业员会怎么做？分析不同的可能情况并进行评点。

# 项目四　理货作业管理

- **项目介绍**

　　在连锁企业门店中，理货员是间接为顾客提供服务的销售员，主要负责商品的陈列、补充、清洁等工作。货架商品是否充足，商品陈列是否整齐，商品是否干净整洁都与理货员的工作息息相关。可以说理货员工作的好坏是直接影响门店销售额的最重要因素之一。

- **学习目标**

　　能力目标：能根据理货的作业流程正确从事理货作业；能进行日常的理货作业管理；能够熟练使用标价器，并能够按照商品陈列的流程进行商品陈列。

　　知识目标：明确理货员的岗位职责与职业素质，掌握门店理货作业流程及要领，掌握商品标价、变价的注意事项。

　　社会目标：能够独立承担工作并进行有效的团队协作。

- **学习内容**

　　1. 理货员岗位职责及要求。
　　2. 理货员作业流程。
　　3. 理货员岗位操作要领。

## 任务 1　理货员岗位描述

　　理货员是在以敞开方式为主的连锁企业门店发展过程中产生的一个新名词。理货员是不需要直接面对顾客、不与顾客进行直接交易的销售人员，但其工作性质会比传统柜台式销售的营业员更复杂。可以说理货员工作的好坏，是影响连锁企业门店销售额的重要因素。

**工作任务** ······

## 资料：理货员作业要求

理货员和顾客共享一个空间，理货员的言行举止直接呈现在顾客面前，因此，对于在卖场中从事各项作业活动的理货员来讲，其工作有以下几方面的要求，必须严格遵守。

（1）上班时间务必穿着工作服，佩戴工号牌，维持服装仪容整洁；

（2）上班前 5 分钟到达工作岗位，见到同事要互相问候，迟到除按规定接受处理外，还应向同事及店长表示歉意；

（3）服从店长的命令和指示，接受指导和监督，不得顶撞或故意违抗，如有意见分歧，应通过正常途径予以报告或沟通；

（4）上班时不得随意离开工作岗位，有事要离开亦须先向店长请示报告；

（5）上班时间不得与人争吵，更不能打架；

（6）严格遵守作息时间；

（7）爱护公司内一切商品、设备、器具；

（8）随时维护卖场、作业场所的环境整洁；

（9）接触商品要轻拿轻放，并按规定要求补充货架或进行陈列；

（10）制作 POP 广告要实事求是，绝不能虚拟"原价"，引起顾客的误解；

（11）价目卡要如实填写，以免误导顾客；

（12）无论是连锁企业给消费者的赠品，还是供应商给连锁企业或消费者的赠品均属于企业的财物，绝不能占为己有。

**要求：**

1. 从上述材料中，总结理货员岗位需要做好哪些工作？

2. 从理货员的工作中，可以看出理货员应该具备什么样的职业素养？

**相关知识**

## 一、理货员的职业道德和职业意识

理货员作为商业从业人员，不仅要遵守共同的商业道德规范，而且由于其职业特性还要求他们具备相应的角色道德。商业道德是一种职业道德，而职业道德是指与人们的职业活动紧密联系的。具有职业特征的道德准则，是从事一定职业的人们在职业劳动过程中必须遵循的行为规范的总和。

### （一）理货员职业特性

"理货员"是在以敞开式销售方式为主的连锁企业发展过程中产生的一个新名词，其岗位层次表面上类似于传统的柜式服务商店中的营业员，但理货员又具有自身的职业特征。

**1. 理货员没有特定的服务空间**

在以敞开式销售方式为主的连锁企业门店经营中，理货员在指定的区域内与顾客共享一个空间，顾客可以充分自主地接触商品，这是敞开式销售的连锁企业门店的一个基本特征。由这一特征所引起的主要问题是：理货员的作业活动，如商品标价、补货上架等，都会占用一定的顾客购物空间，从而可能会给顾客自由选购商品造成一定的不便。理货员有特定的责任区域，但顾客的询问和需要提供帮助的项目可能会超出理货员的责任范围，这也容易产生理货员与顾客之间的矛盾。在敞开式销售的连锁企业门店中，应让顾客享受充分的自主，如果理货员做了不适当的商品介绍，反而会引起顾客的反感。上述这些由工作特性所带来的负面影响都是理货员在从事作业时应该竭力避免的，应尽可能地为顾客创造良好的购物环境和空间。

**2. 理货员的工作重心是商品及与商品销售服务相关的环境**

在销售服务中，营业员的工作重心是接待服务，通过语言、体态、表情在与顾客沟通的过程中完成商品交易活动。而理货员则是通过理货活动，依靠商品展示与陈列、POP 广告、标价、排面整理、商品补充与调整、环境卫生、购物工具准备及理货员的作业活动状态等，与顾客间接或直接地发生联系。这一岗位特性有四点与营业员不同：

（1）间接性。理货员与顾客的沟通在大多数情况下是间接的，理货员是依靠顾客的选购行为、表情及个别的询问来了解顾客的需求情况的。

（2）规范性。理货员所从事的作业活动必须按连锁企业总部设计好的操作规范执行，任何偏离操作规范的行为都会影响到顾客的利益、企业的形象和门店的经营绩效。

（3）辅助性。理货员虽然是通过作业活动和结果（如商品陈列）向顾客提供间接服务的，但在某些情况下（如顾客询问、生鲜食品称重等），仍需要理货员提供直接的服务。

（4）交替性。理货员一般不用等候顾客，因而除完成理货作业活动外，为充分利用作业时间，在营业高峰时段还应服从主管的指派，配合其他部门做好其他作业活动，如收货、搬运、清洁门面、装袋等临时性作业。

**阅读链接**

## 理货员与各部门的关系

理货员与总台的关系：顾客所购商品发生退换情况，理货员应主动积极配合，并办理好退货或换货有效手续；总台发放赠品或促销商品时，如出现短缺或其他问题时理货员也应积极配合。

理货员与收银员的关系：当收银员在给顾客结算时发现商品标价错误，理货员应积极协助查找原因，如自己发生标价错误应及时纠正并主动承担相关责任。在每天下班时，应到收银处收起当天顾客未结算的商品并办好有效手续。

理货员与防损员的关系：应主动地积极配合保安和防损员做好本部门商品的防损工作，若发现可疑人员应及时报告并做好跟踪工作。发现偷窃人员应交保安处理，和保安搞好销售以外的商品出入手续。

理货员与部门主管的关系：下级服从上级，全面完成上级主管交给的各项工作任务指标，上级主管发出的指令如果有损公司的利益、形象或有违反法律法规的，在服从命令的同时，有权越级向上汇报。

资料来源：http：//hi.baidu.com

### （二）理货员的职业道德意识

树立良好的职业道德意识是遵守职业道德规范的前提，也是不断提高工作成果的重要基础。根据理货员的岗位特性应树立以下八大职业意识。

**1. 顾客意识**

对"顾客第一"、"顾客永远是对的"等理念，不能仅局限于理性认识，而应贯彻到行动上。顾客意识的核心是要时时思考如何让顾客愉快购物，以此作为工作指南。

**2. 目标意识**

即要求有目的、有目标地从事工作，并具有不断向更高的工作目标努力的意志。没有目标就没有动力，有了明确的目标，即使工作艰苦也会有良好的心情，这是做好工作的精神保证。

**3. 形象意识**

企业是一个大家庭，每一位员工的个人形象都会直接影响公司的整体形象。因此，每一位员工都必须清醒地意识到：自己是企业的代表，自身形象代表了企业形象。

**4. 品质意识**

商品品质需要工作品质来保证，每位员工应树立良好的工作态度，缜密的思考习惯，避免工作差错，以确保商品和服务的品质。

**5. 成本意识**

为顾客节省成本是成本意识的核心，只有降低成本才能向顾客提供质优价廉的商品和服务，也只有使企业低成本地运行才能获得更多的利润。节约成本，人人可为；节约成本，人人有责。这是成本意识的基本要求。

**6. 合作意识**

企业这个大家庭虽然类似于工业化大生产的流水线，但与流水线又截然不同，它更像一个有血有肉的生物体，体内的各个"器官"和"细胞"都有独特的功能，并依据相互作用，主动配合而维持机体的活力。在这大家庭中的每一个员工都应该时时保持良好的合作意识，时刻准备与他人合作来完成工作。

**7. 问题意识**

世界上几乎没有无缺陷、无问题的企业。问题不在于是否有问题和缺陷，而在于是否注意去发现问题、正视问题，甚至即使发现了问题是否敢于提出问题。问题意识就是要求人们不要回避问题，要善于发现问题；不要只抱怨问题，要善于寻找解决问题的办法；不要只提出解决问题的办法，要善于有效地实施解决问题的办法。

**8. 规范意识**

规范意识，即要求按规则、规定从事工作。如果人人都"以大拇指当尺规"，统一服务形象就难以维持。

## (三) 理货员职业道德修养

职业道德修养是指为达到一定的职业道德水平所进行的自我锻炼、自我教育、自我塑造、自我陶冶。理货员职业道德修养的目的是加强理货员职业道德意识，提高自觉地遵守理货员职业道德规范的能力。

理货员职业道德修养的内容包括：形象修养、意志修养、品质修养。

**1. 形象修养包括仪表、举止、语言三个方面**

理货员形象修养内容见表4－1。

表4－1　理货员形象修养内容

| 仪表 | 举止 | 不能说的话（例）： |
|---|---|---|
| (1) 耳朵：<br>有没有清洗干净；<br>有没有将耳环拿下。<br>(2) 头发：<br>有没有头皮屑；<br>有没有梳理整齐；<br>是不是一般发型；<br>染色是否自然。<br>(3) 脸部：<br>化妆是否太浓；<br>脸部是否干净。<br>(4) 口：<br>是否刷过牙；<br>是否有口臭。<br>(5) 手：<br>指甲剪短了没有；<br>有没有将戒指拿下；<br>是否保持清洁。<br>(6) 服装：<br>是否按规定着工装；<br>服装是否整洁；<br>是否佩挂工牌。<br>(7) 鞋子：<br>是不是干净；<br>后跟会不会太高；<br>是不是要求的款式。 | 举止是通过肢体来传达意识的一种语言，称为肢体语言。<br>主要包括：<br>动作语言；<br>表情语言；<br>视线语言；<br>利用空间语言；<br>言语表达方式；<br>声音表达方式；<br>接触表达；<br>性别、年龄语言；<br>容姿语言；<br>气味语言。 | 不知道，你去问别人。<br>卖光了，没有了。<br>那你想怎么样。<br>有本事你去告了。<br>你是不受欢迎的顾客。<br>偷了东西就得罚款。<br>你大概不懂，我们连锁企业是统一定价的。<br>讲话要讲点道德，现在是文明社会。 |

**2. 意志修养**

意志修养应把握以下八个字：认同、自制、宽容、平衡。

（1）认同，即要求有清晰的角色意识。理货员必须认清：应该做什么，不该做什么；应该说什么，不该说什么。角色认同的基本要求是：运用同理心，用"假如我是……"的思路进行将心比心，推己及人，设身处地，进行角色互换，站在对方的角度来思考和处理问题。

（2）自制，即要求冷静、沉着、不受对方的情绪所影响。理货员应该做到：你发火，我耐心；你粗暴，我礼貌；你埋怨，我周到；你有气，我热情。

（3）宽容，即要求宽以待人。理货员要做到"得饶人处且饶人"，把一切"面子"都留给顾客。有宽容心才能有效地自制。

（4）平衡，即要求理智，观念与情感、情绪保持平衡。例如：理智上强调"顾客永远是对的"，但很多服务人员在情绪上都因"顾客并不一定是对的"而愤愤不平；观念上知道"源源不断的顾客是公司最大的资产"，但由于很多服务人员的良好服务并未得到应有的回应和社会支持，造成观念上和情感上的冲突；做得不好时会得到来自多方面的责骂，但做得好时，却没有什么反应，由此产生委屈心态；工作时间长，精神负担重，身体疲劳，使理货员懒得去理会顾客的要求、感觉和反应。上述这些方面如不能很好地平衡，意志修养将会前功尽弃。

**3. 品质修养**

品质的内涵十分广泛，对理货员来说，应当着重突出以下三个方面。

（1）见物不贪。人人都需要赖以生存、发展和享受的物质财富，但在追求物质财富时有四点需要特别注意：第一，要聚财不贪；第二，享乐不可及；第三，不义之财不可取；第四，没有第一次。克己自律应从第一次开始，有了第一次，就会有第二次、第三次。

（2）与人为善。对注重品质修养的人来说，通常应从以下四个方面去实现"与人为善"的待人准则：第一，主动交往，以心换心，以德报怨；第二，助人为乐，施人勿念，受施勿忘；第三，任其自然，淡薄洒脱，笑对人生；第四，淡化自我，尊重守信，坚持真理。

（3）做事求上。"做一天和尚撞一天钟"的工作态度和工作作风已不适合现代社会。作为理货员，对工作与学习、知识与道德、今日与明日等关系应该有一个比较明确的认识。第一，在工作中学习，在学习中工作，才能把工作做得更好；第二，知识是道德的基础，知识是道德的明灯，没有知识的"道德"是愚昧的道德，没有道德的知识还不如愚昧；第三，今日的辛苦，必将换来明日的收获。总之，只有不断求上，才能有益于顾客，有益于企业，有益于社会，有益于自我，有益于家庭，才有可能达到和谐的道德境界。

## 二、理货员岗位职责

### （一）理货员的主要工作职责

（1）严格执行卖场服务规范，做到仪容端庄、仪表整洁、礼貌待客、诚实服务，严格遵守各项服务纪律。

（2）熟识产品或产品包装上应有的标志，以及自己责任区内商品的基本知识，包括商品的名称、规格、等级、用途、产地、保质期限、使用方法和日常销量等。

（3）了解有关商业法规，熟识和执行卖场内的作业规范。

（4）掌握商品标价知识，能熟练地使用标价机，正确打贴价格标签。

（5）注意查看商品有效期，防止过期商品上架销售。

（6）了解卖场的整体布局和商品陈列的基本方法，熟识责任区域内的商品配置图表，严格按照商品配置表正确进行商品的定位陈列，并随时对责任区域内的陈列商品进行整理。

（7）随时了解责任区域内商品销售的动态，及时提出补货建议，按规范操作要求完成领货和补货上架作业。

（8）要有强烈的责任心，注意商品安全，努力防止商品损坏和失窃，同时要了解治安防范要求。

（9）了解卖场内主要设备的性能、使用要求与维护知识，能排除小的、因使用不当而引起的故障。

（10）搞好商品、设备、货架与通道责任区的卫生，保证清洁。

（11）对顾客的合理化建议要及时记录，并向门店店长汇报。

（12）服从店长关于轮班、工作调动及其他工作的安排（如在营业高峰时协助收银台做好收银服务）。

### （二）理货员主要工作内容

**1. 补货**

（1）补货时必须检查商品有无条码；

（2）检查价格卡是否正确，包括 DM（促销）商品的价格检查；

（3）商品与价格卡要一一对应；

（4）补完货要把卡板送回，将空纸皮送到指定的清理点；

（5）新商品须在到货当日上架，所有库存商品必须标明货号、商品名及收货日期；

（6）必须做到及时补货，不得出现在有库存的情况下有空货架的现象；

（7）补货要做到先进先出；

（8）检查库存商品的包装是否正确；

（9）补货作业期间，不能影响通道顺畅。

**2. 理货**

（1）检查商品有无条形码；

（2）货物正面面向顾客，整齐靠外边线码放；

（3）货品与价格卡一一对应；

（4）不补货时，通道上不能堆放商品；

（5）不允许随意更改排面；

（6）破损或拆包货品应及时处理。

**3. 促进销售，控制损耗**

（1）依照要求填写"三级数量账记录"，每日定期准确计算库存量、销售量、进货量；

（2）及时回收零星商品；

（3）落实岗位责任，减少损耗。

**4. 管理价签和条码**

（1）按照规范要求打印价格卡和条形码；

（2）价格卡必须放在排面的最左端，缺损的价格卡须及时补上；

（3）剩余的条形码及价格卡要收集统一销毁；

（4）条形码应贴在适当的位置。

**5. 清洁工作**

（1）通道要无空卡板、无废纸皮及打碎的物品残留；

（2）货架上无灰尘、无油污；

（3）样品干净，货品无灰尘。

**6. 整理库存、盘点**

（1）库房保持清洁，库存商品必须有库存单；

（2）所有库存要封箱；

（3）库存商品码放有规律、清楚、安全；

（4）盘点时保证盘点的结果正确。

**（三）理货员辅助工作**

**1. 服务**

（1）耐心礼貌地解答顾客询问；

（2）补货理货时不可打扰顾客挑选商品；

（3）及时平息及调解一些顾客纠纷；

（4）制止顾客的各种违反店规的行为，如拆包、进入仓库等；

（5）对不能解决的问题，及时请求帮助或向主管汇报。

**2. 器材管理**

（1）卖场铝梯不用时要放在指定位置；

（2）封箱胶、打包带等物品要放在指定位置；

（3）应随身携带笔 1 支、戒刀 1 把、手套一副、封箱胶、便签若干；

（4）各种货架的配件要及时收回材料库，不能放在货架的底下或其他地方。

**3. 市调**

（1）按门店要求、主管安排的时间和内容做市场调查；

（2）市场调查资料要真实、准确、及时、有针对性。

**4. 填写工作日志**

（1）条理清楚，字迹工整；

（2）每日晚班结束时写；

（3）交代未完成的工作内容，早班员工须落实工作日志所列事项。

 **知识拓展**

## 合格理货员的八项注意

在卖场里，虽然理货员不与顾客进行最直接的交易，但是仍然有很多机会与顾客面对面地接触。而且他们的言谈举止都代表着企业，因此只有不断地提高理货员的素质和业务能力，才能保证门店在激烈的市场中立于不败之地。

那么怎样做一名合格的理货员呢？应注意以下八项内容。

（1）应服从公司管理，遵守门店的规章制度。

（2）要胸怀大局，以公司利益为根本利益。"一损俱损，一荣俱荣"，公司效益与员工自身利益息息相关，坚决不能做损坏公司利益和形象的事情。

（3）理货员要牢记商品管理销售的基本知识，并在实践中加深理解，进而形成一套自己独特的工作方法。另外，要切实搞好商品陈列，将过期商品和商品丢失率降至最低。

（4）要有一颗真诚服务的责任心。工作中推行微笑服务，使用真诚的礼貌用语，绝对不能把自己的不良情绪带给顾客；顾客遇到困难时，要热情相助；顾客有不懂或不理解的事情时，应认真仔细地解释，绝对不能与顾客争吵。要切记：和气生财，顾客永远是对的。

（5）要处理好上下级及同事间的关系。在领导面前，不阿谀奉承、不搬弄是非。同事间要互助互爱，并做到宽以待人、严以律己，绝对不能勾心斗角和斤斤计较。

（6）善于总结。每天要自我反省，总结工作中的得与失、成功与失败，以利于自身发展，从而使工作做得更好。

（7）协助部门主管做好新员工的"传、帮、带"工作。新员工是公司的新鲜"血液"，企业只有不断注入新鲜血液，才能青春永驻。老员工应带动新员工进行实践，把工作中的经验和教训毫无保留地传授给他们，帮助他们尽快掌握工作技巧。

（8）注意谈话的技巧。语言是一门艺术，理货员应根据谈话的场合及所面对的不同人群，选择适当的方式、运用一定的技巧，让顾客心悦诚服地接受自己的观点。

此外，理货员在工作中还应该利用工作之便随时关注竞争对手的促销动向、产品情况及销售状况等，并及时反馈给主管或店长。

在卖场中，及时向货架补货、调整品种陈列结构和卖点的生动化陈列、库存信息的及时传递等工作主要依靠理货员来进行，实际上理货员就是一名现场管理者，因此他们应该对卖点现场所发生的一切负责。

 案例**分析** ▶▶

## "美的"电扇无保修?

武汉的夏天非常炎热,购买空调、电风扇成了当地人的消费热点。由于这个原因,某店的电器销量十分好,前来购买的顾客络绎不绝。

8月1日,这一天非常炎热,武汉已经持续一周的高温,一位解放军同志在"建军节"这一天到商场为部队选购电风扇。来店之前他收到一份新一期的该店快讯,感觉该店的商品很便宜,所以战友们一致决定让他到该店来购买。当他走到电器区时,被电风扇优惠的价格所吸引,马上走过去选购。经过对商品质量、价格、外观等各方面的比较,觉得"美的"风扇价格便宜,搬运方便,外形也美观,就决定购买"美的"风扇。随后,他找到理货员询问有关的售后服务,如:是否三包、保修地点在哪、商品的保修期有多长。可是,理货员却回答:"这种电风扇价格很便宜,基本上是以进价销售,所以没有保修期。"这位解放军同志听后非常诧异:"无论什么电器商品,都应该有相应的保修期,除非是一些不合格的产品。"由于该解放军同志没有得到满意的答案,担心以后发生质量问题无法解决,于是放弃购买决定,并对该员工的工作态度表示不满。

事实上,该商品的保修期为12个月,产品说明书上标得十分清楚。

资料来源:http://download.it168.com

**思考问题:**

1. 这位理货员的举动给超市带来什么影响?

2. 假如你是这位理货员的主管,你将会如何处理此事?

## 技能训练

**一、思考题**

1. 理货员应具备什么样的职业道德意识?

2. 理货员的主要工作职责是什么?

3. 简述理货员应树立怎样的职业意识。

**二、能力训练**

1. 3到5人为一组,讨论怎样做一名合格的理货员(从思想道德、工作等方面进行全面讨论总结,并由一名代表上台阐述讨论结果)。

2. 到当地连锁企业门店(超市、百货商场、便利店、专卖店)实地观察门店中理货员的作业状况,了解理货的工作职责和内容,并作比较。

# 任务 2　理货员作业流程及要领

## 资料：从理货员一天的工作流程看员工管理

在零售店铺中有这样一类人，他们掌握所属商品部门中商品的品名、属性、规格、价格水平及保质期，哪里缺货哪里就能看到他们的身影。这就是理货员。在卖场中，他们与收银员一样都是最基层的工作人员。但在一定意义上，他们代表着超市的形象，是影响超市商品销售额的重要因素。

2007 年 2 月 3 日早上 7 点，北京超市发双榆树店理货员小韩，推上自行车从家里出来，到路边的小摊买份早餐，也来不及吃，一路猛蹬，径直奔往单位。7 点 30 分，小韩就到单位了，这离上班时间整整早到了 20 分钟。由于离家远，害怕迟到，迟到三次这个月奖金就没了，小韩已经养成了早起、早到的习惯。20 分钟后，超市开门了，打卡签到，更换工作服，佩戴好工作牌后就开始打扫卫生，准备迎接顾客。超市 8 点正式对外营业。按检查记录进行大量的补货；保持排面整齐，依次向前递补，把新补充的商品放在后面；做到商品正面面向顾客。缺货时及时补货，补货按照有关补货作业的流程及规章进行。

检查货签是否对位，有变价的商品与价格是否相符，所贴条码是否正确，摆放位置是否正确，货架上商品有无缺货状况，有无破损品或过期变质品，这些都做详细检查并记录下来。看看自己的辖区内商品有无破损，有无变质。作为一名老员工，这一流程小韩已驾轻就熟了。

怎样做好一个超市理货员，看似工作简单：掌握商品陈列方法和技巧，正确对商品进行陈列摆放，但其中的学问可不小。商品陈列必须根据季节性商品、促销类商品、畅销商品、毛利率高低等特性，采取合理有效的陈列方法并根据多种商品陈列的原则进行陈列；遵照零售店铺仓库管理和商品发货的有关程序，有秩序地进行领货工作。作为理货员还要对新商品、市场流行商品和时令商品反应敏锐，要做好市场调查，掌握消费者需求等这些问题，要及时制定新产品购销计划。

11 点 40 分，两位先去吃饭的同事回来了，超市用餐时间是在 11 点到 13 点，由于超市要保证不空岗，5 位上班的同事分开轮流用餐，每个人有 45 分钟的用餐时间。

该补齐的货也完成了，小韩开始围着自己的辖区到处转转，看到有碎纸屑及空箱子等都把它收起来，通道地面要时刻保持清洁。同时他还担当了保安的角色。发现有可疑人员时，及时报告安保人员并做好跟踪工作；发现偷窃人员时交保安处理。另外就是收拾遗弃商品。顾客选好某样商品，中途又改变主意的情况很多，能把商品放回原处的固然很好，没有放回原处的，理货员只好去归位。有的顾客甚至将楼上楼下的商品对调。对于这些被顾客遗弃的商品，理货员要随见随收，不分辖区，像这样的劳动小韩每天都要重复数百次。

临近下班时间，小韩到收银处收起当天顾客未结算的商品并办好有效手续，把未完成的事情和一天遇到的问题向上级领导汇报。

14 点 30 分，小韩结束了一天的工作，晚班人员开始上班。

　　　　　资料来源：漆浩. 商店销售人员进修教程. 北京：中华工商联合出版社，2007.

**要求：**

1. 从上述材料中可以看出理货员每日基本的作业内容是什么？
2. 结合案例分析理货员的工作流程及工作过程中的注意事项。

 **相关知识**

## 一、理货员的作业流程

理货员的作业流程可分为营业前、营业中、营业后三个阶段。每一阶段的工作内容如图 4 - 1 所示。

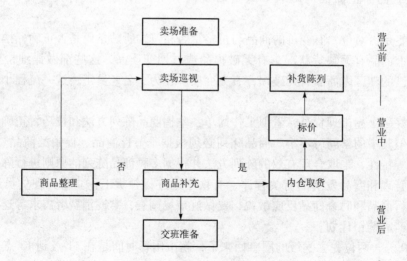

图 4 - 1　理货员作业流程图

**1. 营业前**

（1）打扫责任区域内的卫生；

（2）检查购物篮、车；

（3）检查劳动工具；

（4）查阅交接班记录。

某连锁便利店理货员营业前工作自查表如表 4 - 2 所示。

表 4 - 2　某连锁便利店理货员营业前工作自查表

| 时段 | 检查项目 | 完成情况 | |
|---|---|---|---|
| | | 是 | 否 |
| 营业前 | 1. 服装干净整洁，佩戴好工号牌 | | |
| | 2. 办理交接 | | |
| | 3. 清洁整理货架 | | |
| | 4. 清洁责任区 | | |
| | 5. 清洁整理冷柜、冷风柜 | | |
| | 6. 商品标价、补货 | | |
| | 7. 清洁、整理商品 | | |
| | 8. 核对价目牌 | | |
| | 9. 整理补充备用商品：各种记录、笔和干净抹布 | | |
| | 10. 整理仓库 | | |
| | 11. 检查冰箱温度 | | |
| 门店名称： | 自查人签名： | 检查日期： | 班次： |

注意：1. 工作完成时请画"√"，否则请画"×"；2. 请签名后再下班

**2. 营业中**

（1）巡视责任区域内的货架，了解销售动态；

（2）根据销售动态及时做好领货、标价补货上架、货架整理、保洁等工作；

（3）方便顾客购货，回答顾客询问，接受友善的批评和建议等；

（4）协助其他部门做好销售服务工作，如协助收银、排除设备故障；

（5）注意卖场内顾客的行为，用温和的方式提防或中止顾客的不良行为，以确保卖场内的良好氛围和商品的安全。

某连锁便利店理货员营业中工作自查表如表 4 - 3 所示。

表 4 - 3    某连锁便利店理货员营业中工作自查表

| 时段 | 检查项目 | 完成情况 | |
|---|---|---|---|
| | | 是 | 否 |
| 营业中 | 1. 站立服务，礼貌待客，热情和蔼地回答顾客询问 | | |
| | 2. 检查 POP 广告招贴是否规范，书写是否规范 | | |
| | 3. 巡视卖场，手拿干净抹布，清洁货架 | | |
| | 4. 整理货架商品，落地陈列商品 | | |
| | 5. 检查冰箱温度 | | |
| | 6. 冷藏冰箱内的商品排面整理 | | |
| | 7. 核对价目牌及商品标签价格 | | |
| | 8. 厂商进货验货，上货架 | | |
| | 9. 纸箱、空箱、空瓶收好 | | |
| | 10. 冷藏冰箱的定时补货 | | |
| | 11. 冷藏冰箱的不定时补货 | | |
| | 12. 货架的定时补货 | | |
| | 13. 货架的不定时补货 | | |
| | 14. 检视过期、变价、损耗商品 | | |
| | 15. 记录过期商品，变价和损耗商品 | | |
| | 16. 商品的安全管理 | | |
| 门店名称： | 自查人签名： | 检查日期： | 班次： |

注意：1. 工作完成时请画"√"，否则请画"×"；2. 请签名后再下班

## 3. 营业后

（1）打扫责任区的卫生；

（2）整理购物篮、车；

（3）整理劳动工具；

（4）整理商品单据，填写交接班记录。

某连锁便利店理货员营业后工作自查表如表 4 - 4 所示。

表 4 - 4    某连锁便利店理货员营业后工作自查表

| 时段 | 检查项目 | 完成情况 | |
|---|---|---|---|
| | | 是 | 否 |
| 营业后 | 1. 所有用品归位 | | |
| | 2. 所有单据整理归位 | | |
| | 3. 交接班读账、填写交接班日报表 | | |

**续表**

| 时段 | 检查项目 | 完成情况 | |
|---|---|---|---|
| | | 是 | 否 |
| 营业后 | 4. 制服挂好、交代事项留言 | | |
| | 5. 协助现场人员处理善后工作 | | |

| 门店名称: | 自查人签名: | 检查日期: | 班次: |
|---|---|---|---|

注意: 1. 工作完成时请画"√", 否则请画"×"; 2. 请签名后再下班

## 二、理货员的作业要领

### (一) 领货作业

在营业过程中, 陈列于货架上的商品在不断地减少, 理货员的主要职责就是去内库领货以补充货架, 也有些连锁企业的门店 (如连锁便利店) 中, 除了饮料之外, 是不允许有商品库存的, 因而只要商品验收完毕, 理货员即可进行标价, 补货上架陈列, 或将商品暂时放于内仓, 待营业时及时补货。

(1) 理货员领货必须凭领货单。

(2) 领货单上理货员要写明商品的大类、品种、货名、数量及单价。

(3) 理货员对内仓管理员所发出的商品, 必须按领货单上的事项逐一核对验收, 以免商品串号和提错货物。对于大型连锁综合超市、仓储式商场和便利店来说, 其领货作业的程序可能不反映在内仓方面, 而是直接反映在收货部门和配送中心的送货人员方面。一旦完成交接程序, 责任就完全转移到商品部门负责人和理货员的身上。

### (二) 标价作业

标价是指商品代码 (部门别和单品别) 和价格以标签方式粘贴于商品包装上的工作。每一个上架陈列的商品都要标上价格标签, 有利于顾客识别商品售价; 也有利于门店进行商品分类、收银、盘点及订货作业。

#### 1. 标签的类型

目前我国连锁企业门店的价格有四种类型。

(1) 商品部门别标签, 表示商品部门的代号及价格, 通常适用于日用杂品及规格化的日配品。

(2) 单品别标签, 表示单一商品的货号及价格, 这种标签尤其适合于连锁超市内的生鲜食品, 可分为称重标签和定额标签。

(3) 店内码标签, 表示每一单品的店内码和价格, 也可分为称重标签和定额标签。

(4) 纯单品价格标签, 只表示每一个商品的单价, 无其他号码。

商品价格标签对连锁企业搞好门店商品管理有很大的作用。其作用主要有: 识别商品的部门分类和单品代号, 以及商品销售、盘点和订货作业; 识别商品售价, 有利于商品周转速

度的管理等。商品部门别标签、单品别标签和店内码标签一般都可以用条码的形式很快地通过计算机来设计和制作。此时标价作业的重点则是"对号入座"，而对那些仍需用价码机来标价的门店就必须强调手工作业的管理与控制。

**2. 标签打贴的位置**

（1）一般商品的标签最好打贴在商品正面的右上角（因为一般商品包装其右上角无文字信息），如右上角有商品说明文字，则可打贴在右下角。

（2）罐装商品，标签打贴在罐盖上方。

（3）瓶装商品标签打贴在瓶肚与瓶颈的连接处。

（4）礼品则尽量使用特殊标价卡，最好不要直接打贴在包装盒上，可以考虑使用特殊展示卡。因为送礼人往往不喜欢受礼人知道礼品的价格，购买礼品后他们往往会撕掉其包装上的价格标签，由此可能会损坏外包装，破坏了商品的包装美观，从而导致顾客的不快。这是理货员要特别注意的，应从细微之处为顾客着想。

**3. 标价作业应注意事项**

（1）一般来说，门店内所有商品的价格标签位置应是一致的，这是为了方便顾客在选购时对售价进行定向扫描，也是为了方便收银员核价。

（2）打价前要核对商品的代号和售价，核对领货单据和已陈列在货架上的商品的价格，调整好打价机上的数码，先打贴一件商品，再次核对如无误可打贴其余商品。同样的商品上不可有两种价格。

（3）标价作业最好不要在卖场上进行，以免影响顾客购物。

（4）价格标签纸要妥善保管。为防止不良顾客偷换标签，即以低价格标签贴在高价格商品上，通常可选用仅能一次使用的、有折线的标签纸。

商品的标价作业随着 POS 系统的运用，其工作性质和强度会逐渐改变和降低。标价作业的重点会向正确摆放标价牌的方向发展，频繁的打价码作业将不复存在，至多只有少量称重商品的店内码粘贴。

案例分析

## 营业员标价失误，商家应"吃进"

陈女士于 7 月 28 日在某商场专柜购买了两件儿童 T 恤，当时衣服挂牌上价格显示为 65 元，然而陈女士无意中发现该挂牌竟有两层价格，撕开外面一层，里面还有一层标价为 45 元，相差 20 元，金额虽然不大，但商家此种行为的确令人费解，是否为价格欺诈，为此陈女士投诉至店长那里。后经门店调查了解，此举为理货员失误所致，本着双方互谅的态度，商家退还消费者 21 元，当场表示歉意，并对理货员工作的不认真进行了批评教育，陈女士对此结果也表示满意。

资料来源：消费之声

**思考问题：**

1. 本案例中理货员在哪个方面工作失误了？

2. 本案例中理货员应承担什么责任？

### （三）变价作业

变价作业是指商品在销售过程中，由于某些内部或外部环境因素的发生而进行调整原销售价格的作业。

**1. 变价的原因**

变价的原因可分为两种：

（1）内部原因，如促销活动的特价、连锁企业总部价格政策的调整、商品质量有问题或快到期商品的折价销售等。

（2）外部原因，如总部进货成本的调整、同类商品的供应商之间的竞争、季节性商品的价格调整、受竞争店价格的影响及门店消费者的反应等。

**2. 变价作业应注意的事项**

变价作业不论由何种原因引起，一般都由连锁企业总部采购部门负责，采购部门会将变价的通知及时传达到各个门店，而门店理货员在整个变价过程中应注意以下几个方面。

（1）在未接到正式变价通知之前，理货员不得擅自变价。

（2）正确预计商品的销量，协助店长做好变价作业的准备。

（3）做好变价商品标价的更换，在变价开始和结束时都要及时更换商品的物价标牌及贴在商品上的价格标签。

（4）做好商品陈列位置的调整工作。

（5）要随时检查商品在变价后的销售情况，注意了解消费者和竞争门店的反应，协助店长做好畅销变价商品订货工作，或是由于商品销售低于预期而造成商品过剩的具体处理工作。

**3. 变价时的标价作业**

商品价格调整时，如价格调高，则要将原价格标签纸去掉，重新打价，以免顾客产生抗衡心理；如价格调低，可将新的标价打在原标价之上。每一个商品上不可有不同的两个价格标签，这样会招来不必要的麻烦和争议，也往往会导致收银作业的错误。

### （四）商品陈列作业

商品陈列作业是指理货员根据商品配置表的具体要求，将规定数量的标好价格的商品，摆设在规定货架的相应位置。商品陈列的主要原则与方法在项目七中会详细讲解，在理货作业主要讲解商品陈列的检查要点。

商品陈列的检查要点如下：

（1）商品是否有灰尘？

（2）货架隔板、隔物板贴有胶带的地方是否弄脏？

（3）标签是否贴在规定位置？

（4）标签及价格卡售价是否一致？

（5）POP 是否破损？

（6）商品最上层是否太高？

（7）商品是否容易拿取和放回原处？

（8）上下隔板之间是否间距适中？

（9）商品陈列是否做到先进先出？

（10）商品是否做好前进陈列？

（11）商品是否快过期或接近报警期？

（12）商品是否有破损、异味等不适合销售的状态存在？

## （五）补货作业

补货作业是指理货员将标好价格的商品，依照商品各自既定的陈列位置，定时或不定时地补充到货架上去的作业。所谓定时补货，是指在理货员每班次上岗前或非营业高峰时的补货。所谓不定时补货，是指只要货架上的商品即将售完，就立即补货，以免由于缺货影响销售。

### 1. 商品补货的原则

（1）要根据商品陈列配置表，做好商品陈列的定位化工作。

（2）严格按照连锁企业总部所规定的补货步骤进行商品补货。

（3）注意整理商品排面，以呈现商品的丰富感。

（4）对冷冻食品和生鲜食品的补充要注意时段投放量的控制，应采取三段式补货陈列。一般补充的时段控制量是：在早晨营业前将所有品种全部补充到位，但数量保持在当日预定销售量的 40%，中午再补充 30% 的陈列量，下午营业高峰前再补充 30% 的陈列量。

### 2. 卖场巡视和商品的整理作业

（1）清洁商品。要维持卖场气氛的良好，商品清洁非常重要，这是商品能卖得出去的前提条件，尤其是在营业低峰时段，要做好整个货架的清洁工作。

（2）做好商品的前进陈列。当前面一排的商品出现空缺时，要将后面的商品移到空缺处，商品正面朝前陈列，这样既能体现商品陈列的丰富感，又符合商品陈列先进先出的原则。

（3）检查商品的质量。如果发现商品损坏（如服装等）、商品变质、破包或超过保质期（如各类食品），应立即从货架上撤下。

通常，在连锁超级市场、便利店中规定，有以下几种商品必须从货架上撤下：① 过期商品、有变质现象的商品；② 接近有效期限的商品（以保质期×3/4 为期限）；③ 各种严重瘪罐或有严重锈蚀现象的商品；④ 真空包装遭破坏的商品；⑤ 商标脱落、包装破旧的商品；⑥ 遭灰尘严重玷污的商品；⑦ 各种标志不清的商品（包括生产日期、保质期、计量、厂名、厂址等）；⑧ 厂商已更改包装的旧包装商品；⑨ 有破损、缺件现象的工业品。

**3. 补货上架的作业步骤**

为了符合商品陈列的先进先出原则，通常补货上架要按照以下六个步骤进行：

（1）先检查核对欲补货陈列架前的价目卡是否和要补上去的商品售价一致；

（2）将货架上原有的商品取下；

（3）清洁货架（这是彻底清洁货架里面的最好时机）；

（4）将准备补充的新货放至货架的后段；

（5）清洁原有商品；

（6）将原商品放于货架的前端。

 **知识拓展**

## 合格的理货员要走出三个误区

一个好的企业离不开好的员工，因为员工是直接反映公司形象的窗口。理货员工作看似十分简单和普通，但由于他们是与顾客接触最直接的员工，因此理货员素质的优劣将直接影响到门店的销售额，甚至关系到门店的形象。门店的整体服务质量和水平都要从他们的一举一动、一言一行中体现出来。在实际工作中，理货员还要走出以下三大误区。

**1. 堆头陈列的误区**

卖场的堆头一直是商家们争夺的焦点，一些大品牌为堆头陈列的位置而费尽心思。但别以为重金买下一块"黄金宝地"就有了销量，实际上，如果做得不好，极有可能一件产品都卖不动。堆头在销售通路中需要讲究艺术，而不是随便在卖场摆几箱货那么简单。

**2. 发现滞销品的误区**

商品滞销的原因有很多，可能是产品本身不好，或者是厂商的营销方法不佳，也可能是季节性的因素，更可能是商店的陈列或定价等因素使然。滞销原因确定后，要判断是否能改善，若无法改善且连续几个月持续滞销，就必须采取剔除措施，以便能引进更有效率的商品。滞销品宛如企业的"毒瘤"，只有及早发现和及早去除，企业的经营才能健康发展。

事实上，因为租金高昂，陈列空间是相当宝贵的，如果滞销品占据了空间，使新品无法导入和畅销品的陈列无法扩大，最终单位面积营业效率当然不可能有良好的表现，更谈不上出现盈余了。因此，在商品经营上要对滞销品采取快速淘汰的运营方针。理货员对于畅销的商品应检查其陈列面积是否恰当，同时对于因删除品项而多出的空间，应尽快地导入新商品，以便更替滞销品。

### 3. 对顾客态度的误区

理货员所处的工作环境主要分为商品空间和顾客空间。理货员在指定的区域内与顾客共享一个空间，顾客可以充分自主地接触商品空间，这是卖场购物的一个基本特征。

虽然理货员不需要直接面对顾客，但其工作性质需要理货员具备特殊的职业道德和职业技能。时下，产品同质化的现象越来越明显，市场的竞争也已由以前的产品竞争转向服务竞争。在实际工作中，理货员一定要百问不厌，并且微笑着给予顾客诚恳的帮助。

实际上，理货员是一个很平凡的工作岗位，没有什么荣耀，也没有鲜花和掌声，但理货员兢兢业业地工作，会学会许多与人打交道的技巧和经验。而且在事无巨细中，平凡的工作也能闪耀出光辉。因此，如果一个理货员能够在平凡的岗位上做出不平凡的工作，就相当于迈出了成功的第一步。

资料来源：http://club.china.alibaba.com

案例**分析**

## 愤怒的顾客

一位珠海的顾客去某超市购买了一台电视机，因为急着回去，买了电视机后，顾客要自己把电视机带走，顾客就要求理货员快速给他交货，而理货员也同意五分钟之内把电视机送到出口。此时顾客想五分钟的时间也来不及购买其他物品了，就到出口等理货员。等了五分钟理货员没有出来，顾客又等了五分钟，还是不见理货员到来，半个小时过去了，仍不见理货员出现，顾客非常生气，直冲前台投诉……

经核实，原来电器组的出货程序是这样的，商品出货首先要当班管理人员签字后，理货员拿单去仓库取货，还须经防损员检查，签字后才可送到出口，在这个程序中，若有一个人不在，时间就会拉长很多。

资料来源：http://wenku.baidu.com

**思考问题：**

1. 在这件事情中，理货员犯了什么错误？应负什么样的责任？
2. 如果你是负责人，你会如何解决？

### 技能训练

**一、思考题**

1. 变价作业的原因是什么？

2. 怎样进行商品补货上架工作?

3. 简述理货员应树立怎样的职业意识。

4. 简述领货作业的要领。

5. 验收人员的工作职责有哪些?

**二、能力训练**

1. 绘制理货员的作业流程图,并简要进行操作演练。

2. 5 人为一小组,讨论理货员应该怎样执行门店的规章制度,做好本职工作。

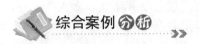综合案例分析

# 减少摩擦

一天中午,店长正在食品区域帮助理货,忽然听到卖场那头传来嘈杂声。起初店长不以为然,后来声音越来越大,还夹杂叫骂声,店长这才警觉事态严重,立即赶去了解究竟发生了什么事。

原来是店里一位刚来的理货员,在打扫卫生时,不小心用拖把撞到顾客的脚,但是那位顾客坚持说理货员的动作是故意的。由于该理货员为新手,不知该如何处理,只是一再跟顾客表示,是自己不小心,不是故意的。那位顾客非常生气,对着理货员大骂,指责他怠慢顾客,态度高傲,做错事又不承认。

店长在了解整件事情的经过后,便先把理货员支开,然后向客人道歉,并说明该理货员刚来,经验不足,遇到事情难免会慌手慌脚。由于店长的态度相当诚恳,顾客又嘀咕了一阵子才稍稍消了气。事后店长也告诫理货员,或许客人真的是无理取闹,身为连锁企业的一员,一定要摆低姿态,尽量让顾客感受到被尊重,才能减少摩擦。

资料来源:樊莉莉. 零售业店长训练教程. 北京:中国经济出版社,2004.

**思考问题:**

1. 本案例中店长言传身教给理货员哪些方面的职业素养和职业意识?

2. 如果你是这名犯了错误的理货员,模拟演练你面对顾客指责时的应对方法。

# 项目五　进货和存货作业管理

- **项目介绍**

　　进货与存货是门店销售的基础，这两项工作将直接影响门店的经营绩效。要使门店的进货与存货作业完善和效率化，门店必须与总部密切配合，按照作业程序操作，合理进货并妥善管理。

- **学习目标**

　　能力目标：会按照订货流程进行订货，会进行进货作业并验收，会进行退换货作业，能够与其他门店进行调拨作业。

　　知识目标：掌握订货流程、进货作业流程及注意事项；了解验收人员的工作职责、注意事项；掌握退换货及调拨作业管理。

　　社会目标：能够与总部配送中心和供应商良好沟通，解决发生的问题。

- **学习内容**

　　1. 订货作业流程及注意事项。

　　2. 进货作业流程。

　　3. 收货作业管理。

　　4. 退换货作业，调拨作业。

## 任务 1　门店进货作业管理

　　商品是门店的生命体，商品的进销存循环犹如人体的新陈代谢，新陈代谢正常，身体就健康。而进货作业是商品进销存当中的第一个环节，要及时订货，满足顾客的需求，同时又要保证商品的质量和消费者的利益，所以显得尤为重要。进货作业管理主要包括订货、进货、收货、退换货和调拨等作业。

## 资料：便利店的进货作业

便利店是一种用以满足顾客应急性、便利性需求的零售。在当今是比较有竞争优势的，因为人们去超级市场需要花费很多的时间，要驱车前往，卖场面积巨大，品种繁多的商品消耗了购物者大量的时间和精力，结账时还要忍受"大排长龙"的等候之苦，以上种种使得那些想购买少量商品或为满足即刻所需的购物者深感不便。于是人们需要一种能够满足便利购买需求的小超市来填补空白，便利店就应运而生了。

较多连锁便利店为了减少成本，都建立了自己的配送中心，门店向配送中心订货，配送中心按照规定的时间进行送货。当然也有个别的商品是门店向供应商直接订货，不过基本过程都相似。

门店的营业员在营业时间内一般都是一边整理商品一边进行商品数量的统计，根据商品库存的数量及每日商品的销售数量，通过收银机向配送中心进行订货。订货截止时间一般都是每日的下午三点，如果超过这个时间就算作第二天的订货了。有库房的便利店可以每隔一日订货，没有库房的便利店就需要每日订货。配送中心一般都会在第二天早上进行送货。

门店在订货的时候可能会订错商品，也有可能由于商品质量问题、外包装问题等，使商品不能进行销售，那样就需要进行退换货处理。不论便利店还是超级市场，如果需要进行退换货处理，那么在收货的时候就要先进行退换货处理，如果不这样，这些商品就要占用库房的面积，导致其他商品无处可放。尤其便利店，一般面积较小，空间相对更珍贵，更要先进行退换货，并且退换货时要注意仔细填写退换货表。

如果是总部的配送中心送货，可以有保留地接收。关于商品的数量和商品的质量在整理商品的时候进行核实和检查。而对于供应商的送货则要仔细清点，确定送货单与订货单是否一致，商品质量是否符合要求，商品包装是否损坏等。如果有异常情况要及时处理，尽量不要影响门店的正常销售。

门店的销售有些时候是不能预测的，顾客的需求是千变万化的，偶尔会有顾客来店里大量购买某种商品，超出门店正常的销售数量。如果不满足顾客的需求有可能失去一个永远的顾客，如果能够在一定范围内努力，就有可能为企业获得一个忠实顾客。这时就需要进行调拨作业。调拨作业需要双方店长同意，并进行填单、签名各个环节。如需要商品的数量较大，则需事前电话联系、确定其他门店的商品数量，再给顾客准确的答复。

所以便利店要适时、适量地订货，并严格验收，保证满足顾客的需求，增加门店的销售额。

**要求：**
1. 连锁企业门店进货包括哪些内容？
2. 连锁企业门店订货时应注意哪些事项？

3. 连锁企业门店的进货作业流程是怎样的?

4. 门店在调拨商品时应注意哪些事项?

相关知识

## 一、订货作业流程

门店的订货作业是指门店在连锁企业总部所确定的供应商及商品范围内,依据订货计划而进行的叫货、"点菜"或称为添货的活动。连锁企业门店通常不承担采购作业,其订货作业流程如图 5 - 1 所示。

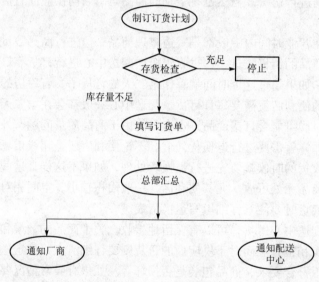

图 5 - 1　订货作业流程

门店在订货作业流程中应注意如下事项。

(1)制订订货计划。制订订货计划应当考虑商品的订货周期、配送周期的安全存量、最小库存量及订货方式等因素的影响。由于订货时间上的滞后性,不能等到缺货时再订货。不周全的订货计划可能会增加库存量、减少商品种类及浪费作业时间等。

(2)存货检查。店长应随时注意检查卖场和门店仓库的存货,若存货低于安全存量,或遇到门店搞促销活动,或节假日之前,都应考虑订货。同时,在进行存货检查时,还可顺便检查该商品的库存量是否过多,这样就可以早作应对处理(如门店之间的调拨、降低订货量等)。

(3)适时订货。门店订货必须注意时效性。因为在每天营业销售时不可能进行随时订

货，而且供应商也不可能随时接受订单、随时发货。一般连锁企业总部都规定了门店每天的订货时间范围，只要过了这一时间范围，就视为逾期，将作为次日订单。

（4）适量订货。订货量的决定非常复杂，须考虑的因素主要包括：商品每日的销售量、订货至送达门店的前置时间、商品的最低安全存量、商品的规定订货单位等。而在实际操作时，店长还要依靠自己的经验，根据不同门店的实际情况来订货。现在国内一些连锁企业已尝试进行了单品的进存销管理，即每日计算机会自动列出订货建议单，店长可参考之后再决定订货量。

（5）填写订货单。在填写订货单时，要注意准确无误。

## 二、进货的作业流程

进货作业是依照订货作业由供应商或配送中心将商品送达门店的作业。进货作业对供应商或配送中心来说就是"配送"，而对门店来说，其作业的重点就是验收。进货的作业流程如图 5－2 所示。

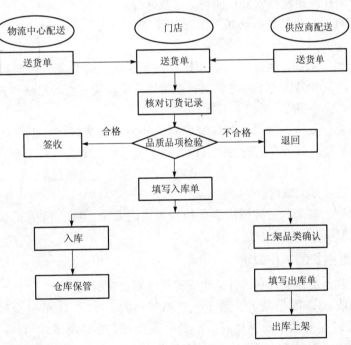

图 5－2　进货流程图

进货作业流程应注意的事项是：

（1）进货要严格遵守连锁企业总部规定的时间；

（2）先办退货再办进货，以免退换商品占用门店的仓位；

（3）验收单、发票要齐备；

（4）商品整理分类要清楚，并在指定区域进行验收；

（5）验收后有些商品可根据需要直接进入卖场，有些商品则存入内仓或进行再加工后，再送入卖场。

### 三、收货的作业管理

收货作业按进货的来源，分为由连锁企业总部配送中心配送到门店的商品收货作业和由供应商直接配送到门店的商品收货作业。许多连锁店由于在接收进货过程中被欺骗而遭受很大的损失。无论商品是由连锁企业总部配送中心配送到门店，还是由供应商直接配送到门店，收货工作都需要一定的员工，这些员工不仅受过良好的训练，而且熟悉整个门店的运营。

#### （一）收货作业原则

（1）诚实原则。收货的数据必须是真实的，不能弄虚作假；收货人员必须是真诚的，不能接受供应商的任何馈赠和索要任何物品或钱财等。

（2）一致原则。收货的数据必须与实际的送货相一致，不一致的单据必须查明原因并且及时纠正。

（3）优先原则。例如，生鲜食品必须比其他类商品优先收货，生鲜类食品中，活鲜优先于冷藏食品，冷藏食品优先于冷冻食品；退货优先于收货；卖场已缺货并等待销售的商品优先收货。

（4）区域原则。收货执行严格的区域原则，分为未收货区域、正收货区域和已收货区域。各个流程中的商品必须在正确的区域内，如未进行收货的商品或不符合收货标准的商品必须在未收货区域内存放或处理，正在收货的商品只能在正收货区域内，已经完成收货程序的商品才能进入已收货区域内。

（5）安全原则。整个收货区域内必须执行严格的安全原则，包括叉车的操作、周转仓商品的存放等，都应遵守安全原则。

#### （二）验收组组长的工作职责

（1）安排验收人员作业计划，并适当安排供应商送货时间。

（2）进货验收。① 商品品名、数量、规格等核对；② 拒收不符合门店要求的商品；③ 有否赠品搭配；④ 拒收品质不良商品；⑤ 拒收仿冒、违禁商品。

（3）存货管理。① 交接各部门商品的存量及需求量；② 进行存货定位管理使商品易取易拿；③ 标签管理；④ 空篮、空箱管理；⑤ 周围环境保持清洁。

（4）退回品处理。

（5）验收人员管理。① 验收人员考勤、仪容、服务管理；② 空闲时安排人员协助其他部门，如商品陈列、收银或协助装袋等。

（6）顾客的送货服务。

（7）传达并执行总部对门店的相关指令和规定。

## （三）验收人员的工作职责

（1）整理后场环境，使之整洁，并且将相关物品堆放整齐。例如：塑料箱、推车等。

（2）商品收货时应依照订货单上内容逐一清点，并抽查商品内容看是否一致。

（3）按连锁企业总部规定的商品验收办法验收商品。

（4）商品验收时发现有拆箱或其他异常状况时，应予以全部清查。例如：通常超市内的生鲜食品都必须逐一过磅检查。

（5）验收结束，必须将商品堆放在暂存区或直接放入卖场，再由理货员确认，不可与其他进货商品混淆。

（6）厂商退货时必须检查退货单，由验收人员确认品名、数量无误后，方可放行。

（7）供应商带回的商品空箱，必须由验收人员检查确认。

（8）门店员工购物，必须由验收人员确认。

## （四）由总部配送中心配送商品的收货作业

在步入连锁经营初期，某些连锁企业商品供应计划体系还不完善，那么各连锁门店在收到配送中心分批分类的商品时，还是应该按规定的质量标准和验收项目验收，确保没有假冒伪劣、过保质期的或不符合要求的商品，从而保证售出商品的品质和数量。

对于相关商品开发、供货系统构建和管理技术水平等方面达到一定程度的连锁企业，则可不当场清点，仅由门店验收员盖店章及签收即可，以提高配送效率。至于事后如店内自行点收发现数量、品项、规格与订货不一致时，可通知总部再补送。这种办法相对较简便，但可能会产生一些实际问题。因此还需要在实践中不断地总结经验。

## （五）由供应商直接配送到门店的商品收货作业

（1）建立并公布一个既方便供应商也方便门店的收货进程表（按天和小时），同时规定所有供应商直送商品必须由门店后部指定的出入口进入。

（2）在收货验收时，不要一次验收几家供应商的商品，要求进货单位和货物必须有规律地排列，以便验收人员能比较系统有序地核查所有订购的货物。

（3）要核对进货单据与订货单上所列的商品品名、规格、金额是否相符。

（4）要核对进货单据与实物是否相符。

（5）清点购进的每一件商品，即使商品已装箱密封，如雪碧，也应打开所有箱子和盒子以核实商品的数量、大小等。如果订货单上该商品的数量在20箱以上，可以抽查六箱。一般开箱检查率为30%。尤其是对散箱、破箱，必须进行拆包、开箱查验，核点实数。

（6）对无生产日期、无生产厂家、无具体地址、无保质期、商品标准不符合国家有关法规的商品要拒收。

（7）对变质、损坏、过保质期或已接近保质期的商品要拒收。

(8) 验收合格后方可在进货单据上签字、盖章。

(9) 如果供应商的实际供货少于进货单据上注明的数量，应要求供应商为这些短缺的货物给门店出具一个有供应商签名的补偿担保。

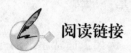 **阅读链接**

## 商品验收的技巧

(1) 利用感官验收。利用人的视觉、触觉、味觉、嗅觉、听觉等器官来识别商品优劣真伪。这种方法主要用于鉴别商品的色泽、气味、滋味、透明度、音质、硬质、弹性、外观瑕疵及外形结构、包装结构、是否装满等，是目前商品流通领域应用较为广泛的一种识货方法。

(2) 利用标志验收。根据商品的外观或包装上的特有标志或标记，识别商品的真伪。

(3) 利用包装验收。商品的包装设计应新颖、造型美观、色泽鲜艳，这样不仅可以保护商品质量、方便储存，而且可以极大地美化商品，吸引消费者，激发购买欲望。但是，漂亮的包装又会使许多假冒伪劣商品鱼目混珠。所以商品验收人员应掌握包装验收技巧。

(4) 利用文件验收。文件验收又称为凭证验收。购买耐用家电商品，按国家有关部门规定，除当面通电试机外，还应索取发票和"三包"（包修、包退、包换）等凭证。

一般说来，正规厂家生产的家用电器都附有包装纸箱、合格证、使用说明书、线路图及"三包"凭证。机壳上均标有名称、商标、型号，背面或底面有出厂编号。而冒牌或杂牌货一般无机身编号，大多数没有注明生产厂的厂名、厂址，即使有，印刷质量也很差。

资料来源：葛春凤. 连锁企业门店开发与营运管理. 北京：中国财政经济出版社，2008.

### 四、退换货作业

退换货作业可与供应商或配送中心进货作业相配合，利用进货回程顺便将退换货带回。退换货作业一般定期办理（如每周一次或每10天一次），以提高其作业效率。

### （一）退换货的原因

品质不良；订错货；送错货；过期品；代销商品；滞销品等。

### （二）换货作业流程

(1) 连锁企业门店相关人员发现有不符合验收规定的商品时，应立即通知负责核验商品的营业人员办理换货手续。

（2）营业人员发现换货商品、接到换货通知时，一方面将该商品送至仓库，由仓库人员登记保管；另一方面通知供应商办理换货。

（3）供应商接到采购人员的换货通知后，应在供货合约中规定的期限内将换货商品送至门店验收，然后送至仓库并对更换情况进行记录，经验收员复核，登记、查验后，供应商取回退货品。

### （三）退货作业流程

（1）门店遇有退货发生时，应请营业人员清点整理退货品，送至仓库保管、登记。

（2）营业人员填写退货申请单，经门店主管签核后，将退货申请单送往采购部门，通知供应商办理退货。

（3）供应商接到采购部门的通知后，到采购部门领取退货单，并持退货单到门店仓库登记，取回退货品，经验收人员查验、登记后放行。

（4）验收人员完成退货品的查验后，将退货单呈报主管核定，由采购人员编制退货报表，送往会计部门扣款，完成退货手续。

### （四）办理退换货作业应注意的事项

（1）供应商确认，即先查明待退换商品所属供应商或送货单位。

（2）退换商品也要清点整理，妥善保存，一般整齐摆放在商品存放区的一个指定地点，而且这些商品应按供应商或送货单位分别摆放。

（3）填写退换货申请单，注明其数量、品名及退货原因。

（4）迅速联络供应商或送货单位办理退换货。

（5）退货时确认扣款方式、时间及金额。

## 五、调拨作业

调拨作业是连锁企业门店之间的作业，它是某门店发生临时缺货，且供应商或配送中心无法及时供货，而向其他门店调借商品的作业。通过门店之间的商品调拨，一是可以实现各连锁企业门店之间的货物流通；二是当分店在经营过程中出现某些商品的销路不畅时，可以利用连锁企业门店所处的地区不同、面对消费者结构不同的特点，将商品在各连锁企业门店之间有针对性地调拨，变滞销为畅销，减少商品的积压，提高库存周转率。

### （一）调拨发生的原因

（1）门店销售急剧扩大，而存货不足。

（2）供应商送货量明显不足。

（3）顾客临时下大量订单。

### （二）调拨作业的流程

调拨作业的流程如图 5-3 所示。

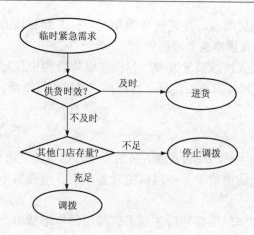

图5-3　门店调拨作业流程

**（三）调拨前注意事项**

（1）若是临时大量订单，门店在接单前最好先联系一下其他的门店，确认可调拨数量是否足够，不要任意接单，而影响连锁企业的商誉。

（2）门店之间的商品调入与调出，必须在双方店长同意下才能进行。

（3）调拨车辆安排。

（4）工作人员与时间安排。

**（四）调拨时注意事项**

（1）必须填写调拨单，拨入、拨出门店均须在其上签名确认。

（2）拨出或拨入时均须由双方门店验收检查并确认。

（3）调拨单一式两联，第一联由拨出门店保管，第二联由拨入门店保管。

（4）调拨单须定期汇总送至总部会计部门，以配合账务处理。

**（五）调拨后注意事项**

（1）拨入、拨出门店均须检查存货账与应付账是否正确。

（2）拨入门店应注意总结教训，重新考虑所拨入商品的最低安全存量、每次订货量及货源的稳定性，尽量避免重复发生类似事件。

　**知识拓展**

## 商品返厂管理制度

（1）返厂商品的账务处理，要严格执行商场内的有关财会制度，要真实记录、全面反映返厂商品的应付关系，不得遗漏。

（2）凡需做返厂处理的购进商品，采购员必须征得厂方同意，并与厂方达成文字处理意见后，通知保管员做好返厂的具体工作，否则，不得盲目返厂。凡因盲目返厂造成的拖欠债务，由当事人追回。

（3）凡需做返厂处理的代销商品（包括厂方借、调的商品），采购员提前15天与厂方联系，15天内收不到厂方答复，可留信函为凭，凡厂方无故拖延，不予返厂的商品，要向厂方征收保管费。

（4）商品返厂工作由采购员协调与厂方的关系，由保管员统一办理各种手续，负责具体工作。

（5）已出库的商品返厂，必须先退库再由保管员做返厂操作；任何人不得随意将已出库、未退库的商品和柜台内商品返厂，否则按丢失商品追究当事人责任。

（6）商品返厂时，商场保管员要填制商品返厂单并随货同行，及时通告厂方凭单验收。

（7）各商场、商店必须认真对待商品返厂工作，保管员要点细数、清件数、分规格，包装要捆扎牢固，铁路运单和运输凭证要详细填写，并及时做好保管账卡的记录。

（8）凡是厂方采取以货换货直接调换商品方式解决商品返厂的，商场采购员、保管员必须坚持"同种商品一次性调清、不拖不欠"的原则，坚决不允许以金额核准数量异货相抵。

资料来源：http：//www.v100.cn

 案例分析 ➤➤

## 水饺解冻了

八月十三日上午十点，收货平台供应商的送货车辆排起长龙。收货员冒着酷暑，紧张作业，仍然无法应付所有排队等候的送货车辆。此时，一名供应商持订货单冲到收货窗口："我是新凤食品公司的，已经等了半个小时，你们赶快给我收货。"收货员回答："请把订单给我，您是十五号，请排队等候。"供应商急了："我送来的是冷冻水饺，不能久等，是你们华联叫我赶快送的，说你们卖场已经断货了。""不行，我们有严格的收货次序，请到后面排队。"供应商没有办法，赶紧打电话给采购员黄某，要他帮忙解决问题，黄某与收货部主管协商，同意先收，此时是上午十点，距送货到太平洋店时间已有一个半小时。当验货人员打开货物检查时，发现有些包的水饺已经解冻了……

资料来源：http：//www.wiseivr.com

**思考问题：**

1. 收货员在生鲜商品收货时，应注意哪些问题？

2. 收货部如何协调与送货人员的关系？

## 技能训练

### 一、思考题

1. 门店订货时有哪些注意事项？

2. 退换货的流程是什么？

3. 商品调拨有哪些注意事项？

### 二、能力训练

1. 如果你是门店的营业员，在你负责销售的商品中，有需要退货的商品，你要如何解决？流程如何？

2. 你是一个连锁企业门店的店长，现在顾客需要的商品数量较大，你的门店不能满足顾客的需求，你会怎样做？

# 任务2　门店存货作业管理

什么是存货？存货是指企业在日常活动中持有的以备出售的产成品或商品、处在生产过程中的在产品、在生产过程或提供劳务过程中耗用的材料和物料等。存货分类为：在途物资、原材料、在产品、库存商品、发出商品、委托加工物资、周转材料等七大类。

门店仓储存货控制是指对以上物料的控制。

### 资料：仓库管理规定

仓库是商品存放的重要之地，仓库管理不当会增加门店的损耗，所以仓库的管理也要系统化。

**（一）要制定仓库的管理规定**

（1）门店的仓库由专人负责。

（2）采购人员购入的物品必须附有合格证及入库单，收票时要当面点清数目，检查包装是否完好，若发现短缺或损坏，应立即拆包核查，如发现实物与入库单数量、规格、质量不符，仓库管理人员应向交货人提出并通知有关负责人。

（3）库房物品存放必须按分类、品种、规格、型号分别建立账卡。

（4）严格管理账单资料，所有账册、账单要填写整洁、清楚、计算准确，不得随意涂改。

（5）严格执行出入库手续，商品出库必须填写出库单，经相关负责人批准后方可出库。

（6）定期对仓库进行盘点、整理，对账实不符的要及时上报，不得隐瞒。

（7）严格按照门店管理规定办事，不允许非工作人员进入库房。

（8）仓库管理要做到清洁整齐、码放安全、防火防盗。

（9）仓库内严禁吸烟，禁止明火，禁止无关工作人员入内，库内必须配备消防设施，做到防火、防盗、防潮、防鼠，相关管理制度应张贴于明显位置，禁烟、禁火标识应设置于库房大门外。

（10）因管理不善造成物品丢失、损坏，物品管理人员应承担不低于物品价值30%的经济损失。

**（二）要制定仓库保管的原则，进行合理的商品陈列**

（1）面向通道进行保管。为使物品出入库方便，容易在仓库内移动，基本条件是将物品面向通道保管。

（2）尽可能地向高处码放，提高保管效率。有效利用库内容积应尽量向高处码放，为防止破损，保证安全，应当尽可能使用棚架等保管设备。

（3）根据出库频率选定位置。出货和进货频率高的物品应放在靠近出入口、易于作业的地方；流动性差的物品放在距离出入口稍远的地方；季节性物品则依其季节特性来选定放置的场所。

（4）同一品种在同一地方保管。为提高作业效率和保管效率，同一物品或类似物品应放在同一地方保管，员工对库内物品放置位置的熟悉程度直接影响着出入库的时间，将类似的物品放在邻近的地方也是提高效率的重要方法。

（5）根据物品重量安排保管的位置。安排放置场所时，当然要把重的东西放在下边，把轻的东西放在货架的上边。需要人工搬运的大型物品则以腰部的高度为基准。这对于提高效率、保证安全是一项重要的原则。

（6）依据形状安排保管方法。依据物品形状来保管也是很重要的，如标准的商品应放在托盘或货架上来保管。

（7）定期对仓库的商品进行盘点。在盘点时要对坏品进行处理，坏品处理必须通过现场确认，在总部也不能换货的情况下，进行销毁并进行记录。

资料来源：http：//www.gyaj.gov.cn

**要求：**

1. 上述仓库管理规定是否全面，还有哪些需要补充的？

2. 仓库商品陈列还有哪些注意事项？

 **相关知识**

## 一、仓库作业管理

仓库作业管理是指连锁企业门店商品储存空间的管理作业。各类存货由于理化属性不同理应分散储存，如百货杂品、一般食品、南北干货的储存和生鲜食品的冷藏等。但由于许多门店内仓空间有限，或集中储存，或不设内仓而将货架加高，将上层作为储存空间。一般而言，如果连锁企业配送能力跟得上的话，门店最好是不设内仓而实施无仓库经营商品，即零库存。但根据目前国内的配送状况，门店如果不设内仓将会发生严重的商品缺货情况。

### （一）商品存储的原因

（1）周转性商品存储，这样可以保证商品销售连续不断地进行。

（2）季节性商品存储，这是门店为保证季节性销售的需要而进行的存储。

（3）专用性商品存储，这样门店可以应付市场销售的特殊变化。

（4）考虑省力化、机械化及自动化的设计。

### （二）仓库管理作业注意事项

（1）库存商品要进行定位管理，其含义与商品配置表的设计相似，即将不同的商品按分类、分区域管理的原则来存放，并用货架放置。仓库内至少要分为三个区域：① 大量存储区，以整箱或栈板方式储存；② 小量存储区，即将拆零商品放置在陈列架上；③ 退货区，即将准备退换的商品放置在专门的货架上。

（2）区位确定后应制作一张配置图，张贴在仓库入口处，以便于存取。小量储存区应尽量固定位置，整箱储存区则可弹性运用。若储存空间太小或属冷冻（藏）库，也可以不固定位置而弹性运用。

（3）商品存放不可直接接触地面。一是为了避免潮湿；二是为了堆放整齐；三是由于某些商品（如生鲜食品）有卫生规定。

（4）要注意仓储区的温度和湿度控制，应保持仓储区通风良好、干燥、不潮湿。

（5）仓库内要设有防水、防火、防盗等设施，以保证储存商品的安全。

（6）商品储存货架应设置存货卡，商品进出要注意先进先出的原则。也可采取色彩管理法，如每周或每月采用不同颜色的标签，以明显识别商品进货的日期。

（7）仓库管理人员要与订货人员进行及时的沟通，以便保证到货商品的存放。此外，仓库管理人员还要适时提出存货不足的预警通知，以防商品缺货。

（8）仓储存取货原则上应配合卖场销售的实际需要，因而要做到随到随存、随需随取，但考虑到效率与安全，有必要制定作业时间规定。

（9）商品进出库要做好登记工作，以便明确保管责任。但连锁超级市场有些商品（如冷冻、冷藏商品）为讲究时效，也采取卖场存货与库房存货合一的做法。

（10）仓库要注意门禁管理，不得随便入内逗留，且仓库人员下班后须上锁管理。

## 二、盘点作业管理

通过盘点作业可以计算出门店真实的存货、费用率、毛利率、货损率等经营指标。因此，盘点的结果可以说是一份门店经营绩效的成绩单（门店商品盘点作业管理详见项目八）。

## 三、坏品处理作业

"坏品"是指门店在销售或储存过程中发生的过期商品、包装破损不能再销售的商品，或者因门店停电、水灾、火灾、保管不善造成的瑕疵品。损坏物品也会给门店带来很大的损失。

### （一）坏品处理作业流程

图5-4为坏品处理作业流程图。

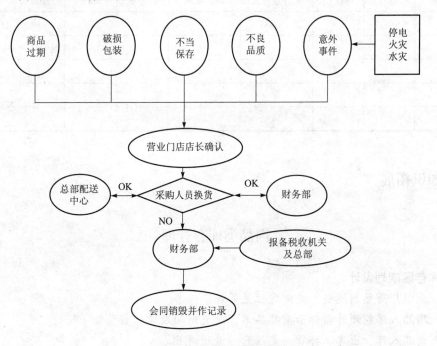

图5-4 坏品处理流程图

（1）不论由卖场自行检查，或消费者退货，或因意外事件而出现的坏品，均须由店长再度确认，看是否真的无法再销售。

（2）门店工作人员在店长确认之后，必须进行登记，同时一方面将坏品集中装箱保管；另一方面通知总部，确认换货的可行性。

（3）若经总部确认后可退换货，即实施退换货作业；否则由门店自行承担损失。

（4）若无法退换货，则门店要实施坏品销毁，而该作业最好会同验收人员共同进行，并切实核实坏品记录。

## （二）坏品处理注意事项

（1）门店店长应查清坏品发生的原因，以明确责任归属，并尽快作出处理。

（2）坏品必须登记详细（见表5-1），以方便账务处理及门店管理分析。

（3）若经确认，发生坏品的责任在门店，如商品保存不当，订货过多，验货不仔细等，须责令其自我检查，并通报各部门，避免此类事件再度发生。

（4）不能退换货的坏品不可任意丢弃，必须做好记录、集中保管，待会同验收人员确认后共同处理。

表5-1　坏品统计表

门店编号：　　　　　　填表人：　　　　　　　　　　　　　　　　年　　月　　日

| 商品代码 | 品名 | 规格 | 累计进货量 | 坏品数量 | 坏品率 | 原因 | 验收确认 | 备注 |
|---|---|---|---|---|---|---|---|---|
|  |  |  |  |  |  |  |  |  |
|  |  |  |  |  |  |  |  |  |
|  |  |  |  |  |  |  |  |  |
|  |  |  |  |  |  |  |  |  |

 **知识拓展**

## 肉品类库存管理

### 1. 库存区规划设计

（1）应以厂商类别规划，并固定位置管理。

（2）商品入库前须外箱标示商品品名、进货时间及单位数量。

（3）商品入库、出库、补货一定注意"先进先出"。

（4）库存平面图须张贴于门外，告知同人及厂商依平面图进货。

### 2. 库存区的整理、整顿、清洁、美观

（1）排定清洁表。

（2）依每日、每周、每月、每季、每年排定人员清洁。

### 3. 冷冻（藏）库存管理要点

（1）有计划地定时清洁，包括纸箱、货架、栈板、地面、破损商品及排水口等。

（2）体积大、重量重、不易渗水、无碰撞破损的商品，应堆在下方；反之则应堆在上方。

（3）确实遵守先进先出的原则。

（4）回转率高、放置时间较短或促销用的商品，应放在较靠近出入口的位置，以利于补货；反之则放在较内侧位置。

（5）相同商品应集中放置，不可相互混杂。

（6）商品不应全无包装或覆盖直接暴露储藏在库内。

（7）商品不可直接放在地面上，应以栈板垫高，同时栈板应分类排整齐，不可占用走道。

（8）货与货、货与墙之间应保留适应距离（前者3厘米，后者5厘米），以利于空气流通及商品区别与搬运。

（9）风扇附近的商品，其堆放高度限制应为风扇下方0.30米左右。

（10）入口处保留1米左右宽度的走道，以供手推车及人员操作进出之用。

（11）易结冻商品，应尽量不放在风扇下方及门口附近。

（12）随时清除因库内积水所结成的碎冰。

**4. 库存管理**

（1）规划：商品应依种类归类，放置整齐以便整理、盘点、补货，做好先进先出、减少损耗，提高效率；妥善运用空间，掌握厂商进货时间及货量；定期整理冷冻库，要求厂商勿任意堆放。

（2）如何在有限的空间做最有效的运作：通过精确订货方式，减少库存积压；每日整理仓库，商品靠墙四周放置；将滞销品尽快清除；遇特殊、突发状况，应另觅一暂存区；促销商品或利润低的商品，降低进货，减少库存。

（3）退换货流程：整理待退换商品→清点数量→通知厂商→厂商带货来换或填写退货单。应将待退货商品集中处理，以减少损耗，应在短时间内尽快处理。

资料来源：http：//boss. 3726. cn/listknowhow. asp? articleid = 9080

 案例分析 >>

# 供应商管理零售商库存技术

供应商管理零售商库存（Vendor Management Inventory，VMI）技术是指供应商在与零售商达成自动补货协议，如库存水平、运输成本等的基础上，为零售商管理商品的订单、送货和库存等工作，取代零售商烦琐的日常补货工作，有利于降低库存成本、提高效率和供应链的管理效益。

VMI系统包括客户自动补货系统和电子数据交换（EDI）（或Internet、E-business）。客户自动补货系统安装在供货商或中间服务商一端，中间以 EDI 与零售商相连，交换单品销售量、库存数据和订单等信息。

家乐福公司和雀巢公司在确定了亲密伙伴关系的基础上，采用各种信息技术，由雀巢管理家乐福库存中它所生产产品的库存（VMI），雀巢为此专门引进了一套 VMI 信息管理系统，家乐福也及时为雀巢提供其产品销售的 POS 数据和库存情况，通过集成双方的管理信息系统，经由 Internet、EDI 交换信息，即能及时掌握客户的真实需求。

为此家乐福的订货业务情况为：每天 9：30 以前，家乐福把货物售出与现有库存的信息用电子形式传递给雀巢公司；在 9：30～10：30，雀巢公司将收到的数据合并至供应链管理 SCM（供应链管理）系统中，并产生预估的订货需求，系统将此需求量传输到后端的 ERP（企业资源计划）系统中，依据实际库存量计算出可行的订货量，产生建议订单；在 10：30，雀巢公司再将该建议订单用电子形式传递给家乐福；在 10：30～11：00，家乐福公司确认订单并对数量与产品项目进行必要的修改之后回传至雀巢公司；在 11：00～11：30，雀巢公司依照确认后的订单进行提货与出货，并按照订单规定的时间交货。

经过近半年的实际上线执行 VMI 运作后，雀巢对家乐福物流中心产品到货率由原来的 80% 左右提升 95%（超越目标值），家乐福物流中心对零售店面产品到货率也由 70% 左右提升至 90% 左右，库存天数由原来的 25 天左右下降至目标值 15 天以下，在订单修改率方面也由 60%～70% 的修改率下降至 10% 以下。除了在具体成果的展现上，对雀巢来说最大的收获却是在与家乐福合作的关系上。经过这次合作让双方更为相互了解，也愿意共同解决问题，并使各项问题的症结陆续浮现，有利于根本改进供应链的整体效率，同时掌握销售资料和库存动态，以更好地进行市场需求预测和采取有效的库存补货计划，大大解决了其畅销商品经常缺货，而销售不畅的商品却存货较多的问题，大大降低了库存成本。

资料来源：胡启亮. 连锁企业门店营运管理. 北京：科学出版社，2008.

**思考问题：**

1. 供应商管理零售商库存的库存管理办法的优点是什么？
2. 还有哪些方法能够降低库存管理成本，增加企业的效益？

## 技能训练

**一、思考题**

1. 存储商品的原因有哪些？
2. 仓库管理的注意事项有哪些？
3. 坏品处理的流程是怎样的？

**二、能力训练**

查阅资料，了解不同业态的连锁企业存货管理，并且到不同业态的连锁企业参观，发现其不足，提出改进的方法。

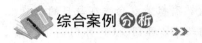
综合案例分析

# 家乐福的商品进货与存货管理

目前，在我国制造业的物料管理中，尚存在着许多有待解决的问题。但同时大型流通零售企业在近年的发展中都形成了很好的物流经验，特别是沃尔玛、家乐福等国际零售企业在发展中形成了良好的存货控制、仓储管理、信息管理的系统。这些经验为我国制造业物料管理提供了良好的借鉴。下面结合零售企业家乐福的做法进行具体的阐述。

## 一、需求估算阶段

第一个环节是计划环节（Plan）。预先制订周全的计划，可以防止各种可能的缺失，也可以使人力、设备、资金、时机等各项资源得到有效、充分的运用，还可以规避各类可能的大风险。制订一个良好的库存计划可以减少公司不良库存的产生，又能最大效率地保证生产的顺利进行。

在库存商品的管理模式上，家乐福实行品类管理（Category Management），优化商品结构。一件商品进入之后，会由 POS 机实时收集库存、销售等数据进行统一的汇总和分析，根据汇总分析的结果对库存的商品进行分类。然后，根据不同的商品分类拟订相应适合的库存计划模式，对于各类型的不同商品，根据分类制订不同的订货公式的参数。根据安全库存量的方法，当可得到的仓库存储水平下降到确定的安全库存量或以下的时候，该系统就会启动自动订货程序。

## 二、购料订货阶段

计划层面（Plan）的下一个层面即为实施层面（Do），也就是购料订货阶段。在选用合理的存货管理模式后，就可以根据需求估算的结果来实施订货的动作，以确保购入的货物能够按时、按量地到达，保证以后生产或销售的顺利进行。

家乐福的购料订货模式：在家乐福有一个特有的部门——OP（Order Pool），也就是订货部门，这是整个家乐福的物流系统核心，控制了整个企业的物流运转。在家乐福，采购与订货是分开的。由专门的采购部门选择供应商，议定合约和订购价格。OP 部门则负责对仓库库存量的控制；生成正常订单与临时订单，保证所有的订单发送给供应商；同时进行库存异动的分析。作为一个核心控制部门，它联系其他各个部门。对于仓储部门，它控制实际的和系统中所显示的库存量，并控制存货的异动情况；对于财务部门，它提供相关的入账资料和信息；对于各个营业部门，它提供存量信息给各个部门，提醒各部门根据销售情况及时更改订货参数，或增加临时订货量。

## 三、家乐福的仓储作业

家乐福的做法是将仓库、财务、OP、营业部门的功能和供应商的数据整合在一起。从统一的视角来考虑订货、收货、销售过程中的各种影响因素。因此，看家乐福仓储作业的管理就必须联系它的 OP、财务、营运部门来看，这是一个严密的有机体。仓库在每日的收货、发货之外会根据每日存货异动的情况，将存量资料数据传输给 OP 部门，OP 部门则根据累计和新传输的资料生成各类分析报表。同时，家乐福已逐步将周期盘点代替传统一年两次的"实地盘点"。在实行了周期盘点后，家乐福发现，最大的功效是节省了一定的人力、物力、财力，没有必要在两次实地盘点的时候兴师动众了；同时，盘点的效率得到了提高。

### 四、账务管理阶段

账务管理是物料管理循环的最后一个环节，但同时也是下一个循环的开始，包含两部分的内容：一是指仓储管理人员的收发料账；另一部分则是财务部门的材料账，对于这两类账的日常登记、定期检查汇总，称为物料的账务管理。账务管理最主要的目标是保证料、账准确，真实反映库存物料的情况。

家乐福的做法是从整体的角度出发，考虑仓库、财务、采购各个部门的职责和功能，减少不必要的流程，最大限度地提高效率和减少工作周期。在家乐福，账务管理的基本结构包括三个部分：一是库存管制，由仓管制定；二是异动管理，由 OP 部门负责入库、出库、物料增减情况的登录；三是库存资讯，包括库存量查询在内，OP 部提供有关管理需求的报表，财务提供有关财务需求的报表。

资料来源：http：//guide.ppsj.com.cn

**思考问题：**

1. 请结合家乐福的进货与存货管理的内容，分析一下家乐福订货、收货、销售过程中的各种影响因素。

2. 从家乐福的案例中，可以得到哪些启示？

# 项目六 卖场布局

- **项目介绍**

  商品是无声的推销员，有效的商品陈列是从合理的卖场布局开始的。卖场布局是一个商品、设施、操作三者如何实现最佳配合的问题。通过新颖、活泼、更具吸引力的卖场设计和合理的布局，可直接或间接地提高连锁企业门店的营业效率。

- **学习目标**

  能力目标：能够对门店进行货位布局；能够进行超级市场主要区域的设置；能够运用磁石理论对门店进行通道设计。

  知识目标：掌握货位布局的原则、要点、类型；掌握通道设计的原则、模式，以及磁石理论的运用。

  社会目标：能和队友沟通，互通有无，达成共识。

- **学习内容**

  1. 货位布局的原则、要点。
  2. 门店面积的划分及布局的方式。
  3. 通道设计的原则、模式。
  4. 磁石理论的运用。

## 任务 1　货位布局

货位布局是顾客进入门店首先要接触到的，也是顾客对一个门店"第一印象"的主要信息来源。它展示了一个门店的基本结构，也直接关系到顾客的购买欲望能否在卖场被最大限度地挖掘和激发出来。

## 资料：如何优化卖场空间

商品摆放在商店的不同位置，其带来利润的能力是不一样的。经过的人越多，说明这个位置就越好。但各个品种不能都占据最好的位置，并且在决定各品种的位置时，还需要考虑各品种之间的相互关系。商店里最好的位置取决于楼层及在某一层中所处的方位。在靠近入口处陈列的商品，应是冲动性购买或购买频次高的商品，特别是对超市而言，商品陈列能否尽快诱发顾客购买商品是很重要的。例如，很多顾客是被超市入口处陈列的个性化、生动化时令水果所吸引才步入超市的。蔬果陈列正是起到了引导顾客亲近和购买的作用。在超市，人们经常购买的商品是乳制品、面包、冷鲜肉、鲜鸡蛋和食用油等生活必需品，将这几种商品均匀配置在超市环形布局的后方，以尽可能达到引导顾客走入超市内部的目的。

在超市中，端架和堆头所处的主通道是客流量最大、人群走过最多的位置，通常陈列惊爆价商品、DM海报商品。通过端架和堆头商品的陈列诉求着商品促销活动的主题概念，对顾客形成引导、提示的作用。每个端架、堆头上商品陈列的品种不应太多，但要做到满陈列，给顾客以商品丰富、品种齐全的直观印象。

奢侈品、工艺品、家具等贵重的专用品都拥有相对稳定的顾客群体，它们通常位于远离主通道的角落里或在较高的楼层。寻找这些物品和服务的顾客，无论它处在商店的任何地方都会通过看商店的购物指南后迅速找到，这是因为对这些商品和服务的需求在顾客到达商店之前就已经存在了，所以它们不需要最佳的位置。

卖场是消费者与商品直接接触的场所，是零售商促成顾客购买的场所，是厂商达成产品销售的终端场所。事实证明：合理的商店空间配置、独到的商品货位布局可以创造舒适的购物环境，能够诱导顾客增加购买数量，提高顾客对商店的认同感。

**要求：**

1. 货位布局的原则和要点是什么？
2. 如何进行货位布局？
3. 怎样布局才能吸引顾客来到门店？

### 一、货位布局的原则

连锁企业门店是一个以顾客为主角的舞台，而顾客对哪些方面最为关心呢？日本的连锁超市曾做过一次市场调查，结果表明消费者对商品价格的重视程度只占5%，而分别占前三位的是：开放式、易进入的占25%；商品丰富、选择方便的占15%；明亮清洁的占14%。

虽然我国国情有所不同，但结合我国的实际情况加以分析可以归纳出店内布局的三条原则。

### （一）顾客容易进入

连锁企业门店的经营者必须注意，尽管其连锁企业门店可能商品很丰富，价格很便宜，但如果消费者不愿进来一切努力都将是白费。只有让顾客进来了，才是生意的开始，才创造了营业的客观条件。

### （二）让顾客在店内停留得更久

据一项市场调查，到商店购买预先确定的特定商品的顾客只占总顾客的25%，而75%的消费者都属于随机购买和冲动性购买。因此，如何做到商品丰富、品种齐全，使顾客进店就能看得见、拿得到商品至关重要。

丰富的商品会给顾客更大的选购余地，顾客停留越久，发生购买的概率越高。连锁企业门店经常性地推出一些符合消费者需要的新产品，就会给顾客更多的随机购买的机会。

### （三）明亮清洁的卖场

明亮清洁的连锁门店卖场，为顾客创造了良好的购物环境。顾客往往把明亮清洁的购物环境与新鲜、优质的商品联系在一起。为创造明亮清洁的卖场，必须注意店内有效空间的利用，以及灯光、色彩、音响效果等的配合。

## 二、货位布局的要点

在规划商品货位分布时，一般应注意以下问题。

（1）交易次数频繁、挑选性不强、色彩造型艳丽美观的商品，适宜设置在出入口处。如化妆品、日用品等商品放在出入口处，使顾客进门便能购买。某些特色商品布置在入口处，也能起到吸引顾客、扩大销售的作用。

（2）贵重商品、技术构造复杂的商品，以及交易次数少、选择性强的商品，适宜设置在多层建筑的高层或单层建筑的深处。

（3）关联商品可邻近摆设布置，以达到充分便利选购和促进连带销售的目的。如将妇女用品和儿童用品邻近摆放，将西服与领带邻近摆放。

（4）按照商品性能和特点来设置货位。如把互有影响的商品分开摆放，将有异味的商品、食品、音像商品单独隔离成相对封闭的售货单元，集中顾客的注意力，有效地减少营业厅内的噪声。

（5）将冲动性购买的商品摆放在明显的部位以吸引顾客，或在收款台附近摆放小商品或时令商品，可使顾客在等待结账时随机购买一两件。

（6）可将客流量大的商品部与客流量小的商品部，组合起来相邻摆放，借以缓解客流量过于集中的压力，并可诱发顾客对后者的连带浏览，增加购买的机会。

（7）按照顾客的行走规律摆放货位。我国消费者行走习惯于逆时针方向，即进商店后自右向左观看浏览，可将连带商品顺序排列，以方便顾客购买。

（8）选择货位还应考虑是否方便搬运卸货，如体积笨重、销售量大、续货频繁的商品应尽量设置在储存场所附近。

　**阅读链接**

# 商 品 归 类

连锁企业首先应对所经营的商品进行分类，将其划分为若干个商品群，也可考虑把几种分类方法结合起来，对卖场的商品配置与陈列进行整体规划。这是连锁企业总部对卖场内进行统一商品配置的前提。

**1. 按商品的最终用途分类**

许多连锁商店根据商品的特性和一般最终用途进行分类，并加以有效地选择和组合，进行商品陈列，从而显示出商品的魅力和价值感。例如：连锁男子服饰店可以将商品分类为：衬衫—领带—领带夹；T 恤衫—休闲裤—薄型袜子；运动装—休闲装；皮鞋—鞋油等。

**2. 按细分市场分类**

按细分市场分类，即按商品的具体目标市场来分类。例如：商圈范围较大的大型女性服饰连锁店可分为婴儿部、少女部、淑女部和中老年部等部门。

**3. 按存放要求分类**

按存放要求分类，就是根据商品所必需的存放条件进行分类。例如：连锁西饼屋可分为室温存放部分、冷藏部分、冷冻部分等。

**4. 按消费者的购买习惯和选择条件分类**

这种分类方法根据顾客购买频率和愿意花费的购买时间进行分类。

（1）方便性商品。这类商品大多属于人们日常必需的功能性商品，如香烟、糖果、化妆品之类的商品，大多数消费者都希望成交快捷方便，而不会花费太长时间进行考虑比较。

（2）选购性商品。这类商品大多属于能使消费者产生快感或美感的商品，如服装、佩件、饰品等商品，通常消费者对于这类商品的选购多属于冲动性购买，往往比较注重其款式、设计、品质等方面的心理效用，通常把商品的属性与自身的欲望综合考虑后，最后作出购买决定。

（3）特殊性商品。这类商品通常是消费者花费较长时间进行周密考虑或与家人、朋友协商后，才采取购买行动的商品，如彩电、空调器、电脑、古董等物品，因此这类商品往往是功能独特或名贵的商品。

资料来源：http：//www.chaoshi168.com

### 三、门店卖场面积的划分与卖场布局方式

门店卖场布局是指按照消费者购买习惯与购买规律，将卖场面积进行科学的划分，按商品的大小进行有序排列形成的商品组合体。

#### （一）卖场面积分配方法

零售业现代化、规模化最直接的途径就是连锁经营，在连锁企业的商品规模下，连锁门店的商品品种多、门类多。因此要使卖场的布局更合理就需要确定各品种、门类商品所需的陈列面积，使卖场面积使用更优化。各类商品的面积分配可以有两种方法。

（1）陈列需要法。这是一种传统的面积分配方法，即连锁店根据某类商品所必需的面积来定。服装店和鞋店比较适宜采用此法。

（2）利润率法。利润率法就是商店根据消费者的购买比例及某类商品的单位面积利润率来定，连锁超市和书店比较适宜采用此法。

#### （二）门店卖场布局方式

虽然卖场的布局对盈利很关键，但多数门店并没有就业务的类型、商品的种类和公司的区位设计最好的布局，这种疏忽可能会导致客户流失。

#### 1. 格子式卖场布局

格子式布局是传统的商店布局形式。格子式布局是商品陈列货架与顾客通道都呈矩形布置，而且主通道与副通道宽度各保持一致，所有货架相互呈并行或直角排列，如图6-1所示。这种布局在国内外超级市场中经常可以看到，格子式布局的直走道和90度的转弯，可以使顾客以统一方向有秩序地移动下去，犹如城市的车辆依道而行一样。

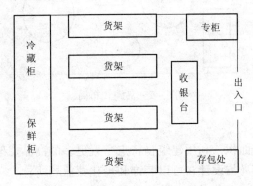

图6-1 格子式布局

这种规则化布置，一般采用标准化货架，使顾客易于寻找货位。但这种布局容易使顾客的自由浏览受到限制。

格子式布局的优点是：

（1）创造一个严肃而有效率的气氛；

（2）走道依据客流量需要而设计，可以充分利用卖场空间；

（3）由于商品货架的规范化安置，顾客可轻易识别商品类别及分布特点，便于选购；

（4）易于采用标准化货架，可节省成本；

（5）有利于营业员与顾客之间的愉快合作，简化商品管理及安全保卫工作。

格子式布局的缺点是：

（1）商场气氛比较冷淡、单调；

（2）当拥挤时，易使顾客产生被催促的不良感觉；

（3）室内装饰方面创造力有限。

多数连锁超市、仓储商店、便利店及专业店采用格子式布局。在格子式布局中，柜台和附属品之间互为直角，这种布局设计让客户通过入口进店，并经过尽可能多的商品后从出口出店。

**2. 岛屿式布局**

岛屿式布局是将营业场所中间布置成各不相连的岛屿形式，在岛屿中间设置货架陈列商品，如图 6-2 所示。这种形式一般用于百货商店或专卖店，主要陈列体积较小、价值较高的商品。有时也作为格子式布局的补充。

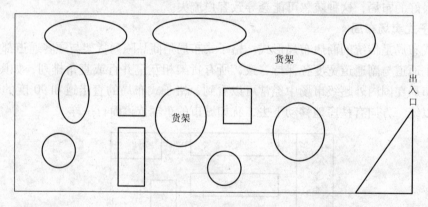

图 6-2　岛屿式布局

岛屿式布局的优点是：

（1）可充分利用营业面积，利用建筑物特点布置更多的商品货架；

（2）采取不同形状的岛屿设计，可以装饰和美化营业场所；

（3）环境富于变化，使消费者增加购物的兴趣；

（4）满足消费者对某一品牌商品的全方位需求，对品牌供应商具有较强的吸引力。

岛屿式布局的缺点是：

（1）由于营业场所与辅助场所隔离，不便于在营业时间临时补充商品；

（2）存货面积有限，不能储存较多的备售商品；

（3）现场用人较多，不便于柜组营业员的相互协作；

（4）岛屿两端不能得到很好利用，也会影响营业面积的有效使用。

**3. 自由流动式布局**

自由流动式布局是以方便顾客为出发点，它试图把商品最大限度地呈现在顾客的面前。

自由流动式布局综合了格子式布局和岛屿式布局的优点，根据商场具体地形和商品特点，有时采用格子形式，有时采用岛屿形式，顾客通道呈不规则路线分布，如图6-3所示。这种卖场布局方式适用于百货商店、专卖店等业态。

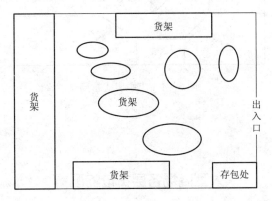

图6-3　自由流动式布局

自由流动式布局的优点是：

（1）货位布局十分灵活，顾客可以随意穿行于各个货架或柜台；

（2）卖场气氛较为融洽，可促使顾客的冲动性购买；

（3）便于顾客自由浏览，不会产生急迫感，增加顾客的滞留时间和购物机会。

自由流动式布局的缺点是：

（1）顾客难于寻找出口；

（2）顾客拥挤在某一柜台，不利于分散客流；

（3）不能充分利用卖场，浪费场地面积。

这种布局方便了顾客，但对商店的管理要求却很高，尤其要注意商品安全的问题。

**4. 店中店式布局**

现在国内的百货商店在不断改革经营手法，许多商场引入各种品牌专卖店，形成"店中店"形式，如图6-4所示。这种布局是符合现代顾客要求的。专业商店布局可以按顾客"一次性购买钟爱的品牌商品"的心理设置。例如，在顾客买某一品牌的皮鞋、西装和领带时，以前需要走几个柜台，现在采用专业商店式布局，则可在一个部门买齐。店中店式布局是在自由布局方式基础上加以变化，使每一商品部均构成"店中店"形式。每家"店"均有明确定位，包括：颜色、风格和气氛。由于"店中店"方式的建筑安全成本较高，商品陈列占用面积较大。因此，这种布局方式只适用于高档次百货商店。

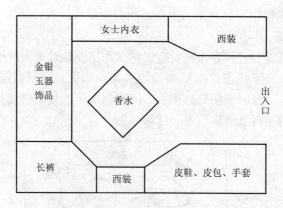

图 6-4    店中店式布局

 阅读链接

## 大型商场各层货位的配置

大型商场各层货位的配置，应遵循以下原则。

（1）地下层多配置顾客购买次数较少的商品，如家具、灯具、装潢饰品、车辆、五金制品。

（2）一层为保持顾客客流顺畅，适宜摆放挑选性弱、包装精美的轻便商品。如日用品、烟、酒、糖、食品、副食品、茶叶、化妆品、服饰、小家电及特别推荐的新产品。

（3）二、三层宜摆放选择性强、价格较高且销售量较大的商品，如纺织品、服装、鞋帽、玩具、钟表、眼镜、家电等。

（4）四、五层可设置各种专业性柜台。如床上用品、照相器材、文化用品、餐具、艺术品、药品、书籍等。

（5）六层以上应摆放需要较大存放面积的商品。如运动器械、乐器、电器、音像制品、高档家具等商品，还可设置休息室、咖啡屋、快餐厅以方便顾客。

由于各个商场的经营状况不同，在实际操作中可根据客观条件和市场变化情况予以适当变化，来突出商店的布局特色。

资料来源：http：//liansuo178.cn

## 四、超级市场卖场区域分布与商品部布局管理

卖场空间历来有寸土寸金之称。卖场区域的划分和商品部布局与经济效益息息相关。科学的市场区域配比会获得更多的销售利润；反之，则会降低超市的盈利能力。

### （一）超级市场卖场的主要区域与配比

#### 1. 超级市场卖场的主要区域

与其他店铺不同，超级市场是以经营食品、日常生活用品为主。因此，除了应有卖场区、辅助区、储存区外，还应有加工区。有时，加工区与储存区合为储存加工区。

卖场区是顾客选购商品、交款、存包的区域，有的还包括顾客服务台、顾客休息室、婴儿室等。

储存加工区是储存加工商品的区域，包括商品售前加工、整理、分装间、收货处、发货处、冷藏室等。

辅助区是超级市场行政管理、生活和存放技术设备的区域，包括各类行政、业务办公室、食堂、医务室，以及变电、取暖、空调、电话等设备用房。

#### 2. 超级市场卖场主要区域的配比

超级市场主要区域的配比，应本着尽量增大卖场区域的原则。因为卖场区域的扩大可直接影响销售额。我国《商店建筑设计规范》对各种规模的商店建筑面积分配有一个规定的比例，见表 6-1。

表 6-1　一般商店区域面积配比表

| 建筑面积/m² | 卖场面积与整个面积/% | 仓储面积与整个面积/% | 辅助面积与整个面积/% |
|---|---|---|---|
| >15 000 | >34 | <34 | <32 |
| 3 000~15 000 | >45 | <30 | <25 |
| <3 000 | >55 | <27 | <18 |

从现代超级市场发展趋势来看，卖场区域的比例越来越大，其他区域的比例越来越小，日本零售专家广池彦先生认为，超级市场卖场面积应占 77% 左右，而后堂面积占 23% 左右。商品应尽量放在卖场之中，只是对热销品留有储存；也有人认为，在实行配送制时，上述比例应为 8:2，库存及陈列商品之和是超级市场一天销售的 1.5 倍。

在大型超级市场中，一些商品加工区直接设置于店堂内，以前店后厂的形式销售。如面包店、鲜肉间、冰淇淋小屋等，节省了空间。上海一些超级市场不设置储存间而将货架上方作为储存商品之用，效益大大提高。上海华联超级市场集团，努力提高配送效率，使每家店铺的库存降低为零。因此，超级市场里除了设有 8 平方米的办公室外，其余全是卖场面积。当然，这不是每家超级市场都能做到的，它需要高效率的配送。

### （二）超级市场商品部布局的基本模式

超级市场业态不同于其他零售业态形式。超级市场业态，反映了人类对食品需求的一些共同性特征。因此，其商品部布局也存在着一些基本的模式。当然这些基本模式不是定律，也不是教条，只是一种参考。

**1. 肉类部**

肉类产品属于顾客购买目的性非常强的商品类别，顾客进店购买的商品中，肉类制品所占比例很大。在生鲜区布局设计中，有以下几种位置可供考虑。

（1）沿墙设置，以便安排肉类加工间。

（2）被用于最佳的磁石商品，调动顾客在卖场内行走。

（3）现场切卖的销售效果要优于包装销售，当销售高峰时包装销售是重要的补充形式。

**2. 水产品部**

不同地区水产品的消费程度不同，因此有以下两种位置可供考虑。

（1）在大卖场中水产品部多置于生鲜区的中央，与半成品熟食和各种干鲜海产品集合销售；

（2）生鲜超市中则沿墙安排，本着生熟分开的原则，且与肉类部和蔬果部相邻安排。

**3. 蔬果部**

新鲜蔬果是大多数家庭食品采购预算中的重要项目，几乎 70% 以上是来自计划性购买。由于商品季节性很强，色彩鲜艳，因此蔬果部也是在色彩感官上很能吸引顾客购买的生鲜部门，并且与肉类产品存在比较强的连带购买关系，所以有以下几种位置可供考虑。

（1）作为磁石商品考虑，调动顾客在卖场内行走。

（2）安排在超市生鲜区或者超市的入口位置，吸引顾客进店。

（3）与肉类部相邻，鼓励连带购买。

**4. 面包房**

面包房是与熟食部并列的超市生鲜区大型加工制作部门，用工、占地、原料储备都很大。由于烘烤气味诱人，是很好的气氛渲染的工具，并由于烘焙食品与奶制品和即食的熟食制品存在关联性购买关系，所以有以下两种位置可供考虑。

（1）作为第一磁石商品考虑，安排在超市生鲜区或者超市的入口位置，以吸引顾客进店。

（2）与日配部相邻，鼓励连带购买。

**5. 熟食部**

熟食产品的现场加工项目是很诱人的卖点，与面包房可分可合，其一般是肉类部与其他部门的过渡环节。

（1）与面包房分开，在生鲜区内合理分布，调动客流。

（2）与面包房本着生熟分开区域分布原则，相邻安排位置。

（3）自制熟食与标准风味熟食相结合。

**6. 日配部**

购买频率很高，其中奶制品尤其成为"必需性商品"，并与面包房的产品有很强的连带购买关系，所以有以下两种位置可供考虑。

（1）出于购买和保鲜原因，安排在超市生鲜区或者超市的出口位置。

（2）与主食、面包房和冷冻食品部等相邻，鼓励连带购买。

**7. 冷冻食品**

冷冻食品既可替代鲜品，又容易化冻，所以其位置可有如下选择安排。

（1）在超市生鲜区或者超市的出口位置。

（2）与蔬果部、肉类部和日配部等相邻，鼓励连带购买。

 **知识拓展**

# 便利店的卖场布局

**1. 店铺出入口设计**

由于便利店的卖场面积较小，因此，一般只设置一两出入口，既便于人员管理和防窃，也不会因太多的出入口而占用营业空间。出入口的设计一般在店铺门面的左侧，宽度为 3 ～ 6 米，因为根据行人一般靠右走的潜意识的习惯，入店和出店的人不会在出入口处产生堵塞。同时出入口处的设计要保证店外行人的视线不受到任何阻碍而能够直接看到店内。

**2. 收银台的设置**

便利店的收银台设在出入口处，由收银台在出入口处分隔成出入口通道。结账通道（出口通道）可根据商店规模的大小设置一两条，然后根据营业规模的预测分别配置 1 ～ 4 台收银机（但收银机的网络线应留 8 条）。在条件许可的情况下，还可以设置一条"无购物通道"，作为无购物顾客的专门通道，以免出入口处出现拥挤。

结账通道的宽度一般设计为 1 ～ 1.2 米，这是两位顾客可正常通过的最佳尺寸；长度一般为 6 米，即扣除了收银台本身约为 2 米的长度之外，收银台与最近的货架之间的距离至少应该有 4 米以上，以保证有足够的空间让等候的顾客排队。

**3. 堆头的设置**

收银台与货架之间的空间，以及商店入口通道的中间一般设计为堆头位，用来作为新商品、库存商品、推广期商品、标志性商品、品牌商品等重点品类的销售促进区域。由于堆头位的特殊位置，一般堆头位的长宽不超过 1 米，高不超过 1.2 米，以免造成对顾客视线的阻隔和通道的堵塞。堆头位处于商店的出入口通道上，是商店人流逗留时间最长的地方，是促销商品的最好区域，供应商也愿意支付时段性租金进行产品推广，因此，堆头费能够增加便利店的纯利润。

**4. 购物通道的设置**

便利店通道的设计应尽可能直而长，尽量减少弯道和隔断，并利用商品的陈列，使顾客不易产生疲劳厌烦感，潜意识地延长在店内的逗留时间。

通道一般由货架分隔而成，货架的高度最好选择在 1.8～2 米，能使货架最上层的商品正好持平或略高于顾客自然视线，不会产生视觉疲劳。通道宽度一般为 1.4～1.8 米，能让 2 个人及其购物篮或购物车并行或逆向通过，并能随意转身。通道不能太宽，若通道宽度超出顾客手臂或者视力所及范围，那么顾客就会只选择单侧商品。而通道太窄，则会使购物空间显得压抑，影响到顾客走动的舒适性，产生拥挤感。

**5. 非商品区域的设置**

除了销售卖场外，便利店还需要一些非商品区域，如办公室（主控室）、员工休息室（更衣室）、卫生间等。便利店的办公室，通常也称作主控室。它主要有两个功能，一是作为商店 POS 系统和监控系统的主机房，二是作为商店主管管理商店的指挥平台。因此，办公室的设计一般高于平面 0.8～1 米，并且临商店的一侧为玻璃透视窗，便于商店主管能够对店内发生的事务随时监控和指挥。

资料来源：http：//www.chaoshi168.com

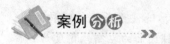

## 农村连锁超市店面设计的技巧

2005 年 2 月，国家商务部在全国启动了"万村千乡市场工程"建设，吹响了连锁超市进军农村市场的号角。多年来，连锁超市在农村获得了较大发展，让农民享受到了现代商贸流通带来的便利和实惠，也为经营者带来了一定的收入。农村店面设计有一些独特的技巧。

**（一）大小招牌巧组合**

在当地，引用有一定知名度的连锁超市的招牌，并加上自己的店名，利用连锁超市的招牌提高本店的知名度。招牌与超市店面等要醒目。最好还要有"顾客放心商店"、"食品安全店"、"服务满意店"等字样，让顾客平添一份信任，买得放心。

**（二）玻璃墙上贴标语**

超市面向街道的一面全部装修成透明的玻璃墙，店长可以将超市的经营理念制成宣传标语贴于玻璃墙上。"走正道、售正货、树正牌"等标语突出了超市的经营宗旨，起到了比较好的宣传效果。除了张贴宣传标语外，玻璃墙也成了张贴商品宣传单和悬挂广告横幅的好地方。由于玻璃透明性较好，贴在里面的商品宣传单从外面看也比较清晰；有了玻璃的保护，宣传单也能保持得更长久，起到了更好的宣传作用。

**（三）卷烟柜台醒目放**

超市进门处摆放木柜货架和玻璃柜台，高档商品都摆放在这里。其中，卷烟的摆放成为一大亮点。卷烟柜台摆放在进门处的醒目位置，柜台里的烟从高档到低档都有，品种很齐全。小包卷烟分层摆放在斜放式玻璃柜台中，与标价签一一对应，价格清晰，消费者购买时一目了然。整条卷烟摆放在木柜货架上。店长将中高档烟，尤其是高档烟摆放在非常显眼的位置，让顾客感觉到店里的卷烟很上档次。

### （四）合理设置陈列区

农村超市的经营面积、资金实力等很难与城市中的大超市相比，但农村超市可以利用现有资源，合理布置经营场所，满足经营的需要。进出口、结账区、货架陈列区、冷冻食品区等一些大超市所有的基本分区，店内都具备。各分区内，商品摆放得井井有条，一些难以放置货架的狭小空间也堆放了相应的商品，充分利用了空间。在货架设置方面。虽然货架间的通道看起来不如大超市的那么宽敞，但足以满足农村顾客的购物需要。另外，货架上的商品按照商品大类各自划分区域。为了更多地陈列商品，各单品的陈列数量较少。商品分区合理，方便顾客。

### （五）促销专区吸引人

设立促销专区是超市的一大亮点。一些超市往往在原有商品标价签的基础上放置专门的促销标识，可以利用陈列架专门设置一个促销专区，将搞促销活动的商品集中陈列在一起，方便顾客选购。经常有一些老顾客，进门后就直奔促销专区，看又有哪些商品打折销售。农村连锁超市在设置促销专区上有其独特的优势。农村超市经营面积较小，商品品种相对较少，为促销专区的设置提供了条件。设立促销专区既能方便顾客购买，又能提高经济效益，可谓一举两得。

### （六）运动专柜有特色

运动专柜是近期开辟的一个新天地。设置运动专柜，主要出于这样的考虑：随着生活水平的提高，农村顾客对运动休闲类商品的消费需求不断增加，农村集市上的低档次商品难以满足需求，于是很多顾客都进城购买。在超市内精心设置运动专柜，引进适应农村市场消费档次的品牌供顾客挑选，既可成为超市的一大经营亮点，又可以为顾客提供方便。

资料来源：http://www.chaoshi168.com

**思考问题：**

1. 农村连锁超市和城里的连锁超市的布局有什么不同？
2. 农村连锁超市为增加收益，其卖场布局还可以怎样设计？

## 技能训练

### 一、思考题

1. 货位布局的原则、要点有哪些？
2. 门店卖场布局的方式有哪些？
3. 简述超级市场商品部布局的基本模式。

### 二、能力训练

1. 联系一家门店，实地进行调查与分析，指出现有布局的利弊并提出改造意见？

2. 对一个长 15 米，宽 8 米，只有一个出入口的卖场，进行卖场货架的布局与排列。

# 任务 2　卖场通道设计

所谓通道，是指卖场中消费者所要经过的过道。此过道关系到消费者在卖场中的走向及所能浏览的货品量。畅通的通道可以使消费者走遍整个卖场，使整个卖场无货品陈列死角。

## 资料：家乐福的卖场布局设计

家乐福的卖场区是其主要的经营区域，一般是首先安排的，并且从现代超级市场发展趋势来看。卖场区域的比例越来越大，其他区域越来越小，家乐福的一些商品加工区直接设在卖场内，像北京方庄店、中关村店等的生鲜加工区的面包房、鲜肉加工房、鸡鸭烧烤店铺等，都是将加工区域设在卖场。

家乐福卖场的布局，包括卖场出入口、主次通道、卖场商品布局，以及各收款台的设置等，处处体现了家乐福设计的初衷——方便顾客。

**1. 出入口设置**

家乐福卖场入口一般是直接通向主通道，这样设计可以保证顾客经过每节货架、每个商品，以便增加顾客的随机购买机会。家乐福的音像图书、玩具等用品一般是在入口附近，而出口处则陈列顾客习惯性购买的商品，如家用百货、清洁洗化用品等。其原因是家用百货和清洁洗化用品等很容易丢失，尤其是洗化类的化妆品，放在出口的地方，人流特别多，小偷就不便偷窃了。

**2. 主通道设置**

顾客经过入口进入卖场内逛完整个卖场，将由通道设置线路来决定。为了让顾客把店内整个商品都浏览一遍，通道的路线必须能够让顾客将店内的每个角落都转遍，并且具有循环性。因为只有让顾客转遍整个卖场，商品陈列所表现出的吸引力对顾客才具有意义。通道的宽度必须适合顾客选购商品及多人通过时人与人之间的安全距离：一般主通道宽度设置在 1.5～2 米及以上；次通道在 1～1.5 米及以上，辅助通道在 0.9 米以上。低于这个距离会给人压抑感，顾客购物时不但很不方便，还会影响到顾客选购商品的耐心。

**3. 其他通道设置**

除主通道之外，次通道的设置也极其关键。在卖场次通道设计过程中，要尽可能延长客流线，增加顾客在店内的逗留时间，保证顾客能够走到店内的最深处，保证顾客看到每一种商品。一定不要设置不规则的线路，以免增加顾客思维成本。

家乐福的通道设计一般是主通道直通卖场，此通道会引导顾客逛完整个卖场。这种设计使得顾客在卖场停留的时间最长。在各通道上，家乐福还有专门的标签为顾客导购，所以顾客大可不必为迷路担心。

**4. 收款台的设置**

根据主通道的设置和具有吸引力的商品的陈列，将收款台设置在客流的延长线上，是比较合适的。收款台的位置是顾客最集中的地方，可以在收款台周围摆放一些畅销商品，这是提高销售额的一个好方法。家乐福卖场的收款台一般摆放容易携带的口香糖、洗发水等，这些商品有时会特价，以便吸引顾客的眼球，因为对每个顾客来说，逛完整个卖场快到付款时，应该有比较累的感觉，而此时只有特价促销能唤起顾客的购物冲动，这也是商品设置的技巧之一。

资料来源：朱甫 . 沃尔玛与家乐福 . 北京：中国经济出版社，2006.

**要求：**

1. 根据上述资料，总结通道设计的原则、模式。
2. 如何进行商品摆放位置的设计，以引导顾客购买商品？设计的原则是什么？
3. 什么是顾客动线？该如何设计以让顾客流畅地走完卖场，增加销售量？

 **相关知识**

## 一、通道设计的原则

超市卖场的通道划分为主通道和副通道。主通道是引导顾客行动的主线，而副通道是指顾客在店内行动的支线。超市内的主副通道不是根据顾客的随意走动来设计的，而是根据卖场商品的配置位置与陈列来设计的。良好的通道设置，就是指能引导顾客按设计的自然走向，走遍卖场的每个角落，让顾客接触到各种商品，使卖场空间得到有效利用。以下各项是设置超市卖场通道时所要遵循的原则。

（1）足够的宽度。所谓足够的宽度，是指要保证顾客提着购物筐或推着购物车能与同行的顾客并肩而行或顺利地擦肩而过。一般来讲，营业面积在 600 平方米以上的零售店铺，卖场主通道的宽度要在 2 米以上，副通道的宽度要在 1.2 ～ 1.5 米，最小的通道宽度不能小于 90 厘米，即两个成年人能够同向或逆向通过（成年人的平均肩宽 45 厘米）。不同规模超市通道宽度的基本设定值如表 6 – 2 所示。

表 6 – 2　超市通道宽度设定值

| 单层卖场面积/m² | 主通道宽/m | 副通道宽/m |
|---|---|---|
| 300 | 1.8 | 1.3 |
| 1 000 | 2.1 | 1.4 |

| 单层卖场面积/m² | 主通道宽/m | 副通道宽/m |
|---|---|---|
| 1 500 | 2.7 | 1.5 |
| 2 000 | 3.0 | 1.6 |
| >6 000 | 4.0 | 3.0 |

　　对大型货仓式零售超市来说，为了保证更大顾客容量的流动，其主通道和副通道的宽度可以基本保持一致。同时，也应适当放宽收银台周围通道的宽度，以保证顾客排队收银的通畅性。

　　（2）笔直。卖场通道要尽可能避免迷宫式的布局，要尽可能地设计成笔直的单向道。在顾客购物的过程中，尽可能依货架排列方式，按照商品不重复、顾客不回走的设计方式布局。

　　（3）平坦。通道地面应保持平坦，处于同一层面上。有些门店是由两个建筑物改造连接起来，通道中有上下楼梯，有"中二层"、"加三层"之类的情况，令顾客不知何去何从，显然不利于门店的商品销售。

　　（4）少拐弯。这里的少拐弯，是指拐角尽可能少，即通道中可拐弯的地方和拐的方向要少，有时需要借助于连续展开不间断的商品陈列线来调节。

　　（5）通道上的照明度比卖场明亮。通常通道上的光照度起码要达到1 000勒克斯。尤其是主通道，相对空间比较大，是客流量最大、利用率最高的地方。

　　（6）没有障碍物。通道是用来引导顾客多走、多看、多买商品的。在通道内不能陈设摆放一些与陈列商品或特别促销无关的器具或设备，以免阻断卖场的通道，损害购物环境的形象。要充分考虑到顾客走动的舒适性和非拥挤感。

　　（7）不能留有"死角"。所谓"死角"，是指顾客不易到达的地方，或者顾客必须折回才能到达其他货位的地方。顾客光顾"死角"货位的次数明显少于其他地方，这样非常不利于商品销售。

## 二、通道设计模式

### （一）入口设计

　　零售店铺卖场入口要设在顾客流量大、交通方便的一边。通常入口较宽，出口相对窄一些，入口比出口大约宽1/3。根据出入口的位置来设计卖场通道，设计顾客流动方向。零售店铺的入口与卖场内部配置关系密切，在布局时应以入口设计为先。在入口处为顾客配置购物篮和购物车，购物篮和购物车的数量应为高峰客流量的1/10～3/10。

　　在零售店铺的卖场内，入口的地方最好陈列对顾客具有较强吸引力的商品，不仅可以发挥招徕作用，而且能够增强卖场对顾客的吸引力。一般来讲，入口应设在右侧，其原因为：

　　（1）开设超市、大卖场较成熟的美国、法国、日本等国家，大卖场入口都设在右侧；

（2）使用右手的人较多；

（3）视力右眼比左眼好的人多。

以右手做主要动作的人，注意力往往集中在卖场的右侧，由右侧开始动作，从卖场右侧进店以后，以左手拿购物篮，右手自由取出右侧壁面的陈列商品，放入左侧的购物篮。以此动作来前进，然后向左转弯。但如果从左侧的入口进店，左侧的壁面陈列的商品以左手很难取出，所以对顾客来说，能自由使用右手的卖场，便会成为顾客的第一卖场。

### （二）零售店铺的出口设计

零售店铺卖场的出口必须与入口分开，出口通道宽度应大于 1.5 米。出口处设置收款台，按每小时通过 500～600 人为标准来设置一个收款台。出口附近可以设置一些单位价格不高但销售量大的商品，如口香糖、图书报刊、饼干、饮料等，供排队付款的顾客选购。

### （三）直线式通道设计

直线式通道也被称为单向通道，这种通道的起点是卖场的入口，终点是收款台。顾客依照货架排列的方向单向购物，以商品陈列不重复、顾客不回走为设计特点，能使顾客在最短的线路内完成商品购买行为。

### （四）回形通道设计

回形通道又被称为环形通道。通道布局以流畅的圆形或椭圆形按从右向左的方向环绕零售店铺的整个卖场，使顾客能依次浏览和购买商品。在实际运用中，回形通道又分为大回形和小回形两种线路模型。

#### 1. 大回形通道

这种通道适合于营业面积在 1 600 m² 以上的零售店铺。顾客进入卖场后，从一边沿四周回形浏览后再进入中间的货架。它要求卖场一侧的货位一通到底，中间没有穿行的路口，如图 6－5 所示。

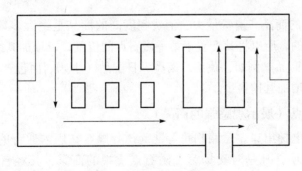

图 6－5　大回形通道

#### 2. 小回形通道

它适用于营业面积在 1 600 m² 以下的零售店铺。顾客进入零售店铺卖场后沿一侧前行，不必走到头，就可以很容易地进入中间货位，如图 6-6 所示。

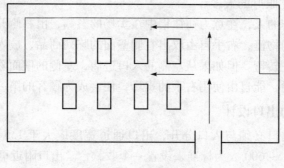

图 6-6　小回形通道

### 三、磁石理论

所谓磁石点，是指卖场中最能吸引顾客注意力的地方。磁石点就是顾客的注意点，要创造这种注意力就必须依靠商品的配置技巧来实现，即依据对顾客富有吸引力的商品配置，使卖场具有自然诱导顾客采购的效果。

商品配置中的磁石点理论的意义在于，在卖场中最能吸引顾客注意力的地方配置合适的商品以促进销售，并且这种配置能引导顾客走遍整个卖场，最大限度地增加顾客购买率。

超市的磁石点有 5 个，不同的磁石点应该配置相应的商品，如图 6-7 所示。

#### （一）第一磁石点（展示主力商品）

第一磁石点位于卖场中主通道的两侧，是顾客的必经之地，也是商品销售最主要的地方。此处配置的商品主要有以下三种。

（1）主力商品。

（2）购买频率高的商品。消费量大、消费频度高的商品是绝大多数消费者随时要使用的，也是时常要购买的，所以以将其配置于第一磁石点的位置，以增加其销售量。

（3）采购力强的商品。例如，蔬菜、肉类、日配品（牛奶、面包、豆制品等），应放在第一磁石点内，可以增加其销售量。

#### （二）第二磁石点（展示观感强的商品）

主通路的末端、电梯出口、道路拐角等能起诱导顾客在店内通行的位置，称为卖场的第二磁石点。经验表明，凡是对卖场第二磁石点重视的商家，其经营效果大都是非常出色的。

在第二磁石点所作的商品展示，更多的是通过提案式的商品陈列来表现商家的主张或对顾客的诉求。在陈列内容上，更注重店内主力商品的宣传以求更好地推动销售。主通道的拐角处即主通道尽头，对于有效诱导顾客流动起着关键的作用。

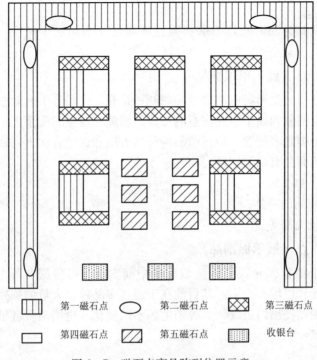

| | 第一磁石点 | | 第二磁石点 | | 第三磁石点 |
| --- | --- | --- | --- | --- | --- |
| | 第四磁石点 | | 第五磁石点 | | 收银台 |

图6-7　磁石点商品陈列位置示意

（1）最新的商品。消费者总是不断追求新奇。10年不变的商品，就算品质再好、价格再便宜也很难出售。新商品的引进伴随着风险，将新商品配置于第二磁石点的位置，必会吸引消费者走入卖场的最里面。

（2）具有季节感的商品。具有季节感的商品必定是最富变化的，因此，超市可借季节的变化做布置，吸引消费者的注意。

（3）明亮、华丽的商品。明亮、华丽的商品通常也是流行、时尚的商品。由于第二磁石点的位置都较暗，所以配置较华丽的商品来提升亮度。第二磁石点上的商品应根据需要，间隔一定时间就进行调整，以保证其基本特征。

### （三）第三磁石点（展示端架商品）

第三磁石点指的是超市中央陈列货架两头的端架位置。端架是卖场中顾客接触频率最高的地方，其中一头的端架又对着入口，因此配置在第三磁石点的商品就要刺激顾客，在此应配置的商品有以下5种。

（1）特价商品。

（2）高利润的商品。

（3）季节性商品。

（4）购买频率较高的商品。

（5）促销商品。

端架商品，可视其为临时卖场。端架需经常变化（一周最少两次），以刺激顾客来店采购。

### （四）第四磁石点（展示单项商品）

第四磁石点通常指的是卖场中副通道的两侧，是充实卖场各个有效空间的地点。这是一个需要让顾客在长长的陈列线中引起注意的位置，因此在商品的配置上必须以单项商品来规划，即以商品的单个类别来配置。应在商品的陈列方法和促销方法上对顾客做刻意的表达和诉求，在此应配置的商品有以下三种：

（1）热门商品；

（2）有意大量陈列的商品；

（3）广告宣传的商品等。

### （五）第五磁石点（展示促销品）

第五磁石点位于结算区（收银区）域前的中间卖场，可根据各种节日组织大型展销、特卖的非固定性卖场，以堆头为主。其目的在于通过多品种、大量的陈列方式，造成一定程度的顾客集中，从而烘托出门店气氛。展销主题不断变化，也给消费者带来新鲜感，从而达到促进销售的目的。

**阅读链接**

## 不同业态卖场布局中的磁石理论的运用

由于面积与模式的不同，各种零售业态在布局上是存在差异的。如传统食品卖场一般不设特别展示区，吸引力强的冷冻品和冷藏品都布局在卖场的最里面，端架上一般只配置向导性商品（表明其后的陈列架上陈列的是什么）。

**1. 标准食品卖场布局**

标准食品卖场因其主力商品是生鲜食品，所以把果蔬、冷冻品和冷藏品布局在进口处，并把生鲜品集中配置在一起，以达到吸引顾客并方便其一次性购买的效果。

**2. 大型综合卖场和仓储式卖场布局**

大型综合卖场和仓储式卖场因其面积大，故在布局上一般采取以下五种方法。

（1）食品与非食品区域分开，甚至实行不同楼层和不同通道的分开。

（2）副通道配置一般商品。

（3）主通道两侧只配置促销商品。

（4）用较大面积的特别展示区来配合其频率很高的促销活动。

（5）生鲜食品区布局在主通道末端，以保证生鲜食品与收银区的最短距离。

**3. 便利店卖场布局**

便利店由于卖场面积很小，其布局的特点则是进出口处和收银台合设在一起，以节约卖场面积和增强顾客的通过率。货架和陈列道具采取由低到高的层次性展开，使顾客对卖场陈列的商品一览无余，很快辨明自己所需商品的位置。附壁区布局的透视性主要在靠卖场里的墙壁区配置冷藏、冷冻柜，并且在靠近出口处的壁区配置矮型书报杂志架，以此增强卖场外面对里面的透视度。

资料来源：胡启亮，霍文智. 连锁企业门店营运管理. 北京：科学出版社，2008.

## 四、顾客的动线分析

在百货店或超市购物的顾客，基本上是按照"进入店内→走动→在商品前停留→审视→购物"这样一个先后顺序选购商品的。据观察，进入超市的顾客中，有近半数的顾客只走店内通道的30%，所以研究顾客在店内的活动路线至关重要。

所谓顾客动线，是指顾客在店内的流动路线，又称"客导线"。顾客动线的现实意义在于，店方可以有计划地引导店内顾客的流动方向。一般来讲，店铺经营成果主要由两个因素决定，一是来店的顾客数；二是顾客的平均购买单价，即客单价。这两个数字以店内收款机所统计的数字为准。

店铺销售额 = 客流量 × 停留率 × 购买率 × 购买件数 × 商品单价

客单价 = 动线长度 × 停留率 × 注目率 × 购买率 × 购买件数 × 商品单价

另有客单价公式为：客单价 = 商品平均单价 × 每一顾客平均购买商品个数

从以上公式可以看出，客流量的多少对销售额有很大影响。要把门店做好，就需要使顾客尽可能地多逗留、多买商品，尽可能提高来店顾客数和购买单价。

### （一）好的顾客动线的要求

（1）充分利用商场空间，合理组织顾客流动与商品配置；

（2）顾客从入口进入后，在商场内步行一圈，离店之前必须通过收款台；

（3）避免出现顾客只能止步往回折的死角；

（4）尽可能地拉长顾客在商场内的滞留时间，以创造销售机会；

（5）采取适当的通道宽度，以便顾客环顾商场，观察商品；

（6）尽量避免与商品配置流动线交叉。

### （二）卖场动线的形式

1. 漫走式。不利用设施强行规定顾客的动线，比较随意、自由、宽松，投资小。

2. 强迫式。利用设施强制规定顾客的动线，不尊重顾客，投资大。

3. 引走式。利用各种手法引导顾客走遍卖场，这是一种较高境界的布局方法。

### （三）不同顾客动线分析

门店可以根据实际情况来设计主流动线和配置主力商品。设计主流动线要从中央陈列架的物理性配置、商品群的配置和主力品种的配置等方面来考虑。主力商品的配置要遵循引导顾客到门店最深处去选购商品或尽量延长顾客流动线的原则。一般情况下，让顾客环绕主要通道选购或围绕中央陈列架选购，能够帮助商店取得更大的销售额。

例如，大型综合超市可以采用"诱导型、集约型"卖场设计。因为大型综合超市经营的商品达几十个分类，各类商品的功能不同，顾客的需求重点也不同，卖场设计的诉求重心也就不同。以顾客的购买习惯为准绳，可将卖场商品分为两大类：一类是"计划性、习惯性购买商品"，多为居民日常生活主要消费的必需品，如粮、油、米、面、酱料、蔬果等，它们是最吸引顾客的主要动力；另一类是"非计划性和随机性购买的商品"，如小吃、家居休闲用品、服装等，顾客往往在看到该类商品后才能激起购买愿望。

因此，在卖场设计上，应该根据顾客需求模式的不同，充分利用计划性购买商品对顾客的诱导功效，设计"走遍卖场布局法"。如将计划性购买商品布置在通道两端、卖场四周及中间位置，或按非食品、食品、生鲜的顺序设计卖场。因为非食品不是顾客天天需求的习惯性、计划性购买的商品，而生鲜是顾客每日的必需品，将生鲜设计在卖场尽头，能有效延长顾客在卖场内停留的时间，促进非计划性购买商品的销售。

 **知识拓展**

## 喷淋式客流设计

好的商场就是能够将最多的商品在最多的购物者面前展示最长时间的商场，换句话说，也就是将商品放在人们的行进路线上和视线范围内，并能让人们考虑购买这些商品的商场。因此，好的商场总是依照人们怎样行走及看什么地方来进行设计，使顾客进来之后会按照商家设计的思路一步一步地把整个商场全部逛到，而且很愉快，没有疲劳的感觉，这就是动线设计。

对于很多顾客而言，逛大商场时，最少光顾的地方，恐怕就是商场的高层了。一是逛到一半高度时已经累了，二是一般商场的布局规律都是把好卖的商品分布在低楼层，高楼层在商品大类规划上吸引人的东西不多。

喷淋式客流设计就是针对这一问题提出来的，就是商家在最高层想尽办法，以物美价廉的商品作"诱饵"，来吸引顾客到最高层选购。随后，在最高层"战果辉煌"的顾客们会在先期低价格购买高质商品的刺激下，意犹未尽地向下逛其他楼层卖场。这样卖场的人流由上至下，形象地称为"喷淋式客流"。

商场高层的主要目的并不是赚钱，而在于增加人气，赚人气带来其他楼层商品销售的钱。

喷淋式客流设计，关键是商场最高层在经营大类上要有吸引力，除了"名品特卖场"

外，还可以考虑游乐场、小吃街等，或把开展营销活动时的礼品台设计在高层，此时在硬件设施的配备上必须有通往商场最高层的垂直电梯，并且做到在低楼层少停甚至不停，以方便带动客流直通顶层。

资料来源：http：//www.chuangyigz.com

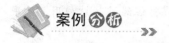

## "死角" 如何吸引顾客

　　每一个卖场都存在着一些顾客几乎看不见的死角，比如传统的冷冻柜，顾客视线容易集中在俯瞰落眼点最佳的最下一层位置，而与视线平视的层面则往往成为购物的死角。当然还有一些死角位于卖场的各个区域，消费者因为难以到达常常掉头而去，许多商品一旦进入这些区域，就似乎被打入"冷宫"！其实，这些死角也并不可怕，如果能充分利用好这些死角位置，一定能起到"柳暗花明又一村"的效果。

　　**（一）活用器材达目的**

　　某企业是后起之秀，进入卖场比同行业产品要晚得多，好位置都给人家占了，但商品又不能不进入卖场销售，无奈之下，死角的位置也要了。一个月下来，商品在大卖场走不动货，该企业的销售经理非常着急，在数次到现场考察后，终于想出了一个好办法，他立刻与卖场协商，看是否可以在陈列区一头放置一个落地卡通POP，卖场最终同意了，于是幽默的卡通POP就立在了陈列区一头，上面有一行醒目的工笔字，"往前走12米，必有收获！"许多消费者见此，果真往前走12米，到达他们的货品陈列区，促销小姐见有顾客到来就赠送小礼品、介绍产品，结果每月的卖场销售量成为同类产品之首。

　　**（二）好产品也要会吆喝**

　　死角，不仅是在卖场最偏的地方，其实，一进场的最先位置也有可能是死角存在的地方。这个位置常常是揽不住人流的，因为人们一到这里，注意力就会被卖场内众多的商品吸引，造成了进口位置最火暴但往往也是销售最冷清的地方。例如，某外资零售企业新店开业，在卖场门口，一个销售人员拿着麦克风大声叫喊："上广电，超薄镜面时尚双解码，只卖799元！"从而，引起每天进入卖场的众多消费者的关注，这一招将众多的家电品牌声势给压住了，看来，"好产品也要会吆喝"。

　　**（三）每个位置都是宝**

　　经常会看到一些厂家或分销商抱怨，商品想进入大卖场太难了，根本没有位置，即使有，对于这些中小企业的经济压力也太大，进入大卖场似乎比登天还难。但这些企业是否想过，从卖场的死角做起，省钱又得利。众所周知，卖一块洗碗布利润相当薄，但是不管多薄的利润，某清洁抹布也照样在大卖场潇洒登场，其做法值得关注。在这家卖场里，他们一改传统思路，将着眼点盯紧了手扶电梯，充分利用电梯上下扶手之间的 35 公分距离处，将清洁抹布一袋袋产品放入手扶电梯的中间处，并在电梯的最上方悬挂了一个 POP，打出"有××，就有清洁的家，9.9 元/包"。好思路！消费者进入卖场一踏上手扶电梯，看到一袋袋产品躺在身旁，便在无事可做中伸手抓起一包清洁抹布看；下电梯的消费者无事中也伸出手拿起商品，这一上一下都在做相同的动作，一个都不放过，可谓是"一网打尽"。经观察，凡是摸过该商品的顾客，购买率高得惊人。要说这个角落可是个"死角"，但经过巧妙利用，效果却是出乎意料的好。

资料来源：http：//www.chaoshi168.com

**思考问题：**

1. 你从这个案例中得到什么启示？

2. 如何能够设计一个活泼、引人注意的卖场布局？

## 技能训练

**一、思考题**

1. 通道设计原则是怎样的？

2. 什么是磁石理论？如何应用？

3. 设计好的顾客动线有哪些要求？

**二、能力训练**

1. 如何对超级市场和便利店通道宽度做规划设计？

2. 假如你要开一家小店，先要设计小店的内部布局，对商品位置、顾客动线，应如何进行规划？

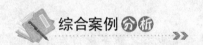 综合案例 分析

## 家乐福卖场布局

卖场规划的主要工作是门店内部的布置，有些卖场是多层的，如家乐福，门店分为上下两层，进入卖场后先是随扶梯上二楼，然后才能下一楼交款，不能直接在一层购物，这样的目的在于将顾客在卖场内的逗留时间延长，以便有更多的机会向顾客展示商品。卖场的设计也是本着这一目的的，就是要让顾客在门店内的滞留时间最大化。

超市的规划设置仍是通过将购买率高、最吸引顾客的商品或区域放在门店的最深处或主要的通道上，以便吸引顾客完全地将自己的门店光顾一遍。

在家乐福二楼主要是展示一些非食品的商品。在二楼卖场入口最右边主要是家电（如

电视机，空调，电扇等）和手机售卖区。在卖场中部主要划分为四部分：音像制品（书籍，VCD等）、家居用品（睡衣、拖鞋等）、日常用品（电池、水杯、饭盒等）、衣物（有品牌和无牌子的成衣、内衣）。在卖场的最里面的左边主要是卫生洗化用品等，如皂类、卫生纸、牙刷等；中间主要是10排左右的落地货架，主要放置化工品（如洗发水、洗面奶等）；右边主要是雅芳、美宝莲等化妆品，有醒目的品牌标志。

一楼食品类布局如下。熟食、生鲜、速冻等最吸引顾客的区域设置在门店的最内部，一方面靠近后场的作业区，另一方面还可以吸引顾客走遍全场。果蔬区一般被认为是高利润部门，通常的布局是满足顾客的相关购物需求，安排在肉食部的旁边。由于奶制品和冷冻品具有易融化、易腐蚀的特点，所以一般被安排在顾客购买流程的最后，邻近出口，同时奶制品和冷冻品通常在一起，这样有利于设备的利用。烘焙品的主力商品是面包，销量大、毛利高，大多被安排在第一货架和靠近入口的地方，这样不仅会刺激高价位面包的出售，而且还会避免顾客遗忘。杂品部分主要在超市卖场的中央，采取落地货架形式，布局为纵向陈列，这样顾客就可以透视纵深。

还有一项商品规划的设置就是一般部门的设置规划本着防盗防损的目的，一些丢失率较高的商品会专门安排在一些特定的角落，例如：口香糖总是在收银台前，化妆品总是在门店内醒目的地方。

资料来源：http：//www.efu.com.cn

**思考问题：**
1. 分析家乐福卖场布局的模式。
2. 结合你所接触的卖场，谈谈对家乐福卖场布局模式的感想。

# 项目七　商品陈列和维护

- **项目介绍**

  商品陈列指的是运用一定的技术和方法摆放商品、展示商品、创造理想购物空间的工作。商品陈列是运用商品配置表来进行管理的，它是现代连锁企业标准化管理的重要工具，是商品陈列的基本标准。商品配置和陈列方法是提高销售业绩的利器。

- **学习目标**

  能力目标：能对卖场中的商品进行合理的配置；能根据商品陈列的原则进行有效的商品陈列。

  知识目标：掌握商品配置的方法；掌握商品陈列的原则及方法。

  社会目标：能够与团队员工分工协作。

- **学习内容**

  1. 卖场商品配置管理。
  2. 商品陈列的原则。
  3. 商品陈列方法。
  4. 卖场中生鲜商品的陈列技巧与方法。
  5. 卖场中商品陈列的维护和管理。

## 任务 1　商　品　配　置

商品配置是关系到连锁企业门店经营成败的关键。如果商品配置不当，会造成顾客想要的商品没有，不想要的商品却太多，不仅空占了陈列的货架，也积压了资金，导致经营失利。

## 资料：超级市场内部的商品配置

商品配置要解决两个方面的问题：一是确定各类商品按什么样的结构比例在卖场中进行展示陈列，即对各类商品进行面积分配的问题；二是每种商品应配置在卖场中什么位置。可以说，商品配置是一个承上启下的关键环节和重要工作，它是卖场布局工作的进一步细化，是商品陈列工作的指导。超级市场的商品配置是关系到超市经营成败的关键环节，商品如配置不当，会造成顾客想要的商品没有，不想要的商品太多，不仅空占了陈列货架，也积压了资金，导致经营失利。

商品位置的配置应该按照消费者购买每日所需商品的顺序作出动线的规划，也就是说，要按照消费者的购买习惯和人流走向来分配各种商品在卖场中的位置。一般来说，每个人一天的消费总是从"食"开始，所以可以考虑以菜篮子为中心来设计商品位置的配置。通常消费者到超级市场购物的顺序是这样的：蔬菜水果→畜产水产类→冷冻食品类→调味品类→糖果饼干→饮料→速食品→面包牛奶→日用杂品。

为了配置好超级市场的商品，可以将超级市场经营的商品划分为以下商品部。

（1）面包及果菜品部。这一部门常常是超级市场的高利润部门，由于顾客在购买面包时，也会购买部分蔬菜水果，所以，面包和果菜品可以采用岛式陈列，也可以沿着超级市场的内墙设置。在许多超级市场中，设有面包和其他烘烤品的制作间，刚出炉的金黄色的、热气腾腾的面包，常常让顾客爽快地掏腰包。现场制作已成为超级市场的一大卖点。

（2）肉食品部。购买肉食品是大多数顾客光顾超级市场的主要目的之一，肉食品一般应沿着超级市场的内墙摆放，方便顾客一边浏览一边选购。

（3）冷冻食品部。冷冻食品主要用冷柜进行陈列，它们的摆放既可以靠近蔬菜，也可以放置在购物通道的最后段，这样冷冻食品解冻的时间就最短，给顾客的携带提供了一定的便利性。

（4）膨化食品部。膨化食品包括各种饼干、方便面等。这类食品存放时间较长，只要在保质期内都可以销售。它们多被摆放在卖场的中央，用落地式的货架陈列。具体布局以纵向为主，突出不同的品牌，满足顾客求新求异的偏好。

（5）饮料部。饮料与膨化食品有相似之处，但消费者更加注重饮料的品牌。饮料的摆放也应该以落地式货架为主，货位要紧靠膨化食品。

（6）奶制品部。超级市场中的顾客一般在其购买过程的最后阶段才购买容易变质的奶制品，奶制品一般摆放在蔬菜水果部的对面。

（7）日用品部。日用品包括洗涤用品、卫生用品和其他日用杂品，一般摆放在超级卖场的最后部分，采用落地式货架，以纵向陈列为主。顾客对这些商品有较高的品牌忠诚度，他们往往习惯于认牌购买。这类商品的各种价格方面的促销活动，会使顾客增加购买次数和购买量。

**要求：**

1. 根据上述资料，卖场中的商品配置主要要解决哪些问题？

2. 如何做才能制作出最优的商品配置表？

3. 结合资料和你在实际生活中对连锁企业门店的认识，你认为连锁超市商品应该分为哪些部门和种类？

 **相关知识**

## 一、商品群配置

商品群配置是一种跨分类的新的商品组合。富有特色的商品群对顾客偏好会产生最直接的影响。门店应当不断推出和强化有创意的商品群组合，以吸引更多的顾客。商品群的组合方法有以下几种。

（1）按照消费季节组合。如在夏季可将凉席、灭虫剂、蚊帐等组合成一个夏令商品群。

（2）按节庆假日组合。如在情人节前夕，可将玫瑰花、巧克力、情侣表、心形工艺品等组合成一个"情人节系列"商品群。

（3）按消费便利性组合。如将罐头、面包、方便面、包装熟食、矿泉水、塑料布、方便袋等组合成一个"旅游食品"系列商品群。

（4）按商品用途组合。如将浴巾、拖鞋、肥皂、洗发水、沐浴露、剃须刀等组合成"常用沐浴用品"商品群。

（5）按供应商组合，如将"光明乳业"生产的不同品质商品（如鲜奶、酸奶、高钙奶）、不同目标顾客商品（如婴儿奶粉、学生奶粉、孕妇奶粉、老年人奶粉）、不同包装（盒装、袋装、瓶装）、不同容量的奶制品组合成一个"光明乳制品"的商品群。

## 二、商品配置表的功能

商品配置表是指将商品的排面在货架上做最有效的分配，以求达到有效控制商品品项，做好商品定位，管理商品排面，防止滞销品驱逐畅销品，使利益维持在一定水准上的目的，以书面表格形式表现出来，促进连锁经营标准化的一种管理工具。商品配置表用于对商品货架陈列排面进行适当的管理，它是现代连锁企业标准化管理的重要工具，是门店商品陈列的基本标准。

（1）有效控制商品品项。每一个连锁企业的卖场面积都是有限的，所能陈列的商品品项也是有限的，为此就要有效地控制商品的品项数。使用商品配置表，就能获得有效控制商品品项的效果，使卖场效率得以正常发挥。

（2）商品定位管理。卖场内的商品定位，就是要确定商品在卖场中的陈列方位、在货架上的陈列位置及所占的陈列空间。定位管理是卖场管理非常重要的工作，是为了使陈列面积（即货架容量）得到有效利用。如不事先画好商品配置表，无规则地进行商品陈列，就无法保证商品持续一致、有序、有效地定位陈列。

（3）商品陈列排面管理。商品陈列排面管理，即提出商品配备和陈列的方案，从而规划好商品陈列的有效货架空间范围。在连锁企业门店所销售的商品中，有的商品销售量很大，有的商品销售量则很小，因此可用商品配置表来安排商品的排面数。通常，畅销商品给予多的排面数，也就是占的陈列空间大，而销售量较小的商品则给予较少的排面数，即其所占的陈列空间也较小。对滞销商品则不给排面，可将其淘汰出去。商品陈列的排面管理对于连锁企业提高卖场的商品销售效率，具有相当大的作用。

（4）畅销商品保护管理。在连锁企业门店中，往往畅销商品的销售速度很快，若没有商品配置表对畅销商品排面进行保护管理，常常会发生这种现象：当畅销商品卖完了，又得不到及时补充时，就易导致较不畅销商品甚至滞销品占据畅销商品的排面，逐步形成了滞销品驱逐畅销品的状况。这种状况一会降低门店对顾客的吸引力；二会使门店失去售货的机会，从而降低门店的竞争力。可以说，在没有商品配置表管理的连锁超市、便利店中，这种状况是时常会发生的，而有了商品配置表管理后，畅销商品的排面就会得到保护，滞销品驱逐畅销品的现象会得到有效控制和避免。

（5）商品利润的控制管理。连锁企业门店销售的商品中，有高利润商品和低利润商品之分。每一个经营者总是希望把利润高的商品放在好的陈列位置进行销售，因为利润高的商品销售量提高了，连锁企业的整体盈利水平就会上升。而把利润低的商品配置在差一点的位置进行销售，这样来控制商品销售品种结构，从而保证商品供应的齐全性和消费者对商品的选择性。

（6）连锁经营标准化管理的工具。连锁企业有众多的门店，达到各门店的商品陈列的基本一致，促进连锁经营工作的高效化，是连锁企业标准化管理的重要内容。有了一套或几套标准化的商品配置表就能使整个连锁体系内的陈列管理比较容易开展；同时，商品陈列的调整和新产品的增设，以及滞销品的淘汰等管理工作的统一执行，就会有计划、有蓝本、高效率地开展。

## 三、商品配置表的制作

### （一）商品配置表的制作原理

对每一个商品都应给予一个相对稳定的空间，主要考虑该商品在商品结构中的地位，还要考虑商品配置对商品销售效果的影响，同时也应注意商品的关联性配置对销售效率的影响。

#### 1. 制作商品配置表的依据

制作商品配置表最重要的依据是商品的基本特征及其潜在的获利能力。应考虑的因素有以下几个方面。

（1）周转率：高周转率的商品一般都是顾客要寻找的商品，即必需品，应放在较明显的位置。

（2）毛利：毛利高的商品通常也是高单价的商品，应放在较明显的位置。

（3）单价：高单价商品的毛利可能高也可能低；高单价又高毛利的商品应放在明显位置。

（4）需求程度：在非重点商品中，具有高需求、高冲动性、随机性需求特征的商品，一般陈列在明显位置。销售力越强的必需品，给顾客的视觉效果应越好。其主要能见因素为：顾客的视线移动，一般由左到右；视线焦点一般在视线水平的商品；最不容易注意到最底层商品。

（5）空间分配：运用高需求或高周转率商品来拉顾客的视线焦点，纵横贯穿整个商品配置表；避免将高需求商品放在视线第一焦点，除非该商品具有高毛利的特性；高毛利且具有较大销售潜力的商品，应摆在主要视线焦点区内；潜在的销售业绩大的商品，应该给予最多的排面。

**2. 商品配置表的制作责权**

商品配置表主要由采购人员来主导，其他部门充分配合。

**（二）制作商品配置表的前期准备工作**

（1）商品陈列货架的标准化。商品配置表主要适用于其所有门店采用标准化陈列货架的连锁企业。而货架的标准视连锁企业门店的场地和经营者的理念而定。使用标准统一的陈列货架，在对所有门店每一分类的商品进行配置与陈列管理时，就不需要对每一个门店都作一种配置或一种陈列。

（2）商圈与消费者调查。商圈调查主要是弄清连锁企业各门店所属地区的市场容量、潜力和竞争者状况；消费者调查主要是掌握商圈内消费者的收入水平、家庭规模结构、购买习惯、对该企业商品与服务的需求内容等。经过这两项调查，经营者就可根据调查所得的资料，构思该店要经营什么样的商品。

（3）单品项商品资料卡的设立。在连锁企业的信息系统中，要设立每一个单品项商品的信息资料卡，如该商品的品名、规格、尺寸、重量、包装材料、进价、售价、供货量等相关信息。这些信息资料对制作商品配置表是相当重要的，经常会被调用，因而一般这些信息资料都分门别类地建立在计算机档案内。从这些资料中可以分析确定商品周转率的高低、商品毛利的高低，以及高单价、高毛利的商品。

（4）配备商品配置实验货架。商品配置表的制作必须要有一个实验阶段，即采购部人员（许多连锁企业已设置了专门负责此项工作的货架管理员）在制作商品配置表时，应先在实验货架上进行试验性陈列，从排面上来观察商品的颜色、高低或某些商品容器的形状是否协调，是否对消费者具有一定的吸引力，如缺乏吸引力则可立即进行调整，直至协调和满意为止。

## （三）商品配置表的制作程序

对于尚未制作商品配置表的连锁企业来说，商品配置表的制作始于市场调查研究，终于卖场销售效果评估。其基本程序如下。

（1）每一个中分类商品的陈列尺寸的决定。由采购部会同门店人员共同讨论决定每一个商品大类在连锁企业门店卖场中所占的营业面积及配置位置，并制作出大类商品配置图。当商品经营的大类配置完成后，采购人员就要将每一个中分类商品安置到各自分属的大类商品配置图中去，即每一个中分类商品所占的营业面积和占据陈列货架的数量首先要确定下来，这样才能进行单品项商品配置。

（2）单品项商品陈列量的确定。单品项商品陈列量应与订货单位结合考虑。例如：一般来说由配送中心送配货的连锁超级市场卖场和内仓的商品量是其日销售量的1.5倍。对每一个单品项商品来说也是如此，即一个商品平均日销售量是12个，则商品量为30个。但每一个商品的陈列量还须与该商品的订货单位一起进行考虑，其目的是减少内仓的库存量，加速商品的周转。每个商品的陈列量最好是1.5倍订货单位。例如：一个商品的最低订货单位是12个，则其陈列量设定在18个，该商品第一次进货为2个单位计24个，18个上货架，6个进内仓，当全部商品最后只剩下6个时，再进一个订货单位12个，则商品可以全部上货架，而无须再放进内仓，做到内仓的零库存。一个连锁超级市场门店的商品需要量与日销售量的比例关系由该店销售的安全保有量决定的。而单品项商品的陈列量与订货单位的比例关系，则是在保证每天能及时送货的条件下的一种零库存配置法。

由于受交通条件和配送中心配送能力制约，目前我国的连锁超级市场、便利店往往还做不到这一点。在一些交通发达的国家，其城市的交通条件好，并且连锁企业配送能力强、配送效率高，就可以大大压缩门店的内仓库存量以提高商品的周转率。而对于那些由供应商将商品直接配送到门店的大型综合超市和仓储式商场，其单品项的商品陈列量就必须与向供应商订货的经济批量相配合。

（3）根据商品的陈列量和陈列面积确定相应的货架数量。商品陈列量和陈列面积是和商圈调查相沟通的，例如：热销商品、流行性商品、常用商品、应季商品可适当加大其陈列面积。同时根据每个商品包装的要求和外形尺寸来具体确定每个货架层面板之间的间距、陈列商品的货架位置和商品数量，以及其他配件的数量及位置。

 **阅读链接**

## 如何确定各品类货架数量

货架数一般是以销售额的构成比例和销售量的构成比例来划分的。

例如，某家商场有货架 400 个，膨化食品销售额占 3%，销售数量占 4%，确定膨化食品的货架数量。

计算：$400 \times (0.03 + 0.04)/2 = 14$（个）

销售区域划分的意义是促销销售额和降低库存费用。货架个数最终是从商场主题及对消费者的需求上判断的，对需求扩大的品类，分配更多的面积；对需求下降的品类，要毫不犹豫地缩小商场面积。

资料来源：http://www.cszk.com.cn

（4）商品的陈列位置与陈列排面数的安排。决定单品项商品具体陈列位置和在货架上的排面数，这一工作必须遵循有关商品陈列的基本原则，运用好商品陈列的多种技术。如商品配置在货架的上段、黄金段、中段还是下段等，同时还须考虑到企业的采购能力、配送能力、供应厂商的合作及连锁企业自我形象的塑造等诸多因素，只有这样才能将商品配置好。例如：品种目标货位的确定，就比较多地考虑到这类商品消费者的购买习惯，一般在卖场显眼处设专柜和专架陈列。

除了商品位置配置合理外，第一排的商品数目要适当。要根据每种商品销售个数来确定面朝顾客一排商品的个数。一般来说第一排的商品个数不宜过多，如个数过多，一个商品所占用的陈列面积就会过大，相应商品的陈列品种率就会下降，在客观上也会使顾客产生商店在极力推销该商品的心理压力，造成顾客对该商品的销售抵抗，但促销商品除外。

（5）特殊商品用特殊陈列工具。对需特殊陈列的商品就不能一味强调货架的标准化而忽视特殊商品特定的展示效果，必须使用特殊的陈列工具，才能展示特殊陈列商品的魅力。例如：在连锁超级市场的经营中发现，消费者对整齐划一和标准的陈列普遍感到有些乏味，因此，在卖场适当位置，运用特殊的陈列工具配置特殊商品，可以调节卖场的气氛，从而改变商品配置和陈列的单调感。

（6）商品配置表的设计。商品配置表的制作是一项艰苦的工作，也是一项实践性和操作性很强的工作，需要采购人员的认真钻研。一般采购人员在制作商品配置表时先做货架的实验配置，达到满意效果后再最后制作商品配置表。商品配置表是以一个货架为基础制作的，有一个货架就应有一张商品配置表。商品配置表格式的设计只要确定货架的标准，再把商品的品名、规格、编码、排面数、售价表现在表格上即可；也有的把商品的形状画到表格上，但这必须借助于计算机来设计，这就对货架管理人员提出了更高的技术要求。

下面是一个连锁超级市场商品配置表的设计实例，其货架的标准是：高 180 厘米，长 90 厘米，宽 45 厘米，五层陈列面。

| 商品分类 No. | 洗衣粉（1） |
|---|---|
| 货架 No.12　制作人：×××| |

| | | |
|---|---|---|
| 180<br>170<br>160 | 白猫无泡洗衣粉<br>1 000 克<br>4F　120001　12.2 | 奥妙浓缩洗衣粉<br>750 克<br>4F　12005　18.5 | 奥妙浓缩洗衣粉<br>500 克<br>4F　12006　8.5 |

货架陈列图：

```
180 ┌────────────────────┬──────────────────┬──────────────────┐
170 │  白猫无泡洗衣粉     │ 奥妙浓缩洗衣粉    │ 奥妙浓缩洗衣粉    │
160 │  1 000 克           │ 750 克           │ 500 克           │
    │  4F 120001 12.2     │ 4F 12005 18.5    │ 4F 12006 8.5     │
150 ├────────────────────┼──────────────────┴──────────────────┤
140 │  白猫无泡洗衣粉     │ 奥妙超浓缩洗衣粉                     │
130 │  500 克             │ 500 克                              │
120 │  2F 12002 6.5       │ 3F 12007 12.5                       │
110 ├────────────────────┼─────────────────────────────────────┤
100 │  白猫无泡洗衣粉     │ 奥妙手洗洗衣粉                       │
 90 │  45 克              │ 180 克                              │
 80 │  2F 12003 2.5       │ 6F 12008 2.5                        │
 70 ├────────────────────┼─────────────────────────────────────┤
 60 │  佳美两用洗衣粉     │ 碧浪洗衣粉                           │
 50 │  450 克             │ 200 克                              │
 40 │  4F 12004 2.5       │ 6F 12009 2.8                        │
 30 ├────────────────────┼─────────────────────────────────────┤
 20 │  地毯洗衣粉         │ 汰渍洗衣粉                           │
 10 │  500 克             │ 450 克                              │
    │  4F 12011 12.8      │ 4F 12010 4.9                        │
厘米 10  20    30    40    50    60    70    80    90
```

| 商品代码 | 品名 | 规格 | 售价 | 单位 | 位置 | 排面 | 最小库存 | 最大库存 | 供应商 |
|---|---|---|---|---|---|---|---|---|---|
| 12001 | | 1 000 | 12.2 | 桶 | E1 | 4 | 3 | 8 | |
| 12002 | | 500 | 6.5 | 袋 | D1 | 2 | 15 | 30 | |
| 12003 | | 450 | 2.5 | 袋 | C1 | 2 | 20 | 32 | |
| 12004 | | 450 | 2.5 | 袋 | B1 | 4 | 32 | 50 | |
| 12005 | | 750 | 18.5 | 盒 | E2 | 4 | 12 | 40 | |
| 12006 | | 500 | 8.5 | 盒 | E3 | 4 | 8 | 20 | |
| 12007 | | 500 | 12.5 | 袋 | D2 | 3 | 15 | 45 | |
| 12008 | | 180 | 2.5 | 袋 | C2 | 3 | 25 | 90 | |
| 12009 | | 200 | 2.8 | 袋 | B2 | 6 | 35 | 90 | |
| 12010 | | 450 | 4.9 | 袋 | A2 | 4 | 4 | 40 | |
| 12011 | | 500 | 12.8 | 袋 | A1 | 4 | 12 | 42 | |

注：

（1）位置是最下层为 A，二层为 B，三层为 C，四层为 D，最高层为 E，每一层从左至右，为 A1、A2、A3……B1、B2、B3……C1、C2、C3……D1、D2、D3……E1、E2、E3……

（2）排面是每个商品在货架上朝顾客陈列的面，一面为 1F，二面为 2F……

（3）最小库存以一日的销售量为安全存量；

（4）最大库存为货架放满的陈列量。

#### （四）商品配置表的修正

连锁企业总部一旦制定了标准化的商品配置表后，下属各门店就必须严格执行。但是商品的配置并不是永久不变的，必须根据市场的变化、所销售商品的变化及连锁企业本身的经营状况作相应的调整。这种调整就是对原来的商品配置表进行修正。商品配置表的修正一般按固定的时间来进行，可以一个月、一个季度修正一次，一年大变动一次；同时也要考虑连锁企业不同的业态模式，以及不同的季节、时令、促销等因素，并作为修正商品配置表的依据，但是不宜随意进行修正。因为随意修正会造成商品配置凌乱和不易控制的现象。商品配置表的修正可按如下程序进行。

（1）统计商品的销售情况。连锁企业必须对下属门店每月商品的销售情况进行统计分析，现代连锁企业都配备 POS 系统，它会根据商品的进货量和库存量很快统计出商品的销售情况。统计的目的是要找出哪些商品是畅销商品、哪些商品是滞销商品。

（2）应季、应节商品的销售预测

商品的销售量并不是每天都一样的均匀一致，而是随季节、节假日的情况发生很大的变化，但是这些变化也是基本可以预测的，比如周六、周日，商品销售量会有一定比例的上升，称为周末效应；在节日前或节日期间，应节商品销售会呈现旺销现象，称为节日效应。所以要求在制定商品配置表前，要预测哪些商品要在节假日增加配置量，甚至对周末效应和节日效应分别制定与平时不同的商品配置表。

（3）滞销商品的淘汰。经销售统计可确定出滞销商品，但商品滞销的原因很多，可能是商品质量问题，也可能是商品的定价不当、商品陈列的位置不理想，或是受销售淡季的影响，更有可能是某些供应商的促销配合不好等原因。当商品滞销的真正原因弄清楚以后，要确定该滞销的状况是否可能改善，如无法进行改善就必须坚决地予以淘汰，不能让滞销品占住货架而产生不出效益来。

（4）畅销商品的调整和新商品的导入。对畅销商品的调整，一是适当增加其陈列的排面；二是调整其卖场位置及在货架上的段位。对由于淘汰滞销商品而空出的货架排面，连锁企业应导入新商品，以保证货架陈列的充实量。

（5）商品配置表的最后修正。在确定了滞销商品的淘汰、畅销商品的调整和新商品的导入之后，这些修正必须以新的商品配置表的制定来完成。修改一品项有时可能会牵动整个货架陈列的修改，但为维持连锁企业好的商品结构，虽然烦琐也得做，这是不可避免的。有些连锁店经营时间已久，商圈人口、交通、竞争情形都发生了变化，这时必须大幅度地修改商品配置表，甚至连部门配置都要修改。而新的商品配置表的下发，就是连锁企业各门店进行商品调整的依据。

### 四、商品配置例外法则管理

#### （一）变化性陈列管理

所谓变化性商品陈列，常见的有大陈列、端架陈列、突出陈列等，常用来做特卖商品的陈列，或某种事件活动的陈列，这些陈列时间大都在 3～5 天，对在很短时间内就会变动的陈列，无法给予一定的配置表，而只能在办活动时给予临时机动的配置管理。

### （二）短期性商品的安排

有些商品只是在某些特殊的日子或季节才有，如月饼，商品的生命期大约只有一个月，不可能给予一个固定的配置，这些商品的安排，最好成立专区，利用多余的空间给予特别的配置，时间一过即予拆除。

### （三）举办大型活动时的商品配置

超市有时会举办大型的活动，如周年庆、食品展，因活动的需要，必须变动现有的商品配置，最好要把原来的配置先录制下来，一到活动结束，立即恢复到原来一样的商品配置就可以。

### （四）厂商缺货时的商品配置处理

缺货是超市业最忌讳的事情，应尽量避免，但有时缺货仍是不可避免的，比如厂商因原料的短缺而出现了缺货，这是超市难以控制的。对于这种情况，超市要了解其是属短期性的缺货，或是长期性的缺货，若是短期性的缺货，则应将位置保留，并以 POP 来告知顾客，要多少时间才能补充；若是长期性的缺货，就应寻求其他替代品，而将配置修改。

### （五）活性化措施的商品配置

有时为了使卖场显得较为活泼、有变化，而将商品配置在某些区段做了变化性陈列，这种陈列时间最好不要太长，以 3 天到一周即恢复原状较为理想。

商品配置表，其用意十分简单，即将商品的排面在货架上做最有效的分配，以求达到有效控制商品品项、做好商品定位、适当管理商品排面、防止滞销品驱逐畅销品、使利益维持在一定水准上、使连锁经营标准化等目的。由此可知，商品配置表在超市管理中的极端重要性。在美、日零售业相当发达的国家，商品配置表的运用非常广泛，几乎每家连锁企业的每一个门店都有商品配置表，但这种技术管理方法在我国连锁企业管理中的运用率普遍较低，国内许多连锁企业只导入了国外连锁企业的外观与硬件，而对商品配置表这类最基础的管理工具，并未彻底实施，这将直接影响现代连锁企业门店卖场中的商品管理，尤其是采用敞开式销售方式的连锁超级市场、连锁便利店和连锁专卖店等连锁企业。这一重要的工具其功效远比商店外观、硬件设备的成效来得显著得多，实在值得国内连锁业界努力引进，广泛应用，以发挥其良好的管理功效。

 **知识拓展**

## 便利店的商品配置

便利店内的商品配置是关系到便利店经营成败的关键，商品配置不当，会造成顾客想要的商品没有，不想要的商品太多，而且还浪费了卖场空间、造成资金积压，最终导致经营失利。

便利店的商品配置策略应从以下几个方面入手。

**1. 商品品种配置**

便利店中商品品种配置的结构比例应该与消费者支出的商品投向比例相当。要正确地确定商品品种配置的结构比例，必须对消费者的购买比例做出正确的判断与分析。

便利店商品品种配置的步骤如下。

（1）根据历史资料或市场调查计算商品库存比例，确定商品库存结构，即资金分配比例。

（2）根据销售数据分析消费者购买取向，从而确定各商品类别中的品种数。

（3）商品品种配置比例的调整。根据消费者购买比例制定的商品品种配置比例并不是固定不变的，它会随着经济形势、消费者偏好、流行趋势而改变。因此，需要在连锁企业总部设置"商品配置自动统计分析信息系统"，将各分店的每日销售信息进行统计分类，定期显示变动曲线，并制定一定日期（一般为一个月）配置比例变动的上下限红线，及时提示相关部门对发生的变化作出反应。

（4）新品种的预留空间与旧品种的序列淘汰制。

**2. 商品选择策略**

便利店的营业空间和规模不是很大，而且本着方便社区的经营宗旨，应该把经营的重点放在20%高利润、高销售额的主营商品上。便利店的主营商品一般是相对固定的。

确定主营商品后，便利店需要实施的一项重要商品策略就是对商品的规格进行筛选。在一般超市的货架上，往往可以看到同一种商品有好几种不同的规格，以适应消费者不同的消费需求。但是，在便利店，由于陈列空间有限，要尽量把某种商品的销售量集中在2～3种规格上，而且这样还能够以较大规模的集中订货获得较低的进货价。

此外，便利店中同一种商品的品牌不必太多，经过认真的市场调查和分析后，便利店应将某种商品确定在有限的几个知名品牌上，通过增加单位产品的销售量来保证利润额的实现。

**3. 商品陈列原则**

便利店商品的陈列应遵循以下几点配置原则。

（1）牛奶、面包、蔬菜、水果、粮油制品等日配品，是现代社会人们生活中的必需品，顾客的购买频率较高，销售额和销售量较大，而且也是顾客进行价格比较的重点商品，是价格策略的主要商品，因此要配置在商店卖场的前端。

（2）在收银台通道附近陈列休闲类商品，例如：报纸杂志、胶卷、电池、香烟、口香糖等，这些商品属于随意性较强的商品，往往是不在顾客的采购计划中的，通过这样的陈列，可以使顾客在等候收银时随手购买，从而增加商店的销售额。

（3）端头货架是卖场中顾客接触频率最高的地方，顾客无论进出都要经过端头货架，特别是其中一头又正对着入口，因此这里配置的商品要能够刺激顾客、留住顾客。例如：特价商品、促销商品、新产品、换季商品、高利润商品等。

(4) 通道货架的商品陈列，要重视商品系列的互补性，实行配套陈列，特别是不同货架通道的转换和食品区通道与百货区通道的转换，要注意商品的延续性。例如，调味品与粮油制品、儿童用品/文具与儿童食品、厨房用品与速食品等。

(5) 便利店卖场的最后端的商品陈列，负有诱导顾客走向卖场最后端的责任。一般来讲，用保鲜柜来陈列新鲜食品最为合适，而且要采用倾斜陈列的方式，使顾客的视线能够尽可能多地接触到商品。

资料来源：http://www.chaoshi168.com

案例分析

## 连锁超市商品结构配置

A 连锁超市最近新开了一家大卖场，该店商圈包括一个大型居民区和广东一个典型的城中村——外地大学毕业生到广东找工作时的出租屋集中地。

这家门店在生鲜商品经营上遇到了一件麻烦事——生鲜品中初级产品的销售还不错，但是不管他们怎么调整价格、怎么促销、怎么活性化卖相（生动化），生鲜品中的加工制品，特别是熟食和面包一直销售很不理想。

这家公司老总很纳闷："我的熟食都是按照家庭主妇的口味制作的啊，而且促销时段也选择在下午4：00—6：00的晚市，商品出炉时间控制在4：00左右，以让商品新鲜，怎么还是不行？"所以他特别想了解如何来诊断解决这个问题。

当我们在发现某些部门或品类的销售下滑时，我们首先要想到的是：是否该类商品的构成出了问题——顾客想要的没有，不想要的一大堆？！

在现场诊断中，当我们问超市的目标顾客是谁时，该门店几乎所有的管理人员都很清楚：是家庭主妇。而当我们问到熟食类商品的核心目标顾客是谁时，开始出现不同的答案。

其实只要我们的门店管理人员愿意花些时间在收银台或熟食柜前，仔细观察顾客购物篮的话，就会发现其实多数超市里的熟食主流顾客并不是家庭主妇，而是以单身人士、学生、双职工等年轻人为主。

从该店商圈分析来看，其熟食的主流目标顾客应是那些到广东寻梦的大学生们，他们住在出租屋里，可能连锅都没有，刚毕业不久，工作非常卖力，每天下班时间基本在6：00以后……在找准该类商品的目标顾客——外地大学生群体后，该店的熟食类商品构成与营销可作如下调整。

(1) 商品构成从以满足广东家庭主妇为核心的"广式口味"，转变成以满足外地大学生群为核心的"全国风味"——湖南风味、四川风味、潮州卤水、东北炖菜……具体操作方式可采取联营抽成等方式，以弥补自身厨师的不足（这一点学学运营好的大学风味食堂就行）。

（2）商品构成从以满足家庭主妇为核心的大包装、大克数，转变成以满足年轻人为核心的小包装、即食性包装为主。

（3）商品出炉时间由以满足家庭主妇为核心的下午4：00左右，转变成以满足这些年轻人为核心的晚6：00左右，以使得这些目标顾客一到卖场就能买到新鲜出炉的商品。

（4）时段促销商品调整，由半成品配菜、大包装促销品转化为以即食性小包装促销品为主，免费提供一次性手套服务……

经过系列商品与营销构成的调整，该店的熟食部由原来的滞销部门变为整个店的领头羊，同时有效带动了其他相关联商品的销售。因此当我们在抱怨某某品类商品不好卖时，我们有没有设身处地考虑过：是否对该品类的目标顾客定位本身就错位了呢？目标顾客与商品构成定位本就是双胞胎，一错百错，多米诺骨牌效应由此而来。

资料来源：北京华联门店案例选登

**问题思考：**

1. 简述卖场中良好的商品配置结构对连锁门店经营的后续影响。

2. 你对上述案例中A超市在商品配置方面还能提出哪些改进的举措？

### ■ 技能训练

**一、思考题**

1. 进行商品配置时，为什么要做商品分类？

2. 进行商品配置时要考虑哪些因素？

3. 商品配置表的功能有哪些？

4. 商品陈列配置表应如何修正？

**二、能力训练**

1. 四人一组，去所在城市或地区的连锁超市进行实地考察，绘制出连锁超市中一组货架的商品配置表。

2. 依托制作出来的商品配置表，思考：商品配置表应怎样根据季节需求的变化来进行修正？

# 任务2　商品陈列的原则和程序

所谓商品陈列，就是把具有促进销售机能的商品摆放到适当的地方，其目的是创造更多的销售机会，从而提高销售业绩。而要实现这一目标，就必须严格按照商品陈列的原则，在此原则指导下进行商品陈列工作。

## 资料：商品陈列能影响顾客的购买欲

在商店销售策略中，橱窗和柜台中商品的陈列是一个重要的手段，也是一门高深的学问。

根据时间差异、消费层次进行不同的商品陈列，会收到意想不到的效果。商品陈列的好坏能直接影响到顾客的购买欲。每逢一个销售旺季过去后，很多商店都要对商品陈列进行调整，这是在商品品牌各家区别不大的情况下，让顾客对商店保持新鲜感的方法。

把中部位置做成高陈列柜的形式，使顾客走入其中，就好像进入一个专卖店里。这种店中店的销售模式能提高商品的品牌档次，同时也避免了卖场的杂乱无章。

巧妙利用商店的挂幅广告、模特的陈列来提醒顾客消费，也是商店常用的方法。比如当春季到来时，很多商店的楼道都会换上"春装上市"的绿色挂幅，以烘托卖场气氛。由于每间专卖店门口的模特服装展示往往最能吸引顾客的眼球，因此，为了让顾客对今年刚刚上市的服装有一个直观的印象，就可以把最新款、最畅销的衣服通过模特展示出来。有的商店还别出心裁地为模特身上的衣服搭配手袋、鞋子、纱巾等各种饰物，在为顾客提供参考的基础上，更激发起顾客的购买欲。

顾客走向对于商店来说非常重要。为了让顾客购物更加方便，商店总会把杂食和体育用品分开摆设，使货架全部竖向陈列，这样，顾客顺着货架一边挑选商品，一边就可以直达收银台。

此外，商店的堆头往往是商店内销量最大的商品。商店一般把一些应季商品或者是特价商品陈列在卖场最显眼处，因为应季商品是商店在某一特定时期针对顾客重点推销的商品。比如说中秋节，商店都会开辟一个销售月饼的角落，让顾客在一个区域内就能把所需商品的各个品种全部看完，并很快找到所需要的商品。商家一般会选择这些畅销商品作特价，成堆摆放在卖场的过道及收银台附近，这样不仅能够激发顾客的购买欲，同时也能方便顾客购买。

大多数商店收银台旁往往都摆放着一个简易的小货架，里面摆放了胶卷、电池等零碎的小商品。收银台旁的小货架不仅方便而且是商店内最明显的位置，因此这些商品的销量非常大。

资料来源：零售前沿网

**要求：**

1. 从上述资料中总结良好的商品陈列对于商品销售的重要意义。
2. 简要总结商品陈列的原则。
3. 商品进行有效陈列的主要区域有哪些？

 **相关知识**

　　商品在店堂里不是随意堆设的，也不是简单分类并堆放整齐就可以的。连锁企业总部对门店商品陈列的管理主要通过商品配置表和日常督导来实施。通过有计划、精心安排的商品陈列，实现某种特定的安排，收到一定的效果。因此，在商品的销售中，不仅要让顾客清楚地了解什么样的商品在什么地方，更重要的是达到向顾客最充分地展示商品，进行促销的效果。尤其是在采用敞开式销售方式的连锁企业商店，它不采取直接向顾客介绍商品和推销商品的方式（除了顾客提出要求），那么商品的陈列就成了卖场商品销售主要的经营技术，也可以说，在连锁企业所有门店中，良好的商品销售就是从有效的商品陈列开始的。

## 一、商品陈列的基本原则

### （一）实行分区定位，便于顾客选购原则

　　目前，连锁企业经营的商品品种越来越多，一般一家连锁超市经营的商品就有几千种到上万种之多，如何给顾客带来方便，如何使得顾客很容易地判断什么商品在什么部位，是商品陈列首先要解决的问题。这就需要对商品陈列实施分区定位管理。

　　所谓分区定位，就是要求每一类、每一项商品都必须有一个相对固定的陈列位置。商品一经配置，商品陈列的位置和陈列面就很少变动，除非因某种营销目的，而修正配置图表，这既是为了商品陈列标准化，也是为了便于顾客选购商品。应注意以下五个方面的工作。

　　（1）向顾客公布货位布置图，并按商品大类或商品群的大概位置。我国目前大部分超市和便利商店的商标标示牌一般都是平面式的，如果能改为斜面式的更能让顾客一目了然，同时，标示牌的形式也可以灵活多样，依商品类别与陈列位置的不同，而设立便民服务柜，实施面对面销售。

　　（2）相关商品货位布置邻近或对面，以便顾客相互比较，促进连带购买。

　　（3）把相互影响大的商品货位适当隔开，如串味食品、熟食制品与生鲜食品、化妆品与烟酒、茶叶、糖果饼干等。

　　（4）把不同类的商品纵向陈列，即从上而下地垂直陈列，使同类商品平均享受到货架上各段位的销售利益。

　　（5）商品货位勤调整，分区定位并不是一成不变的，要根据时间、商品流行期的变化，随时调整，但调整幅度不宜过大，除了根据季节及重大的促销活动而进行整体布局调整外，大多数情况下不做大的变动，以便于老顾客凭印象找到商品位置。

　　现代化设施使某些连锁商店的货位分布图也相应发生了变革，如在商店的墙面或主要入口处装设了电子显示屏幕，专门介绍商店各楼层的经营项目，同时增设广告内容，对顾客来说既方便又实惠，而企业也增加了额外效益。此外，对于一些国际性开放城市中的连锁商店，其货位分布图上的内容最好有中英文对照说明，以方便国外顾客购物。

## （二）显而易见原则

所谓易见，就是要使商品陈列容易让顾客看见，一般以水平视线下方 20 度点为中心的上 10 度、下 20 度范围，为容易看见的部分；所谓易取，就是要使商品陈列容易让顾客触摸、拿取和挑选。

要使顾客一眼能看到、看清并且拿取商品，必须注意陈列商品的位置、高度、商品与顾客之间的距离及商品陈列的方式等。目前，敞开式销售方式下出售的商品绝大部分是包装商品，包装物上都附有商品的品名、成分、分量、价格等说明资料，商品在货架上的显而易见，是销售达成的首要条件。如果商品陈列使顾客稍微有些看不清楚，就可能完全不会引起顾客的注意，商品根本无法销售出去。因此，顾客看不清楚什么商品在什么位置就相当于该门店根本不销售该商品，这是商品陈列之大忌，卖场上不应有顾客看不到的地方，或出现有商品被其他东西遮挡的情形。商品陈列显而易见的原则是要达到两个目的：一是让卖场内所有的商品都让顾客看清楚，同时还必须让顾客对所有看清楚的商品作出购买与否的判断；二是要让顾客感到需要购买某些预定购买计划之外的商品，即激发其冲动性购物的心理。

要做到商品陈列使顾客显而易见，就必须符合三个要求：第一，贴有价格标签的商品正面要面向顾客，在使用了 POS 系统的超级市场中，一般都不直接在商品上打贴价格标签，所以必须要做好该商品价格牌的准确制作和位置摆放；第二，每一种商品都不能被其他商品挡住视线；第三，对货架下层不易看清的商品，可以采用倾斜式陈列。

## （三）满陈列原则

在商品陈列中，不管是在柜台上，还是货架上，商品陈列应显示出丰富性和规则性。货架上的商品必须要经常充分地满陈列。满陈列的意义在于三个方面：第一，货架不是满陈列，对顾客来说是商品本身的表现力降低了，从顾客心理学规律来看，任何一个顾客买东西都希望从丰富多彩、琳琅满目的商品中挑选，如看到货架或柜台上只剩下为数不多的商品时，大都会心存疑虑，唯恐是别人买剩下来的"落脚货"，最终不愿购买。在卖场几千种乃至上万种商品陈列的条件下，不是满陈列的商品，其销售效果往往是不佳的，甚至有些商品即使在数量上是放满的，但由于陈列方法不对，没有"站起来"，都躺在那儿，其销售效果也不会理想。第二，从门店本身的利益来看，如货架常常空缺，就白白浪费了卖场有效的陈列空间，降低了货架的销售与储存功能，又相应地增加了商店仓库库存的压力，从而降低了商品的周转率。第三，商品陈列尽可能地将同一类商品中的不同规格、花色、款式的商品品种都丰富而有规则地展示出来，不仅能扩大顾客的选择度，给顾客留下一个商品丰富的好印象，而且可使连锁企业提高所有门店商品周转的物流效益。因此，连锁企业门店应尽可能缩短商品库存时间，做到及时上柜、尽快陈列。据美国一项调查资料表明，做不到满陈列的超市和满陈列的超市相比较，其销售量按照不同种类的商品，可分别提高 14% ~ 39%，平均可提高 24%。

要使商品陈列做到丰富、品种多而且数量足，并不是一股脑儿将所有商品毫无章法地摆在卖场上，将柜台、货架塞得满满的，而是要有秩序、有规律地摆放。一般来说，陈列架上要放满商品有两个规定：第一，每一个单品在货架上的最高陈列量可以通过排列面设计数来确定，如长1米的陈列货架（每一格），一般至少要陈列3个品种；第二，按各类不同业态模式的连锁企业的具体要求，按一定的面积陈列商品品种，卖场面积每一平方米商品的品种陈列量平均要有11～12个品种。也就是说，满陈列是单品陈列数和商品品种数的有机结合。此外，商品之间可留有不太多的空档间隔，也可在摆放商品时组合成一定图形或图案（如米字线的形式），同样可以达到商品丰富的效果。

**（四）商品说明清晰醒目原则**

当顾客注意某个商品并有意购买时，那么他一定还想进一步了解有关此商品的其他信息，如商品的价格、产地、性能、用途等方面。因此，在陈列商品时应使附有说明商品品名、产地、规格、价格等方面内容的价格标签（敞开式销售的商品往往还贴有带价格的黏性标签纸）。通常，各门店使用的价格标签和商品说明书是由连锁企业总部统一设计的，以做到各门店价格标签规格一致，同时也体现连锁企业各门店形象的一致性。价格标签除了注明商品的名称、规格、质量、产地、价格外，还必须有物价员签章。

当然，并不是所有的商品都需要详尽的使用说明书，但对那些功能多、结构复杂的商品，必须要有使用说明书，如家用电器、组合音响、运动器材等，附有简要的性能说明，有利于顾客区别类似商品的不同性能。还有一些价值贵重的高档商品，如名牌优质皮革制品，附有必要的说明，能显示出商品的工艺水平和质量档次。除此之外，高档的工艺品、珠宝玉器的陈列，新产品的推出，换代产品的展示等都需要有一定的文字或图案说明，以此解除顾客的疑虑，提高顾客对商品的信赖程度。

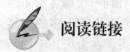 **阅读链接**

## 如何提高卖场商品陈列的吸引力

商品陈列的目的是吸引顾客的目光，刺激顾客的购买心理，扩大销售量。商品陈列讲究艺术技巧，每一次富有创意的陈列都会收到意想不到的广告效果。

（1）要醒目。陈列要突出商品形象，最好能在陈列中形成一个焦点，以引起顾客的注意。

（2）要丰富。要求货架经常保持整齐、丰满、有序，使顾客感觉可选择的余地很大。

（3）要科学。商品适应顾客的习惯、选择方式和随机心理，满足顾客求新、求美的心理。

（4）要艺术。商品陈列的造型设计要充分体现该商品的特点，构思要巧妙，艺术手法要新颖独特。既要美观大方，又要层次分明；既要重点突出，又要色彩和谐。

（5）要有说明。陈列商品时应附有各种必要的说明（包括品名、规格、质量等级、价格），有的商品还应附有简要说明，介绍使用方法和维修方法。

（6）要符合人体尺寸。商品陈列要让顾客看得见、摸得着，而且应陈列不加包装的商品，使顾客的感官不受任何阻碍地受到刺激，以触发其购买动机。

资料来源：窦志铭. 连锁店经营管理. 北京：中国财政经济出版社，2005.

### （五）易取易放原则

一旦顾客对陈列商品产生了良好的视觉感受，就会有触觉的要求，希望对商品做进一步的了解，最后作出购买与否的决定。通常采用柜台式销售方式的连锁商店，依靠营业人员的耐心服务来满足顾客的要求。而采用敞开式销售方式的连锁商店则不同，其商品陈列在做到"显而易见"的同时，还必须能使顾客自由方便地拿到手，使顾客摸得到商品，甚至能拿在手上较长时间，这是刺激顾客购买的重要环节。这也是近几年来敞开式销售方式受到广大消费者普遍欢迎的主要原因。除那些易受损伤、小件易失窃或极其昂贵的商品以外，连锁企业应尽量用敞开式销售方式，这样自然会给人一种亲切感。

商品陈列伸手可取的原则还包含商品放回原处也方便的要求，如果拿一个商品可能会打坏，顾客就不愿意去拿，就是拿到了手也会影响其挑选观看的兴趣，使商品销售由于陈列不当而受阻。因此，要特别重视商品伸手可取又能很容易地放回原处的陈列要求。

此外，要符合伸手可取原则，就要做到陈列商品要与上隔板保持 3～5 厘米的间距，让顾客容易取放。货架上商品的陈列要放满，但不是说不留一点空隙，如不留一点空隙，消费者在挑选商品时就会感到很不方便。

### （六）先进先出原则

商品在货架上陈列的先进先出，是保持商品品质和提高商品周转率的重要控制手段，对于运用敞开式销售方式的连锁商店应该尤为重视这个要求。

当商品第一次在货架上陈列后，随着商品不断地被销售出去，就要进行商品的及时补充陈列，补充陈列的商品就要依照先进先出的原则来进行。其陈列方法是先把原有的商品取出来，然后放入补充的新商品，再在该商品前面陈列原有的商品，也就是说，商品的补充陈列是从后面开始的，而不是从前面开始的。这种陈列法叫先进先出法，因为顾客总是购买靠近自己的前排商品，如果不是按照先进先出的原则来进行商品的补充陈列，那么陈列在后排的商品会永远卖不出去。一般商品尤其是食品都有保质期限，因此消费者会很重视商品出厂的日期，用先进先出法来进行商品的补充陈列，可以在一定程度上保证顾客买到商品的新鲜性，这是保护消费者利益的一个重要方面。此外，排在后面的商品比较容易积灰尘，所以要特别重视后排商品的清洁，一般可用掸子或抹布进行清扫。

### （七）同类商品垂直陈列原则

敞开式销售方式的兴起，使得连锁商店内相当一部分商品运用货架进行陈列，这就要求货架上同类的不同品种商品做到垂直陈列，而避免横式陈列。

　　同类商品垂直陈列的好处是：第一，同类商品如果是横式陈列，顾客在挑选同类商品的不同品种时会感到不方便，因为人的视线上下移动方便，而横向移动其方便程度较前者要差。横向陈列会使得陈列系统较乱，而垂直陈列会使同类商品呈一个直线式的系列，体现商品的丰富感，会起到很强的促销效果。第二，同类商品垂直陈列会使得同类商品平均享受到货架上各个不同段位（上段、黄金段、中段、下段）的销售利益，而不至于使同一商品或同一品牌商品都处于一个段位上，提高或降低其他类别的商品所应承担或享受的货架段位的平均销售利益。

### （八）关联性陈列原则

　　关联性陈列法是指将不同种类但相互补充的商品陈列在一起的陈列方法。关联性陈列商品的类别应是按消费者需要进行划分，运用商品之间的互补性，以确保顾客产生连带购买行为。运用格子式货架布局的连锁商店（如超级市场、便利店），相当强调商品之间的关联性。一些连锁商店的许多关联性商品往往是按照商品的类别来进行陈列的，也就是在一个中央双面陈列货架的两侧来陈列关联性的商品。落地式货架的两侧部分不得陈列，因为通常顾客是依货架的陈列方向行走，很少再回头选购。所以关联性的商品应陈列在通道两侧，而不适于货架两侧，如图7-1所示。

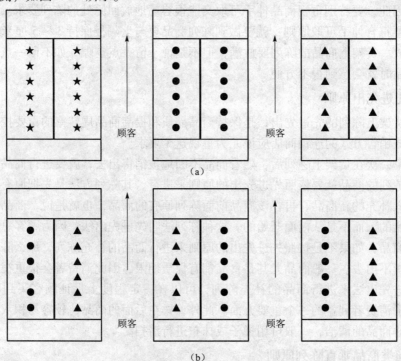

图7-1　关联性陈列方式

（a）错误的关联性陈列方式；（b）正确的关联性陈列方式

除此之外，把不同分类但有互补作用的商品陈列在一起，也体现了关联性陈列的原则。其目的是，使顾客在购买商品 A 后，也顺便购买陈列在旁边的商品 B 或商品 C。例如：在连锁超市中陈列的肥皂旁边也可同时陈列肥皂盒，在连锁专卖店中陈列各类鞋子的货柜旁相应陈列各类鞋油。关联陈列法可以使得门店卖场的整体陈列活性化，同时也大大增加了顾客购买商品的卖点数。例如：春节过后，一家超级市场发现鸡腿、鸡翅之类的冷冻食品特别不好销，于是该连锁企业总部创意策划了一个"回家自做肯德基"的活动——在每一个门店里挂上 POP 广告，并把炸鸡调料与冷冻鸡腿、鸡翅陈列在一起。结果不但使该类商品销售额明显上升，而且还带动了其他相关商品的销售。这一事实说明，为使淡季不淡，不一定要一味地依靠特价来促销，如果不能激发消费者的需求动机，再便宜的东西也卖不出去。

掌握关联性陈列法的原则是，商品之间必须有很强的关联性和互补性，要充分体现商品在消费者使用或消费时的连带性，如消费者使用录音机也必须要使用录音带。关联陈列时往往要打破商品分类之间的区别，所以要尽可能再现消费者在生活中的原型，如浴衣属服装类，但可以与洗澡的用具和用品陈列在一起，因为这正是消费者生活的原型。

## 二、商品陈列的程序

### （一）陈列调查

陈列调查是为了商品竞争目的而进行的信息收集与处理工作，为陈列规划提供必要的素材。调查的对象主要是不能人为操作的环境因素，包括内部环境因素和外部环境因素。

外部环境因素指以下几个方面：地区性大型活动，如当地有无传统的庆典节日，这些活动的举行时间、规模、方式等；节日性特别促销活动，如妇女节、儿童节、圣诞节、元旦、春节等；气候变化规律，如当地换季的时间、气温变化幅度等；市场上新产品的潮流、时髦和时尚的变化；竞争对手的情况。

内部环境因素是指连锁店总部的商品规划要求和分店自身面临的具体需求特点。

综合考虑上述两方面环境因素后，就可以根据地区特点从总部推荐的品种中选定适宜的经营商品结构。商品结构确定后，根据各类商品的销售特点、顾客购买习惯和连锁企业的销售方针，确定基本的陈列布局、陈列方式及相应的促销活动。在此基础上，进一步确定每一种商品摆放的位置、陈列方式、占用空间、陈列天数等。做完上述内容，就可以拿出一个商品陈列规划了。

### （二）陈列规划

陈列规划是把商品陈列运作的一切前后顺序和相关内容用文字的形式书面表达出来，写成一个比较完备的计划。陈列规划包括的内容有：商品陈列的外部环境因素；商品陈列的内部环境因素；商品陈列的时间（开始、调整、转换、终止时间等）；商品陈列的标准；商品陈列的确认及检查和评价；商品陈列的具体负责部门及职责；陈列商品的准备及协调安排；

商品陈列的效果分析；店内招牌广告的应用；出现问题的处理办法等。

### （三）陈列准备

陈列准备指商品上架前的准备工作，包括连锁店铺的订货、收验货、分类标价、编码等。

（1）订货。订货指连锁店在陈列商品不足时，提出送货要求。订货的依据是日常销售规律。订货的批量和批次取决于销售量和信息处理、物流配送的技术水平。国外发达国家的发展趋势是分别根据不同商品，按温度带多频度、小批量送货，送货直接上架，店铺无库存经营。

（2）收验货。尚无完善商品供应计划体系的连锁企业，各连锁门店对从各配送中心分批分类送来的商品，必须按规定的质量标准和验收项目验收，确保没有假冒伪劣、超过保质期的商品或不符合要求的商品，保证售出商品的品质和数量。在相关商品开发、供货系统构建和管理技术水平达到一定程度的企业，可逐步免除验货环节，提高配送效率。

（3）标价编码。验货后，对商品分类标价，整理上架。如商品无标准条形码，要按公司规定标准统一编码；输入编码后，才可以上架出售。

### （四）上架陈列

商品摆放应遵循从左到右、从上到下的次序，标牌应固定在第一件商品处，作为该类商品位置的起点和标记，同时也是与邻近品种的分界线。小分类商品必须集中陈列，并以直线形式摆放。因为根据医学报告，消费者的视野宽度可达120°左右，但看得最清楚的地方却在60°左右。销量越大的商品所占陈列位置应越大，并可适当向货架的较低层延伸；反之，销量小的商品，陈列所占空间位置亦应小些，并可摆在货架的中层，便于顾客发现。商品摆放要做到整齐不串位，货架和商品不能有积尘，包装不能有破损。冷柜商品要统一标价，清楚醒目、没有遗漏。新商品上架，应本着先进先出的原则，将旧商品适当向外移，并检查保质期及商品有无变质、破损。尽最大限度做到不缺货，做到有牌有货。如果出现缺货要有缺货标记，货到后再将标记取下。对于季节性销售或门店宣传推销品，最好选择专用的宣传推销位置。遇有大的节日，如春节年货陈列期间，店铺可以适当调整货架位置，但节后应迅速还原。在商品陈列的同时，要适当布置相应的店内广告招牌，起到提示顾客购买、宣传介绍商品、渲染店铺气氛、美化店铺环境的作用。

### （五）陈列检查

商品陈列确认与检查是连锁门店日常管理中的一个重要方面，它能确保在此环节之前所做的各项工作以最佳状态呈现在顾客面前，树立企业良好的形象。商品陈列确认与检查主要包括：商品是否易于选购；商品是否易于拿取；商品数量是否充足；商品种类是否齐备；商品色彩搭配是否协调、照明是否良好；商品是否得到妥善管理；商品摆放是否有助于销售；商品广告运用是否恰当等。这几个方面是商品陈列的基本要求，也是关键要求。

### （六）陈列信息的收集与分析

陈列调查、陈列规划、陈列准备、上架陈列、陈列检查及在实际商品销售中会产生大量的经营数据信息，应留意记录、积累，进行研究。可利用 POS 系统，把由人做的定性分析和计算机做的定量分析结合起来，研究商品销量变化及陈列效果，进一步改进和调整商品陈列。较小的连锁企业门店如没有现代化工具和手段，则可以根据销售报表和营业人员的直接观察，了解顾客对经营品种的满意度，分析影响顾客满意程度的因素，改善经营商品结构；并结合货架位置、陈列方法、销售期间、店内广告宣传、服务状况等因素研究和改进商品陈列，不断提高商品陈列水平。

 **知识拓展**

## 商品陈列摆放的九字方针

（1）"量"。作为陈列的首要原则来说，"量"自然有其重要的意义。俗话说："货卖堆山"，意思就是说商品陈列要有量感才能引起顾客的注意与兴趣，同时量感的陈列也是门店形象生动化的一个重要条件。

（2）"集"。同类别商品要集中陈列在邻近的货架或位置。集中陈列的要求也是"量感陈列"的体现，同时让顾客能更容易地按照集中的类别找到自己所需要的品牌或品种。

（3）"易"。易拿、易取、易还原是商品好陈列的条件之一。因为即使再美观、大气的陈列（堆码），若顾客拿取不方便，或者拿了放回去极为麻烦，那么也无法达到促进销售的目的。

（4）"齐"。是说商品陈列时尽量保证一个品牌或系列的商品能配套齐全，同时集中陈列，这样才能让顾客有更大的选择余地，在陈列上也能体现整齐、美观的效果。

（5）"洁"。卫生、整洁是顾客对商品陈列乃至整个卖场环境的一个要求。卖场人员在陈列商品的同时要及时清理商品及货架或堆码位置的卫生，将商品上的灰尘及时擦拭干净，体现商品的新鲜度。

（6）"联"。很多商品在顾客心目中是有关联性的，当顾客购买某一样商品时，他会需要与之相关的商品来配套，或者经过卖场人员的精心安排他会发现买了甲商品再加件乙商品会是个不错的搭配，这样关联的商品陈列就显得很有必要（如牙膏与牙刷、茶具与茶叶、垃圾篓与垃圾袋等）。

（7）"时"。卖场人员在进行商品陈列时需要注意商品的保质期与有效期等问题，特别是保质期较短的商品如面点、冷藏商品等。卖场人员要遵循"先进先出"的陈列原则，当货架上陈列在前排的商品被顾客拿空后，补货人员应该先将后排的商品推到前排，然后将生产日期较近的新品补到后排空处。

（8）"亮"。即是说商品陈列要尽量摆放在光线较好、视觉效果好、亮度足够的位置，以保证商品的易见易找。

（9）"色"。很多顾客在卖场购物属于冲动型购买，而引起顾客冲动购买欲望的因素除价格、品种、量感等原因外，商品外包装的美观及视觉上的冲击也是重要因素之一。因此，在陈列商品时卖场人员应注意各种商品陈列时的色彩搭配，冷暖色调组合适宜，避免同种色彩的不同商品的并列集中陈列，以免造成顾客视觉上的混淆，包装雷同的商品更要注意区分开来。

资料来源：超市管理大全

## 商品陈列对比案例

为了促销休闲服装，有一家商店没有把它陈列在最好的位置，而是选择了一个死角。他们把这个死角设计成为"情人装"陈列区，里面所有的休闲装都可以单卖，并不要求成套购买。

果然不出所料，这个"情人装"陈列区吸引了不少一起前往卖场购物的情侣。由于是商店的死角，里面显得很清静，情侣们可以很细心、很亲密地挑选、试穿、比较，使销售额大大提高。即便价格比陈列在更好位置的竞争商品略高，也卖得很火。其实，商店只是利用了情侣购物时的"亲密性"这个心理特征，其效果却达到了比在喧闹的黄金位置更好的陈列效果。

另外，日本商店的商品陈列经验也值得我们借鉴。

（1）入口处一般摆放杂志和读物。周刊是每周更换，月刊是两周一换，这里常常聚满"白看杂志的顾客"。它的作用在于吸引回头客。同时，这些读报的顾客常常给商店带来"顾客喜欢的店"和"好进的店"等印象。

（2）前面两排货架是日用品、化妆品、文具。为避免日光直射引起变质，这里一般不放食品。收款台跟前放着热饮料和日本人喜欢的卤煮菜和热包子。这些是即兴购买的商品，放在手边能引起食欲，店员也好招呼。再往里或两侧靠墙是轻食品、点心、便当和包装蔬菜，还有一台投币式复印机。

（3）最里面一般是冷饮柜，有各种饮料，还有冰冻啤酒。这些是畅销品，顾客会专门来买，所以放在里面。顾客往里走走也许会看到别的想要的商品。

资料来源：营销实务——致信网

**思考问题：**

1. 从上述案例介绍的日本商店的商品陈列中，体现了商品陈列的哪些基本原则？

2. 文中商品陈列值得借鉴的地方有哪些？

## 技能训练

### 一、思考题

1. 商品陈列的原则有哪些？

2. 为什么商品陈列要做到先进先出？

3. 为什么商品陈列要做到满陈列？

4. 为什么商品陈列要坚持同类商品垂直陈列的原则？

5. 为什么商品陈列要做到关联性陈列？

### 二、能力训练

1. 3～4 人一组，去所在城市或地区的连锁超市进行实地考察，观察连锁超市中的商品陈列状况，指出这一超市在商品陈列方面的优点和存在的不足。

2. 以宿舍为单位，思考现实生活中自己遇见的商品销售中有关关联性陈列的实例，并在课堂上讲述。

## 任务 3　商品陈列方法与技巧

商品陈列是指将商品陈列出来直接或间接地让顾客一目了然，其目的是为了刺激顾客购买，提升门店形象。在商品陈列原则的指导下，商品陈列的方法是至关重要的，掌握正确的陈列技巧与方法，对于门店商品的陈列能够起到事半功倍的良好效果。

### 工作任务 ……

#### 资料：超市商品陈列设计，用心之作

陈列设计，刺激消费者购买欲的法宝。对众多快速消费品企业而言，如何令自己的产品从超市货架中突围而出，迅速吸引消费者目光，除了产品包装之外，是否还有其他绝招？

标准产品有限公司的设计师 Mandy Ng 指出，醒目而凸显产品个性的陈列设计将是提升品牌整体形象的重要一环。然而，具体而言，陈列设计如何瞬间打动消费者，提高产品的销售额，从而为客户带来更多的利润呢？

Mandy 表示，设计必须和产品有机结合起来，才会发挥设计的最大功效。清楚陈列产品的性质及准确定位，再结合顾客的消费心理和习惯，以最恰当的形式展现产品的独特之处，是对设计师最大的考验。

#### 1. 用心之作——OLAY 四色发光弧形陈列架

许多公司都会花巨资借助明星效应来推广新产品，但是怎样保证这笔庞大的宣传开支用

得其所呢？Mandy 提到，运用其他推广环节，与明星宣传广告整体配合，才能让整个品牌推广活动更行之有效。她引用了标准产品有限公司近期的得意之作——为 OLAY 新一系列的护肤品进行香港专柜陈列策划的例子。当接手该项目时，她已经了解到 OLAY 以著名影星张曼玉作为最新系列产品的代言人，是希望发挥她时尚独特的气质以提升品牌的定位，将这个护肤品牌推上中高端路线。因此，在陈列设计方面，也必须讲求策略，既要达到为该新品牌定位，又要以最少资源引起消费者对新产品的关注。

那么如何才能最大限度发挥明星之势让人对新产品予以关注呢？

首先，选用的陈列架必须与海报的格调一致；另外，要很有技巧地确保陈列设计不喧宾夺主，在突出明星形象之余，更重要的是凸显新产品的特性。为此，他们特意设计了一个弧形发光的开放式陈列架，陈列架背面装上光管，即使在光线非常充足的护肤品销售区也异常耀眼，务求能让消费者一进入护肤品区就立刻被巨型海报中张曼玉的独特气质所吸引，又由于 OLAY 的新品货架就在海报旁边，爱美的女士将很快产生想去看个究竟的冲动！

当成功吸引顾客来到货架之后，如何令消费者萌生购买的欲望又大有学问。她在设计时，特意考虑到消费者购物时的习惯性视点，利用四种颜色货架颜色衬托四个系列的新产品，以不同颜色产品去刺激顾客视点，并且突破传统的横向陈列，实行同系列产品垂直陈列，扩大了消费者关注范围，使其产生强烈的好奇感，从而愿意驻足在货架前，考虑和试用更多的货品。整个货架的陈列设计都是针对消费者的视觉习惯和文化品位去寻找突破口，所以大大刺激了顾客的购买欲。运用该陈列设计后，市场反馈热烈。这两年，OLAY 系列产品在香港屈臣氏的销售量一直稳居第一的宝座。

因此，Mandy 认为，一个成功的陈列设计不是仅仅停留在漂亮包装的层面，更重要的是能够提升整体品牌形象，从而为客户提高销售额，创造实质价值。

**2. 陈列设计，立体提升产品形象**

Mandy 最后还强调，陈列设计不是把货品往货架上摆放那么简单，要考虑的细节还有很多。例如，陈列架的设计，它是直接衬托产品形象的，陈列摆放的风格和陈列货架的颜色运用，更会影响消费者的视觉感受，从而激发消费者的购买欲。

资料来源：超市 168——商品管理

**要求：**

1. 总结提炼 OLAY 系列产品运用了哪些商品陈列的方法和原则？

2. 从上述材料中，从商品陈列设计师 Mandy 关于商品陈列的论述中可以得出有关门店商品陈列的哪些启示？

 **相关知识**

连锁企业门店的商品陈列要讲究陈列的基本方法和运用陈列的技巧，如果方法得当、技巧运用讲究，就能使所陈列的商品富有表现力，展示出商品的魅力，达到吸引顾客的最佳

效果。

## 一、连锁企业门店商品陈列的方法

连锁企业门店的商品陈列因其所属的业态不同，主要分为封闭式陈列和开放式陈列两种类型。封闭式陈列是利用柜台的柜面和柜内陈列商品，开放式陈列是指在货架上或类似货架的陈列器具上开架陈列商品。连锁企业门店以开架式陈列为主，按照商品陈列的具体形式，可以将商品陈列分为以下几种方法。

### （一）货架陈列法

货架陈列法是连锁企业门店开架式陈列的最基本方法，这种方法是将商品陈列在固定好的货架上，货架按高低从上至下分为四个段位。这四个段位包括黄金陈列段、上段、中段和下段。四个段位陈列的商品应根据陈列的要求加以设定。

下面以高度为 220 厘米的货架为例，将商品的陈列段位作 4 个区分，并对每一个段位上应陈列什么样的商品作一个设定。

（1）上段。上段即货架的最上层，高度在 180～220 厘米，该段位通常陈列一些连锁超市推荐的或有意培养的商品，该商品销售一定时间后可移至下一层即黄金陈列段。

（2）黄金陈列段。黄金陈列段的高度一般在 160～180 厘米，它是货架的第二层，是人眼最易看到、手最易拿取商品的陈列位置，所以是最佳陈列位置。此位置一般用来陈列高利润商品、自有品牌商品、独家代理或经销的商品，最忌讳陈列无毛利或低毛利的商品。

（3）中段。货架的第三层是中段，其高度为 60～160 厘米。此位置一般用来陈列一些低利润商品或为了保证齐全性的商品，以及因顾客的需要而门店不得不卖的商品。同时，该位置也可陈列原来放在上段和黄金陈列段上的已进入商品衰退期的商品。

（4）下段。货架的最下层为下段，高度一般在离地 10～60 厘米。这个位置不太明显，容易被顾客所忽视，因而通常陈列一些体积较大、重量较重、易碎、毛利较低，但周转相对较快的商品，也可陈列一些消费者已认定品牌的商品或消费弹性低的商品。

### （二）分类陈列法

在连锁商店内，出售的商品种类很多，而每种商品的占地面积又不是很大，这时就要进行分类陈列。因为商品的种类繁多，所以分类一定要明确，可以按照消费者购买习惯、细分市场甚至商品的色别、款式等进行划分，其主要目的是使商品陈列一目了然，方便顾客选择，不断促进商品销售。

在分类陈列时，不可能把商品的所有品种都陈列出来，这时应把适合本店消费层次和消费特点的主要商品品种陈列在卖场的主要位置，或者将有一定代表性的商品陈列出来，而其他的品种可陈列在卖场位置相对差一些的货架上。出售时可根据具体情况向顾客推荐。例如：出售女性羊毛内衣，可以从一般常见的小规格到较大规格依次分类陈列，但当颜色或式样不能全部顾及时，则可以对每一规格都以不同颜色或式样出样陈列。这样不仅体现每个规格均有货，而且展示出商品的色彩与款式的多样性，激起顾客的购买欲望。

### （三）集中陈列法

集中陈列法是把同一种商品集中陈列于卖场的同一个地方，最适合周转快的商品陈列，是连锁超级市场商品陈列中最常用和使用范围最广的方法。使用好集中陈列法，以下几点要特别引起注意。

#### 1. 商品按纵向原则陈列

在实施集中陈列时应按纵向原则陈列，纵向陈列要比横向陈列效果好。如果是横向陈列，顾客要全部看清楚一个货架或一组货架上的各商品集团，就必须要在陈列架前往返好几次，一次通过的话必然会将某些商品看漏掉了；而如果是纵向陈列的话，顾客就会在一次性通过时，同时看清各集团的商品，这样就会起到好的销售效果。根据美国的一家超市调查表明，若将横向陈列改为纵向陈列，销售额可提高 42% 左右。

#### 2. 明确商品的轮廓

相邻商品之间的轮廓不明确，顾客在选购商品时就难以判断具体商品的位置，从而给挑选带来障碍。排除这种障碍，除了在商品陈列上可以把各商品群区分出来之外，对一些造型、包装、色彩相似的不同商品群，可采用在不同商品群货架上粘上不同颜色的不干胶纸，通过色彩跳跃帮助顾客区分不同的商品，或者采取按商品颜色的色差进行陈列的方法。

#### 3. 注意促销商品的配置布局与商品的陈列

一般大卖场促销比小超级市场容易得多，原因在于大卖场的空间大，促销商品的配置、布局和陈列容易调整；而小超级市场的空间小，连堆头也没法做。但是，如果小超级市场能够灵活、充分地利用价格标签的颜色和店头广告，创造出良好的购物氛围，那么也能够做好促销活动。例如：北京的某便利店，在过年期间，将许多红色的小气球布置成多个非常美观的结构，给卖场增添了喜庆、欢快的购物氛围。又如：武汉的家乐福超级市场在开业前装修时，特意将场地中原有的精美、气派的大理石装饰全部拆掉，改成普通的瓷砖。其原因何在？造气氛！原来的大理石装饰会令消费者产生商品价格昂贵的想法，不利于吸引人流；而改装后的瓷砖，会令消费者觉得朴实、自然、亲近、价格便宜，因而有利于吸引顾客进门。上门的消费者多了，销售额和利润额自然就有了上升的基础。

#### 4. 集中陈列法要给周转快的商品安排好的位置

对于周转快的商品或商品集团，要给予好的陈列位置，这是一种极其有效的促进连锁超市门店销售额提高的手段。

### （四）主题陈列法

主题陈列也称展示陈列，即在商品陈列时借助商店的展示橱窗或卖场内的特别展示区，运用各种艺术手法、宣传手段及陈列器具，配备适当的且有效果的照明、色彩或声响，来突出某一重点商品。运用主题陈列法大量推销某种商品，基本上是所有连锁企业各门店同时进行的举措，这对于提高连锁企业的信誉、扩大整个连锁企业知名度是很有意义的。

### （五）季节性陈列法

在季节变换时，连锁商店应相应地按照季节变换随时调整一批商品的陈列布局。季节商品陈列是永远走在季节变换前面的。季节商品陈列关键就是强调一个"季节性"，要随着季节的变化而提早调整、及时更换。陈列场所要与周围出售商品的部位、环境相协调，陈列的背景、色调要与陈列商品相一致。值得注意的是，对于处于同一性质商圈的各连锁门店应该保持其季节陈列的基本一致。而对于分布于不同地区商圈，甚至跨国界的连锁企业门店，在同一时期，各门店所处的地区或国家可能正处于不同的季节气候，因而其消费的典型商品也有所差异，这时就不能盲目地追求连锁经营的统一性，应该结合各地区的实际情况作出合理的选择和相应的调整。

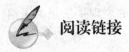 阅读链接

## 橱窗陈列的季节性变化

在尚未花开的早春时节，商店应走在季节变化的前头，及时将适合春季销售的商品，如时装、鞋帽等早早摆上柜台。陈列春季商品时，可以以绿色为主调，透出一股春天的气息。

夏天商品陈列时应注意如下事项：一般提前在四五月份将夏季商品摆出来；夏季气候炎热，陈列商品的背景可以蓝、紫、白等冷色调为主；商品陈列要考虑通风，最好将商品挂起来；商品陈列的位置可以向外发展，在门厅或前门橱较适宜。

秋季商品应该在9月份开始陈列，秋天天高气爽，是收获的季节，商品陈列应以秋天的色调、景物作为背景，衬托出商品的用途。

冬天天寒地冻，商店布置要使顾客感到温暖，背景最好要以暖色调的红色、粉色、黄色为主，突出应季商品的特色。

资料来源：葛春凤. 连锁企业门店开发与营运管理. 北京：中国财政经济出版社，2008.

### （六）综合配套陈列法

综合配套陈列也称视觉化的商品展示。近年来，由于消费者生活水准的日益提高，消费者的消费习惯也不断改变。为了能和消费者的生活结合在一起，并引导消费者提高生活质量，连锁店应在商品收集和商品陈列表现上运用综合配套陈列法，即强调销售场所是顾客生活的一部分，商品展示的内容能符合顾客的生活形态。

在展开视觉化的商品展示时，首先要确立顾客的某一生活形态，再进行商品的收集和搭配，最终在卖场上以视觉的表现来塑造商品的整体魅力。例如：一个经营厨房用品的商店，如果只讲求品质优良、货品齐全的话，其营业状态是很难有所发展的。如果从另一个角度，把店面设计成一个厨房，然后把厨房内部有关器具从餐巾、餐桌到餐具、刀具等一系列厨房

用品，配合颜色、大小、形状加以组合摆设，使顾客透过这种特殊陈列，产生也能够拥有像店中所设计展示出来的生活气派的想法，就很可能从原来的决定购买部分商品到冲动性地踏进店里把所有综合配套陈列的商品全部买下。一般来说，综合配套陈列的这类商品最好形成单独的货位，这样更能发挥视觉化商品展示的促销效果。

### （七）随机陈列法

随机陈列法是指将商品随意地摆放在固定货架上，不用讲求陈列造型与图案的方法。这主要是用来陈列特价商品的方法，给顾客留下随机品就是便宜品的印象，从而诱使顾客产生购买冲动。常见的随机陈列法的陈列用具主要有四角形和圆形的网状容器或带有凹槽的货架。随机陈列法是将商品随机堆积的方法，给人一种仿佛是将商品陈列于筐中的感觉。与整齐陈列法所不同的是，该陈列方法只要在确定的货架上随意地将商品堆积上去即可。随机陈列法所占的陈列作业时间很少，这种方法主要是陈列"特价商品"，它的表现手法是为了给顾客一种"特卖品就是便宜品"的印象。

### （八）端头陈列法

端头是指双面的中央陈列架的两端，即卖场第三磁石点位置。中央陈列架的两端是顾客通过流量最大、往返频率最高的地方，从视角上说，顾客可以从三个方向看见陈列在这一位置的商品。同时端架还能起到接力棒的作用，吸引和引导顾客按店铺设计安排不停地向前走。引导、提示、诉求可以说是其主要功能。因此，端头是商品陈列的黄金地段，是能吸引顾客注意力的重要场所，所以端头陈列的商品通常是高利润商品、推荐品、特价品、新产品或全国性品牌商品。

端头陈列的可以是单一商品也可以是几种商品的组合。由于中央陈列架是非常引人注目的主要场所，如果将几种商品组合陈列是能够将更多顾客的注意力吸引过来的。端头陈列质量的优劣，是关系到连锁店形象的一个主要方面。在美国曾进行过一项调查的资料显示，将单一的商品陈列改为复合商品组合陈列，销售额就会有很大的提高。尽管销售额的提高会因商品的不同而有差异，但销售额在任何情况下都会有相当大的增加。这个调查资料还显示，可以将同一个商品在不同的中央陈列架内进行组合陈列，也就是说同一个商品可以在不同的货架上重复出现，但这种重复陈列必须要将有关联的商品组合陈列在一起。例如：我们做一个"火锅专集"，可以把火锅调料、粉丝、粉条、火锅用具、火锅锅底等相关联商品进行组合陈列，同时在端架陈列时，可以选其中一个品项作为价格诉求的牺牲品，进行大幅度降价，而其他品项不作调整，否则这种陈列对利润就毫无贡献了。

以上介绍了多种在连锁企业门店中经常采用的商品陈列的方法。当然，商品在什么位置应该怎样进行合理的陈列，要因地制宜、因势利导，不能墨守成规、因循守旧，要灵活运用，使商品陈列达到良好的促进商品销售的效果。

## 二、连锁门店商品陈列的技巧

连锁企业门店商品陈列是一项创意性较强的技术工作。因此，对于卖场作业人员而言，商品陈列技巧的运用尤为重要。

在商品陈列的过程中，影响展示的两个要素是产品本身和销售人员给客户的感觉及展示技巧。展示过程是顾客了解与体验商品的价值的过程，也是销售人员诉求产品价值的最好时机，有什么能比客户亲自操作产品有更直接的感受呢？把顾客带至商品前，通过实物的观看、操作，让客户充分地了解产品的外观、操作的方法、具有的功能以及给客户带来的利益，以达成销售的目的。

**1. 大陈列**

大陈列又称为堆箱陈列或山积陈列，在卖场辟出一个空间或将端架拆除，将单一商品或2～3品项的商品作量化陈列，称之为大陈列。

进行大陈列的诉求有几种：价格诉求；季节性诉求；节庆诉求；新上市的诉求；媒体大量宣传。

**2. 关联陈列**

关联陈列，即把不同分类，但有互补作用的商品陈列在一起，使顾客在买A品时也会顺便购买B品，例如，我们常见超市农产部门的沙拉材料（芹菜、莴苣、红萝卜）旁常会陈列沙拉酱，在畜产部门的牛排旁，常会陈列牛排酱，这些皆是典型关联陈列的例子，关联陈列可以促进卖场活性，也可以使顾客的平均购买点数增加，确实是一个好的陈列技巧。

**3. 比较性陈列**

比较性陈列是把相同商品，依不同规格，或不同数量予以分类，然后陈列在一起，供顾客选购，这种陈列方式叫做比较性陈列。举例说明，如果一罐易拉罐咖啡卖20元，而6罐包在一起只卖100元，我们把单包装及6罐装咖啡陈列在一起，就可以比较出6罐装咖啡比较便宜，而刺激顾客买6罐装商品，但要注意我们行销的目的在于卖6罐装，所以陈列量上6罐装的数量要比较多，而单罐装数量应比较少；一般而言，比较性陈列都必须经过价格、包装、人数的良好规划，才能达到最大效果。陈列，不但可发挥集客力，也可提高营业额，获得良好利润，但须加以研究，妥善运用才能发挥功效。因此要经营好超市卖场，势必得妥善地应用陈列技巧，才能创造利润，成为一家经营良好的门店。

 **阅读链接**

## 美丽陈列激发购买欲望

许多人认为陈列就是布置橱窗、给人模穿穿衣服，这是对陈列的片面理解。陈列涵盖了营销学、心理学、视觉艺术等多门学科知识，是一门综合性的学科，也是终端卖场最有效的营销手段之一。通过对产品、橱窗、货架、模特、灯光、音乐、POP海报、通道的科学规划，达到促进产品销售、提升品牌形象的目的。一个优秀的陈列师除了具有扎实的基础知识外，还要对品牌的风格、顾客的购买心理、产品的销售有一定的研究。近年国内的营销界也把商品陈列称为"视觉营销"，足见陈列在营销中的地位。

陈列是营销终端中重要的一环，但它必须要和其他环节一起互动，形成一个完整的终端营销系统，才能起到真正的作用。下面以服装卖场为例介绍一下卖场陈列的三个层次。

（1）整洁、规范。卖场中首先要保持整洁，场地干净、清洁，服装货架无灰尘，货物堆放、挂装平整，灯光明亮。假如连这点都做不到，就无法去开展其他陈列工作了。规范就是卖场区域划分，货架的尺寸，服装的展示、折叠、出样，要做到能按照各品牌或常规的标准统一执行。

（2）合理、和谐。卖场的通道规划要科学合理，货架及其他道具的摆放要符合顾客的购物习惯及人体工程学，服装的分区划分要和品牌的推广和营销策略相符合。同时还要做到服装排列有节奏感，色彩协调，店内店外的整体风格要统一协调。

（3）时尚、风格。在现代社会里，服装是时尚产物，不管是时装还是家居服，无一不打上时尚的烙印，店铺的陈列也不例外。卖场中的陈列要有时尚感，让顾客从店铺陈列中清晰地了解主推产品、主推色，获取时尚信息。另外，店铺的陈列要逐渐形成一种独特的品牌文化，使整个卖场从橱窗的设计、服装的摆放、陈列的风格上都具有自己的品牌风格，富有个性。

资料来源：http://www.chaoshi168.com

 案例**分析** ➤➤

# 百事可乐卓有成效的生动化陈列

百事可乐公司自1898年诞生，至今已有100多年的历史。但它的销量依然在增加，而且在饮料品牌众多的情况下，消费者仍然选购百事可乐，这靠的是产品的质量和形象的质量。对于百事可乐的产品质量，大家有目共睹；而形象质量，就是通过市场生动化将产品最好的形象展示给消费者。在百事可乐公司的市场策略中，有效的生动化是其中最主要、最重要的部分之一。百事可乐公司强调，公司成功与否往往可以从市场上百事可乐产品的生动化工作的好坏中看出来。生动化的三个关键因素如下。

**1. 货架展示**

货架展示要考虑四个方面的内容：位置、外观、价格牌、产品的次序和比例。

（1）位置。百事可乐强调产品要摆放在消费者流量最大、最先见到的位置上。为此，业务员要根据商店的布局及货架的布置，根据人流规律，选择展示百事可乐产品的最佳位置。例如，商品要放在消费者一进商店就能看见的地方、收银台旁边等，这些地方可见度大，销售机会多。

（2）外观。货架及其上边的产品应清洁、干净。

（3）价格牌。所有陈列产品均要有价格标示，所有产品在不同的陈列设备中的价格均需一致。

（4）产品次序和比例。陈列在货架上的产品应严格按照百事可乐的次序排列，同时百事可乐品牌的产品应至少占50%的排面。产品在货架上应伸手可得。包装相同的产品必须位于同层货架上，同时要平行；包装轻的放上面，重的放下面。要注意上下货架不同包装的品牌对应，如上层是易拉罐的百事可乐，则下层的对应陈列就是塑料瓶的百事可乐。这就是所谓的品牌垂直陈列。

**2. 广告**

售点广告能提高售点的形象，把客户引进售点，同时还能增加百事可乐品牌展示的吸引力、可见度。生动化是围绕着产品在售点和卖点内进行的，此广告品必须张贴在售点和卖点内。总之，售点广告要做到：广告品必须位于商店的显眼地方，不可被其他物品遮盖；海报或商标贴纸必须与视线水平不应太高或太低；更换及拆除已褪色或附有旧的广告标语的广告物；不应同时出现两个新旧广告攻势的广告品；当促销活动结束时，必须将广告品换掉。

**3. 陈列**

陈列就是把一些商品有规律地集中展示给顾客，达到陈列产品生动化的目标；占据更多的陈列空间；尽可能地增加货架上的陈列产品数量。应在售点多处展示百事可乐的产品。顾客能在越多的地方见到百事可乐的产品，他购买的机会就越多。

（1）陈列位置。百事可乐的产品应陈列在消费者容易看得到的最好位置。

（2）陈列方式。百事可乐产品应集中陈列，同一品牌垂直陈列，同一包装水平陈列。维持每一品牌、每一包装至少两个以上的陈列排面，以方便补货及增加产品循环。如有价格促销时必须使用"特别价格标示"，内容应包括："原价格"、"新价格"、"节省差价"及"品牌包装"等信息。

概括来说，实施生动化要做到：

（1）产品必须陈列在消费者刚进店时所能看得到的最佳位置；

（2）所有产品必须除去外包装后陈列；

（3）每一品牌/包装至少要占有两个排面；

（4）每次给客户展示时必须移开损坏或过期的商品；

（5）所有陈列的产品必须有清楚的价格提示；

（6）保持产品陈列、冷饮设备及展示工具整洁；

（7）产品必须集中陈列，同一品牌垂直陈列，同一包装水平陈列。

资料来源：王吉方. 连锁经营管理理论与实务案例. 北京：首都经济贸易大学出版社，2007.

**思考问题：**

1. 百事可乐公司对所经营的商品进行生动化陈列运用了商品陈列的哪些方法？

2. 在实施生动化陈列时，体现了哪些商品陈列的原则？

**技能训练**

一、思考题

1. 什么是商品的分类陈列法？

2. 什么是商品的展示陈列法？

3. 特殊陈列法是在商品基本陈列方法的基础上所作的补充，其主要方法有哪些？

二、能力训练

1. 四人一组，实地考察一家著名的连锁专卖店（如李宁、耐克、苏宁、国美），观察其主要采用的商品陈列的方法有哪些。

2. 以 5 人为一组，对某一连锁综合超市进行详细考察，然后分析其洗发水商品陈列现状及存在的问题，提出自己的陈列设计改进方案。

# 任务 4　生鲜商品陈列方法

超市生鲜商品是吸引顾客的关键。与超市中经营的其他商品相比，生鲜食品具有周转快、销售量大等特征，同时具有与其他商品不同的特殊属性：保鲜和加工。做好生鲜商品陈列不仅可以凸显商品本身的特点，吸引顾客注意，还可以提升门店的形象和声誉。

### 资料：蔬果类商品销售的特征

蔬果在整个生鲜部是一个极其重要的部门，蔬果部所经营的蔬菜、水果、五谷杂粮，都是人们每日必须购买的食品，因此蔬果的质量和价格成为生鲜部门商品的质量价格最敏感的温度计。商业上有句名言：蔬果带动肉类、海鲜，肉类、海鲜带动面包和熟食。可见蔬果部门在整个生鲜部的龙头作用和形象作用。

蔬果部门的主要营运目标是以高质量、低价位的商品吸引客流，带动消费，创造高的营业额。围绕这一目标，蔬果的营运风格是"短、平、快"。

"短"即周转周期短，周转得越快，商品就越新鲜。

"平"就是价格低廉，并经常有轰动性的低价出现，极大地刺激销售，强烈地建立平价形象。如山竹原价 45.60 元/千克，一下子降到 27.6 元/千克，其轰动的效果是从每天 40 千克销量激增到每天 600 千克。

"快"就是反应要迅速，订货随季节、天气、进价而变化；商品质量发生变化，处理的措施要快速。蔬果不能等，它们的生命周期短，等待的结局只能是损耗。蔬果部门营运要关注的环节很多，营运的重点有三，即鲜度质量管理、库存周转、价格竞争，突出重点的细致管理，对提高业绩、减少损耗、维持高水平的质量是重中之重。

资料来源：http：//www.86db.com

**要求：**
1. 对材料中"蔬果部门在整个生鲜部的龙头作用和形象作用"，你怎样理解？
2. 由点及面，思考生鲜类商品销售的特点并加以总结。

 **相关知识**

## 一、生鲜区陈列的标准

### 1. 新鲜感

产品质感：通过陈列要表现出刚出炉的产品、刚采摘的果菜、鲜活的水产的鲜度。

这要求陈列按照生鲜品不同的特性，通过分类保存陈列达到很高的质量表现，在鲜度巡检和陈列整理时，要求员工工作达标。

陈列创新：生鲜产品季节性很强，四季变化生动。

### 2. 量感、有序

商品的品种齐全、数量充足。有时商品陈列位的大小可根据商品销量规律安排，但不管陈列位大与小，每种商品在陈列位上都需要充足丰满；有序是指商品分类清晰，布局的关联性较强，商品陈列容易看见、容易拿到、方便挑选，管理上是有序的。

### 3. 卫生感

食品卫生让顾客有可靠感觉，也反映生鲜区的管理水平。

### 4. 先进先出

出于防损考虑，必须进行商品有效期管理，但工作量比较大。生鲜经营的一个突出特点就是标准化问题。生鲜区管理重点就是进货、库存、加工、销售的标准化，陈列标准只是标准化工作中的一部分。超市管理在国外已达到相当高的标准化程度，这是大规模连锁经营和特许加盟等市场拓展的需要，但把高水平的超市标准引入生鲜区经营管理，从长远来说，方向正确但难度非常大。

## 二、蔬果类商品陈列

蔬菜、果品简称为蔬果，又称果菜、青果，该部门是超市中最重要的吸引顾客的部门，关系着现代超市经营是否成功。通常，蔬果部门的营业额约占超市整体营业额的8%～20%，蔬果的品种一般在50～100种之间，随季节而变化。顾客可从中挑选购买自己所喜好的品种。蔬果的质量关系到消费者的身体健康，所以蔬果陈列要注意新鲜和干净。

### （一）蔬果品的陈列方式

连锁企业门店中蔬果的陈列主要有排列、置放、堆积、交叠、装饰五种基本方式。

（1）排列法。将商品有规则地组合在一起称为排列。排列法是指将蔬果有顺序地并排放置在一起，重点是将边面和前面排列整齐，蔬果的根茎分别对齐，使其根齐叶顺，给人留下美观的印象。

（2）置放法。置放是指将商品散开放置在箱子或笼子等容器中，容器一般是敞口的。由于容器四个侧面和底部有隔板，商品不会散落或杂乱，只要将上面一层的商品摆放整齐就可以了。

（3）堆积法。堆积是将商品由下往上顺序堆砌，底层的商品数量较多，顶层的商品数量较少。堆积商品既稳妥又有立体感，以体现出商品纯正的自然色。堆积时，要注意前面和边面要保持一定的幅度。

（4）交叠法。交叠是指将大小不一、形状各异的商品进行交错排列或将这些商品放入包装过的袋子里组合起来等。交叠的目的就是为了美观，使商品看起来整齐一些。

（5）装饰法。装饰是指将一些商品放在另一些商品上，起陪衬的作用。装饰的情形有两种：装饰的商品身兼销售与装饰的双重作用；装饰的商品仅起装饰的作用，真正要销售的商品则摆放在别处。装饰的目的就是为了产生良好的视觉效果，商品显得更为新鲜、更为整齐，以起到促销的作用。例如，用荷兰芹或叶子镶嵌在商品的缝隙中，用假枝装饰水果，用小树枝装饰荔枝等。

### （二）蔬果类商品陈列的基本要求

（1）整齐、美观、大方，货架在销售高峰时要保持丰满；

（2）标价签、价格牌的内容要时刻与商品保持一一对应；

（3）同种商品尽量避免多处陈列，只有在做特价促销时才能多处陈列，并必须保证与标价签、价格牌一一对应；

（4）同一大类商品必须归类、相邻陈列，进行颜色搭配；

（5）特价促销商品必须有 POP、特价标识，位置突出、堆头陈列、试吃；

（6）破损、变质、腐烂、过期的商品必须及时撤离货架；

（7）在人流较少时可以减少商品的陈列面与陈列量；

（8）高档、易损耗且销量不大的商品可采取"假底"陈列；

（9）打包商品要求保鲜碟规格统一，标价签统一贴于保鲜碟横向右上角处；

（10）必须严格遵循"先进先出"原则。

## 三、水产品陈列技巧与方法

### （一）分类集中陈列

水产品品种丰富、用途广泛。在做水产品陈列时，首先应对水产品进行分类；在分类的基础上，对每一类商品进行集中陈列。

（1）分类。在连锁企业门店的处理中心或后场经过处理包装的水产品，可分为淡水鱼、海水鱼、虾贝类、水产干货四大类；按肉色来区分，可分为白色肉鱼、红色肉鱼两大类；按其表面形态可分为四大类，即鲜活水产品、冰鲜水产品、冷冻水产品、水产干货。

（2）集中。通常，水产品一般采用系统化的集中陈列法，可采用完整水产品集中陈列或切割成段、块、片状进行集中陈列两种方法。例如，全鱼一般采用完整集中陈列法。中国人相信，鱼头朝内象征钱财滚滚而进，因此全鱼陈列的方向应考虑到习惯和美观，以鱼头朝内、鱼尾朝出口、鱼腹朝边、鱼背朝里的方向陈列。有些水产品体积较大，必须进行切割，分段、块、片来陈列，一是便于销售；二是便于保存陈列。一般用塑料袋包装后陈列于冰柜中，或用深底托盘放置冰块，陈列于平台上；有些则从下至上摆出层次感。

**（二）不同水产品采用不同的陈列手段**

（1）鲜活水产品的陈列技术。活鱼活虾等用无色的玻璃水箱陈列。水中游弋的鱼虾能展示出商品的活泼感和新鲜感，受消费者喜爱。

（2）冰鲜水产品的陈列技术。冰鲜水产品的特征是出水时间较短、新鲜度高，一般用木板或白色托盘陈列；陈列时鱼头朝里，鱼肚朝下，鱼尾朝外，周围撒上冰块，覆盖部分不超过鱼身长的1/2，以求达到次序感和新鲜感。

（3）冷冻水产品的陈列技术。冷冻水产品多采用集中陈列法供消费者选购，一般陈列在敞口的连续制冷的冰柜内，商品多用塑料袋包装，但从外透过包装必须能看到产品的实体。有的商品如冷冻排虾、冻鱼等用小塑料托盘封塑后进行冷冻陈列，以便于消费者少量选购。

（4）水产干货的陈列技术。水产干货多用平台陈列，有些则用标准货架陈列，如干贝类、壳类等。

**知识拓展**

## 水果超市商品陈列的基本原则

良好的商品陈列不仅可以突出商品的特点，增强商品的吸引力，美化卖场的整体布局，而且还可以传播一定的商品信息，加速商品流通，促进商品销售，协助提升品牌。那么，如何有效陈列水果才能在瞬间吸引顾客的注意呢？

首先，遵循商品陈列的四项基本原则。

**1. 整洁有序**

水果超市对经营的水果、展示的样品及陈列用的道具、展台、货架等设施，都应实行动态管理，使商品陈列达到整齐、清洁、有序的要求。

整齐，即要求导购人员在摆放商品时要按商品的大类、分类、细类及等级、价格、颜色等方面的特征，分门别类地陈列摆放，使之一目了然。

清洁，即要求店员在商品摆放整齐的基础上，对商品勤加整理，保持商品的清洁。如陈列品、装饰品、宣传品等要随时保洁，定期更换；脏、烂样品要及时撤换更新并重新分类，使商品陈列处于整洁、完好的状态。

有序，即要求在一定时期内固定商品的摆放货位，并随季节、需求量等的变化适当调整；陈列水果的说明、标牌、价签、POP等均应面向顾客。

### 2. 充足丰满

水果超市的陈列要尽可能将同一类商品中不同规格、等级、颜色的品种都展示出来，扩大顾客的选择范围，同时也给顾客留下水果超市商品丰富的好印象。目的是通过丰富水果的品种来招徕顾客，吸引顾客，刺激顾客的购买欲望。

（1）赏心悦目。水果超市摆放商品时，要力求格调一致，色彩搭配合理，给人赏心悦目之感；摆放的方式要尽可能分类摆放或适度穿插排列，在不影响美观的前提下，将滞销的水果摆放在旺销的水果附近，以利于销售。

比如，夏季西瓜是最畅销的产品，相比西瓜，那些价格较高、相对冷门的水果销售就不理想，比如杏子之类。这时，就可以通过陈列加引导的方式来人为地提升杏子的销量。我们可以在大面积的西瓜当中留出一定面积的柜台堆放杏子，搭上一个标牌，上面写上"夏季水果西瓜的最好搭档"。店员也很好解释，西瓜解渴又防暑，但维生素等营养成分的含量却很少，而杏子是水果中维生素含量较高的一种，每天一个就能有效补充人体所需的维生素等营养，专家也建议夏天不能光图痛快，只吃西瓜。用这种方法启动杏子的销售将会立竿见影。

（2）主题陈列。依据主题陈列，即在卖场内创造出一个场景，表现一定的主题和内涵，使顾客产生一种新奇、与众不同的感觉，不知不觉中对号入座，让消费者更愿意欣赏和自由选择，让水果超市更具生命力。主题的具体划分可根据场地、环境、季节等实际情况而定。

### 3. 使用灯光、色彩和音响调节店堂气氛

水果超市环境中灯光、色彩、音响等因素是不可忽视的，它们不仅能够给顾客以美的享受，运用得好，还可以刺激顾客购买商品。

（1）灯光。灯光能够直接影响整个店堂的气氛，进入照明效果好与光线暗淡的水果超市，消费者会有两种截然不同的感受：前者明快、轻松；后者压抑、低沉。有的店面为了节省一点电费，而因小失大的情况时有发生。

（2）色彩。色彩可以对人们的心情产生影响和冲击，红色、黄色、橙色是暖色，给人一种温暖、热情、亲近的感觉。

（3）音响。音响可以为顾客营造轻松、愉快的购物环境，消除顾客和店员的疲劳感，使顾客在音乐的陪伴下挑选商品，产生强烈的购物欲望。同时也可以通过广播播放一些促销信息和新品介绍。

### 4. 用心掌握陈列方法

1）醒目陈列方法

醒目，就是要便于顾客看到商品。因此，它是商品陈列的第一要求，在商品陈列中要注意以下几点。

（1）位置：人的视线的最佳醒目位置是与眼睛成直角的位置，从顾客的眼睛以下到胸部是最有效的高度，对这一黄金面积必须充分利用，防止空置浪费。

（2）量感：数量少而小的东西，不引人注目，必须使小商品和形状固定的商品成群陈列，集小为大以造成声势。有时可以利用视觉误差，造成产品丰盛的感觉，水果超市可在斜着置放的水果平柜后，放一块大镜子，使商品看起来琳琅满目。

（3）节奏：把经营的商品不分轻重缓急、主次强弱，全部平排出来，总体既不突出，也不可能醒目。因此，要挑选那些受顾客欢迎、市场热销、包装或造型优美的商品作为陈列重点，放到黄金位置，以吸引顾客，再在周围附带陈列那些有连带性的商品，以扩大顾客注目的视线范围。

2）图案陈列方法

图案陈列方法是充分利用商品的形状、特征、色彩进行摆布，注意适当的夸张和想像，形成消费者喜爱的图案，使顾客既看到有关商品的全貌，又受到艺术的感染力，产生美好的印象。比如，水果超市可以别出心裁地把一些高档水果摆成各种新颖独特、吸人眼球的图案来招揽顾客、销售产品。

陈列是个慢工细活，但对终端销售却起着举足轻重的作用，所以，水果超市如能深刻理解并熟练运用各种陈列的技巧和方法，对销售一定大有裨益。

资料来源：中华品牌管理网

案例分析

## 日本超级市场果蔬类商品管理

### 1. 生食青菜

近年来生食青菜受到日本消费者的喜爱，沙拉原料走俏，因此，日本的超级市场大多数都把生食青菜陈列在保鲜柜里，并提供沙拉食谱，促进销售。具体做法多种多样，例如：一是制成半成品或成品，包括一般沙拉、水果沙拉、鱼贝类沙拉等，务求多样化，满足各类需求；二是将沙拉用的青菜及混合沙拉搭配后推出；三是采取低价策略耐心地推销新产品，直至普及，亏损可暂由其他商品补贴；四是分装成适合个人食量的小包装，务求多样少量；五是印制沙拉广告传单，刺激购买欲望。

### 2. 叶菜类

叶菜类价低利薄，常被超级市场视为赔钱货，但顾客对其十分重视，因此必须适量经营并提供相应的食谱。在（店铺）管理上有如下方法：一是细心照顾叶菜，因为它们常是超级市场鲜度的标志；二是不要集中批量贩卖，而以扩大用量的方法进行促销策划；三是包装要适合用量，也有的采取散装。

### 3. 豆类

豆类菜品种多，烹调方法也多种多样，消费者接受程度较高，陈列位置应使顾客易于选择与购买。在管理上要注意以下几点：一是注意保鲜，进货时应尽快浸入冰水半小时至1小时，使其降温；二是依季节变化突出应季品种；三是用制成沙拉和其他促销方法增加销售；四是依用途进行陈列，并且要求有所变化。

### 4. 菌茸类

菌茸类可与各类品种配菜，具有独特鲜味，易被消费者偏爱。在管理上也有独特要求：一是注意介绍产地、烹饪方法和营养含量，提高顾客的购买欲望；二是保证品质优良、新鲜洁净；三是包装量要适当。

### 5. 根菜类

根菜类的烹调方法越来越多，主要品种如土豆、胡萝卜、葱头都有稳定的销路。相比来说，由于根菜外观形状易给人不新鲜的感觉，因此突出营养成分甚为重要。从管理方面说应注意以下几点：一是根菜易长时间储藏，顾客一次购买量较大，应根据其用途进行陈列；二是切忌将根菜堆放，应利用各种菜的色彩，搭配摆放，吸引顾客购买，也可分成小包装售卖。

资料来源：中华零售网

**思考问题：**

1. 根据以上材料，分析日本超市果菜类商品陈列有哪些值得学习之处。
2. 总结材料，生鲜类商品陈列时有哪些需要特殊注意的地方？

## 技能训练

### 一、思考题

1. 生鲜商品分为哪些种类？
2. 蔬果类商品应该运用什么样的方法在卖场中陈列？
3. 水产品类商品在陈列时应注意哪些问题？

### 二、能力训练

1. 以走访考察的形式，去当地的连锁超市调研生鲜类商品的陈列情况，列出主要的陈列方法。

2. 根据生鲜类商品的销售特征，分小组讨论在日常的门店营运中加快生鲜类商品的销售和流转，并以报告的形式由小组代表在课堂上汇报。

## 任务5 商品陈列的维护

商品陈列上架并不代表商品陈列工作的完成，连锁门店中的商品管理人员还必须对商品进行有效的管理控制与维护，以使商品时刻以一种"崭新"的面貌呈现在顾客面前。对商品进行有效的陈列维护作业这是门店商品管理的一项基本工作和长期工作，是连锁企业门店标准化、规范化经营的基础和前提。

### 资料：商品陈列检验与评估的内容

为了确保陈列有效，应对商品陈列情况进行检验与评估，以保证商品时刻保持良好的陈列状态。商品陈列检验与评估应考虑以下因素。

（1）陈列位置是否位于热卖点？

（2）该陈列是否在此店中占有优势？

（3）陈列位置的大小、规模是否合适？

（4）是否有清楚、简单的销售信息？

（5）价格折扣是否突出、醒目并便于阅读？

（6）产品是否便于拿取？

（7）陈列是否稳固？

（8）是否便于迅速补货？

（9）陈列的产品是否干净、整洁？

（10）零售商是否同意在一定的时期内保持陈列？

（11）是否妥善运用了陈列辅助器材？

**要求：**

1. 从上述材料可知，商品陈列的维护应该从哪些方面着手？

2. 作为一名超市理货员，系统思考和阐述如何进行商品陈列的维护工作，以使商品陈列达到其应有的效果。

在零售市场竞争日趋激烈的今天，科学化管理是连锁企业生存的必要条件，各个门店都应严格按照总部所要求的陈列规范与细则进行操作，以达到门店商品陈列的规范化和完善

化。商品陈列的维护通常要从以下几个方面来进行。

## 一、缺货控制

门店应注重缺货的控制。连锁企业门店的一些店长往往还没有认识到商品陈列维护的重要性，或在落实执行总部下达的商品配置表时忽略了一些细微工作，如订货不及时，造成门店缺货现象；没有严格按照商品配置表去陈列商品，擅自变动商品陈列位置，使得原本已有空缺的货架被其他商品所占据，而造成一段时间内忘记要货等较多人为原因所造成的商品缺货问题。由此可见，商品陈列的维护工作在门店进行得是否到位，直接反映了门店员工的工作态度。

### （一）缺货的概念

理论上，当某一商品的库存数为零时，即为缺货。但在实际营运中，缺货的含义包括许多：

(1) 货架上的商品只有几个或少量，不够当日的销售，为缺货；

(2) 服装、鞋类商品的某些颜色缺少或尺码断缺；

(3) 家电商品只有样机；

(4) 商品陈列在货架上，但商品外包装有瑕疵，所以顾客不会挑选；

(5) 商品系统库存不等于零，但实际库存为零；

(6) 广告彩页新商品未能到货；

(7) 商品的目前库存不能满足下一次到货前的销售，为潜在的缺货。

### （二）缺货的危害

(1) 缺货导致超市的销售业绩下降；

(2) 缺货导致顾客不能买到所需的商品，降低顾客服务的水平，不利于商场形象的维护；

(3) 缺货过多导致顾客不信任超市，甚至怀疑该公司的商品经营实力；

(4) 缺货导致货架空间的浪费。

### （三）缺货的原因

缺货的原因是多方面的，主要原因有以下几个。

(1) 订货不足或不准确；

(2) 系统中的库存不准确，导致门店的订单错误；

(3) 某些商品漏订货或某个供应商漏供货；

(4) 顾客的集中购买；

(5) 商品特价等因素导致商品热销；

(6) 供应商缺货不能提供等。

### （四）缺货的分析

对于整个部门或门店，用以下的几个指标来进行缺货分析和控制。

（1）缺货数量：缺货数量是指部门的缺货数量和门店的缺货数量，同时对商品大类的缺货进行统计、排名。

（2）缺货损失销售额：所有属于该部门的缺货商品销售损失金额的合计。

（3）缺货的比率：包括部门的比率、门店的比率和商品大类的比率。

（4）缺货超过 2 周以上的商品数量：缺货 2 周以上仍然没有解决的，按部门进行统计，包括品名、以往销量等。

（5）商场销售金额或数量排前 50 名的缺货情况：重点监管商品的缺货、缺货天数、缺货损失的金额。

（6）目前缺货且无未来订单的数量：对目前已经缺货但无未来订单的商品数量进行统计。

### （五）缺货的控制

（1）楼面管理层必须对所有正常商品的订货进行审核；

（2）楼面主管、经理必须对所有的缺货进行审核，确定是否是真正的缺货；

（3）查找缺货的原因；

（4）若重点商品缺货，对可以替代的类似商品补货充足或进行促销，以减少缺货带来的损失；

（5）对商品缺货立即采取措施，进行追货，对重点、主力商品要立即补进货源；

（6）所有缺货商品是否全部有缺货标签；

（7）所有处于缺货状态或准缺货状态的系统库存是否准确；

（8）处理缺货商品报告。

门店的商品缺货会使顾客的要求无法立即得到满足，而且还要花费更多的时间到别处购买，如果一个门店经常出现这种现象，顾客一定会大量流失，并导致营业额大幅下降。因此，门店店长在这方面还要加强对员工的专业培训，增强对商品陈列维护的认识，让他们真正了解实施商品陈列维护的重要性。

案例分析

## 谁为缺货与退货负责？

虽然怡乐公司的新品牌饮料在推出 2 个月后出货量获得了好成绩，但这只是短暂的快乐，随后的情况却越变越糟，缺货与退货的情况同时出现。怡乐公司的问题到底出在哪里？

短短 4 个月，怡乐的员工经历了一场大喜大悲的闹剧。

就在 6 月份，酷 V 饮料刚刚推出两个月，月出货量就达到了 40 万箱，这让怡乐上下无不欢欣鼓舞。可是到了 8 月底，产品库存量已达到 77.3 万箱，瓶装成品 6 万箱，累计达到 83.3 万箱。而库存的饮料专用瓶坯数量达到 2 251 万只（500 ml），折算为成品大约 150 万箱，折算金额则约为 1 210 万元，如果做成产品的话，那么金额高达 4 650 万元。

从天堂跌入地狱！怡乐曾经有过辉煌的过去，作为运动饮料的领头羊，在鼎盛时期曾是众多运动队的赞助者。然而，近年来，两大可乐进一步扩大和巩固自己的市场，茶饮料、果汁饮料不断引领市场潮流，怡乐自身在产品上又鲜有创新和市场运作的亮点，这使得怡乐与竞争对手相比渐显老态。

看到对手们在市场上掀起一个个热点，赚得盆钵盈满。董事们再也坐不住了，决定让现在的总裁下课。对于新任总裁的人选，他们很快确定了马克就是他们的不二人选。马克吸引他们的是其 10 年饮料企业品牌运作经验，这个是他们现在最急需的。

马克一上任就把重组营销体系作为首先要做的一件大事，任命了新的销售经理，并与咨询公司合作制定了新的销售运作模式。在重组的同时，马克也在精心酝酿一个大动作。在经过一系列周密的策划后，在马克进入怡乐一周年的时候，怡乐推出了一个全新的品牌——酷 V 饮料。

果然不负众望，酷 V 饮料一亮相就以其独特而前卫的定位、包装、广告语和大手笔的广告活动在市场上独领风骚。这从公共汽车上青少年的手中、批发商门前堆砌杂乱的装酷 V 饮料的箱子、零售店的货架上就能看出酷 V 饮料的风靡程度。这让马克和员工们都自信满满。

但是令马克始料不及的是，酷 V 饮料销量在 6 月份达到顶峰之后，却画出了落体抛物线，呈直线下滑之势。这几乎让马克和他的员工傻了眼。

退货缺货齐来！

酷 V 饮料市场需求大大超出了怡乐当前的产能规划，这导致其在一些区域市场，以及时尚消费地带、部分大专院校终端出现断货。

据某经销商反映，初次经销该饮料，销售十分火暴，但在第一批货销完后，第二批货迟迟没发过来，市场出现断流，导致消费者的消费热情减弱。而怡乐为了满足市场需求，进行紧急采购和运输，加班生产，结果产品口味出现偏酸偏苦等问题，影响了消费者的忠诚度和口碑。

而在看到市场异常火暴之后，包括马克在内的怡乐管理者自信心有些膨胀，准备在下一年度大干一场，采购部门为此采购了可以用一个季度的酷 V 饮料原材料。但与此形成强烈反差的是，酷 V 饮料在一些社区终端由于销货慢、出货少，竟遭到店主们无情的清退。

为何会出现缺货和退货并存的情况呢？到底哪里出了问题？

资料来源：http://portal.vsharing.com

**思考问题：**

1. 案例中为什么会出现"退货缺货齐来"这种情况？商品管理与控制方面维护暴露了哪些问题？

2. 进行小组探讨，分析怎样应对改进出现的这种状况。

## 二、排面量控制

卖场是商品"演出"的舞台，琳琅满目的商品是舞台中的"演员"，而门店的每一个理货员都是整场演出的导演，他们要通过商品陈列赋予商品生命力，让商品会说话。货架上商品的排面量是每种商品在货架上横向陈列的数量，此数量是根据商品的销售情况来确定的，单一商品的销售占总销售的百分比是与该商品陈列面占全店货架面积的百分比相符的。只有这样才能够使畅销商品更醒目地呈现在顾客面前，并能保证畅销品不断货，有效地避免畅销商品不断缺货、不断补货的弊病，而对滞销品又能有效控制库存，充分利用货架，提高坪效（每平方米货架创造的效益），为门店创造更大的利润。

## 三、陈列道具的控制

商品陈列的优劣决定着顾客对门店的第一印象，卖场的整体看上去整齐、美观是卖场陈列的基本思想。连锁企业总部所制定的商品配置表，往往能充分地将这些基本思想融入到货架、端头、平台等各种陈列用具的商品陈列中去。因而门店对于陈列道具的控制也尤为重要。擅自增减陈列器具，同样会造成销售损失。

## 四、POP 的控制

通过视觉提供给顾客的视觉信息是非常重要的。顾客主要从陈列的商品上获得信息，除了陈列的高度、位置和排列之外，广告牌、POP 等提供的信息也非常重要，它往往给顾客以非常直接的感受。比如：这是特价商品；这是新商品；现在是特别的日子；这是我需要的商品等。因此，连锁企业各个门店在接到总部下达的指令后，应及时将总部设计的 POP 展示出来，迅速地将各类信息传递给顾客。

## 五、销售时段的控制

销售时段的控制，即密切注意商品的销售动态，把握好商品补货的时间或商品的促销时间。在尽可能多的销售时段上，获得最大销售额。例如：美国时蒙玛公司以"无积压商品"而闻名，其秘诀之一就是对时装分时段定价。所谓分时段定价，是指从商品面市开始计算，按不同的销售时段规定出不同的售价，由高到低直到售完为止。它规定新时装上市 3 天为一轮，一套时装以定价卖出，每隔一轮按原价削 10%，以此类推，那么到 10 轮（1 个月）之后，蒙玛公司的时装价就削到了只剩 35% 左右的成本价了。这些剩下的时装，蒙玛公司就以成本价售出。因为时装上市才 1 个月，价格已跌了 2/3，谁还不来买？所以一卖即空。蒙玛公司最后结算时既获得了可观的利润，又没有积货的损失。

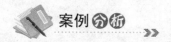

## 销售时段控制

　　某便利店，经过认真细致的市场调查后发现，到这个便利店来的80%是女顾客，男顾客多半是随女顾客而来的。而这些女顾客中，白天来的大部分是家庭主妇，而17：30以后来的大多数是刚下班的职员。针对这一情况，他们改变了原有商品陈列一成不变的方法，决定在陈列商品上要区别对待这些女顾客，根据不同的时间更换不同的商品，以便迎合这些女顾客的不同需求。

　　白天，这个便利店摆上家庭主妇关注的商品，比如：蔬菜、调味品与粮油制品，还有一些特价商品、促销商品；一过17：30就换上充满青春气息的商品，比如：烟酒、洗涤化妆品、生活日用品等，凡是年轻职员喜欢的商品应有尽有。这一经营方式收效很大，仅三年多，这家便利店的分店就达100多家。

　　而这家超市在季节变化时的商品陈列的变化也很明显：

　　春：以绿色为主调，透出一股春天的气息，可以以一些调理性和保健性的食品为主，展开促销；

　　夏：以蓝、紫、白等冷色调为主调；可以以饮料、冷饮等消费高峰期的食品，展开促销；

　　秋：以黄、红、深蓝等暖色调为主调，衬托出商品的用途；

　　冬：要以使顾客感到温暖的暖色调的红、粉、黄为主调，并以应季商品，展开促销。

资料来源：中国流通研究网

**思考问题：**
采用控制销售时段的陈列方法进行商品陈列的优势是什么？

## 超市店面商品陈列与维护原则

　　如何做好终端销售，是每一家超市的必修课，商品陈列作为做好终端的必要条件，它的重要性是不容忽视的。良好有效的商品陈列不仅可以方便、刺激顾客购买，而且可以提升超市的品牌形象。做好商品陈列与维护必须遵循一些基本原则，包括可获利性、陈列点、吸引力、方便性、价格、稳定性等六个方面。

1. 可获利性

陈列必须确实有助于增加店面的销售；努力争取有助于销售的陈列位置；要注意能增加销量的特定的陈列方式和陈列物；适时告诉供应商商品的陈列对获利的帮助；采用"先进先出"的原则，减少退货的可能性。

2. 陈列点

对于传统型商店，陈列点是指柜台后面与视线等高的货架位置、磅秤旁、收银机旁、柜台前等。而对于超市或平价商店，与视线等高的货架、顾客出入集中处、货架的中心位置等均是理想的陈列位置。开始促销时要争取下列位置：商店人流最多的走道中央、货架两端的上面、墙壁货架的转角处、收银台旁。不好的陈列点有：仓库出口处、黑暗的角落、店门口两侧的死角、气味强烈的商品旁。

3. 吸引力

充分将现有商品集中堆放以凸显气势；正确贴上价格标签；完成陈列工作后，故意拿掉几件商品，一来方便顾客取货，二来造成商品销售良好的迹象；陈列时将本企业商品与其他品牌的产品明显区分开来；配合空间陈列，充分利用广告宣传品吸引顾客的注意；可以运用整堆不规则的陈列法，既可以节省陈列时间，也可以产生特价优惠的意味。

4. 方便性

商品应陈列于顾客便于取货的位置，争取较好的陈列点，争取使顾客能从不同位置、方向取到商品；保证货架上有80%以上的余货，以方便顾客选购；避免将不同类型的商品混放，助销宣传品（POP广告）不要贴在商品上。

5. 价格

价格要标识清楚，价格标签必须放在醒目的位置，数字的大小也会影响对顾客的吸引力，直接写出特价的数字比告诉顾客折扣数更有吸引力。

6. 稳定性

商品陈列在于帮助销售而不是进行"特技表演"。在做"堆码展示"时，既要考虑一个可以保持吸引力的位置，也要考虑到堆放的稳定性。在做"箱式堆码"展示时，应把打开的箱子摆放在一个平稳的位置上，更换空箱从最上层开始，以确保安全。

同时，为了确保陈列有效，最后应对产品陈列情况进行检验与评估，应考虑以下因素：陈列位置是否位于热卖点，该陈列是否在此店中占有优势？陈列位置的大小、规模是否合适？是否有清楚、简单的销售信息？折扣信息是否突出、醒目并便于阅读？产品是否便于拿取？陈列是否稳固？是否便于补货？陈列的产品是否干净、整洁？零售商是否同意在一定时期内保持陈列？是否妥善运用了陈列辅助器材？

商品陈列还应因地制宜，不同类型的购物场所、不同类型的陈列有不同的陈列要点和方法，要具体场合具体对待。

资料来源：支点网

## 一瓶酱油 72 元？

由于华联量贩店实行计算机化统一管理，商品的条形码管理相当重要，稍有不慎，便会给公司带来损失。

7月26日，星期天，商场里人潮涌动，热闹非凡，顾客黄老先生带着放暑假的孙子、孙女到华联来购物。看到蜂拥购物的顾客，他们也受到感染。黄老先生给孙子买了新学期用的笔、书写本，给孙女买了一套新衣服，然后想着给老伴带一点日用品回去。在二楼百货部，黄老先生看到一种很精致的汤勺，是木柄不锈钢的，价钱也很便宜，价格牌上标示为2.40元，于是拿了一个。在一楼食品部，黄老先生看到一种常用的酱油，找了一下，没有价格标示，想到华联的商品一般都比外面便宜，家里也快用完了，便顺手拿了一瓶，结完账，也没看销售明细单，一家老少高兴而归。可是回到家，老奶奶一看购货清单，怎么瞅都觉得不对劲。明明买了2.40元一个的汤勺，可是上面没有，没有买49.20元一个的熨衣板，清单却写得清清楚楚。明明买了一瓶酱油，上面赫然写着："××酱油640 ML×24 瓶/箱，72.00 元。"没有办法，大热天，黄老先生只能再跑一趟。

资料来源：北京华联门店案例选登

思考问题：

1. 黄老先生购买商品出现的问题是由什么原因引起的？

2. 如何加强所有员工对商品维护的认识？

## 技能训练

### 一、思考题

1. 商品陈列十分重要，为什么说商品陈列的维护工作同等重要？

2. 商品陈列的维护工作应该从几个方面进行控制？

3. 简要陈述缺货断档的危害性。

### 二、能力训练

1. 五人一组讨论，连锁企业门店怎样做好应对缺货断档这一门店经营的"大敌"？

2. 思考如何做才能使商品陈列达到最佳销售效果。

3. 以走访调查的形式，去当地的连锁超市调研超市的缺货断档情况，并列出最易发生缺货断档的商品清单。

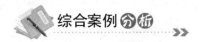

综合案例分析

## 变化的陈列——从7-11的商品陈列谈商品陈列

世界著名的连锁便利公司7-11的店铺一般的营业面积为100平方米，店铺内的商品品种一般为3 000多种，每3天就要更换15～18种商品，每天的客流量有1 000多人，因此商品的陈列管理十分重要。

曾经就有这样一个趣事：一位女高中生在7-11的店铺中打工，由于粗心大意，在进行酸奶订货时多打了一个零，使原本每天清晨只需3瓶酸奶变成了30瓶。按规矩应由那位女高中生自己承担损失——意味着她一周的打工收入将付诸东流，这就逼着她只能想方设法地争取将这些酸奶赶快卖出去。冥思苦想的高中生灵机一动，把装酸奶的冷饮柜移到盒饭销售柜旁边，并制作了一个POP，写上"酸奶有助于健康"。令她喜出望外的是，第二天早晨，30瓶酸奶不仅全部销售一空，而且出现了断货。谁也没有想到这个小女孩的戏剧性的实践带来了7-11的新的销售增长点。从此，在7-11店铺中酸奶的冷藏柜便同盒饭销售柜摆在了一起。由此可见，商品陈列对于商品销售的促进作用是十分明显的。

7-11在具体的做法上是每周都要制作一本至少50多页的陈列建议彩图，内容包括新商品的摆放，招贴画的设计、设置等，这些使各店铺的商品陈列水平都有了很大的提高。除此之外，7-11还在每年春、秋两季各举办一次商品展示会，向各加盟店铺展示标准化的商品陈列方式，参加这种展示会的只能是7-11的职员和各加盟店的店员，外人一律不得入内，因为这个展示会揭示了7-11半年内的商品陈列和发展战略。另外，7-11还按月、周对商品陈列进行指导。比如，圣诞节来临之际，圣诞商品如何陈列、店铺如何装修等都是在总部指导下进行的。

商品的陈列是随着时间和季节等外部的变化而变化，一成不变的商品陈列就如同是一潭死水。"流水不腐，枢户不蠹"，商品的陈列的方法是在不停的摸索和繁衍的，不同的门店间的相同商品的陈列也各有不同。

商品的陈列的变化应符合以下几方面：

(1) 商品的陈列要符合门店的整体形象和感观；

(2) 商品的陈列要符合门店的促销策略；

(3) 商品的陈列要适应季节的变化；

(4) 商品的陈列要便于顾客选购；

(5) 商品的陈列要美观大方，富有艺术感。

变化的商品陈列是门店能够取得良好的销售业绩的途径之一，它会为门店的日常经营带来活力，同时检查一项商品陈列的变化成功与否的唯一标准也是商品的销售业绩。由此也可以看出商品陈列的重要性，好的商品陈列就好像是一个懂得修饰的女孩会吸引人的目光，良好的商品陈列同样能够使门店富有魅力，吸引众多的顾客的目光。

资料来源：http：//www.tobaccochina.com

**思考问题：**

1. 7 – 11 连锁便利店的商品陈列中，这名高中生灵活运用了商品陈列的哪些原则？

2. 根据上述材料，7 – 11 便利店在商品陈列方面做得比较突出的方面有哪些？

3. 怎样理解商品陈列变化之于商品销售的积极促进作用？

# 项目八　商品盘点作业管理

- **项目介绍**

  盘点作业可以计算出连锁企业门店真实的存货、费用率、毛利率、货损率等经营指标，因而，盘点作业是必不可少的。盘点的结果是衡量连锁企业经营状况好坏的最标准的尺度。

- **学习目标**

  能力目标：能正确填写盘点表，会进行复盘作业，会对盘点数据进行初步分析。

  知识目标：明确盘点的主要目的，如何进行盘点，怎样提高盘点的准确性，盘点数据产生差异的原因，盘点后的处理工作。

  社会目标：团队共同讨论，分析盘点差错出现的原因并进行改进。

- **学习内容**
  1. 盘点作业实施。
  2. 盘点后的处理工作。

## 任务 1　盘点作业实施

门店经过每日的营业，在商品大量进货及销售的过程中，账面上的存货金额与实际金额，往往会产生不一致的现象，通过盘点，才能准确知道账面与实际金额的差距，才能了解日常管理中是否存在漏洞。通过盘点，用获得的数据还可以计算出门店的费用率、毛利率、货损率等经营指标，因此，盘点是门店的一项重要工作。

**工作任务** ······

### 资料：超市盘点方案

超市日常作业中，盘点是最繁杂、最花时间和最费人力的作业，但是企业经营成果及盈亏必须通过盘点作业才能检验。可以说，它是衡量超市经营好坏的最标准的尺度。下面是一个营业面积为 100 平方米的小超市的盘点方案。

## 一、盘点作业的流程及内容

（1）建立盘点制度。① 盘点的周期（一个月或一季度盘点一次）；② 盘点期间是否停业盘点；③ 账务处理的规定；④ 盘点出现差异的处理方法及改进对策；⑤ 对盘点结果的奖罚规定。

（2）确定盘点方案。① 全场盘点；② 局部盘点；③ 局部的全场盘点；④ 数据采集方式；⑤ 确定盘点时间。

（3）盘点组织落实。① 总部指导监督；② 门店实施。

（4）划分盘点区域。① 职责分明，各司其职；② 落实实盘责任人；③ 落实复盘责任人；④ 落实数据处理责任人。

（5）盘点。① "实盘 + 复盘" 一先一后；② 用 "手持盘点器" 采集；③ 用 "收银终端" 采集；④ 人工录入计算机。

（6）盘点考核。① 发现异常盘亏要重盘；② 研究盘亏处理对策；③ 确认盘盈盘亏报表。

## 二、盘点作业的管理

（1）盘点作业的制度。由超市连锁店总部统一制定，其内容包括：① 盘点的周期（一个月或一季度盘点一次）；② 是否停业盘点；③ 账务处理规定；④ 盘点出现差异的处理方法及改进对策；⑤ 对盘点结果的奖罚规定。

（2）确定盘点方案。超市盘点可以分为两种类型："局部盘点"和"全场盘点"。对于中小型超市一般采用全场盘点的方法，而大型超市则多采用局部盘点的方法，以降低盘点成本。此外，盘点时间也多采用不停业盘点，即正常营业结束后到第二天正式营业这段时间，为盘点时间。

（3）盘点作业组织落实。盘点作业人员由各门店负责落实，总部人员在各门店进行盘点时分头下去指导和监督盘点。一般来说，盘点作业是超市门店人员投入最多的作业，所以要求全员参加盘点。

（4）盘点作业责任区域的划分。盘点作业要确定责任区域落实到人。为使盘点作业有序有效，一般可用盘点配置图来分配盘点人员的责任区域。每个门店应作盘点配置图，图上应标明卖场的通道、陈列架、后场仓库的编号，在陈列架和冷冻、冷藏柜上标上与盘点配置图相同的编号。用盘点配置图可以周详地分配盘点人员的责任区域，盘点人员也可明确自己的盘点范围。在落实责任区域的盘点人时，最好用互换的办法，即商品部 A 的作业人员盘点商品部 B 的作业区域，依此互换，以保证盘点的准确性，防止 "自盘自" 可能造成的不实情况。

（5）盘点作业。采用 "1 + 1" 的方式，即一个人清点实盘数据，将实盘数据写在盘点清册上，或者是商品排卡的背面，一个人在后面核对复查，减少清点错误，然后由专人将实盘数据输入计算机。为了提高效率，有三种方法可以输入实盘数据：在货架旁用手持终端直接扫描条形码输入实盘数据；将实盘数据写在商品排卡的背面或者盘点清册上面到收银终端输入；将实盘数据抄写在盘点清册上，通过 MIS 操作输入。

（6）盘点盈亏的考核。通过计算机系统采集实盘数据，和计算机账面数据进行比照分析，寻找判别盈亏较大的商品进行重盘复查。一般情况下，对超级市场来说，盘损率应在4‰以下，如超过这个盘损率就说明盘点作业结果存在异常情况，要么是盘点不实，要么是企业经营管理状况不佳，采取的对策是：重新盘点或改善经营管理。

资料来源：http：//1108xin.blog.163.com

**要求：**

1. 上述盘点方案的内容是否齐全？还有哪些方面需要完善？
2. 盘点作业的流程管理内容有哪些？
3. 如何盘点才能提高盘点的准确性？

### 相关知识

商品盘点是门店管理的重要作业之一。由于收发商品的人为作业疏忽、计算机输入资料错误、仓储不当造成商品损失等，均会造成商品存量不正确及账物不一致的现象，这就要求把仓库和陈列的商品与账上的数量进行对照，以确定商品的实际数量。通过盘点，可以查明陈列或仓库内有无积压过期商品，核对清楚商品的数量，达到账、卡、物三者相符，以便更新存量记录、确认损益、采取补救措施、减少损失、评估仓储管理绩效。

### 一、盘点的概念

所谓盘点，是指将陈列和仓库内现有商品的存量进行实际清点，与账上记录的数量进行对照，以确定商品的实际数量、状况及储位而进行的清点作业。简而言之，盘点就是查核库存商品的实际数量与管理单位的存量账卡上所记载的数量是否相符，也是一种证实一定期间内储存商品的结存数量是否无误的方法。

### 二、盘点的目的

盘点是为了确定仓库内或其他场所内所存商品的实际数量，而对现有商品的数量进行的清点。其目的主要包括以下几点。

（1）了解商店一定时期内的经营业绩。
（2）了解商店的存货情况、积压资金情况和商品周转情况。
（3）了解目前商品存放的位置和缺货情况。
（4）发现商店存在的滞销品、快过期商品并及时处理。

（5）发现盘盈、盘亏情况，并尽早采取防范措施。

（6）可以发现管理弊端并及时制止不轨行为的出现。

（7）对环境进行整理并清除清除卖场死角。

## 三、盘点作业流程

连锁企业的盘点作业流程如图 8 – 1 所示。

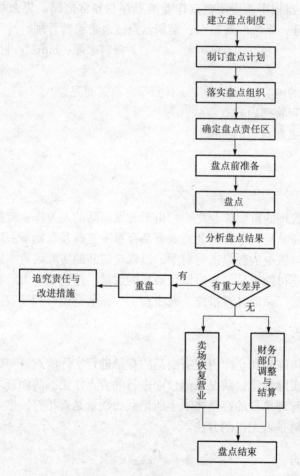

图 8 – 1　连锁企业盘点作业流程

## 四、盘点作业流程管理

### （一）建立盘点制度

盘点作业必须有计划、有步骤地实施，因此盘点作业应该严格按照企业主管统一制定的盘点制度和盘点计划来进行。

**1. 盘点的周期**

（1）定期盘点。即每次盘点间隔期间一致，如一个月或一季度盘点一次。采用定期盘点可以事先做好准备工作，因而一般连锁企业都采用这种方式，但是该方式未考虑节庆假期等特殊情况。

（2）不定期盘点。即每次盘点间隔期间不一致，机动弹性大，主要考虑到节庆假期、经营异常或意外事件的发生等特殊情况。它是在调整价格、改变销售方式、人员调动、意外事件、清理残货等情况下进行的盘点。

**2. 盘点的原则**

（1）实地盘点原则。实地盘点，即针对门店未销售的库存商品，在门店实地进行存货数量实际清点的方法。只要无作业疏忽，就能掌握门店的实际存货状况，还可以了解门店坏品、滞销品、存货积压或商品缺货等真实情况。账面盘点可作为实地盘点的对照。

（2）售价盘点原则。售价盘点，即以商品的零售价作为盘点的基础，库存商品以零售价金额控制，通过盘点来确定一定时期内的商品损溢和零售差错。

**3. 盘点的方法**

（1）营业前后盘点。即在门店开门营业之前或关门之后盘点。这种方法不影响门店的正常营业，但是有时会引起员工的消极抵触情绪，而且连锁企业将额外支付给员工相应的加班费。

（2）营业中盘点。也称即时盘点，即在营业中随时进行盘点，营业和盘点同时进行。不要认为停止营业和月末盘点才是正确的盘点，连锁超级市场尤其是连锁便利店，可以在营业中盘点，而且任何时候都可以进行盘点。这样可以节省时间，节省加班费等，但可能会在一定程度上影响顾客购物。

（3）停业盘点。即门店在正常的营业时间内停业一段时间进行盘点，这种方法员工较易接受，而对于连锁企业门店来说，销售业绩会有一定程度的下降，同时也会在一定程度上造成顾客的不便。

**（二）制订盘点计划**

盘点一般要召开盘点会议，必要时要成立盘点领导小组，划分盘点区域及负责人，确定盘点各项工作的分工，用倒计时的方式将盘点所需要进行的工作以清单的形式列印出来。主要解决以下问题。

（1）确定盘点流程与盘点方法。对于以往盘点工作的不理想情况应先加以检讨修正后，再确定本次盘点的程序与方法。企业的盘点程序与方法应在会议通过后列入企业正式的盘点程序或盘点制度中。

（2）决定盘点日期。盘点日期需要确定到哪一天的哪个时段。

（3）确定参与人员。确定盘点参与人员，为防止盘点弊端的产生，盘点应有其他部门人员，尤其是会计和管理人员的参与，根据盘点分工依层次予以培训。

（4）准备相关事宜。充分制作各种盘点登记流转单据，如盘点卡，用于贴示商品；盘点清册，用于汇总商品库存资料。处理完所有手写单据、借料单据，系统完成所有收货、出库指令。盘点所需工具的购买，检查盘点机、运送车等设备是否处于随时可用状态。

### （三）落实盘点组织

盘点作业人员组织由各门店自行负责落实，总部人员在各门店进行盘点时分头下去指导和监督盘点。一般来说，盘点作业是连锁企业门店人员投入最多的作业，所以在盘点当日原则上不允许任何人提出休假，要求全员参加盘点，而店长一般在一周前就应安排好出勤计划。

随着连锁企业经营规模的扩大，盘点工作也需要专业化，即由专职的盘点小组来进行盘点。盘点小组的人数根据其门店营业面积的大小来确定。例如：一般来说，500 平方米左右的连锁超市门店，盘点小组至少需要有 6 人，作业时可分为三组同时进行，如采用盘点机（掌上型终端机）进行盘点，6 人小组一天可盘点 1 ～ 2 家门店。盘点后所获得的资料立即输入计算机进行统计分析。确立盘点组织之后，还必须规划好当年度的盘点日程，以利于事前准备。

### （四）确定盘点责任区

盘点作业要确定责任区域并落实到人。为使盘点作业有序有效，一般可用盘点配置图来分配盘点人员的责任区域。每个门店应制作盘点配置图，图上应标明卖场通道、陈列架、后厂仓库的编号，在陈列架和冷冻、冷藏柜上标上与盘点配置图相同的编号，并输入计算机系统。用盘点配置图可以详细地分配盘点人员的责任区域，盘点人员也可明确自己的盘点范围。非盘点区域，一定要给出明显标识，将非盘点物品转移至非盘点区域；按照商品陈放区域或商品分类划分盘点责任区，并根据责任区数量分配盘点人员及数量，各个区域负责人安排员工做日常预盘点、库位的整理。

### （五）盘点前的准备

如需停止营业，盘点前 2 小时门店停止营业，盘点公告则应在一周前以广播、告示等方式通知顾客，以免顾客在盘点时前来购物而徒劳往返；还要告知厂商，以免厂商在盘点时送货，造成不便。除了这两项，门店盘点作业的准备主要可分以下几个方面进行。

（1）环境整理。门店一般应在盘点前一日做好环境整理工作，主要包括：检查各个区位的商品陈列、仓库存货和编号是否与盘点配置图一致；清除卖场和作业场的死角；将各项设备、备品及工具存放整齐。

（2）商品整理。为了防止商品有漏盘、重盘、错盘，在盘点前应对商品集中归类整理。对于组合陈列的商品，要分清每一种商品的类别和品名；对于分类陈列的商品，要特别注意是否中间混杂了其他的商品，若有，应归回原处；对于随机陈列的商品，要注意有没有商品被其他商品遮住，并做好记录；对于堆放陈列的整箱商品，要注意箱内商品是否有不足，若有，应在规定的地方标明实际数量。

一般在盘点前两个小时对商品进行最后的整理，这时特别要注意，陈列架上的商品，顺序绝对不能改变，即盘点清单上的商品顺序与货架上商品的顺序要保持一致。如果顺序不一致，盘点记录就会对不上号。

（3）盘点工具准备。将有关的盘点工具与用品准备好，若使用盘点机盘点，就需要检验一下盘点机是否可以正常操作，如采用人工填写方式，则需要准备盘点表格及红、蓝圆珠笔。

（4）单据整理。进货单据整理；变价单据整理；净销货收入汇总（分免税和含税两种）；报废品汇总；赠品汇总；移仓单整理；报废品单据；商品调拨单据；前期盘点单据等。

## （六）盘点作业

盘点作业正式开始前，首先分配盘点区域的责任人员，说明盘点工作的重要性，特别要告诫员工，动手清点的商品不单单是商品，而是金钱，应该以点钱的责任心来清点商品，来不得半点马虎；之后发放盘点单（见表8-1），告知填写盘点单的方法。

表8-1 盘点单

部门： 货架编号： 时间：

| 编号 | 品名 | 单位 | 账上存量 | 单价 | 金额 | 实际存量 | 受损数量 | 完好数量 | 说明 | 复盘数量 | 复盘结果 |
|------|------|------|---------|------|------|---------|---------|---------|------|---------|---------|
|      |      |      |         |      |      |         |         |         |      |         |         |
|      |      |      |         |      |      |         |         |         |      |         |         |

初盘： 复盘： 抽盘：

在告知盘点单的填写方法时，也要告知劣质或破损商品的处理方法，如将这些商品汇总起来，与正常的商品区别开来，汇集到指定地点统一处理等。

### 1. 初盘作业

盘点人员在实施盘点时，应按照负责的区位，由左而右、由上而下展开盘点。有以下几个注意事项。

（1）在连锁超市内先点仓库、冷冻库、冷藏库，后点卖场；

（2）若在营业中盘点，卖场内先盘点购买频率较低且售价较低的商品；

（3）盘点货架或冷冻、冷藏柜时，也要依序由左而右，由上而下进行盘点；

（4）每一台货架或冷冻、冷藏柜都应视为一个独立的盘点单元，使用单独的盘点单，以便于按盘点配置图进行统计整理；

（5）最好两人一组进行盘点，一人点，一人记；盘点单上的数据应填写清楚，以免混淆；

（6）不同特性商品的盘点应注意计量单位的不同；

（7）盘点时应顺便观察商品的有效期，过期商品应随即取下，并做记录；若在营业中进行盘点时，应注意不可高声谈论或阻碍顾客通行；

（8）店长要注意掌握好盘点的进度；做好收银机处理工作。

**2. 复盘作业**

复盘可在初盘进行一段时间后再进行。复点人员应手持初盘的盘点单，依序检查，把差异填入差异栏；复盘人员需用红色圆珠笔填表；复盘时应再次核对盘点配置图是否与现场实际情况一致。

**3. 抽盘作业**

对各小组和各责任人员的盘点结果，门店店长等负责人要认真加以抽查。抽盘作业应注意：

（1）抽盘办法可参照复盘办法；

（2）检查每一类商品是否都已盘点出数量和金额，并有签名；

（3）抽盘的商品可选择卖场内的死角，或不易清点的商品，或单价高、数量多的商品，做到确实无差错；

（4）对初盘与复盘差异较大的商品要加以实地确认；

（5）复查劣质商品和破损商品的处理情况。

**4. 店长的盘点作业检查**

在整个盘点作业进行过程中，门店店长还须填写由总部设计的门店商品盘点操作规范检查表（见表8－2），它是供店长在完成盘点作业过程中，检查门店是否按照盘点的操作规范进行的表格，其基本要求如下：

（1）每次盘点时必须由店长实事求是地填写，以保证盘点作业的严密性；

（2）该表格在盘点作业账册工作结束后，由店长在店长会议上递交；

（3）门店执行《门店盘点操作规范检查表》的工作情况，将纳入连锁企业总部营运部考核门店的指标之中。

表8－2　某连锁超级市场门店盘点操作规范检查表

| 项目 | 内　　容 | 执行情况 | |
|---|---|---|---|
| | | 是 | 否 |
| 盘点前 | 是否告知直送商品的供应商 | | |
| | 是否提前告知顾客 | | |
| | 区域划分人员配备是否到位 | | |
| | 盘点单是否发放 | | |
| | 是否做好环境整理 | | |
| | 是否准备好盘点工具（盘点机、红蓝笔） | | |

续表

| 项目 | 内　　　容 | | 执行情况 | |
|---|---|---|---|---|
| | | | 是 | 否 |
| 盘点前 | 单据整理 | 进货单据是否整理 | | |
| | | 变价单据是否整理 | | |
| | | 销货单据是否整理 | | |
| | | 报废品单据是否整理 | | |
| | | 赠品单据是否整理 | | |
| | | 移仓单据是否整理 | | |
| | 商品整理 | 货架商品是否整齐陈列 | | |
| | | 不允许上架商品是否已撤出货架 | | |
| | | 是否一物一价，价物相符 | | |
| | | 待处理商品是否专地堆放有记录 | | |
| | | 通道死角是否有商品 | | |
| | | 内仓商品是否整理 | | |
| 盘点中 | 盘点顺序是否按区位逐架逐排、由左而右、由上而下 | | | |
| | 商品清点是否一初盘一复盘（初盘蓝笔，复盘红笔） | | | |
| | 复盘是否更换责任人 | | | |
| | 每一个商品是否都已盘点出数量和金额 | | | |
| 盘点后 | 盘点单是否全部收回 | | | |
| | 检查盘点单上签名是否齐全 | | | |
| | 检查盘点单上商品单位是否正确 | | | |
| | 营业现金、备用金是否清点登录 | | | |
| | 盘点结果是否集中输入计算机 | | | |
| | 是否进行正常营业准备 | | | |
| | 是否进行地面清扫工作 | | | |
| | 店长对盘点损溢结果是否有说明 | | | |

**（七）盘点作业的账册工作**

　　盘点作业结束后，对差异报告进行分析、复盘等，最终确定本次的盘点库存金额，进行盘点作业的账册工作。盘点账册的工作就是将盘点单的原价栏上记录的各商品原价和数量相乘，合计出商品的盘点金额。并由财务部计算本营运年度的盘点损耗率等工作。

 **阅读链接**

## 如何实现仓库盘点

仓库在企业中占据着举足轻重的地位，它直接关系到生产、采购、销售部门的日常工作。如果仓库管理不当，会严重影响企业的经营状况、企业的成本核算。仓库管理是企业降低成本管理的有效方法之一，企业应重视仓库管理。

那么，应该如何做好企业的仓库盘点工作？

（1）收集仓库物品资料。这一步要求仓库人员与采购人员互相配合，对仓库的到货检验、入库、出库、调拨、移库移位、库存盘点等各个作业环节的数据进行采集，尽量使用商品的简化称呼，并且盘点时要有名称、规格、型号、数量、颜色、价格等。

（2）整理数据，分区分工。将仓库分区域管理盘点，将物品归类、整理，并编制编号、账页号、标识卡，保证各环节数据输入高效和准确，确保掌握库存真实数据，保持和控制企业库存。

（3）现场规划。根据仓库的空间大小，进行仓库规划，将仓库分区。规划时应注意：

① 重要、常用的物品先规划；

② 体积大的物品应先考虑数量的多少；

③ 易燃、易爆、易霉的东西要严格按照安全生产管理来规划。

（4）整理仓库。按照已划分好的区域、货架，将已经归类的物品对号入座，应在摆放物品时盘点数量，这样有利于库存登记，而且可以省去再统计物品的时间。要求物品摆放整齐，名称、规格、型号清晰，数量准确，最终将仓库整理一步到位。

（5）建立台账。根据盘点数据，按照不同的物品名称建立仓库台账，细心登记每天仓库物品的出入库、结存情况；并严格控制单据的出仓、入仓、领料的填写，尽量控制漏单情况出现。

资料来源：http：//hi. baidu. com

## 五、提高盘点准确性的措施

提高盘点准确性的措施一般可以分为盘点措施、填表措施、核对措施与抽查措施，以下为这些盘点措施的具体内容。

### 1. 盘点措施

（1）盘点人员盘点前应和填表人员分别在盘点单上签名。

（2）盘点人员在开始盘点一个货架前，要先查货架编号，盘点单号码、张数，让填表人核对。

（3）盘点人员盘点时应遵循一定的盘点顺序，盘点原则上由左而右、由上而下，不得跳跃盘点。

（4）针对同一种商品要遵循商品编号、商品名称、价格、数量的顺序，不能少了计量单位，如10个、5条、7千克等。

（5）盘点人员在盘点中应特别注意各个角落，避免遗漏商品。

（6）盘点人员在盘点商品时，数量必须正确。

（7）盘点人员在盘点中，吐字要清晰，音量要洪亮，以让填写人员及核对人员听清楚。

（8）盘点人员在盘点中，遇到标价不同或没标价时，要找其他同类商品的价标，询问负责该部门的商品管理员；没有把握时，要向主盘人员报告，由相关人员在计算机中心查询。

**2. 填表措施**

（1）填表人员拿起盘点单后，应注意是否有重复。

（2）填表人员和盘点人员分别在盘点单上签名。

（3）填表人员盘点时，必须先核对货架编号；填表人员应复诵盘点人员所念的各项商品名称及数量。

（4）金额一定要将上下栏个位、十位……分别对齐填写。

（5）数量要按照实际填写，对于某些内容已预先填写的盘点单，应核对商品编号、商品名称、计量单位、金额等无误后，再将盘点人员所获得的数量填入盘点单；如果预先填写的商品在盘点时已无存货，则在本栏内填"0"。

（6）盘点单数字的填写必须正确清楚，绝对不可涂改。对于错写需更正的地方，必须请督导签名。

**3. 核对措施**

（1）核对人员在盘点期间应认真核对，以发挥核对的作用。

（2）核对人员应注意盘点数量、金额是否正确无误，应核对填表人员填写的数据是否正确无误，应监督错误的更正是否符合规定。

（3）核对人员在每一货架复盘后，要在货架编号卡上做好记号。

（4）核对人员在盘点陈列或仓库商品时，应对每一种商品进行复盘，核对无误后即在商品计算卡上做好标记。

（5）核对人员应于物资盘存表全部填写完毕，并核对无误后，在审核栏内核对处签名确定。

**4. 抽查措施**

（1）抽查人员应服从主盘人员的安排，在建立配合抽查组织后，开始进行盘存中的抽查工作。

（2）抽查人员抽查的盘点商品比例不少于30%。抽查的重点，应是金额大、单价高且容易出错的商品。

（3）抽查人员要了解盘点货架的位置、商品堆放的情形及相关知识，检查已盘点完成的商品，核对其编号、品名、单位、金额及数量是否按规定填写，检查更正处是否按照规定处理，检查进行盘点的各组是否有签名，检查盘点完成的商品是否与盘点单上记载一致。若发现盘点数量不符，应立即通知原盘点组人员进行更正。

（4）抽查人员对盘点单进行抽查，确认无误后，应在抽查员栏签名。

 **知识拓展**

## 某仓库盘点流程

（1）根据公司的实际情况，由库区事先准备好盘点表，要求按产品系列编号并且连号。

（2）每月 1 日 8：30 开始盘点，仓库冻结一切库存的收、发、移动操作。

（3）仓库主管负责协调具体的盘点工作，发放盘点表。

（4）仓库，财务部分别指定每一个存储区域的盘点负责人，要求每一个区域都有相应的盘点员（仓管员）和财务复核人员，由财务人员担任该区域的盘点组长。

（5）实施盘点，由仓管员进行盘点，财务人员复核。对有疑问的产品有权查看。

（6）财务部人员收取所有的盘点表，要求所有盘点表连号，没有遗漏，并进行汇总。

（7）与仓库统计员对比财务软件账目，比较差异。

（8）对比差异报告，由仓库对差异项进行复盘。

（9）再次对复盘结果进行汇总，并与财务软件账目比较差异。

（10）仓库分析差异原因，作详细书面报告，同时提出差异调整申请。

（11）财务经理及总经理对差异调查报告及差异调整申请进行审批。

（12）仓库根据审批情况作库存差异调整。

（13）财务部根据审批情况作库存财务账差异调整。

资料来源：http：//iask．sina．com．cn

 **案例分析** ▶▶

## 超市盘点亏损，员工承担风险

2007 年 7 月 15 日，《都市快报》接到市民余女士的热线，余女士说她在某超市工作，但是 7 月 10 日领工资的时候，发现自己的工资以丢失率为由扣了 199.4 元，她对此感到十分困惑。余女士告诉记者，她所在的超市在 6 月 26 日进行了盘点，盘点后发现亏损，因此工资被扣。余女士说：到 7 月 10 日，我们发工资的时候，工资单上因为丢失率扣了 199.4 元钱，收银员只是负责收钱的，丢失率与我们没有关系。

据了解，余女士是在 3 月份来到该超市工作的，她对盘点及扣工资的事情一无所知，为此她也咨询过超市的店长。余女士说：我问过她，她就说每个人都扣，但是我觉得合同上没有说，关于丢东西，我们平均摊这个钱，我觉得没有道理。余女士告诉记者，除了她以外，超市的其他工作人员也都不同程度地被扣了工资。随后，记者和余女士一起来到这家超市。记者问：这个月发工资是不是扣了钱？扣了多少？超市工作人员说：那是因为我们盘点。记者找到超市的店长了解情况，但是她并没有给予记者明确的答复。记者说：听说你们这儿的员工被扣了工资，是不是有这方面的情况？为什么？超市店长说：是啊，这是我们公司自己内部的事情。这位店长以公司内部事情为由拒绝了记者的采访。下午，记者找到了超市的相关负责人，她向余女士解释，扣的并不是工资而是奖金，奖金是根据盘点的结果而定的。

某百货有限公司负责人胡晓敏说：盘点结果好，控制在 0.9% 以内就有奖金；如果正好是 0.9% 就不奖不扣；超过 0.9%，比如 1%，或者 1.1%，就去掉 0.9% 个百分点，剩下的 0.2%，就由大家按不同的岗位来扣取。这位负责人向记者出示了员工守则，以及守则中的商品的安全奖惩条例，余女士在了解情况之后，表示事先对公司的这项条例并不知情，出现这样的分歧是双方的沟通存在问题。

资料来源：张明明. 连锁企业门店营运与管理. 北京：电子工业出版社，2009.

**思考问题：**

1. 如果发现盘损率较高，要求员工承担部分损失，你认为这样是否合理？
2. 你认为应该怎样处理盘点亏损？

## 技能训练

**一、思考题**

1. 绘制盘点的流程图并进行解释。
2. 细说盘点的操作规范。
3. 减少盘点误差的方法有哪些？

**二、能力训练**

1. 日常盘点作业是连锁企业从业人员必须掌握的一项基本技能，现让你为一家超市设计日常盘点的流程，并进行盘点表的设计、填写盘点表的说明。

2. 联系一家商场，利用企业盘点的机会进行盘点流程观摩，或者利用学校自有的实训基地亲自按照盘点流程进行盘点。

# 任务 2　盘点后的处理工作

　　盘点后的工作主要集中在盘点数据统计、盘点差异分析、盘点结果的处理及盘点考核等方面。

## 资料：盘点盈亏分析报告

　　金苹果超市于 2005 年 2 月 18 日盘点，整理完盘点数据后，发现此次盘点结果不尽如人意。有的商品盘盈、有的商品盘亏。经过数据分析，发现主要是由以下原因造成。

### 一、属于计算机系统中操作不当的

　　（1）商品条码录入错误，导致销售的数据记录在了其他商品的头上，盘点时形成两个商品一个盘盈，一个盘亏。

　　（2）同一个国际条码的商品因为进货的时间不同（自购商品）在系统里面登记了两个商品资料，即分配了两个内码，收银员按照扫描条码的方式销售，必然造成一个编码的商品始终在系统里面显示没有销售，而另外一个编码的商品不断形成负库存，因为入库的时候是另外一个编码入的库。

　　（3）供应商送货到仓库，没有及时登记进货单，或者登记了单据没有审核，造成系统里面没有库存，而卖场却已经有货，形成商品的盘盈，这种情况多以供应商送赠品的情况居多，当然也有部分是前期开业，供应商来不及打单，造成漏录入库货单所致。

　　（4）商品已经退货给供应商，但是没有及时登记退货单，造成系统里面的库存没有及时扣除，而货物已经拉走，形成商品的盘亏。目前的可能性不是很大，因为退货量很少。

　　（5）进货单因为操作失误，录入重复，造成盘亏。

　　（6）盘点表输入重复，造成盘点数虚高，形成盘盈。通过修改系统参数可以避免此类现象产生。

　　（7）内部领用的商品没有通过 POS 机销售，也没有在系统里面及时登记报损单，造成盘亏。

　　（8）超市打标价签人员由于操作疏忽或者和电脑部人员协调不好，造成货品和标价签不一致，造成盘点时出现货品张冠李戴的现象，该现象在百货类商品中出现的频率非常高。

## 二、属于盘点过程中操作不当的

（1）盘点的人员不熟悉商品和盘点流程，造成漏点、重点，或者不同规格的商品按照一个商品来盘点。多以方便面、饮料、洗发水为主。

（2）有些商品外观极其类似，价格也一样，但是规格不同，比如口味、颜色、效用，在入库验收的时候仓管人员没有很好地区分，只把总数量确认就通过了，事实上供应商把几种规格的商品混在一起送货，实际各自的数量和送货单均有偏差，造成这一系列的商品在盘点的时候均出现盈亏，实际上总数是不盈不亏的，但是由于每个货品的价格不一致，导致还是有盈亏金额的产生。

（3）商品名称在建立的时候过于简化，从商品名称无法直接判断商品的大致类别，比如："611"、"009"、"2400"，造成盘点复查不方便，导致效率低下。

综述，通过该次盘点，目前总的盈亏成本金额是 7 966.61 元，总的仓库金额在 70 万元左右，按照千分之五的合理允许盈亏金额统计，那么实际该进行赔偿的金额在 7 966.61 − 700 000×0.005 = 4 466.61。同时由于此次盘点的大部分盘点人员是新手，对于商品结构都很不熟悉，所以大部分的盘点盈亏都是由于误盘和漏盘造成，卖场实际的盈亏金额应该比 7 966.61 低很多，如果想要得到精确的盈亏数据，必须对所有有盈亏单品进行重新盘点，但是要保证精确，则实盘数量必须精确，而由于客观原因的存在，这很难做到，我们通过 10 个单品进行三次抽盘，每次盘点的数量都不一致，如果这样去做的话，将会花费大量的人力、物力，间接产生大量的成本。

资料来源：http：//hi.baidu.com

要求：

1. 根据以上资料归纳出影响盘点结果不准确的因素有哪些？
2. 如何对盘点结果进行处理？
3. 根据盘点目前出现的问题，提出改进意见。

## 相关知识

## 一、盘点数据统计

### （一）使用盘点单统计存货数量

盘点后即根据盘点单（见表 8−1）统计存货数量，故盘点单准确记录盘点状况，是确保盘点正确性的唯一方法。

盘点单内容及用途说明如下。

（1）货架编号。借以判定所有区域均已盘点。

（2）编号。每一仓位区域中所有仓位均事先填妥，确保每一区域编号均已盘点。

（3）品名。商品名称。

（4）单位。盘点所使用包装单位，可能为箱、盒、个、千克等。

（5）账上存量。一般不提前给出，等盘点后核对。

（6）实际存量。盘点现场实际存货数量。

（7）受损数量、完好数量等字段。供相关部门作为处理该类商品的依据。

（8）复盘结果是指有无差错，并记录。

### （二）运用计算机统计盘点单

对上述盘点单，运用计算机统计，可以提高盘点的正确性。

（1）打印出各区域中所有的盘点单，以免遗漏。

（2）用手工或盘点机盘点后将盘点结果输入计算机。

① 确定各个区域内没有遗漏；

② 防止货架编号及商品编号输入错误，若以自黏性条形码贴在货架编号处，以扫描的方式输入，可以避免输入错误；

③ 盘点单位、存货量/单位由计算机控制，减少填写错误的概率；

④ 实际存货金额由计算机计算，减少计算错误的概率；

⑤ 根据受损品等资料统计各种状况的数量。

（3）根据统计结果填写相应表单。

根据盘点单统计后可得盘点差异表（见表8-3）：统计各项商品的盘盈与盘亏数量、金额、总金额；计算累计盘盈、盘亏总金额。

**表8-3　盘存差异表**

店名：　　　　　　　　　　　　　　货架编号：　　　　　　　　　　盘点时间：

| 部门 | 类别 | 品名规格 | 单位 | 单价 | 账面数量 | 盘点数量 | 盘盈 | | 盘亏 | | 差异原因 | | 盈亏合计 |
|---|---|---|---|---|---|---|---|---|---|---|---|---|---|
| | | | | | | | 数量 | 金额 | 数量 | 金额 | 说明 | 对策 | 金额 |
| | | | | | | | | | | | | | |
| | | | | | | | | | | | | | |
| | | | | | | | | | | | | | |

盘点人：　　　　　　　　　　　复核人：　　　　　　　　　　工作说明：

## 二、盘点差异分析

门店盘点所得资料与账目核对后，如发现账物不一致的现象，则应积极追究账物差的原因。

（1）盘点作业是否存在操作不当。因盘点人员事先培训工作进行不全面，安排不到位等原因而造成错误的操作指令。盘点人员工作态度不认真，或不慎造成重盘、漏盘、误盘等。

（2）账目管理是否存在不足。账物不一致是否确实，是否因商品管理账务制度有缺陷而造成账物无法确实表达商品实际数目；账务管理人员存在工作失职，记账时发生漏登错误、多登错误、编号错误、数量计算错误或进货、发货的原始单据丢失造成账物不符。

（3）商品本身情况发生变化。原装箱商品在拨发时，发现情况改变；保管不良，遇到商品恶化、遗失或意外损坏；接收商品时，检验人员对于商品的规范鉴别错误；基于需要，商品类别变更，装配或拆分等造成账目与实际的差异。

（4）盘点差异在允许范围之内。整体而言商品一般不会盘盈，除非有进货无发货票据、盘点虚增作假或计算错误，多数情况为盘亏。盘损率只要在合理范围内均视为正常，一般来说正常的盘损率应低于 0.3%，超过 0.3% 则说明存在异常。盘损率是指实际盘点库存与理论库存（账面库存）的差异与盘点周期内的总销售金额之比，盘损率的计算公式为：

$$盘损率(\%) = \left( \frac{账面}{库存} - \frac{实际盘点}{库存} \right) \Big/ \frac{盘点周期的}{总销售金额} \times 100\%$$

$$\frac{账面}{库存} = \frac{上一年}{盘点库存} + \frac{盘点周期的}{采购成本} \pm \frac{分店}{转货成本} - \frac{盘点周期的}{销售成本}$$

$$\frac{实际}{库存} = \sum \left( \frac{单品}{盘点数} \times \frac{单品}{销售价格} \right)$$

### 三、盘点结果处理

盘点作业结束后，要进行盘点作业的账册工作。盘点账册的工作就是合计出商品的盘点金额，生成盈亏报表。门店要将盘点结果送总部财务部，财务部将所有盘点数据复审之后就可以得出该门店的营业成绩，结算出毛利和净利，这就是盘点作业的最后结果。仓库和财务部根据审批情况做库存财务账差异调整、更正库存。盘点结果处理主要要做好以下两个方面的工作。

**1. 修补改善工作**

（1）对在盘点中发现的错误，应予以纠正。发现商品存量不正常，要根据销售情况调整库存标准。存量不足的商品要及时采购，存量过多的商品要调低库存数量。

（2）当发现商品的标号、规格、型号窜混时，应彻底查明原因，并调整账面数字，商品也随即调整仓位或货位。

（3）如果商品变质、耗损，应详查变质、耗损原因、存储时效，必要时应会同检验部门复验，加强商品的清洁保养。凡损坏者应在发现时立即处理，以防损害扩大，对不能利用者，即当作废弃品处理。可能发生损耗的，参考以往记录与经验，予以核定后调整出账。

（4）对于盘盈、盘亏的商品，以实际存在数量为依据，审查确定后，即转入盘存整理，准备账户抵消，并更正各有关材料账卡。

（5）对商品加强整理、整顿、清扫、清洁工作。

（6）依据管理绩效，对分管人员进行奖惩。

**2. 预防工作**

（1）废弃商品比率过大，要研究办法，降低废弃品率。

（2）当商品销售周转率极低、存货金额过大而造成财务负担过重时，应设法降低该商品库存量。

（3）商品短缺率过大时，设法强化销售部门与库存管理部门和采购部门的配合。

（4）货架、仓储、商品存放地点足以影响到商品管理绩效时，应设法改进。

（5）门店加工商品中原材料成本比例过高时，应寻找采购价格偏高的原因，设法降低采购价格或寻找廉价的代用品。

（6）门店商品盘点工作完成以后，对所发生的差额、错误、变质、呆滞、盘亏、损耗等结果，应分别予以处理，防止以后再度发生。

### 四、盘点考核

盘点结束后，主要盘点负责人根据盘点中出现问题进行汇总，分析差异，总结盘点中的经验和不足，并针对盘点发现的运营问题提出改进措施，出具盘点报告，形成书面文件作为以后盘点标准。同时根据各个盘点区域组织及盘点质量、效率进行评比，作为管理人员绩效考核的一项内容。盘点工作有关人员依照有关的规定，切实遵照办理且表现优异者，经由主盘人签报，给予嘉奖，以资鼓励；盘点工作有关人员中账载数量如因漏账、记错、算错、未结账或账面记载不清，对记账人员应视情节轻重予以处分，情况严重者，应经由主盘人签字报呈店长室议处。账载数字如有涂改没有盖章、签章、签证等凭证可查，凭证未整理难以查核或有虚构数字者一律经由主盘人签报签字报呈店长室议处。

 **知识拓展**

## 仓库如何进行盘点数据核对

首先介绍一下盘点的方式：月盘、季盘、年盘。月盘指每月月底的盘点；季盘指每季度的盘点；年盘指每年年底的大盘点。

每个企业可以按照实际的情况，采用不同的方式。

盘点数据（账、物）出现误差，如何进行数据核对，显得尤为重要。

账：指的是出入库及库存的资料（现代企业有专门的物料管理系统进行管理）。

卡：记录收发存的卡片（物品动态记录）。

物：指的是物品实际的数量。

数据核对方法如下。

（1）首先对物品数量再一次清点。

（2）如发现确实与账面不符，需确认上月的在库数、本月的出入库，财务与仓库账、卡是否一致。如发现差异，需查看出、入库单。

（大多数企业采用一式三联的出、入库单。一联领料部门保存，一联仓库保存，一联财务保存。三方核对，问题迎刃而解。）

出、入库单必须保存好，卡（收发卡）需记录准确，这样将利于盘点时误差的核对。

最主要的还是平时要把工作做好，尽量做到"账、卡、物一致"，减少误差的核对！

资料来源：http：//www.mie168.com.

## 澄清超市盘点的糊涂账

"盘点如过鬼门关，惊得店长打颤颤。盘点就像变戏法，忽赔忽赚阴阳脸。"这句顺口溜，尽管有以偏概全、以小遮大之嫌，却也从另一个侧面折射出当今商界盘点中遇到的种种烦恼和不安。更有专家指出，目前至少有60%以上的超市盘点是一本糊涂账，到头来糊涂僧只有判审糊涂案。有的超市干脆不再耗时费力，打起了"肉烂在锅里"的算盘。

根据近年的实践经历和专门访查，盘点后经常出现五个不等于现象。即：①期末门店存额≠期初门店存额+当期入店额−当期销售额−合理损耗−退库额；②入店金额≠仓储配送额−退库额；③当期财务销售现金流量≠当期门店实际销售额；④财务当期库存量≠仓储库存商品；⑤财务应付商品货款≠∑供应商货款金额。具有典型意义的是，某中型超市春节后盘点，账物不符金额高达17.6万元，占当期销售额的5.8%。后虽经多次复查，调整了5万余元的票据，其他仍难以查明个中缘由。

盘点（包括盘账和盘物）本是商业活动中的一个常规项目。开门营业是序幕，货架销售是过程，定期盘点是商业拼斗成果的阶段性总结。通过盘点既可回顾前期，又可预测后市，具有承前启后的特殊意义。从盘点本身来讲，并无多少复杂性和不可掌控性。那么，究竟是什么原因使现在的商业盘点如此尴尬，这般难堪？细究起来主要是由两方面的变化引起的。一是商品品种急剧增加，由过去的几百种扩展到目前的少则数千种，多则上万种。品种多了，管理的难度也自然增大。二是进销存模式，由过去的副食商场小组直接操作，改进为购销分离，统一采购，计算机管理，大物流循环。面对剧烈的变革，管理却缺乏规范化、标准化和制度化，表现出了明显的滞后和不适应。

盘点查错率高仅仅是表象，其背后必然有物流、票据流的无序和管理混乱等上游原因。为了把盘点差错率控制在3‰～5‰，甚至更低，让盘点真实、快速地反映经营成果，并反映管理成果，必须把握好日常工作中的几个关口。

（1）验货入库关。这个环节内的问题可分为两类情形：一类属于失误或疏漏，常常出现票据数量和实物数量不符。如实际收货 20 件，而收货单上却写为 25 件；再如，当前收货的包装系数已变为 1×16，而收货单据上仍为 1×32。另一类是内外串通，蓄意欺骗。这种状况反映了超市在接货管理上有严重漏洞，长期一人接货，缺少轮岗和监督机制，久而久之被坏人钻空子。前不久就有媒体对某超市接货人员与供应商沆瀣一气，骗取企业 70 多万货款作了披露。这一沉痛教训，怎能不引发我们的沉思和警醒。

（2）信息录审关。用计算机实现单品管理，是商业史上的一个重要里程碑。但为满足管理需要，绝大多数商品单位由件、箱分拆成了个与袋，因而商品信息录入者，便常常与近乎天文数字打交道。面对枯燥的数字，再细心者也会"手下有误"。有供应商估算，某大型超市因数量误录，一年的损失至少不低于 50 万元。因此，大型超市均应采取录审分离制，以避免收货数量的"多零"现象。小型超市不便实行分离制的，也应由录审员严格执行自我审录、自我修正程序。

（3）售卖收银关。一般来讲，POS 机收银只要价格信息录入无误，就不该出错。实则不然，一是有的顾客惯于偷梁换柱，把低价的商品码撕贴在高价商品上，收银员只顾扫码，不看商品；二是一组商品（1×6，1×4），按单个商品收银等。

（4）商品离场关。无论是破损商品返厂，还是报损，都必须有严格的离场程序。同时，坚决杜绝有关负责人打白条现象。即使是自家的门店，店主也不可随意违规，给经营管理造成漏洞，给日后盘点带来无端的困难。

（5）盘点操作关。盘点是一项十分辛苦和细致的工作，须事先做好单据的汇总整理，商品的归类码放，数量的认真校点和未贴商品标签。对于初盘中的错误，通过人员交叉复盘后，一般均可发现和纠正。况且，随着盘点扫码枪的应用与普及，将会大大减轻其劳动强度，提高盘点准确率。

资料来源：http：//magi9.blog.163.com

**思考问题：**

1. 除了案例中的这几方面影响盘点的结果，还有哪些情况会影响盘点的结果？应该进行怎样的防范？

2. 在案例中的这几方面进行严格管理，是否能够使盘点的差错率降低？

## ◼ 技能训练

### 一、思考题

1. 盘点的数据可以用哪些方法来统计？

2. 有哪些情况会造成盘点数据不准确？

3. 可以从哪几方面进行盘点结果的处理？

二、能力训练

1. 采用手工的方法，帮助学校周边的便利店进行盘点数据的统计，检查统计数据的准确性。

2. 在上题的基础上对盘点的数据进行分析，分析数据产生差异的原因并提出改进的办法。

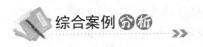 综合案例分析　　　　>>

<h2 style="text-align:center">新盘点"运动"</h2>

深夜11：00，一家超市仍然灯火通明，很显然，他们在做零售业必不可少的功课——库存盘点。员工一边紧张地清点着货架上的商品，一边把数据及时输入到手持的数据采集器中。这种每月一次的盘点对于这家超市的员工来说，已经习以为常，然而这次的盘点似乎与以前不太一样：这次盘点的队伍新增了十几个陌生的面孔。3个小时以后，盘点圆满完成。这让参与盘点的员工们多少有点意外，因为以往的盘点通常意味着通宵工作，而这次工作却很迅速。

3个小时的盘点结束，对于华士服务有限公司总经理张亮来说，是在他的预料之中的。作为国内目前唯一的一家第三方盘点服务公司，他已经多次受邀到零售企业协助进行库存盘点。上面这个场景，只是他众多客户服务中的一个缩影。

在2007年4月中国连锁经营协会主办的零售企业防损管理高层研讨会上，张亮第一次把自己的理念介绍给了参会的嘉宾。第三方盘点，这个名词让参会的企业老总们眼前一亮。

其实，第三方盘点的概念就是企业将盘点业务外包给专业服务公司，通过第三方独立、客观的方式方法来处理数据；同时由具备很强专业性的工作人员快捷迅速地完成盘点，使企业节省大量的人力和时间。第三方盘点是零售企业发展到足够成熟派生的产物，也是行业分工细化的结果。

第三方盘点在国外已经发展得很成熟，美国前100家零售企业就有98家采取这种方式来完成企业例行的盘点工作，国外整个零售行业采用第三方盘点的企业也占到85%～90%。而在国内，这种服务方式对于很多企业来说还是一个比较新的概念。"这个行业在国内的空间还是很大的。"张亮说。

对于盘点这种例行"功课"，本土零售企业大多采用安排企业自己的员工，利用几个晚上加班的方法来完成，然而这种方式带来的弊病也是显而易见的。

首先是数据的准确性。"当一个企业不能正确地对待盘点工作，那么获取利润这个最终目的如同纸上谈兵"，"除非企业认识到他们现有的真实库存量，否则就不能够做好管理工作"，这些都说明了盘点得出的数据对于企业的重要性。如果采用原来的盘点方式，数据的准确性很大程度上由参与盘点员工的职业素质、责任心等决定，主观性和不可控风险都较高。而且由于很多企业将损耗率与员工绩效考核挂钩，因此难以控制盘点中的舞弊行为。这样得出来的数据准确率就无法保证。

其次是成本的浪费。盘点是一项很费时费力的工作，而且很烦琐。采用原来的方式盘点会损耗企业大量的时间成本和人力成本，这就让盘点成为企业头痛而又不得不为之的一个软肋。

如果将盘点业务外包，则可以将企业从这种烦琐的、机械性的重复劳动中解脱出来。张亮认为，不论是从数据的准确性还是成本上来看，他们提供的服务对于企业来说都是合理的。他认为，自己具有的优势在于给客户提供的数据是客观的，具有独立性；数据准确率高（错误率可能只在千分之几）；迅速、快捷，可以节省企业大量时间；而且实施服务的价格也非常合理。然而对于目前的现状他仍然有一些顾虑：国内零售企业对第三方盘点接触甚少，因此他往往需要事先做引导、介绍的工作，去开发市场。同时他还担心，由于第三方盘点给客户带来的成本降低往往很难量化，因此很多顾客看到更多的是聘请第三方的花费，为节省这一笔"小钱"而花了"大钱"。"如果一个企业不重视盘点的工作，那么它将带来更多隐性的损耗。"张亮认为。但不管这个行当未来行情如何，第三方盘点作为零售业务中的新面孔已经迅速而来。它也从另外一个侧面证明，中国的零售企业将发展到区域市场分工的更细化。

资料来源：吴娟. 零售世界，2007（6）

思考问题：

1. 分析华士盘点服务有限公司第三方盘点的模式，第三方盘点的优势与不足是什么？
2. 华士盘点服务有限公司能否获得更大的成功？该企业的做法对你有什么启发？

# 项目九　促销活动的组织和实施

- **项目介绍**

  商品促销是企业营销最有效的方法之一，市场上众多成功的企业没有一家企业不重视促销。因为促销可以通过沟通信息、赢得信任、激发需求、促进购买和消费，最终实现销售、扩大销售。因此，促销活动有别于连锁企业其他的营销活动。

- **学习目标**

  能力目标：能够制订促销方案；能够针对不同的商品选择不同的促销方法；能够对促销活动的实施过程进行监督并能够对促销的效果进行评估。

  知识目标：促销活动策划的组成要点，促销方式的选择，促销活动的流程，促销效果评估的方法。

  社会目标：能够和团队其他员工分工协作，能够与顾客很好地沟通。

- **学习内容**

  1. 促销策划。
  2. 促销实施流程。
  3. 促销效果评估。

## 任务 1　连锁企业门店促销策划

什么是促销？促销就是在合适的时间、合适的地点，用合适的方式和力度加强与消费者的沟通，促进消费者的购买行动。连锁企业门店促销是指连锁企业通过在门店卖场中运用各种广告媒体和开展各种活动或者宣传报道，向顾客传递有关消息、服务的信息，引发买方行动而实现销售的活动。

**工作任务** ······

## 资料：某超市端午节促销方案

1. 促销主题：忆一段历史佳话，尝一颗风味美粽

2. 促销目的：树立超市的人文形象，同时促进销售额的提高

3. 促销时间：6 月 16 日—22 日

4. 促销对象：第一商圈的居民

5. 促销商品：成品粽及熟食、海鲜、江米、蜜枣等

6. 促销内容

（1）价格促销：对一些成品及熟食进行特价活动（6 月 18 日—22 日），具体品项由采购部决定（一楼促销栏及广播进行宣传）。

（2）娱乐促销：可选 2 项中的一项。

① 包粽子比赛。

游戏规则：3 人/组；限时 5 分钟，以包粽子多者为胜；胜者奖其所包粽子的全数；其余参加者各奖一个粽子。

活动时间：6 月 21 日—22 日。

活动地点：一楼生鲜部的冻品区前。

道具要求：桌子、喇叭、包粽子的材料（糯米、豆子、花生、肉、竹叶、蜜枣）。

负责人：生鲜部，采购部配合。

② 射击比赛。

游戏规则：每人可获得 5 颗子弹；根据射中的标志为豆沙、肉粽等，即获得该种粽子一个。

活动时间：6 月 21 日—22 日。

活动地点：一楼生鲜部的海产区前。

道具要求：气球、挡板、气枪、子弹。

负责人：生鲜部，采购部配合。

（3）免费品尝。

引进供应商开展场内免费品尝。

时间：6 月 21 日—22 日。

具体负责：采购部。

7. 卖场陈列与布置

（1）场内：① 一楼冻品区前，两个堆头的位置，堆头前布置成龙舟的头，两个堆头为龙舟的身子；② 冻柜上方用粽子或气球挂成"五月吃粽子"字样。

（2）场外：条幅宣传"忆一段历史佳话，尝一颗风味美粽"。

**要求：**

1. 该促销方案有何特点？
2. 促销方案应该包括哪些内容？
3. 你认为该促销方案还有哪些地方需要改进？

 **相关知识**

### 一、促销调研

为了使促销活动达到预期的目的，在促销活动开始前，针对促销商品，超市需要进行促销调研。超市商品促销调研的方式很多，常用的有以下几种。

（1）典型调查。根据不同的个体中存在的共同点将事物分为不同的类别，再对该类中具有代表性的对象进行调查的方式就叫典型调查。典型调查的结果大致能够代表这一类对象的情况，从而推及一般，这样就大大缩小了调查的范围，不仅减少了调查时的人力、物力和财力的投入，而且省时、省力。但典型调查不够准确，因此，一般用于调查样本不大，而调查者又对总体情况比较了解，并能比较准确地选择有代表性调查对象的情况。

（2）抽样调查。从整体中抽取具有一定代表性的样本，进行调查的方式就叫抽样调查。这种方法最适用于连锁超市的商品促销调查，因为它能够从个别推断整体，具有较高的准确度。等距离抽样、随机抽样、非随机抽样是抽样调查的三种具体方式。

（3）问卷调查。以问卷的形式对顾客进行书面调查的方式就叫问卷调查。多用来收集用其他方法难以获得的信息，问卷调查不受时间、地点的限制，能够在较大的范围内进行，因而是最实用的一种调研方法。

（4）当面谈话。派遣调查员与消费者进行面对面的谈话调查，了解消费者的实际需求，为超市的商品促销活动获取各方面信息的方式就叫当面谈话。这种方式易于了解客户，激发谈话者的感染力，节省时间和金钱，并获得更加可靠的信息。但是，它也有许多不足之处，比如说，要求投入的人力、物力较多。仅采访个别消费者，不具有代表性；不易打开交谈局面，不便于深入探究原因；部分消费者没有机会发表自己的意见等，这些不足使超市很难了解全面的信息。

### 二、确定促销目标

在进行促销策划时，要明确具体目标，这样才能收到事半功倍的效果。连锁企业门店促销主要有以下几个目标。

（1）提高营业额，提高毛利率。
（2）稳定老顾客，培育其忠实度，增加新顾客。
（3）巩固并提升企业形象，提高企业知名度。

（4）加快商品流通，及时清除库存的过时商品，加速资金周转。

（5）刺激成熟商品的消费，引导消费者接受新商品。

（6）有效击败竞争对手。

### 三、制定促销预算

#### 1. 量力而行法

这是指零售商店在自身财力允许的范围内确定预算。首先要预测周期内的销售额，计算各种支出和利润，然后确定能拿出多少钱作为促销费用。这是最保守的预算方法，完全不考虑促销作为一种投资及促销对销量的直接影响。如果商店的销售额不理想，那么促销就会被视为可有可无。这种方法导致年度预算具有不确定性，从而使长期的促销目标难以实现。小型的、保守的零售商店主要使用这种方法。

#### 2. 销售百分比法（营业比例法）

即根据年度营业目标的一定比例来确定促销费用，再根据每月的营业目标分摊。这种方法方便、快捷、便于控制，但缺乏弹性，未能考虑促销活动的实际需求，会影响促销成效。

#### 3. 逐案累积法

即按照促销目的和任务设定促销活动，再据此确定一年所计划举办的促销活动和每一次促销活动需要的具体金额，然后逐案累计需求经费。这样以促销活动为主导，可充分表现促销重点。但是促销费用支出较大且不易控制，若不能达到预期效果，则会影响营业收益。

#### 4. 同业类比法

这是指连锁门店根据竞争者的行动来增加或减少预算。也就是说，门店确定促销预算，是为了取得与竞争对手对等的发言权。若某一区域的领先商店将其促销费用增加 10%，则该区域的竞争者也作出相应的调整。采用这种方法的营销人员相信，只要在促销中与其竞争对手的花费占各自销售量的百分比相等，就会保持原有的市场份额。

但也要注意到各个企业的商誉、资源、机会及目标差别极大，所以不能以其他企业的促销预算作为标准。

### 四、选择促销时机

促销时机选择是否得当，会直接影响促销的效果。促销时机选择得当，不仅会促成销售目标的实现，还可以使促销活动有机地与企业整体经营战略融合。促销时机包括两方面的问题。

#### （一）促销活动的延续时间

（1）长期性促销。时间一般为一个月以上，其目的是希望塑造连锁企业的差异优势，增强顾客对本店的向心力，以确保顾客长期来店购物，不至于流失至其他门店。

（2）短期性促销。通常是 3～7 天，其目的是希望在有限的时间内通过特定的主题活动来提高来客数及客单价，以达成预期的营业目标。

### （二）促销活动所处时机

不同的季节、气候、温度，顾客的行事习惯和需求都会有很大的差异。

（1）季节。促销活动应根据季节不同来选择促销品项。如夏季应以清凉性商品为重点，冬季应以保暖性商品为重点，同时要考虑季节性的色调配合。

（2）月份。在淡季做好促销工作是非常重要的。为使淡季不淡必须有创新的促销点子，不能一味地依靠特价来促销。如果不能激发消费者的需求动机，再便宜的东西也不一定能卖出去。

（3）日期。一般而言，由于发薪、购买习惯等因素，月初的购买力比月底强；而周末的购买力比平日强；节假日特别是"黄金周"的购买力会激增，更是门店促销吸引消费者的重要时机。根据不同的节假日，可以抓住商机，策划不同的促销活动，以增加营业额，提高利润。

（4）天气。从某种意义上说，连锁企业门店也是看天吃饭的行业，一旦遇到天气差、消费者就少，销售额往往会减少5%～10%。

（5）气温。商品的销售受温度的影响也是很大的，气温低，火锅、冷冻食品类商品的销售量便会显著提高；气温高，饮料、冰品等类商品销售量就会上升。如果超市能够掌握气温的高低变化趋势，适时推出促销商品及活动，必能有助于提升销售业绩。

（6）重大事件。重大事件是指各种社会性的活动或事件，如重大政策法令出台、学校旅行、放假等，这些活动或事件最好能事前掌握，以利于安排促销活动，收到良好的促销效果。

### 五、确定促销主题

促销主题的选择应把握两个字：一是"新"，即促销内容、促销方式、促销口号富有新意，这样才能吸引人；二是"实"，即简单明确，顾客能实实在在地得到更多的利益。按促销主题来划分，促销活动可分为以下四种。

（1）开业促销活动。开业促销活动是促销活动中最重要的一种，因为它只有一次，而且与潜在顾客是第一次接触，顾客对连锁企业门店的商品、价格、服务、气氛等印象，将会影响其日后是否再度光临门店的意愿。通常开业当日的业绩可达到平日业绩的5倍左右。

（2）年庆促销活动。年庆促销活动的重要性仅次于开业促销，因为每年只有一次。对此供应商一般都会给予较优惠的条件，以配合门店促销活动。其促销业绩可达平日业绩的1.5～2倍。

（3）例行性促销活动。例行性促销通常是为了配合法定节日、民俗节日及地方习俗、行事等而举办的促销活动。一般而言，连锁企业门店每月均会举办2～3次例行性活动，以吸引新顾客光临并提高老顾客的购买品项及金额，促销期间的业绩可比非促销期间提高2～3成。

（4）竞争性促销活动。竞争性促销活动往往发生在竞争店数量密集的地区。当竞争店采取特价促销活动或年庆促销活动时通常会推出竞争性促销活动以免营业额减少。

## 六、选择促销商品

顾客最希望的是能买到价格合适的商品，所以连锁企业门店促销商品的品种、价格是否具有吸引力将直接影响促销活动的成败。门店通常会选择以下四类商品开展促销。

（1）季节性商品。季节性商品主要是指季节性很强的蔬菜、水果等，或者在夏季推出的清凉性商品，在冬季推出的保暖性商品。开展促销的目的并不在于追求所有顾客都来购买促销商品，而是力求吸引尽可能多的顾客来超市购物。因此促销商品的品种一般要选择顾客需求最旺盛的一些商品，而季节性商品往往都是顾客喜欢购买的一些商品。

（2）敏感性商品。一般属于生活必需品，市场价格比较透明；而且消费者极易感受到价格的变化。选择这类商品作为促销商品时，在定价上只要稍低于市场价格，就能很有效地吸引更多的顾客。

（3）大众性商品。大众性商品一般是指品牌知名度高、市面上随处可见、替代品较多的商品，如化妆品、饮料、啤酒、儿童食品等。选择此类商品作为促销商品往往可以获得供应商的大力支持，但同时应注意将促销活动与大众传播媒介的广泛宣传相结合。

（4）特殊性商品。特殊性商品主要是指卖场自行开发、使用自有品牌的特殊商品，不具有市场可比性。因此，对这类商品的促销活动应主要体现商品的特殊性，价格不宜定得太低，但应注意价格与品质的一致性。

## 七、选择促销方式

### （一）店头促销

"店头"是卖场形象的"指示器"，主要指连锁企业门店卖场中的堆头和端头。堆头是指在展示区、通道和其他区域做落地陈列的商品。堆头多做比萨塔式落地陈列，即随地陈列，不受体积大小限制，可以扩大品牌陈列面与消费者接触面，但是需要认真规划，否则有碍观瞻。端头是指卖场中中央陈列货架的两端，端头与消费者接触率高，容易促使其产生购买行动。

店头促销是门店的一种形象促销活动，主要表现形式有三种：特别展示区、货架两端（端头）和堆头陈列。这三者都是消费者反复通过的、视觉最直接接触的地方，而且陈列在这里的商品通常属于促销商品、特别推荐产品、特价商品和新产品。

店头促销的关键是特别展示区、堆头和端头的商品陈列。消费者的购物习惯，有一种长期积累的、恒定的惯性，这就对门店的店头布置提出了一种深层次的要求，那就是必须要迎合顾客的购物习惯，在商品的层次、视觉和听觉等方面，都要给顾客提供足够的信息。

消费者到店头购物，会受到认识、记忆、使用经验、试用效果等多种因素的影响。所以，店头信息，尤其是特别展示区、端头和堆头陈列的促销商品信息，对非计划型购物的消费者，将起到很大的作用。另一方面，对门店而言，从店头促销活动中收集到的信息、资料可以帮助连锁企业总部制订采购计划，选择供应商，确保本企业的竞争优势。在卖场的入口处设置特别展示区，加强端头和堆头商品的组织，充分发挥这三者的促销作用，改变商品的陈列方式，增加销售势头好的商品数量，都可以强化、提高顾客的满意度。店头促销的要点参见表 9 - 1。

表 9 - 1　店头促销的要点

| 路线＼项目 | 要　点 | |
|---|---|---|
| | 非计划购买 | 计划购买 |
| 入店 | 视野良好，通道顺畅，陈列清晰 | 预定计划购买的商品要好找 |
| 经过通路 | 自然诱导，长距离行走 | 能尽快到达预定场所 |
| 浏览卖场 | 回想，联想， | 视野良好，看商品标示牌 |
| 立于卖场前 | 冲动，关联， | 立于目的卖场前 |
| 看商品 | 使其想到陈列 | 找相关的商品（看替代品） |
| 取商品 | 欲销售商品的位置 | 容易拿到，相关商品陈列 |
| 放入篮内 | | 重物后取 |
| 在收银机付款 | 浏览收银机周边陈设 | 浏览收银机周边陈设 |

## （二）现场促销

现场促销活动是指门店在一定期间内，针对多数预期顾客，以扩大销售为目的所进行的促销活动。

### 1. 现场促销的优势

（1）能够直接扩大销售额。

（2）大力推动促销商品的销售及商品品牌的潜意识渗透。

（3）有利于门店与消费者之间的情感沟通。

（4）造成"一点带动一线，一线带动一面"的联动局面。

### 2. 现场促销的特点

通过现场促销人员的营业性推广、快速性开拓、多维性营销，介绍商品；通过消费者试用商品、张贴广告、赠送促销品等活动，会使门店及其所促销的商品给消费者留下较深刻的印象。此外，现场促销还有一些非同一般的特点。

（1）以连锁企业门店为主体。虽然在促销的过程中由供应商提供商品并提出建议，参与促销策划，但现场促销的主体仍然是门店。

（2）以实际销售为目的。现场促销的目的在于促使消费者立即购买。现场促销并非像表演那样讲究"秀"的效果，而是以促成销售额的多寡显示其效果。

（3）以多数预期顾客为主要对象。所谓预期顾客，是指有购买愿望或购买可能性较强的消费者，至于对促销商品持否定、厌烦态度的顾客，不是现场促销的主要对象。

### 3. 现场促销的不同方式

（1）限时折扣，即门店在特定营业时段内，提供优惠商品，刺激消费者购买的促销活动。例如，限定16：00—18：00某品牌儿童服装五折限时优惠；或在9：00—10：00某些日用品七折优惠等。此类活动以价格为着眼点，利用消费者求实惠的心理，刺激其在特定时段内采购优惠商品。

在进行限时折扣时要注意：以宣传单预告，或在卖场销售高峰时段以广播方式，告之并刺激消费者购买限时特定优惠的商品，在价格上必须与原定价格有三成以上的价格差，才会对消费者产生足够的吸引力，达到使顾客踊跃购买的效果。

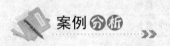

案例分析

## 美国斯里兰百货公司的"三连环"促销

美国的"斯里兰"百货公司，在商品的销路十分困难的情况下，为使公司走出困境，推出了"三连环"促销策略，也称"连锁"促销法。即以公司最为走俏的"雪山"牌毛毯为促销龙头，让利8%；只要在该公司购买一条雪山牌毛毯，顾客可得优惠购物券一张。拿着这张购物券在公司再度购物，便会得到15%的优惠价。然后再给你一张购物券，持此券再去购物，又可得20%的优惠价。如果顾客三次在该公司购物，可得"忠实上帝"奖券一张。

在众多的消费者中终于有不少的人被这种"三连环"的促销策略所打动。顾客拿着奖券购物获奖时，根据其购物价值，分级设立各种不同的奖品，如冰箱、彩电、录音机、电熨斗等。如果顾客没有中奖，可凭"忠实上帝"奖券任选一种价值在3～5元之间的商品。这一策略为公司招来了许多顾客，他们从四面八方涌向"斯里兰"百货店。该公司销售额因此不断提高。

资料来源：http：//club. china. alibaba. com

**思考问题：**

1. "三连环"促销的优势是什么？
2. "三连环"促销的发展基础是什么？

（2）面对面销售，即门店的店员直接与顾客面对面进行促销和销售的活动。此类活动的目的是为了满足顾客对某些特定商品适量购买的需求，同时，也可以适时地为消费者提供使用说明，促进商品的销售。其做法如下：规划适当位置作为面对面销售区（如在连锁超市中，通常均规划于生鲜部门区或在其附近，以强调其关联性）；选择具有专业知识及销售经验的人员来担任面对面销售的工作，以此来提升营业额；强调商品新、奇、特及促销人员亲切的服务，并让顾客自由选择商品品种及数量，以便产生更好的功效。

（3）赠品促销，即消费者免费或付某些代价即可获得特定物品的促销活动。例如，只要顾客在门店实施购买，就可以免费获得气球、面巾纸等。此类活动的做法如下：通常配合某些大型促销活动，如门店开幕或周年庆，或特定节庆，如儿童节、妇女节、情人节、中秋节、重阳节等有特殊意义的日子，或在供应商推广新产品时实施赠品促销。赠品的选择关系到促销活动的成败，虽然其金额不高，但是必须具备实用性、适量性和吸引性，才能吸引顾客来店。

（4）免费试用，即现场提供免费样品供消费者使用的促销活动，如免费试吃水饺、香肠、薯条；免费试用洗涤剂；免费为顾客染发等。此类促销活动是提高特定商品销售量的好方法。因为通过实际试用和专业人员的介绍，会增加消费者购买的信心和日后持续购买的意愿。其做法如下：安排适合商品试用的地点，要做到既可提高使用效果，又可避免影响顾客对门店内其他商品的购买；选择适合试用的商品品种及其供应商，通常供应商均有意配合推广产品，故应事先安排各供应商，确定免费试用促销的时间、做法及商品品种；举行试用活动的供应商必须配合门店规定的营业时间进行免费试用活动，并安排适当的人员和相应的器具，或委托门店服务人员来为顾客服务。

**4. 现场促销的阶段**

现场促销一般分为两个阶段：准备阶段和实施阶段。

（1）准备阶段。该阶段主要包括五项工作。

一是连锁企业要了解开展现场促销活动所针对目标顾客的风俗人情和特点。

二是连锁企业的营销人员应与供应商进行若干次恳谈，按照连锁企业对目标区域总的促销方针，协商好促销的商品品种、规格、数量、价格等。

三是根据消费者的需要和促销活动目标区域的市场特定情况，来决定市场联系枢纽的桥梁——促销品，包括促销品的品种、规格、数量及促销品配比率等，其中，促销品配比率是指促销品与产品的数量比例。

四是制定连锁企业的总体市场和各门店市场的现场促销计划与货源的调度。其中货源可以考虑三种情况：从供应商处直接进货；从连锁企业的配货中心调配；两者相结合。

五是现场促销人员的选拔、培训和安排。这是现场促销活动成功与否的一个重要因素。此处应该做好两方面的工作：首先，门店促销人员应具有丰富的促销经验，有强烈的冲劲和持续的原动力，具备熟练的推销技能、良好的口头表达能力、敏锐的洞察力及市场反应的良好感应决断力。其次，营销人员和供应商应该仔细研究、分析在促销活动实施过程中可能遇到的各种困难，决定应对措施。这些通常可以采取人员讨论和情景演习两种方式进行训练。

（2）实施阶段。该阶段主要包括三项工作。

一是门店促销人员应该抓住有利时机，讲好开场白，抓紧时间促销商品，试用商品，赠送促销商品，张贴广告等。

二是门店促销人员应该根据现场实际情况，调整好心理状态，恰当改变口头表达的内容和方式，调整说话的声音、速度和节奏，协调动作，注意外表形象等，总结出一套高速、高效的促销通用语，并加以推广和调整。

三是门店促销人员应该注意现场促销中以下两种方式的灵活运用：① 观念灌输，促销人员应该善于把纯粹的推销商品观念，上升到连锁企业经营理念的提高；② 感情沟通，如通过逗顾客的小孩来引起顾客注意，以达到沟通情感和促销的目的。

### （三）展示促销

展示促销最突出的特点在"寓教于售"。很多产品刚上市时，不为消费者所了解，门店及时、适当地开展展示促销活动，可以迅速地把新产品介绍给顾客，激发消费者需求，促进消费者购买和消费。此外，通过展示促销，还可以加强门店与顾客间的信息沟通和感情交流，了解顾客对新商品的反应和消费需求的变化。

**1. 展示促销的特点**

（1）促使消费者更好地接受新产品。

（2）节省促销的费用开支。展示促销的成本费用主要是用于展示的商品费用、辅助品费用及促销人员的劳务费用，与其他一些促销方式相比，费用较低，但是效果却很好。

（3）存在着一定的不足与缺陷。一般只适用于新产品，展示人员的水平影响展示效果的好坏。

**2. 展示活动应该注意的问题**

（1）周详的计划是成功的关键。进行促销计划时，首先必须明确商品展示促销的重点。在产品相关的广告中，引用与诉求点相关的词句。如从品味、简便性、加工、品牌等，选择出与新商品特性相符合的一点或几点作诉求，以期达到更好的促销效果。

（2）强调高效率。由于卖场所能腾出的空间十分有限，为讲究卖场效率，应随每次展示促销商品的不同，视所需场地的大小，临时指定展示场所。

（3）精心选择展示商品。展示商品应具有以下特征：有新型的使用功效，能使新商品的使用效果立即显现，新产品的技术含量低，为大众化的产品。

（4）设置合适的区域来进行新产品展示活动。主要注意：促销位置在卖场中醒目；在该商品销售位置附近开展；保证通道顺畅。

（5）认真地选择展示人员。选择展示人员时应充分考虑到展示人员对展示商品的性能、质量、使用方法等的了解程度，以及展示人员的展示技巧和把握现场气氛的能力。

**3. 门店展示人员的工作**

门店展示人员的职责是：增加示范商品的销量，热情问候每一位顾客，讲解商品知识，请顾客品尝产品，让顾客逐步产生购买这种产品的欲望。

（1）问候。向顾客致意，要亲切。

（2）讲解。向顾客叙述、介绍、报告，让顾客了解相关的商品信息，以及使用方法。

（3）促进销售。促进展示产品的销售，让顾客明白，如果不购买你促销的产品，他们将会错过大好的机会。

**4. 展示促销程序**

（1）确定销售目标。其具体办法是：通过信息系统查询到所促销商品在促销活动前四周的销售数量，然后用这个数量去除以 28（即四周天数），得出日均销售数量，则销售目标为：8 小时示范的销售目标为日均数量 ×3，4 小时展示的销售目标为日均数量 ×2。这些必须在促销员的每日报告中显示。例如：一项商品在促销活动前 4 周的销售数量为 420 个，则每日平均销售量为 15 个，8 小时促销的目标则为 45 个（3×15），4 小时促销的目标应为 30 个（2×15）。

（2）样品展示。样品展示有以下五个注意事项。① 样品来源。② 保留样品记录。③ 样品数量和尺寸。④ 放牧，即让顾客从一张促销台到另一张促销台的行为。通过促销员的介绍与配合，不让顾客失去每个试用商品和接受门店商品或服务的机会。⑤ 补充商品。在促销商品用完之后必须立刻补充。

**5. 门店在展示促销中的职责**

（1）对于供应商方面，门店要让他们相信，门店会以热情、令人兴奋的方式促销他们的商品，并且会百分之百地只促销他们的商品，而非别人的商品。

（2）对于顾客方面，门店要做到：永远不要让门店的促销活动令顾客不开心；确保顾客在促销活动中的安全；让顾客能从中得到商品的详细信息和优点；门店将永远保持其良好态度和微笑。

**（四）POP 的使用**

POP（Point of Purchase Advertising）是指门店卖场中能促进销售的广告，也称作售点广告。凡是在店内提供商品与服务信息的广告、指示牌、引导等标志，都可以称为 POP。POP 的任务是简洁地介绍商品，如商品的特色、价格、用途与价值等。

**1. POP 对门店促销的作用**

（1）传达门店商品信息。让路人了解门店的商品信息，吸引其进店，刺激顾客购买欲；活跃门店的气氛，促进商品的销售。

（2）创造门店的购物气氛。POP 既能为购物现场的消费者提供信息、介绍商品，又在美化环境方面具有独特的功效。

（3）促进连锁企业与供应商之间的互惠互利。通过促销活动，可以扩大连锁企业及其经营商品的供应商的知名度，增强其影响力。

（4）突出门店的形象，吸引更多的消费者来店购买。

**2. POP 广告的种类**

1）连锁企业普遍使用的 POP 类型

① 招牌 POP。招牌 POP 主要包括店面、布帘、旗子、横（直）幅、电动字幕，其功能是向顾客传达企业的识别标志，传达企业销售活动的信息，并渲染这种活动的气氛。

② 货架 POP。货架 POP 是展示商品广告或立体展示售货，这是一种直接推销商品的广告。

③ 招贴 POP。招贴 POP 类似于传递商品信息的海报，招贴 POP 要注意区别主次信息，严格控制信息量，建立起视觉上的秩序。

④ 悬挂 POP。悬挂 POP 主要包括悬挂在门店卖场中的气球、吊牌、吊旗、包装空盒、装饰物，其主要功能是创造卖场活泼、热烈的气氛。

⑤ 标志 POP。标志 POP，即门店内的商品位置指示牌，它的主要功能是向顾客传达购物方向的流程和位置的信息。

⑥ 包装 POP。包装 POP 是指商品的包装具有促销和宣传企业形象的功能，例如：附赠品包装，礼品包装，若干小单元的整体包装。

⑦ 灯箱 POP。门店中的灯箱 POP 大多稳定在陈列架的端侧，或壁式陈列架的上面，它主要起到指定商品的陈列位置和品牌专卖柜的作用。

2）销售型 POP 与装饰型 POP

销售型 POP 是指顾客可以通过其了解商品的有关资料，从而进行购买决策的广告；装饰型 POP 是用来提升门店的形象，进行门店气氛烘托的 POP 类型。这两种 POP 各自的功能及有关情况如表 9 – 2 所示。

**表 9 – 2　销售 POP 广告与装饰 POP 广告的功能与区别**

| 名称 | 功能 | 种类 | 使用期限 |
|---|---|---|---|
| 销售 POP | 代替店员出售<br>帮助顾客选购商品<br>促进顾客的购买欲 | 手制的价目卡<br>拍卖 POP<br>商品展示卡 | 拍卖期间或特价日，多为短期用 |
| 装饰 POP | 制造店内的气氛 | 形象 POP、消费 POP<br>招贴画、悬挂小旗 | 较为长期性，而且有季节性 |

3）外置 POP、店内 POP 及陈列现场 POP

外置 POP、店内 POP 及陈列现场 POP 的各自功能及有关情况如表 9 – 3 所示。

**表 9 – 3　外置 POP、店内 POP 及陈列现场 POP 的形式与功能**

| 种类 | 具体类型 | 功　能 |
|---|---|---|
| 外置 POP | 招牌、旗子、布帘 | 告诉顾客门店的位置及其所售商品的种类，通知顾客正在特卖或造成气氛 |
| 店内 POP | 卖场引导 POP、特价 POP、气氛 POP、厂商海报、广告板 | 告诉进店的顾客，某种商品好在什么地方；告诉消费者正在实施特价展卖，以及展卖的内容；制造店内气氛；传达商品情报及厂商情报 |
| 陈列现场 POP | 展示卡、分类广告、价目卡 | 告诉顾客商品的品质、使用方法及厂商名称等特征，帮助顾客选择商品；告诉顾客广告品或推荐品的位置、尺寸及价格；告诉顾客商品的名称、数量、价格，以便消费者作出购买决定 |

 知识拓展

# POP 绘 制

POP 起源于美国的超级市场和自助商店里的店头广告。1939 年，美国 POP 协会正式成立，自此 POP 获得正式的地位。

POP 只是一个称谓，但是就其形式来看，在我国古代，酒店外面挂的酒葫芦、酒旗，饭店外面挂的幌子，客栈外面悬挂的幡帜，或者药店门口挂的药葫芦、膏药或画的仁丹等，以及逢年过节和遇有喜庆之事的张灯结彩等，都可谓 POP 的鼻祖。

POP 的制作是相对较为简单的，制成后需要有很强的视觉冲击力，达到商家预期的目的。因此，大部分的 POP 是用水性的马克笔或是油性的麦克笔和各种颜色的专用纸制作。

POP 的制作方式、方法很多，材料种类不胜枚举，但以手绘 POP 最具机动性、经济性、亲和性。手绘 POP 的制作基本原则为：引人注目；容易阅读；一看便知诉求重点；具有美感；有个性；具有统一感和协调感；有效率。

POP 首先必须具备以下三个基本点：醒目、简洁、易懂。

首先，为了让 POP 醒目，应该从用纸的大小和颜色上想办法。在卖场中都会陈列各种大小不同、颜色各异的商品。在这个五光十色的环境中，尝试使用不同颜色的纸制作 POP，一定会收到不同的效果。

顾客对不同颜色有不同的感觉，黄色给顾客一种价格便宜的感觉，淡粉色和橘黄色的效果也不错。与冷色系相比，顾客大多更喜欢暖色系。

另外，POP 的面积还应该根据商品的大小、书写的内容而变化。对于成堆摆放的特价商品，应该采用大型的 POP，而对于货架摆放的小型商品，在制作 POP 时则应注意用纸的大小，不要将商品全部挡住为好。不同大小的 POP 都要准备。

其次是简洁。POP 不可能无限放大。此时，如何将想要宣传的内容全部准确地表达出来就是个问题。虽然传达给顾客的信息越详细越好。但是如果将很多的内容用很小的字写在 POP 上，如果顾客看不清，估计会索性根本不看。所以，应该尽量将商品的特点总结成条目，并且至多三条。POP 是吸引顾客注意商品的手段，将商品的特点总结成条目，便于顾客阅读，也就便于顾客了解商品。

书写 POP 用的笔，应该控制在三种颜色以内。如果字体的颜色太多，反而会令顾客眼花缭乱，不容易看清楚。

第三点是易懂。介绍商品的语言要让顾客一目了然，不能含糊晦涩。

POP 是在一般广告形式的基础上发展起来的一种新型的商业广告形式。与一般的广告相比，其特点主要体现在广告展示和陈列的方式、地点和时间三个方面。这一点从 POP 的概念即可看出。

资料来源：胡启亮，霍文智．连锁企业门店营运管理．北京：科学出版社，2008.

 案例**分析**　▶▶

## 先体验，后付款

西安某美容院为吸引消费者，赢得市场竞争，推出了"0～25元体验价，体验后，根据感觉付款"的促销活动。活动规定，凡在本店体验任何美容服务项目，其最高体验价格均为25元，且消费者体验完毕后，可根据自身感受酌情付款。活动推出后，消费者趋之若鹜，体验者众多，美容院生意直线上升，一个月后美容院产品销售翻一番，顾客数量增加70%。

调查内容如下。

促销目的：吸引消费者上门，促进产品、服务销售。

促销对象：所有消费者。

促销项目：美容院所有服务项目。

促销工具：免费体验+低价尝试。

促销诱因：体验后，根据感觉付款。

促销时机：任何情况。

促销理由：企业消费人群下降，或希望提高产品销售业绩，增加消费群数量。

促销方式：先体验，再付款。

促销地点：美容院。

促销时间：长期使用。

促销人员：本企业员工。

促销效果：一个月后美容院产品销售翻一番，顾客数量增加70%。

资料来源：http://hi.baidu.com

**思考问题：**

1. 分析这家美容院的成功之处。

2. 给美容院设计其他的促销方法。

## 技能训练

**一、思考题**

1. 促销策划主要包括哪些内容？

2. 促销方法主要有哪些？

3. POP有哪些类型？

**二、能力训练**

1. 我国的重阳节是老年人的节日，现在让你来制订一份老年人用品的重阳节促销方案，该如何制订，要考虑哪些方面？

2. 结合本地区连锁超市的调研，分析连锁企业门店促销时机选择与促销方式的应用。

# 任务 2　促销活动的实施与效果评估

促销活动的方案制订只是促销的最初的一个环节，一个好的方案是否能够在实施中得到很好的体现更重要，只有促销实施顺利进行才能有好的销售业绩，也才能为下次的促销积累经验。效果的评估是对促销方案实施的最好考核。

## 资料：奥康促销

随着市场渠道操作的不断精细化，专卖店的重要性已经是显而易见了，特别是在鞋服行业，专卖店早已是独占鳌头！但是随着专卖店渠道的快速发展，市场竞争也异常激烈，最为显著的就是促销活动的手段。

奥康集团于 2000 年 4 月 29 日至 5 月 1 日在浙江省内所有专卖店开展的促销活动内容是为庆祝五一劳动节，凡编号尾数为"51"的人民币，均可按面值翻 1 倍在奥康专卖店使用。这个促销从 4 月 29 日到 5 月 1 日，短短 3 天时间，人们排起长队涌向奥康专卖店，奥康皮鞋在浙江省范围内的销售额达到 1 800 万元左右，浙江省内各个奥康专卖店可以说卖得只剩下货架和营业员了。鞋企同行当时纷纷感叹：节日生意都让奥康抢去做了！

奥康皮鞋促销成功，达到理想的促销效果，不仅因为其促销方案制订得好，更在于其促销方案执行得好。虽然执行是最后一个步骤，但却是整个促销活动的重点。如果一个好的促销创意活动没有很好地执行下去，那么结果将会大打折扣，甚至"赔了夫人又折兵"。特别是鞋服行业可以说 30% 靠策划，70% 靠执行。

那么，如何才能达到好的促销效果呢？根据鞋服行业专卖店的特点，通常必须做好以下四个方面的主要工作内容：① 做好促销宣传品准备；② 终端销售人员培训；③ 促销现场监督到位；④ 促销活动评估。

因为促销主题需要一种媒介向目标消费群体传达，所以宣传品的准备包括制作、播放与摆放两个步骤。① 宣传品制作。通常情况制作的宣传品有电视、广播、刊物报纸所需要的图片、软文等。广告部分需要强调视觉的冲击，色调强调夏天以冷色为主而冬天以暖色为主。软文部分则是不管是电视、刊物、广播，还是海报、易拉宝、宣传单等都需要说明促销活动的主题内容，让目标顾客一看便知。② 宣传品的播放与摆放。由于宣传品的类型有多种，其中有些宣传品需要提前与相关单位联系做好相关事宜，例如，电视、广播、刊物报纸、条幅等，确定具体实施时间、地点、内容等；海报、易拉宝、宣传单等物料，需在促销活动开展之前发放及摆放到位。

同时对终端销售人员培训。终端销售人员是厂家直接面对消费者的形象，因此每次的促销活动都必须对促销方案进行提炼，形成统一说辞，并且对终端销售人员进行全员培训，做到每个人员既了解本次促销活动的内容，又能统一口径。

另外促销现场监督到位。监督就是把握促销现场的宣传品摆放是否到位、现场工作情况、产品和礼品是否充足、人力是否足够等，并能根据实际情况作出相应调节，确保促销活动的顺利进行。

每次促销活动结束，都要对本次的促销活动进行评估。促销活动成功与否，可以很真实地反映出专卖店促销活动的效果，也能最直接地反映出产品品牌在当地的影响力，以及终端专卖店营运优劣的检验情况等。例如，活动已经开展但是顾客没有进门或者是进门很少，这说明本次活动宣传可能不到位或品牌产品在当地知名度和影响力有待提高。如果进店顾客不少，但实际成交却很少，那就说明该店产品结构不对路，需要调整产品结构。

综上所述，一个好的促销活动并非是打打折、贴贴海报就可以的。更紧要的是在具体开展促销活动之前，对当地市场环境、消费者习惯、竞争品状况及本产品品牌影响度等进行调研考察，在此基础和前提下设置相应的目标、主题、具体实施策略、落实执行内容等，必须做到每步环环相扣。除了活动本身影响着促销效果之外，还与品牌知名影响度、产品是否对路、销售人员服务等有直接关系，切忌"眉毛胡子一把抓"。最后，执行到位才是整个促销活动成功的坚实保证。

**要求：**

1. 终端促销人员培训的详细内容是什么？
2. 促销实施都包括哪些内容？
3. 如何对促销效果进行评估？
4. 从奥康的促销中我们能学到什么？

## 一、促销活动方案的实施

### （一）拟订促销企划方案

首先，由连锁企业负责促销的职能部门根据计划要求，分析研究最近商圈内竞争门店动态、消费者收入水平及其购买力状况，拟订一定时期内企业促销活动的诉求重点及具体做法；其次，还需要获得相关部门的配合与支持，如召集营运部、商品管理部相关人员召开促销会议，对促销活动的主题、时间、商品品种及价格、媒体选择、供货厂商的配合及竞争门店的促销活动等进行仔细分析，以确保促销活动的有效实施。

## （二）促销人员培训

制定有效的措施和程序，加强对促销人员的培训，是连锁企业门店促销的首要问题。

（1）服务意识。消费者是促销员最应重视的公众对象，因为消费者是产品和服务的最终接受者，促销员作为沟通生产者与消费者的中间环节，必然要以满足消费者的需要作为自身工作的宗旨，时时为消费者的利益着想，努力满足消费者提出的各种要求，创造各种条件来为消费者服务。

（2）运筹能力。促销员应具备能将事先制订的周密活动计划与工作步骤认真地执行下去的能力和善于协调各方面的往来关系的能力，以及把握好消费者的不同心态的能力，并能准备好应急方案与应变措施。

（3）应对能力。促销活动在实施过程中并非都是一帆风顺，有顺利发展的时候，也有遇到风险和低谷的时候，因此，促销员在促销工作中还要机警灵敏，能够及时处理突发事件。

（4）熟练业务能力。促销员只有在熟悉所促销商品的情况下，才能更好地将商品的优点、品质表现在消费者面前，从而达到促销目的。如果促销员对商品不了解，是无法说服消费者购买的。

## （三）准备促销商品

促销商品的选择是门店促销活动的关键。商品是否对顾客有吸引力，价格是否有震撼力，都直接关系到促销活动的成败。一般地，主要的促销商品必须具有以下特征：

（1）知名的制造企业的著名品牌或者是国际品牌；

（2）与知名品牌商品有相同功效，但具有价格优势的商品；

（3）其他商店非常畅销的、消费者熟悉价格的商品。

在促销期间商品的管理要注意：① 要准确预测促销商品的销售量并提前进货，促销商品必须充足，以免缺货造成顾客抱怨及丧失促销机会；② 促销商品价格必须及时调整，以免使顾客产生被欺骗的感觉及影响收银工作的正常进行；③ 新产品促销应配合试吃、示范等方式，以吸引顾客消费，以免顾客缺乏信心不敢购买。④ 商品陈列必须正确且能吸引人，除了在促销活动中必须做的各种端架陈列和堆头陈列外，还要对陈列做一些调整，以配合促销达到最佳效果。如促销商品和高毛利非促销商品必须有效组合、关联陈列，以提高顾客对非促销商品的关注。

## （四）做好广告宣传

连锁企业门店虽然策划了一项大型促销活动，但目标顾客如果蒙在鼓里就毫无效果，因而尽可能让顾客知晓促销内容是十分必要的。促销宣传主要有：媒体广告、直邮 DM、卖场海报、人员宣传、派发传单等。

在宣传方面必须注意：

（1）确认广告宣传单均已发放完毕，以免留置卖场逾期作废；

（2）广告海报、宣传布条等应张贴于最佳位置，如入口处或布告栏上，以吸引顾客入内采购；

（3）特卖品的 POP 应放置在正确位置，价格标识应醒目，以吸引顾客购买。

## （五）布置卖场氛围

卖场氛围可以根据促销活动进行有针对性的布置，应张贴各种季节性、说明性、气氛性的海报、旗帜、气球等物品，以增加促销气氛，同时应辅之以各类商品的灯具、垫子、隔物板、模型等用品以更好地衬托商品，刺激顾客的购物兴趣。适当时可以播放轻松愉快的背景音乐，使顾客感觉更舒适。必要的话也可以适当安排专人在卖场直接促销商品。

## （六）促销方式

连锁企业门店可以选用的具体促销方式有很多。促销活动林林总总，商店必须选择合适的促销手段和方式，才能避免走进纯粹的价格促销循环。促销手段各有其特点和适用范围，在选择时要考虑如下因素：促销目标、商店类型及竞争环境、费用预算。

## （七）促销活动的实施

促销活动的目的除了希望在特定期间内，能提高来客数、客单价及增加门店营业额之外，更重要的是让顾客日后能持续光顾。因此，各门店需要运用促销活动检核表来确保门店促销活动实施的质量，以便为顾客提供良好的服务并达成促销效果。

促销活动检核表是连锁企业总部或门店管理人员在不同促销期间，对卖场情况进行评估的依据，可以作为促销活动实施情况的参考。某超市促销活动检核表如表 9 - 4 所示。

表 9 - 4　某超市促销活动检核表

| 类别 | 检核项目 | 是 | 否 | 备注 |
|---|---|---|---|---|
| 促销前 | 1. 促销宣传单、海报、红布条、POP 是否发放及准备妥当？ | | | |
| | 2. 卖场人员是否均知道促销活动即将实施？ | | | |
| | 3. 促销商品是否已经订货或进货？ | | | |
| | 4. 促销商品是否已经通知计算机部门履行变价手续？ | | | |
| 促销中 | 1. 促销商品是否齐全？数量是否足够？ | | | |
| | 2. 促销商品是否变价？ | | | |
| | 3. 促销商品陈列表现是否吸引人？ | | | |
| | 4. 促销商品是否张贴 POP？ | | | |
| | 5. 促销商品品质是否良好？ | | | |
| | 6. 卖场人员是否均了解促销期间及做法？ | | | |
| | 7. 卖场气氛布置是否活泼？ | | | |
| | 8. 服务台人员是否有定时广播促销做法？ | | | |
| 促销后 | 1. 过期海报、POP、红布条、宣传单是否拆下？ | | | |
| | 2. 商品是否恢复原价？ | | | |
| | 3. 商品陈列是否经调整恢复原状？ | | | |

在对促销活动进行检核时，应该高度重视对门店 POP 使用情况的检查。及时检查 POP 在门店中的使用情况，对发挥其广告效应能起到很大的作用。POP 的检查要点如下：

（1）POP 的高度是否恰当；

（2）是否依照商品的陈列来决定 POP 的大小尺寸；

（3）有没有脏乱和过期的 POP；

（4）广告中关于商品的内容是否介绍清楚（如品名、价格、期限）；

（5）顾客是否看得清、看得懂 POP 的字体，是否有错别字；

（6）是否由于 POP 过多而使通道视线不明；

（7）POP 是否有水湿而引起卷边或破损；

（8）特价商品 POP 是否强调了与原价的跌幅和销售时限。

## 二、促销作业流程

连锁企业的促销计划经决策部门确认后，促销管理的重点便落在了促销活动作业流程规划上面。由于连锁企业每月配合节令、重大事件而实施的促销活动通常有 2～3 次，时间安排得相当紧凑。因此，各部门必须依照作业流程规范操作，以防止促销效果不理想。以连锁超市为例，连锁企业促销活动作业流程通常如下所述。

（1）企划部促销组负责拟订促销计划。

（2）采购部（或商品管理部）负责提供或确认促销活动中所需的供应商名单及供应商支持，同时组织促销活动中的商品并确认促销商品按时足量送到。

（3）企划部美工负责促销活动中宣传品、促销品的设计及制作。

（4）配送中心负责对促销商品优先收货、配送。

（5）各门店店长负责促销活动在该店的具体实施。

（6）计算机部负责对促销商品的变价。

（7）人力资源部负责在促销活动中供应商促销员的派驻及考核。

（8）行政部库管（或开发部工程组）负责促销活动中道具及设备的提供。

（9）营运部负责对促销活动中的商品价格及质量进行控制、监督和检查。

（10）企划部促销组负责对各店促销活动的实施情况进行监督、检查、控制。

（11）营运部负责每期促销活动完成后的评估用资料的收集。

（12）企划部负责企划促销活动的评估总结。

 **阅读资料**

## 促销人员必须做到的"三好"、"一陈列"、"四帮忙"

促销工作是销售人员的必修课，是销售的最基础、最重要的环节。作为一名优秀的促销人员，要注意细节，做到"三好"、"一陈列"、"四帮忙"。

（1）"三好"就是：① 把条幅、展布挂好，挂于显眼处，最好把公司的几种产品条幅挂在一起以突出整体效果；② 把广告画、宣传画、不干胶等 POP 粘贴好；③ 把公司产品广告带播放好。

（2）"一陈列"就是，整理货柜，做好产品陈列。产品陈列是销售工作中一项非常基础、非常重要的工作。相关资料显示，科学、专业、适应消费心理和消费需求的产品陈列能带动 30%～40% 的销售增长，一个好的产品陈列能够促进 70% 非事前计划性消费者的购买行为发生。大家都会注意到这个现象：产品陈列较好且零售商能随手拿到的产品一定是他主推的产品。

做好产品陈列要注意以下技巧。

① 争取最好的陈列点：进店第一眼能看到的、与视线等高、最好伸手就能拿得到产品的架位。

② 商品标签一定要与商品对应准确，陈列面要保持洁净，排列要整齐；一种产品至少要摆放 5 个以上，以突出整体效果。公司几个系列产品摆在一个货架做专柜效果更好。

③ 讲究摆放的艺术性：不同产品、不同包装之间摆放的顺序要科学、有序（一般由小到大依次摆放，符合人正常的审美观）；盒装或袋装产品都要立放，做到整齐划一。如果有条件的话可把公司已销售的产品空箱累计摆起来摆在门店外面也是一个不错的陈列方式。

（3）"四帮忙"指的是：① 帮客户卸货；② 帮客户招呼客人；③ 帮客户把产品擦净、摆齐、放好，促销人员切记不要只顾自己公司的产品，可结合零售商兼顾其他公司的产品，如公司没有的产品可协助客户销售；④ 帮客户做好"家务"（第四点根据实际情况区别对待，切记促销员不是保姆）。

资料来源：http：//management. mainone. com

## 三、促销效果评估

### （一）选择促销评估方法

促销效果的评估是连锁企业一项非常重要的工作内容，通过评估促销活动的效果，对其成功与不足加以认真总结，以便把下一次促销活动搞得更好。一般来说，连锁企业促销效果的评估可以采用以下几种方法进行。

**1. 前后比较法**

选取开展促销活动不同时段（之前、中间、之后）的销售量进行比较，通过比较结果来判断促销的成功与否，一般会出现十分成功、得不偿失、适得其反等几种情况。

其中，十分成功是指采用促销活动后，促销量明显增长，取得了预期的效果；得不偿失刚好相反，是指促销活动的开展，对门店的经营、营业额的提升没有任何帮助，还浪费了促销费用；适得其反，是指由于促销活动中管理混乱、设计安排不当、关键事项处理不妥，或是出现了一些意外情况等原因，损伤了超市自身的美誉度，结果导致促销活动结束后，超市的销售额不升反降。通过前后比较方法，能直接看出促销所产生的效果，这是判断促销成功与否的最直观的方法。

**2. 观察法**

这种方法简便易行，也比较直观，主要是通过观察消费者对门店促销活动的反应。例如，消费者在限时折价活动中的踊跃程度，优惠的回报率度，参加抽奖竞赛的人数及赠品的偿付情况等，对门店促销活动的效果做相应的了解。

**3. 调查法**

消费者是促销的最终服务对象，他们的意见最能体现促销效果，因此，门店促销效果取决于消费者参与促销活动人数的多少、满意程度的高低。一般来说，效果好的促销活动消费者参与度与满意度都比较高。对于消费者满意度的调查，可以组织有关人员抽取合适的消费者样本进行，了解促销活动的效果。这一项目主要评估消费者参与促销的踊跃程度，事后有多少消费者记得促销活动，他们对促销活动有何评估，是否从中得到了好处，促销活动对他们今后的购物选择是否有影响等。

总之，促销活动结束后的总结与评估，有助于提高连锁企业的绩效。通常情况下，如果促销活动的实施绩效在预期的 95%～100%，则是正常情况；如果在预期的 105% 以上，则是高标准表现；如果在预期的 95% 以下，则有待在今后的促销活动中加以改进和提高。

## （二）促销效果评估

促销效果评估主要包括三个方面：促销主题配合度、创意与目标销售额之间的差距，以及促销商品选择的正确与否。

（1）促销主题配合度。促销主题是否针对整个促销活动的内容；促销内容、方式、口号是否富有新意、吸引人，是否简单明确；促销主题是否抓住了顾客的需求和市场的卖点。

（2）创意与目标销售额之间的差距。促销创意是否偏离预测目标销售额；创意是否符合促销的主题和整个内容；创意是否过于沉闷、正统、陈旧，缺乏创造力、想像力和吸引力。

（3）促销商品选择是否正确。促销商品能否反映门店的经营特色；是否选择了消费者真正需要的商品；能否给消费者增添实际利益；能否帮助门店或供应商处理积压商品；促销商品的销售额与毛利额是否与预期目标一致。

## （三）供应商状况评估

除对促销效果进行评估外，还应该对供应商的配合状况进行评估。

（1）供应商对连锁企业促销活动的配合是否恰当及时。

（2）能否主动参与、积极支持，并为连锁企业分担部分促销费用和降价损失。

（3）促销期间，供应商能否及时供货，数量是否充足。

（4）在商品采购合同中，供应商尤其是大供应商、大品牌商、主力商品供应商，是否作出促销承诺，而且切实落实促销期间供应商义务及配合等相关事宜。

### （四）自身运行状况评估

促销结束后，连锁企业还应对自身的运行情况进行评估。

（1）从总部到门店，各个环节的配合状况。主要有：配送中心运行状况评估；门店运行状况评估；总部运行状况评估。

（2）促销人员评估。评估可以帮助促销员全面并迅速地提高自己的促销水平，督促其在日常工作流程中严格遵守规范，保持工作的高度热情，并在促销员之间起到相互带动促销的作用。

促销人员的具体评估项目：促销活动是否连续，是否达到公司目标，是否有销售的闯劲，是否在时间上具有弹性，能否与其他人一起工作，是否愿意接受被安排的工作，文书工作是否干净、整齐，他们的准备和结束时间是否符合规定，是否与顾客保持密切关系，是否让顾客感到受欢迎。

 **知识拓展**

## 如何撰写促销活动方案

销售促进是与人员推销、广告、公共关系相并列的四大基本促销手段之一。随着竞争的加剧，针对消费者的促销活动在营销环节中的地位已越来越重要。据统计，国内企业的促销活动费用与广告费用之比达到 6∶4。正如一份缜密的作战方案在很大程度上决定着战争的胜负一样，一份系统全面的活动方案是促销活动成功的保障。

如何撰写促销方案？一份完善的促销活动方案分 12 个部分。

（1）活动目的。对市场现状及活动目的进行阐述。市场现状如何？开展这次活动的目的是什么？是处理库存？是提升销量？是打击竞争对手？是新品上市？还是提升品牌认知度及美誉度？只有目的明确，才能使活动有的放矢。

（2）活动对象。活动针对的是目标市场的每一个人还是某一特定群体？活动控制在多大范围内？哪些人是促销的主要目标？哪些人是促销的次要目标？这些选择正确与否会直接影响到促销的最终效果。

（3）活动主题。在这一部分，主要是解决两个问题。

① 确定活动主题：选择什么样的促销工具（降价？价格折扣？赠品？等等）和什么样的促销主题，要考虑到活动的目标、竞争条件和环境及促销的费用预算和分配。

② 包装活动主题：淡化促销的商业目的，使活动更接近于消费者，更能打动消费者。这一部分是促销活动方案的核心部分，应该力求创新，使活动具有震撼力和排他性。

（4）活动方式。这一部分主要阐述活动开展的具体方式。有两个问题要重点考虑。

① 确定伙伴：以政府为后盾，还是厂家单独行动，还是和经销商联手？或是与其他厂家联合促销？和政府或媒体合作，有助于借势和造势；和经销商或其他厂家联合可整合资源、降低费用及风险。

② 确定刺激程度。要使促销取得成功，必须要使活动具有刺激力，能刺激目标对象参与。刺激程度越高，促进销售的反应越大。但这种刺激也存在边际效应。因此必须根据促销实践进行分析和总结，并结合客观市场环境确定适当的刺激程度和相应的费用投入。

（5）活动时间和地点：促销活动的时间和地点选择得当会事半功倍，选择不当则会费力不讨好。在时间上要尽量让消费者有空闲参与，在地点上也要让消费者方便，而且要事前与城管、工商等部门沟通好。不仅发动促销战役的时机和地点很重要，持续多长时间效果会最好也要深入分析。持续时间过短会导致在这一时间内无法实现重复购买，很多应获得的利益不能实现；持续时间过长，又会引起费用过高而且市场形不成热度，并会降低商品在顾客心目中的身价。

（6）广告配合方式：一个成功的促销活动，需要全方位的广告配合。选择什么样的广告创意及表现手法？选择什么样的媒介炒作？这些都意味着不同的受众抵达率和费用投入。

（7）前期准备：前期准备分为三块。

① 人员安排。人员安排要做到：人人有事做，事事有人管。无空白点，也无交叉点。各个环节都要考虑清楚，否则就会临阵出麻烦，顾此失彼。

② 物资准备。在物资准备方面，要事无巨细，大到车辆，小到螺丝钉，都要罗列出来，然后按单清点，确保万无一失，否则必然导致现场的忙乱。

③ 试验方案。由于活动方案是在经验的基础上确定，因此有必要进行必要的试验来判断促销工具的选择是否正确，刺激程度是否合适，现有的途径是否理想。试验方式可以是询问消费者，填调查表或在特定的区域试行方案等。

（8）中期操作。中期操作主要是活动纪律和现场控制。

纪律是战斗力的保证，是方案得到完美执行的先决条件，在方案中应对参与活动人员各方面纪律作出细致的规定。现场控制主要是把各个环节安排清楚，要做到忙而不乱，有条有理。

同时，在实施方案过程中，应及时对促销范围、强度、额度和重点进行调整，保持对促销方案的控制。

（9）后期延续。后期延续主要是媒体宣传的问题，对这次活动确定将采取何种方式在哪些媒体进行后续宣传。

（10）费用预算。没有利益就没有存在的意义。对促销活动的费用投入和产出应作出预算。一个好的促销活动，仅靠一个好的点子是不够的。

（11）意外防范。每次活动都有可能出现一些意外。比如政府部门的干预、消费者的投诉甚至天气突变导致户外的促销活动无法继续进行等。必须对各个可能出现的意外事件做必要的人力、物力、财力方面的准备。

　　(12) 效果预估。预测这次活动会达到什么样的效果，以利于活动结束后与实际情况进行比较，从刺激程度、促销时机、促销媒介等各方面总结成功点和失败点。

　　以上 12 个部分是促销活动方案的一个框架，在实际操作中，应大胆想像，小心求证，进行分析比较和优化组合，以实现最佳效益。

资料来源：http：//www.emkt.com.cn

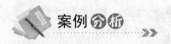 案例**分析** ▶▶

## 屈臣氏：如何玩转价格魔方

　　屈臣氏的经营成功，大家有目共睹，从零售经营的几个评估指标如：坪效、客单价、毛利率来评判，这种以化妆品、美容工具、小饰品、休闲零食、保健品为主要经营品类的"个人护理用品"经营模式被誉为"中国最具有发展潜力行业"及"最具投资价值经营模式"。在一定程度上，屈臣氏成了"个人护理用品经营模式"的代名词，人们习惯把这种模式叫做屈臣氏模式。

　　根据权威机构对从 18 岁至 45 岁的都市时尚白领阶层的消费研究发现：这类群体不但数量非常庞大，而且具有非常强大的消费能力，他们有着"努力工作、努力享受生活"的生活习惯，在购物时满足于"优质服务"的享受，热衷于"体验式"购物，并且不太计较商品的实用性及价格，但是他们在购物时却有一种不可抗拒的"冲动性"。

　　屈臣氏在定价方面如何对这一群体进行思想催眠，除了有非常多的 9.9、19.9、29.9 系列商品外，更经常进行八折、五折、买一送一、加一元多一件、10 元、20 元、30 元促销活动。更为让人叫绝的是其在自有品牌商品方面的有"预谋"性的策略。据了解，一支 750 mL 的洗发露制造成本大约为 10 元左右（零售价大致在 35～45 元，商品零售价的很大一部分来自于广告费用和渠道建设费）。屈臣氏的自有品牌新商品刚上市的时候，会参考市场价格，一般保证在低于市场价 20% 左右，所以常定价为 29.9 元/支。假定进货的数量为 1 000 支，则成本总额为 $10 \times 1\ 000 = 10\ 000$ 元。新产品推出的时候，屈臣氏会在最显眼的位置将其陈列出来吸引顾客的眼球，并发放试用包装，有部分非常忠诚或者较有个性的顾客会有试用的欲望，但是更多人心目中都会认为性价比不高，所以在这段时间，这个商品的销售幅度不大。假设 30 天销售了 50 支，那销售金额为 $29.9 \times 50 = 1\ 495$ 元。这段时间叫做推广期。

　　接下来，屈臣氏会展开一系列的促销行动，把商品的销售带到高峰，首先登场的是"买一正品送一赠品"活动，买一瓶 750 mL 洗发水，送一瓶 100 mL 的护发素（大致成本在 3 元左右），促销期为 15 天，经过全面的推广，这段时间的销售量会大幅度增加，200 支商品在这段时间流向了顾客手中，屈臣氏 $29.9 \times 200 = 5\ 980$ 元进账，$5\ 980 + 1\ 495 = 7\ 475$，回本了。

真正的好戏还在后头，"加一元多一件"隆重登场，"29.9 + 1 = 2 支"，终于到了最后冲刺阶段，30.9元购买2支750 mL的屈臣氏洗发水，那还需要考虑吗？买回去洗衣服都划算。销售达到了最高峰，剩余的750支全部销售完毕。750/2 × 30.9 = 11 587.5 元进账了。

最后盘点一下这个单品的销售业绩：

成本：1 000 × 10 = 10 000 元，3 × 300 = 900 元（赠品），一共是10 900 元。

销售金额：1 495 + 5 980 + 11 587.5 = 19 062.5 元。

毛利额：19 062.5 - 10 900 = 8 162.5 元。

利润翻了一番。60天，1 000 支洗发水销售完毕，这也许仅仅就是一个店的销售数据，屈臣氏就是这样玩转销售的魔方。

资料来源：http://www.globrand.com

思考问题：

1. 屈臣氏采取的促销方法是什么？成功之处在哪里？

2. 如何对促销效果进行评估？都有哪些评估方法？

## 技能训练

一、思考题

1. 促销活动的实施流程是什么？

2. 促销活动实施需要做哪些准备？

3. 促销效果评估有哪些方法？

4. 自身运行状况应进行哪些方面的评估？

二、能力训练

1. 结合本地区连锁超市的调研，分析连锁企业门店促销时机的选择与促销方式的应用。

2. 帮助本地区的小型超市进行促销策划，并跟踪进行促销效果评估，发现问题，并解决问题，最终形成分析报告。

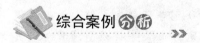

综合案例分析

## 经典的节日促销案例

节日消费心理的特点决定了不同平常的节日售卖形式，对于新品牌的推广，更是给了消费者亲密接触的绝佳良机。

先来看看一家生产水饺、汤圆、粽子等传统中式食品的小企业的节日营销心得。值得注意的是，这家企业超过一半以上的销量是在节日前后实现的，因此在实践中积累了丰富的节日营销经验。

策划一：出位创意，烘托节日氛围。节日是动感的日子，欢乐的日子，捕捉人们的节日消费心理，寓动于乐，寓乐于销，制造热点，最终实现节日营销。针对不同节日，塑造不同活动主题，把最多的顾客吸引到自己的柜台前，营造现场气氛，实现节日销售目的。如去年端午节，在卖场把超市的堆头设计成龙舟的形状，龙舟上既可摆放真空粽子，又可摆放宣传端午的物料，在现场营造出浓厚的端午节气氛。

策划二：文化营销，传达品牌内涵。嫁接节日的文化氛围，开展有针对性的文化营销。充分挖掘和利用节日的文化内涵，并与自身经营理念和企业文化结合起来，不仅可以吸引众多的消费者，在给消费者艺术享受的同时，也能带来良好的市场效益，树立良好的企业形象。比如情人节，在卖场开展的"情侣过三关"和"汤圆代表我的心"智力闯关活动，就很好地洋为中用，不仅增加了我国汤圆的文化外延，还通过活动传达出情人节的浪漫与温馨，而且，平时两人之间羞于表达的想法也可以借此表达，丰富了节日内涵。其他如灯谜擂台赛、地方民俗文化展示等已成为商家吸引消费者眼球屡试不爽的妙招。

策划三：互动营销，增强品牌亲和力。生活水平的提高使消费者的需求开始由大众消费逐渐向个性消费转变，定制营销和个性服务成为新的需求热点。去年端午期间，在长沙开展的"来料加工教你包粽子"就颇受消费者青睐，女工展示的包粽子绝活儿让那些都市里的家庭主妇看得啧啧称赞，现场的销售也是一片火暴。而卖场，更是节日营销的主角，深圳沃尔玛曾开辟一先例，让顾客自己设计礼篮或提供不同型号的礼篮，由顾客挑选礼品，不限数量、品种、金额，既可迎合不同的消费需求，又可充分掌握价格尺度。此法一经推出便受到消费者的欢迎，不仅大大增加了生鲜部的利润，也促进了其他部门的销售。

策划四：价格促销，激发售卖潜力。节日营销的主角就是价格战，广告战与促销战均是围绕价格战展开的。能否搞好价格战是一门很深的学问，许多商家僵化地认为节日就是降价促销，这样做就落进了促销的误区。作为节日营销的惯用方法，诸如"全场特价"、"买几送几"的煽情广告已司空见惯，千篇一律，对消费者的影响不大。因此，如果真要特价也要处理得当，讲究点创意和艺术，这其中梯子价格就足以称道。在农历的冬至节，策划的梯子价格销售就取得了良好效果。拿出450克香菇鲜肉水饺、面点做促销，在促销台上只标明价格、售卖时间和"数量有限，售完为止"字样吸引消费者。具体做法是在距冬至18天按全价销售，从倒数第15天到第10天降价25%，倒数第10天到第7天降价35%，倒数第7天到第3天降价50%，倒数第3天到冬至，如仍未售完，赠送给老人、儿童福利院。之所以敢采用此法，原因就是消费者都存在这样的心理："我今天不买，明天就会被他人买走，还是先下手为强。"事实上，许多产品往往在第二时段或一经降价就被顾客买走了。因此梯子价格既激活超市人气，又延长节日效应，同时延长产品销售的黄金期。

资料来源：超市 168 商务平台

**思考问题：**

1. 分析以上案例中各策划的特点，说说如何开展节日促销活动？

2. 讨论节假日促销商品的选择及促销方式的运用。

# 项目十　防损作业管理

- **项目介绍**

　　门店"损耗"是由盗窃、损坏及其他因素共同引起的。了解门店商品损耗发生的原因，并严格加以控制，是提高连锁企业经营绩效的重要保证，所以连锁企业都努力做到全员防损。

- **学习目标**

　　能力目标：能根据损耗的原因制定防损的方法；能对生鲜商品进行很好的防损；能进行防损作业分析。

　　知识目标：理解门店商品控制损耗的重要性，掌握门店商品损耗产生的原因，以及如何降低门店商品的损耗，减少营运成本，增加门店的收益。

　　社会目标：团队内部能很好地沟通，分工协作。

- **学习内容**

1. 门店损耗的产生与防范。
2. 门店偷窃事件的防范与处理。

## 任务 1　门店损耗的产生与防范

　　"损耗"是一个连锁企业经营过程中经常听到或论及的字眼，是门店接受进货时的商品零售值与售出后获取的零售值之间的差额。损耗极大地影响了门店的盈利水平甚至连锁企业的生存，各门店必须根据损耗发生的原因有针对性地采取措施，加强管理，尽量使各类损耗减到最小。

　　要减少商品的损耗，就要找到产生商品损耗的原因。

## 资料：损耗产生的分析

在卖场的消耗性项目中，损耗是最令人头痛的问题，因为它存在的普遍性和防范的复杂性，而且损耗吃掉的是净利润，通常一个单品的损耗要 5 个商品的销售利润才能补起来，这对于平均毛利不到 10 个点的卖场来说，伤害是极大。对卖场来说，与损耗的斗争是长期而且艰巨的任务，损耗的高低和控制水平是卖场获利的关键，要提高商品的销售绩效，就必须加强对商品损耗的管理。

连锁企业专门成立防损部来进行防损工作，减少损失，防损部经过对各门店进行调查走访，发现有以下的一些情况：

（1）有一个耐克专卖店的收银员，看到一位顾客在购买鞋子的时候没有把发票带走，她就把发票私自保存起来，等到耐克运动鞋打折促销的时候，买一双鞋，然后拿原来保存起来的发票进行退货，从中获得差额。

（2）防损部还发现有一个超级市场的猪肉总是损耗较大，经过仔细分析，肉的分割没有统一的标准，分割猪肉的员工操作不够规范，导致应该高价销售的肉，被分割到低价格部分去了。为了防止此类事件的再次发生，防损部找到肉类分割操作最为标准的员工作出分割标准，所有猪肉的分割按照此标准进行，降低了猪肉的损耗。

（3）有顾客为了把足球偷盗出去，把足球里面的气体放掉，甚至把球胆拿出，然后把足球带出超级市场。所以作为防损员要时刻观察顾客的不正常的举动，发现可疑的情况要及时处理。

（4）防损员在巡视的时候还发现，好多的商品损耗都是由于员工的操作不当造成的，有一些员工的责任心不强，理货员在陈列商品的时候袋装的酱油与其他的商品产生挂碰，导致酱油漏出来污染了其他商品，有些商品不能销售，有一些需要处理之后才能销售，导致成本增加。

……

防损员针对发生的情况对商品的损耗的来源进行了分类：

一、员工偷窃；二、顾客偷窃；三、商品陈列不当……

**要求：**

1. 根据上面的资料，你认为一个门店在营运与管理方面，还有哪些方面会产生损耗？

2. 请你帮助防损员针对这些损耗制订完善的防损方案。

 **相关知识**

## 一、损耗的含义

"损耗"会受到一个或几个因素的影响，门店作业中出现其中任何一个因素，都会减少利润额，从而增加"损耗"。有关统计资料显示，在各类损耗中，88%是由员工作业错误、员工偷窃和意外损失所导致的，75%是顾客偷窃，5%则属厂商偷窃，其中由员工偷窃所导致的损失为最大。以美国为例，美国全年被员工偷窃造成的损失高达4 000万美元，比顾客偷窃额高出5.6倍；再如中国台湾，员工偷窃的比例亦占60%之高。这些资料表明，防止损耗应以加强内部员工管理及作业管理为主。因而，了解门店商品损耗发生的原因，并严格地加以控制，是提高连锁企业绩效的重要保证。

## 二、损耗产生的原因

连锁企业门店商品损耗的原因主要包括以下几个方面。

### （一）由于员工的不当行为所造成的损耗

（1）收银员的行为不当所造成的损耗。收银员对收银工作不熟悉，按错部门类别；收银员与顾客借着熟悉的关系，故意漏扫部分商品或私自键入较低价格抵充；收银员因同事熟悉的关系而发生漏打、少算的情形；由于价格无法确定而错打金额；对于未贴标签、未标价的商品，收银员打上自己臆测的价格；误打后的更正手续不当；收银员虚构退货而私吞现金；商品特价时期已过，但收银员仍以特价销售。

（2）由于验收不当所造成的损耗。门店员工搬入的商品未经点数，造成短缺；仅仅验收数量，未作品质检查所产生的错误；进货的发票金额与验收金额不符；商品验收时点错数量；进货商品未入库。

（3）由于作业手续上的不当所造成的损耗。商品调拨的漏记；商品领用未登记或使用无节制；商品进货的重复登记；漏记进货的账款；坏品未及时办理退货；退货的重复登记；销售退回商品未办理进货退回；商品有效期检查不及时；商品条码标签贴错；新旧价格标签同时存在；POP或价格卡与标签的价格不一致；商品促销结束未恢复原价；商品加工技术不当产生损耗。

（4）商品管理不当所造成的损耗。未妥善保管进货商品的附属品；进货过剩导致商品变质；销售退回商品未妥善保管；卖剩商品未及时处理，以致过期；因保存商品的场所不当而使商品价值减损；因商品知识不足而造成商品价值减损；姑息扒窃。

（5）盘点不当所造成的损耗。数错数量；看错或记错售价、货号、单位等；盘点表上的计算错误；盘点时遗漏品项；将赠品记入盘点表；将已填妥退货表的商品记入因不明负责区域而做了重复盘点。

## （二）由于顾客的不当行为所造成的损耗

顾客不当的退货；顾客将商品污损；将商品打碎；将不购买的"孤儿"商品进行藏匿。

## （三）偷窃造成的损耗

（1）员工偷窃所造成的损耗。随身夹带；皮包夹带；购物袋夹带；废物箱（袋）夹带；偷吃或使用商品；将用于顾客兑换的奖品、赠品占为己有；与亲友串通，购物未结账或金额少打；利用顾客未取的账单作为废账单退货而私吞货款；将商品高价低标，卖给亲朋好友。

（2）顾客偷窃所造成的损耗。随身夹带商品；皮包夹带，购物袋夹带，将扒窃来的商品退回而取得现金；将包装盒留下，拿走里面的商品；调换标签；高价商品混杂于类似低价商品中，使收银员受骗。

## （四）由于供应商的不当行为所造成的损耗

误记交货单位（数量）；供应商套号，以低价商品冒充高价商品；混淆品质等级不同的商品；擅自夹带商品；随同退货商品夹带商品；暂时交一部分订购的货，而造成混乱；与员工勾结实施偷窃。

## （五）由于意外事件所造成的损耗。

（1）自然意外事件：水灾、火灾、台风和停电等。
（2）人为意外事件：抢劫、夜间偷窃和诈骗等。

## 三、门店损耗的防范

目前连锁企业竞争激烈，经营利润只有1%左右。业内人士普遍认为，若能将连锁门店在2%以上的商品损耗率降低到1%，则其经营利润可以增长100%，所以防损工作对于门店来说是一项非常重要的工作。

### （一）重点区域管理

大卖场由于面积较大，员工众多，顾客人流复杂，其防损工作具有一定的难度。对大卖场内商品损耗较为突出的一些重点区域必须重点管理。

#### 1. 收银出口处的管理

收银出口处必须设立安保员岗位，在营业时间内实行不间断的值班制度，可在收银出口处设立电子防盗监控系统。监管要点有以下几个方面：收银出口处的监管在于正确、快速、满意地解决收银和防盗措施；维护好收银出口处顾客的秩序，保持收银通道畅通，保证所有顾客能从进口进、出口出；监管人员要了解卖场中的商品情况，当班时保持思想集中；注意收银区前手推车是否堵塞，设备有否损坏。

#### 2. 员工出入口处的管理

员工出入口处要设置安保员岗位。只要员工通道打开，安保员就要实行连续执勤制度。员工出入口处可安装防盗电子门来防止员工偷盗商品，设置密码锁储物柜为外来人员暂时安全存放物品。

(1)员工出入口处的监管要点：检查员工是否按规定执行考勤制度，检查在非工作时间员工进出卖场是否符合规定；禁止员工携带私人物品进入卖场，如属必须带入卖场的物品，要进行登记；防止员工偷盗商品，特别是在防盗门报警时，严格检查是否将禁止带出卖场的物品带出；对外来的来访人员要按规定进行电话证实、登记、检查携带物品等；对在本通道携带出的所有物品要进行检查。

(2)员工出入的管理规定：外来人员进入卖场要登记，除指定的财务人员外，不准带包进入卖场，必须携带物品的，应办理登记手续，出来时需主动出示，接受检查；在工作期间，所有当班员工必须且只能从商场的员工通道出入；所有进出人员都必须主动配合安全人员的安全检查，自动打开提包或衣袋接受检查，尤其是防盗电子门报警或在安全人员提出检查的要求时，要予以配合；员工的进出、物品的携出必须有管理层的书面批准，安全员核实后才能放行。

**3. 收货口的管理**

收货口应设置安保员岗位，只要收货通道打开，安保员就要实行连续值班制度。收货口卷帘闸门设置防盗报警系统。

(1)收货口的监管要点：收货门的打开和关闭必须由卖场安保员协同收货部门主管负责；安保员负责维护收货现场秩序，对送货车辆的商品、车号进行基本了解，指定卸货车位；安排各送货车辆有序进出；车辆进入收货区，督促驾驶员不要离开收货区；查处收货员和供应商的各种不诚实、作弊、贿赂或接受赠品的行为；外来人员必须在指定的范围内，超出范围或进出卖场楼面必须办理登记和出入安全检查手续；非收货人员不能进入收货区；全面掌握并督促收货员的收货程序；保证货单通行，数量、品名正确，观察已收商品进仓库的情况；负责看管好生鲜箱格，清点数量，查看是否有遗留物；供应商取回箱格，须登记备案；商品必须由本卖场员工亲自点验称重，避免重复点数称重；供应商的赠品、道具等进出，必须执行正确的收货程序；对退换货必须核实品名、包装单位、数量、换货品种是否正确及与货单是否一致；大单送货必须逐单核查，签字确认；并目送商品离开收货口。

(2)收货口的管理规定：收货的员工和供应商人员必须诚实作业，不得有故意作弊和损害公司利益的行为；所有员工不得接受供应商任何形式的贿赂和馈赠；收(退)货必须按流程，商品必须分别放置在不同的区域；供应商人员进入收货区必须办理登记手续，并进行安全检查；非商品收货，必须有赠品的标签和"道具携入/携出清单"手续；安保员退换货、出货、物品离场都要进行检查，对收货进行抽查，特别是精品、家电、化妆品等贵重物品，对所有已经收货的商品必须监督是否已在收货区。

**4. 精品区的管理**

精品区及其出口处应设置安保员岗位，营业时间内实行连续执勤制度。精品区出口处设置电子防盗门系统和门禁系统。

(1)精品区的监管要点。顾客只能从进口进，从出口出；顾客不能将非精品区的商品带入精品区内，只能暂放精品区外；顾客在精品区内购买商品，必须在精品区内结账；检查顾客所持发票是否与商品一致，特别是包装是否符合精品包装要求；监督贵重物品的实物盘点。

（2）精品区的出口管理规定。电子防盗门报警程序；结账商品的包装、发票处理必须符合精品销售的有关规定；柜台（展示柜）在非销售时，须随时上锁处于关闭状态；外放贵重样品，应采取防盗措施；柜台销售商品采取先付款后取货的销售方式。

**5. 大家电商品提货的管理**

大家电检测提货处应设置安保员，营业时间实行不间断值勤制度。大家电检测提货口设置防盗报警系统，如未经密码许可强行打开，则报警。

其监管要点有：提货的大家电商品，必须由安保员检查签字；安保员检查顾客是否有收银发票，发票是否有异常，商品品名、型号、货号、数量是否一致，已提商品的发票是否盖有提货章，商品的包装是否封好；提货的顾客秩序是否良好，顾客是否站在规定的提货台区域外；监督内提人员是否对出门的商品进行了检查登记。

**（二）商品上架及撤架过程中的损耗防范**

对商品的保管和陈列方法不当、商品标价错误、商品鲜度管理疏忽等原因造成的商品损耗，要求做好如下作业。

（1）做好商品陈列中的损耗预防。在商品陈列过程中应注意以下几点：货架上要标有货架号码和商品名称卡，以便做好商品管理；商品一般不堆积在地上；商品货架摆放应标准，商品不可堆积过高。

（2）加强商品标价的管理。采取的应对措施主要包括：随时注意货架条形码变动情况，特别防止低价条形码贴在高价商品上；商品不得随意标价，标签字迹应清楚；收银员在顾客结账时，要一边念出价格，一边注意显示屏幕的数字是否一致，若不一致，一定要停止其他作业，登记该项商品代号、品名和价格；将价格差异表，呈交负责人员，进行核对，查明原因后更正商品价格标签时，应将原标签撕去，再贴上正确标签；如果购物人员为本公司现场工作人员时，应当场通报店长，追究责任；每天检查卖场 POP 的价格与标价是否一致，不一致时，要立即更正；特卖后要将商品标签价格更改回原价。

（3）加强商品鲜度管理。生鲜食品现在已成为大卖场的一大卖点，应以保质、保量、保鲜吸引目标顾客。针对此项内容，可以从以下几方面考虑。首先，冷冻冷藏设备要定期检查，发现故障及时排除，一般每月检查 3 次为宜。同时，生鲜商品必须严格控制库存，订货一定要由部门主管或资深员工亲自参与。其次，生鲜商品有些需当日售完，如鱼片、绞肉、活虾等，可在销售高峰期就开始打折出售，以免成为坏品。再次，生鲜商品的管理人员应彻底执行翻堆工作，防止新旧生鲜商品混淆，使鲜度下降。同时，工作人员应尽量避免作业时间太长或作业现场湿度过高，造成商品鲜度下降。

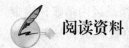 **阅读资料**

## 防损部门应充当什么角色

防损涵盖公司所有财产和利益的维护，并尽可能地使损失降到最低程度。超市流程复杂、运营环节烦琐，要彻底控制各方面损耗，只有开动脑筋，费尽心思，运用智慧，才能达到一个理想效果。下面便和大家谈一谈防损部门在一个连锁超市公司中应充当一种什么样的角色。

防损部门应充当四种角色。

防损部门应该是公司的管家。防损员遍布公司各部门，涉及各岗位，信息比较灵通，有控制损耗的先决条件，但是需要防损员具有高度的责任心和使命感。公司规模庞大，部门系统资产繁多，这都是防损的对象。作为防损部门，应以一个主人翁的态度尽职尽责地维护公司每份财产，绝不允许有损耗，杜绝浪费现象，打击损公肥私的侵占行为，切实做好公司的管家。

防损部门是问号部门。防损部门要善于开动脑筋，这是每一个防损员必备的基本素质。在工作上需要细节管理，需要深思熟虑，不要放过每一个存在的问题，对每一个看似普通平凡的事情都要以敏锐的目光去审视，对每件事情、每个过程，甚至每个人都要多打几个问号：这样做合理吗？这样做安全吗？他为什么会是这样……只有这样才能发现问题。如果对所有问题、所有事情都是熟视无睹，恐怕发生问题都发现不了。所以防损员在工作时应该多开动脑筋，多打几个问号，防患于未然。

防损部门是坚实的城墙。为什么会有小偷入院？是因为篱笆不牢。防损部门应该形成一种牢不可破的防守阵线，把所有部门囊括在防损部门的视线之内、监控管理之中，水渗不透，风吹不倒。

防损部应做一面放大镜，防微杜渐。损耗有有形和无形两种，无形损耗占了很大比例。防损部门应该从各种细微之处着手，像一面放大镜般仔细观察有可能造成损耗的事物，窥一班而见全豹。防损员应熟悉各部门的操作流程，善于观察，敢于纠察。把各种造成损耗的苗头放大来看，努力降低损耗，维护利润。

综上所述，防损部门应结合自身工作性质，树立高度的主人翁意识，将这四种角色的特点贯穿到日常的工作中去，大胆纠察管理，从点滴之处做起，把损耗降到最低。

资料来源：http：//www.mpsoft.net

### （三）门店运营过程中的损耗防止

#### 1. 提高收银作业的质量

收银作业过程中要严明收银员的作业纪律，并制定相关的处罚条例，严格执行；收银主管要严格按程序组织并监督收银员的交接班工作，要认真做好记录，以备日后查证；连锁企业门店一般都采用 POS 机管理，除特殊情况外，应严禁收银员采用人工输入方式结账，否则要详加追查。若收银员采用人工输入方式，应严格按照公司规定的作业方式进行操作。特殊情况有：条码标识错误、未贴条码、扫描仪器无法显示或 NON - PLU 商品等。

**2. 做好商品的验收作业**

（1）在核对送货单据和商品时，应认真检查以下项目。检查商品名称和规格、大小是否相符；检查商品数量；对于外表有破损或污垢的商品，要打开检查；检查商品上的生产日期和进货日期；对于破损的商品，要在送货员在场时，确认破损的数目。

（2）问题商品一律拒收。对于商品有效期限已逾 1/3 以上的，一律拒收；对于品名、数量、价格、标签、重量不符者一律拒收。门店对问题商品的具体处理方式一般是：验收商品不同或数量过多时，要当场点清，退还给送货员；当商品数量不够时，要在货品不足的账目里予以记录，并由送货员和验收人员同时签章和签名给予确认；日后补送不足的商品时，要加以确认；商品有破损时，按照破损数量，全部退货。

（3）特殊商品的验收。验收人员必须仔细检查上面登载的品名、数量有无差错，并先将送货单保管起来，待进货传票送至时进行对照，然后在验收单上签收。

**3. 规范盘点作业**

盘点作业一定要按照步骤严格实施：盘点时，要根据盘点作业规定，经盘点的商品以纸条将数量写上，贴放在商品旁，以便主管抽查，也可确认盘点正确与否；营业中盘点时，需先将销售情况记下，等盘点结束时，再核对；部门主管要随时抽查盘点情形。

**4. 加强员工日常作业管理**

员工日常作业要采取的应对措施主要有：定期检查商品价格的标示有无错误或漏标现象；由于顾客不小心或商品堆放不合理而造成的损坏或破包，各部门可以针对这种情况在仓库里留出一小片地方作为退货商品堆放区，并由专门的资深员工负责退货和管理，把损耗降到最低；定期检查货架上商品的有效期限，做好先进先出的商品管理；仓库中的库存品也应进行定期检查，因为门店仓库存储面积有限，除畅销品以外，其他商品不要有太多库存或最好无库存，严格检查货物出仓情况，核对有关单据，监督货物装卸，以防被窃、被损，每天检查后仓门锁，与仓库人员共同监督保管钥匙；对于提高售价的商品，应该立即更换标签，更换时，要注意需先将旧标签撕下，才能贴上新标签；员工应认真填写账目查核表，表中应有应收账款、现金支付表、价格变动和损坏报告等项目，还应有详细的支付明细；定期检查仓库、门锁及防盗设施。

**5. 贯彻会计处理制度**

会计处理要采取的应对措施有：商品、自用品、设备的采购由专职的采购部门负责；核准采购单后，才能订货；购进商品由专责的验收部门负责验收；会计部门收到验收单位的单据后，应立即制作传票，记入应付账款及明细账；严格控制付款天数；适时抽查账簿。

**知识拓展**

## 新鲜的鱼

水产品的鲜度判定法繁多，如化学法、物理法、细菌法及官能检查法等。其中化学法及细菌法因需添购很多仪器设备，花费很多时间才能完成，因此只有连锁生鲜超市才能办理。目前一般生鲜超市后场多采用官能检查法实施水产品的品质判定作业。

官能检查法的项目如下。

（1）死后硬直状态。近海现捞鱼货，通常被置于碎冰屑中，检查时视其躯体有无冻结现象，若呈硬直状态则是鲜品。鱼体小的则将之置于掌中，尾柄下垂的较差。

（2）眼球状态。新鲜鱼货目光必定清澈，里面看不出眼珠，同时眼球饱满。不新鲜的，眼球常充血成红色，混浊不清，且能看出白色眼球。经冷冻后再解冻的，眼球会塌陷或发生皱纹，但这种现象仅限于深海鱼类。

（3）鳃羽的颜色。新鲜鱼货的鳃羽是鲜红色，且无腥味，同时由于死后硬直作用，也很难打开。鲜度差的鱼货，鳃羽呈灰色或暗绿色，有腥味，甚至有刺激性恶气。

（4）肉质状态。新鲜鱼货肉质较硬，富有弹性。鲜度差的肉质软化而松弛。用手指触压鱼体，复原力好的为鲜度良好，留有指印的，其鲜度不佳。

（5）鱼鳞状态。新鲜鱼货的鱼鳞有光泽且完整，鲜度不佳的鱼货则有鱼鳞脱落现象或摩擦褪色，无光泽。

（6）气味。新鲜鱼货略带有海水味或海藻味道。鲜度不佳的鱼货有腥味、氨味，甚至有恶臭。

（7）腹部状态。新鲜鱼货的内脏完整、腹部坚实。鲜度不良的，其内脏分解，并产生气体效应，呈膨胀或破肚，稍挤压则流出脓液或内脏外流。

资料来源：http://www.118.cn

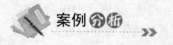

**案例分析**

## 布猴风波

7月6日，一位顾客来到商场生鲜部购买商品。当时顾客带的小孩又哭又闹，一位员工看到后，就顺手拿了一个布猴递给小孩（卖场里装饰有许多布猴，但也是商品），并说："送给你玩吧。"小孩拿到布猴后就不再哭了，顾客挑选好商品后就去收银台进行结算。

顾客走出收银台时，防损员发现小孩手中的布猴未买单，就对顾客进行提示，要求顾客补单。顾客很恼火："是你们里面的员工把布猴送给我的小孩玩，怎么现在又要求买单?"防损员说："我们的员工没有权利把商品送给您。""哦，那你是说员工没送，是我偷了你们的东西?"顾客认为防损员的语气态度不好，反过来要求防损员向她道歉。防损员认为自己的做法没有错，未当面道歉。顾客就亮出了她的警察证，对防损员说："你说我的小孩偷了你们的东西，你侮辱了我，侵犯了我的权利，你必须向我道歉。"防损员认为自己没有做错，依旧没有当众向顾客道歉。

顾客到前台进行投诉，并扬言要将此事投诉到报社。前台接待处给顾客留下了防损部的电话。顾客回去后又给防损部打电话，防损部主管跟顾客解释道："不管当时事情是怎样的，我们的员工都没有权利赠送商品，但不管错误如何发生，只要您在我们商场出现不愉快，都是我们的服务没有做到位。我在此向您表示道歉，并欢迎您能再次光临我们商场。"顾客表示她本来已经对该商场失去信心，这样一来，她还是相信该商场的。

资料来源：http://gsgl.dlvtc.edu.cn

**思考问题：**

1. 收银员应如何做好防损工作?
2. 防损员为什么招致了顾客的投诉?
3. 营业员在这件事中有什么责任?

## 技能训练

**一、思考题**

1. 损耗产生的原因主要有哪些?
2. 精品区应对哪些方面进行防损?
3. 在员工方面应从哪些方面进行防损?
4. 对供货商应从哪些方面进行防损?

**二、能力训练**

1. 超市中有很多不同袋装的商品，如方便面、膨化食品、酱油……，在商品陈列的时候如何做才能减少此种商品的损耗?
2. 很多门店的员工都参与了内部的偷盗问题，如果你是门店的主管，你认为如何做才能增强员工的责任感，减少员工偷盗的情况发生?

# 任务2　门店偷窃事件的防范与处理

由于社会结构的转变、道德意识的薄弱、商店经营形态的改变，以及个人心理等因素，造成卖场商品被窃的比例逐渐升高，逐渐成为商品损耗的主要原因之一。商品偷窃主要有员工偷窃、经销商偷窃和顾客偷窃等多种类型，尤以员工偷窃最为严重。以美国为例，美国全年由于员工偷窃造成的损失高达 4 000 万美元，比顾客偷窃额高出 5 ～ 6 倍。再如我国台湾地区，员工偷窃的比率亦占 60% 之高。这些资料表明，防盗是卖场防损的首要工作。

 **工作任务** ……

## 资　料

一家超级市场对最近一个月的商品损耗的产生及处理结果进行了总结。

（1）通过一个月的盘点发现，皮球的损耗较大，销售数量和库存数量缺口较大。经过录像分析发现，一些盗窃团伙把皮球的气放掉，内胆取出，然后放到大衣里面带出超市。处理：由于没有找到盗窃团伙，现阶段的工作就是加强防范，在已丢失的商品附近增加便衣防损员。

（2）几个年轻人来到超市购物，在一个角落里，没有很关注地看商品，东张西望，一个人还不停地问营业员问题，看看这个商品，看看那个商品，营业员对他们的举动产生了怀疑，就在附近进行商品的整理，并关注他们，但是等到顾客走了之后，营业员还是发现丢失一瓶可乐。处理：顾客之所以把商品偷盗走了，是营业员没有采取正确的制止方法，所以应该对营业员进行再次培训，加强防偷盗的处理方法。

（3）一个妈妈带领宝宝去购物，买了较多的商品，由于宝宝较小，非要拿着爽歪歪，妈妈就让孩子拿着。结果在收银的时候忘记了结账，导致在出口处电子防盗器响了。超市的督察人员发现了，质问这个妈妈为什么要偷窃超市的东西。引起群众的围观。处理：对督察人员提出批评，不能在卖场对顾客提出质疑，应该把顾客请到会客室接待，弄清楚事情的原委再进行处理。

（4）超市的防损员发现超级市场垃圾桶里的空牛奶纸盒数量较多，通过防损员长时间的观察了解是超市里面的年轻员工偷喝牛奶造成的。处理：因为是年轻人，要给他们改正的机会，提出批评和教育，进行适当的罚款。下次再有这样的事情就开除。

（5）便衣防损员在收银处观察各个收银台的收银情况，突然发现，一位男士推着满满一购物车的东西在结账，但是好像真正结账的只有几个商品。防损员就留心了，当男士推车走到出口的时候，防损员就让男士出示购物小票，结果发现全车的商品总金额应该有几百元，结果购物小票上只有几十元钱。防损员就把男士很有礼貌地请到了会客室，然后请经理来进行沟通。经过沟通发现，原来该男士和刚才的收银员是夫妻关系。处理：开除收银员，并进行相应的罚款处理。因为经过调查他们已经不是第一次进行联合偷盗了。而且数额巨大，不进行严格处理就不能很好地禁止其他人的偷盗行为。

**要求：**

1. 超市对于上述的偷盗事件的处理是否合适？
2. 如何对顾客的偷盗进行防范？

3. 对于内部员工的偷盗应该怎样管理? 怎样加强员工的道德意识?

**相关知识**

## 一、门店中容易发生偷窃事件的场所

（1）卖场的死角或看不见的场所；

（2）易混杂的场所；

（3）照明较暗的场所；

（4）通道狭小的场所；

（5）商品陈列杂乱的场所。

## 二、偷窃行为的界定

偷窃行为可以轻易判定，因为偷窃是一种危害社会的行为，其标准只能由立法机关授权有关机关予以判定。而连锁企业作为一个企业，是无权自定偷窃处罚标准的。因为当其制定的标准与国家法律相抵触时，这种行为必将会给社会的法制秩序造成混乱。因而，有一种观点认为：宁可放走一百，也不错抓一个。因为一旦错抓，不仅伤害了消费者，还会影响到整个连锁企业的形象，得不偿失。

有以下三种情况可视为偷窃：① 存心不付款；② 带着未付款的商品走出店外；③ 隐藏商品。

## 三、顾客偷窃事件的防范与处理

### 1. 顾客偷盗的行为表现

顾客偷盗的行为主要表现为如下形式：顾客利用衣服、提包等藏匿商品，不付账带出超市；顾客更换商品包装，用低价购买高价的商品；顾客在大包装商品中，藏匿其他小包装的商品；顾客未付账白吃超市中的商品；顾客撕毁商品的标签或更换标签，达到少付款的目的；顾客与店员相互勾结，进行盗窃活动；盗窃团伙的集体盗窃活动。

**阅读资料**

## 超市小偷常见的作案手法

第一招：狸猫换太子。这是小偷在超市行窃时惯用的一种招数。小偷在货架旁趁超市防损员不注意时，将8块多一支的佳洁士牙膏包装外壳去掉，然后把该牙膏放进两元多一支的中华牙膏盒子内，在结账时，付了中华牙膏的钱，带走了佳洁士牙膏。

第二招：藏身法。这一招通常是在冬天才使用的招数。小偷穿着高档的衣服或厚重衣服麻痹超市管理员，偷拿商品。这一招还适用于孕妇小偷，当然孕妇可以是假的，只是肚子显得大而已，利用肚子大的先天条件，可以把大把大把的东西往衣服下面装。

第三招：旧单充单法。"夫妻"、两"朋友"一块逛超市，两人同时选一样的商品。但出超市买单时，却拿出其中一份，一人买完单后，出超市时将单交给另一人，另一人折回超市，将还未买单、但已包装好的商品拿出。超市门口的验货员一旦疏忽大意，小偷便用旧单堂而皇之地拿走东西。

第四招：掏空法。使用这种招数，小偷首先要对超市内的监控设备比较了解，他们一般会选择一些监控死角，然后在较为隐蔽的死角内，撕掉小商品带条形码的外包装，只拿里面的商品，然后将空盒子放在原处。据一个超市管理员说，这样即使被发现，商品来源也很难说清楚。

第五招：挖洞埋塞法。使用这招的人，一般多为家庭妇女。在生鲜超市，买一斤海蚌，却在货篮里再放上二三两花蛤，售货员过完秤装进塑料袋后，小偷将塑料袋挖开一个小洞，然后将货篮里没过秤的东西塞进去。

第六招：套穿法。买衣物时，往更衣室里多拿几个胸罩，多拿几双袜子，进了更衣室谁也看不见。然后就在里面慢慢地试穿，大的叠小的，一双重一双，出了更衣室以后，多余的商品就神不知鬼不觉地带走了。

这一招除了在更衣室外，还有一个作案场所，就是厕所，小偷将商品放在厕所隐藏起来，然后伺机拿走。

第七招：声东击西法。这一招用在超市管理人员较少的地方。小偷在货架上"选购"商品，然后"不小心"将商品掉落在地，趁管理人员弯腰拾物的时候，其同伙就可以采取行动了。

第八招：生态转换法。把活的海鲜弄死，然后等着，以死海鲜的价格买走。

第九招：以贵充贱法。三百多元一台的复读机，趁管理人员不留意时偷偷塞进米袋子里，从容地找管理人员过秤，然后以一块钱一斤大米的价格，"买"走了价值三百多块的复读机。

第十招：藏包法。时髦的姑娘背个小背包逛超市，超市规定是可以的，可进了超市后，小背包就不再是时髦饰物，反而成为作案工具。姑娘趁管理人员不注意，偷偷将偷来的小东西放在包里。

资料来源：http://tieba.baidu.com

**2. 顾客偷盗的防范**

（1）便衣安全员。设置便衣安全员是防止和发现顾客盗窃的有效手段，他们的隐蔽性好、专业反扒能力强，是超市防盗的强有力队伍。通常安全员通过如下异常现象来发现外盗：购买的商品明显不符合顾客的身份或经济实力；购买商品时，不进行挑选，大量盲目地选购商品；在商店开场或闭场时，频繁光顾贵重商品区域；在超市中走动，不停地东张西望或到比较隐蔽的角落；拆商品的标签，往大包装的商品中放商品，撕掉防盗标签或破坏商品标签；往身上、衣兜、提包中放商品；几个人同时聚集在贵重商品柜台前，向同一售货员要求购买商品；顾客表情紧张、慌张、异样等。

（2）员工防盗意识的教育。防盗不仅仅是安全员和安全部的事情，也是所有员工的责任。企业中要形成人人都是安全员的风气。人人都有很强的防盗意识，小偷成功的机会就会大大减少。当发现可疑的顾客时，可以微笑着向顾客走过去，进行整理商品、清洁或补货等，或主动同他打招呼，引起注意，从而制止犯罪。当发现顾客已经有盗窃的种种迹象时，可以不动声色地跟踪，并立即通过电话、对讲机或其他同事，报告给安全部，等待安全员来顶替自己，绝不能当面质疑顾客。

（3）连锁企业的防盗系统。现代化的大中型超市除采用人工监控的方法外，还通常采用安全门系统、监视系统、张贴各种警示标语、防盗标签、广播等手段和方式进行全方位的防盗监控。

**3. 顾客偷盗的处理**

1）顾客偷盗的处理程序

（1）发现可疑迹象：安全员现场发现可疑顾客和可疑动作，或员工举报或监视系统发现可疑顾客。

（2）秘密跟踪：安全员秘密进行超市内跟踪。

（3）是否结账：认真仔细观看顾客是否将所有商品全部结账付款，是否没结账或没完全结账。

（4）出超市门口：当顾客即将通过安全门离开超市的时候，不管是否引起报警，都要制止顾客，请顾客到办公室处理。

（5）抓住盗窃者：将盗窃者比较平静地带到办公室，切忌用激烈的手段，必要时可多名安全员协同作业。

（6）谈话对证：与盗窃者当面对证，进行谈话记录，并阐明盗窃的危害性，注意不能对盗窃者进行罚款、人身伤害、拘留、扣押证件等行为。

2）顾客偷窃处理方式

根据公司和有关法律的规定，对盗窃者进行处理。

（1）和解方式：对于盗窃情节轻、金额少或未成年盗窃者，一般给予严厉的教育和警告，并记录在档，一般采取等价买回偷窃商品等方法进行处理。偷窃商品在400元以上人员，可送公安机关，门店需开具一个商品零售价证明，并盖财务专用章，当事人、赃物、证人、谈话记录应齐全。偷窃商品在400元以下人员的处理方法：谈话记录一份，做等价购买，当事人到单位开个人表现证明，无单位者到住址所属地区的街道办事处开个人表现证明。抓获 14 岁以下（含 14 岁）人员，批评教育，写书面检查，通知监护人或学校来人，将其带回。

（2）司法方式：对盗窃情节严重、金额大，且多次来本超市的惯偷，或属于团伙盗窃的，或认错态度不好的，送交司法机关处理。

（3）对偷盗者，超市不能采取公开其照片、姓名等个人资料，或进行殴打、当众出丑等违反法律的行为。

### 四、员工偷窃事件的防范与处理

**1. 员工偷窃行为的定义**

员工偷窃行为是指员工通过实施不正当或违法的行为使公司的财物和金钱受到损失，主要包括以下方面：

员工直接偷窃公司的商品、赠品、用品；员工直接偷窃公司同事的私人财物；员工未按有关程序而故意丢弃公司的商品，以逃避责任；员工与员工或外人勾结、策划、协助进行盗窃或一条龙的盗窃活动；员工偷吃公司的商品或未经许可试吃商品；员工利用改换标签或包装，将贵重的商品以便宜的商品或价格结账；员工未经过正常的程序，故意将价格标低，使自己的朋友、亲属受益；员工未按公司的程序，私自将楼面的文具、工具、用具拿来自己使用；员工未经许可，私自使用或拥有供应商提供的赠品；员工贪污公款，携款潜逃；收银员从收银机盗窃钱款；收银员为亲属、朋友等少结账或不结账；收银员利用其他手段从收银机中盗窃公司钱款；客服人员利用退货、换货等手段偷窃公司钱款；员工接受供应商的回扣、礼品、招待、用餐、消费及旅游等各种形式的馈赠。

**2. 员工偷盗防范**

内部偷盗防范是卖场管理中的重要一环，管理者要降低损耗、控制损失，必须在内盗的防范上进行严格有效的管理。

（1）员工的预防教育。对员工进行从入职开始的不间断的教育工作。教育分正面、反面等多种方式，采用开会、板报、活动等多种方式。同时必须阐明：公司具备严格的管理制度和监视系统；公司对偷盗严厉打击的措施和处罚方法；员工应具备在本行业工作的最基本的道德规范；员工因偷窃将给个人带来严重的后果，包括承担刑事责任；偷盗不仅损害公司的利益，同时损害所有工作同事的利益与福利。

（2）内部举报制度。控制损耗是超市每一位员工的责任和工作内容，应鼓励员工检举偷盗行为，调动员工的积极性，设立内部举报制度和奖励制度。内部举报必须是实名举报，不接受匿名举报。公司对举报者的举报姓名、内容予以保密。设立举报电话、员工信箱，接受内部员工的举报。对于举报的查证，由安全部进行，并在规定的时间内完成。对于举报经查证属实者，对举报者给予一定的经济奖励，根据举报案例所挽回的经济损失，具体决定奖励金额。

（3）内部防盗检查和监控。针对员工偷窃行为制定专门的处罚办法，并公布于众，严格执行。严格要求员工上下班时从规定的员工通道出入，并自觉接受卖场保安人员的检查，员工所携带的皮包不得带入卖场或作业现场，应暂时存放在指定点；对员工在上下班期间的购物情况要严格规定，禁止员工在上班时间去购物或预留商品；员工在休息时间所购商品应有发票和收银条，以备保安人员和验收人员检查。

**3. 员工偷窃事件的处理方法**

1）员工偷窃事件的处理程序

（1）发现内盗现象：通过内部举报、监控系统提供资料、安全员的发现等手段发现内盗现象。

（2）证据取证：根据内盗现象，进一步进行证据的核实、取证；确定盗窃的当事人，包括盗窃的执行者、协助者、策划者等。

（3）谈话记录：与盗窃的当事人进行谈话记录，当面确认其盗窃行为，并深究其犯罪的原因与动机，并对该当事人的不良行为进行存档记录。

（4）处罚处理：根据盗窃的性质，决定进行相应的处罚。

2）员工偷窃事件的处罚

所有内盗的人员，无论其盗窃的金额是多么少，商品是多么小，理由多么充分，一旦发现确实，一律予以立即解聘。企业有权通过合法途径追回被盗的商品和要求赔偿盗窃的金额；内盗的司法处理根据其盗窃行为情节的严重和金额的大小，移交司法机关处理；所有内盗事件的曝光不得公开盗窃者的私人资料；内盗事件的曝光只能在本企业范围内进行，不得在公共媒体进行。

## 五、供应商偷窃事件的防范与处理

**1. 供应商偷窃事件的行为表现**

供应商偷窃有很多方式，主要包括：供应商派驻超市的促销人员偷盗；将已经收货完毕的商品重新按未收货点数；利用收货员的疏忽，趁机偷窃商场商品；在收货员称重时，进行作弊行为；私自丢弃应属于退货的生鲜食品等。

**2. 供应商偷窃事件的防范**

供应商偷窃事件的防范首先要有严格的管理制度：由收货人员进行全过程的收货操作，将已经收货/未收货的商品按区域严格分开；由楼面操作人员和收货人员共同配合，做好每日生鲜食品的退换货工作；安全员严格对供应商的进出进行控管，对进出携带物品进行检查核实；不允许供应商人员进入仓库。

**3. 供应商偷窃事件的处理方法**

1）供应商偷盗的处理程序

① 发现偷盗：一般由收货部、安全人员或楼面人员发现供应商偷盗。

② 调查取证：安全部对事件进行调查取证，特别是供应商现场偷窃人员的书面对证。

③ 通知采购部：将事件及有关的材料证据提交到采购部。

④ 赔偿损失：由安全部提出赔偿的数额，由采购部进行执行。

⑤ 处罚：凡是发生偷盗现象的供应商，可考虑与其中断合作关系，并要对因此而给超市造成的预计损失进行赔偿。

2）供应商偷窃事件的处罚

对已经造成的损失进行赔偿，对其行为进行罚款处理，对因此而造成的超市的未来的预计损失进行赔偿，甚至中断合作关系。

### 六、门店卖场防盗的措施与手段

目前卖场内针对商品失窃的防盗措施有很多种，但不论是采取何种方法，"安全"的商品陈列都有助于减少商品的丢失。在开放式的卖场中，把最容易失窃的商品陈列在售货员视线最常光顾的地方，即使售货员很忙，也能兼顾照看这些商品，这样，会给小偷增加作案的困难，有利于商品的防盗；另外，最容易失窃的商品也不应该放置在靠近出口处，因为人员流动大，售货员不易发现或区分偷窃者。

此外，还可以采取集中的方式，在大卖场当中把一些易丢失、高价格的商品集中到一个相对较小的区域，形成类似"精品间"的购物空间，也是一种很好的"安全"的商品陈列方式，非常有利于商品的防窃。

对于小型的超市，安装电子防盗系统的必要性不大，可以采取国外广泛使用的防盗镜保护，防盗镜一般安装在超市的各个角落，能让售货员方便地监视整个超市内的情况，再配合安全的商品陈列、售货员的巡视，一般可以满足其对防盗的需要。

音像店是失窃案件高发地区，对开架销售的音像店如果不安装电子商品防盗系统，其防盗效果将会大打折扣。由于音像店一般面积都不大，而且出入口少，所以在卖场设计时需要考虑给电子防盗系统留有位置，这样，不至于因货架的放置太靠近防盗系统而造成出入口的狭小。在开设新店时预先考虑防盗的要求。

当然，不同类型不同业态的商店，在卖场设计中考虑防盗措施时，应有所不同。

 **知识拓展**

### 防损员工作职责

（1）收银进出口岗：引导顾客从超市入口处进入超市；制止顾客将未付款的物品带出超市；按公司规定监管购物车（篮）；制止顾客带饮料、食品及其他超市内出售的同类商品进入超市，对于携带大包（袋）和公司购物袋的顾客，建议其存包；对超市内开单销售的商品，在顾客出超市时要查验购物单和电脑小票。核实无误后，在电脑小票上注明"已验"字样及日期；商场出现突发性事件时，迅速到指定位置待命。

当防盗报警器报警时，按下列方式处理。

① 进超市报警。进超市报警一般是因为顾客所穿服装或所带物品上带有磁性，防损员应礼貌地向顾客说明情况，并询问顾客是否需要为其将磁性消除。如果顾客不同意并执意要进入超市，防损员应放行，并报告助理或主管。

② 出超市报警。如顾客未购买商品，请其到办公室交助理或主管处理。如已购买商品，防损员应将购物袋通过防盗门测试，发生报警，将商品交给收银员处理；未发生报警，则请顾客通过防盗门。如果顾客通过防盗门时发生报警，将顾客请到办公室，交由助理或主管处理；如未发生报警，应向顾客致歉并将商品送还。

（2）大门岗：维护超市入口的正常秩序，劝阻顾客带包、宠物和商场内所售商品入内；礼貌回答顾客的提问；制止卖场员工上、下班从大门出入；制止供应商从大门送货入商场。

（3）收货部内外岗：负责指挥该区域的车辆停放；禁止员工、顾客和供应商从收货部出入（收货组人员和生鲜供应商除外）；积极配合收货组人员清点进入商场的物品，发现问题及时通报收货组；对退货的商品和报损的商品必须有部门主管签字，检查后方可放行；对清洁部清除的垃圾要一一检查，确认无商品在内方可放行；对顾客购买的大件商品，在收货处送出时，要仔细核对电脑小票或送货单；退货必须有部门主管的签字，防损员必须查问登记后方可放行。

（4）便衣岗：劝阻顾客在商场内拍照（经公司同意的除外）、抽烟、吃食物（促销除外）；巡视卖场，防止内盗和外盗，抓获小偷应及时送交主管处理；监督员工的工作情况，发现问题及时报告部门主管；仔细观察环境，发现可疑人员要进行跟踪，防止商场物品的流失。

（5）仓库岗：对出入仓库的人员要严格登记，禁止一切无关人员进出仓库；对出入仓库的商品要一一登记清单编号及物品数量，让工作人员在记录本上签名；要随时观察仓库四周的环境，发现可疑情况及时报告主管。

（6）监控岗：上岗前要清点、整理监控室内的办公用品，然后打扫监视屏幕的卫生；打开录像机，检查运作情况，安装录像带并定时换带；保持坐姿端正，密切注视监视屏幕，观察商场的动态；通过监视屏幕发现商场内的异常情况时，要立即用对讲机通知助理或主管；对当班期间发生的问题做好详细的交接班记录。

（7）员工通道岗：检查下班员工随身携带的物品；禁止当班员工无故离开商场，因工作需要离开的要做好登记；对从员工通道拿出商场的物品要认真检查；制止员工带包（袋）和与工作无关的物品从员工通道进入商场；制止未穿工衣、未戴工牌的员工从员工通道进入商场；禁止员工从商场携带商品进入员工通道；禁止员工上、下班代打卡，一旦发现，应立即记录其工牌号并向人力资源部反映；禁止顾客、送货人员和其他无关人员进入员工通道；负责来访人员的登记，通过电话通知被访人员，维护办公区域的工作秩序；夜班执勤时检查办公区的门窗和照明灯是否关闭；对夜间办公区因工作需要而值班的人员，要核实登记名单，未登记的人员不得进入。

（8）夜班岗：协助晚班人员进行营业结束后的商场清场工作；负责对清场后需要在商场内工作的人员进行登记，并在工作现场设置岗位；清场结束后，由助理负责开启商场的红外线报警系统；值班期间，如果红外线报警器发生报警，助理带领防损员对报警区域进行检查，并视不同情况分别处理：

① 如发现盗窃情况，立即向上级和公安机关报告并控制保护现场；

② 经检查确定属于误报的，应向来电询问的公安机关说明原因。

值班人员必须每隔半小时到商场巡视 1 次。

资料来源：http：//www. mpsoft. net

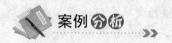

## 吊顶里的空包装

一超级市场在闭店后，让夜间补货员对卖场进行补货。由于是夜间，而防损部值班的只有两个人，所以一些问题也就不可避免地发生了。

根据公司对夜补工作的要求，从夜间清场后到次日早开店前，为夜补工作时间。在此时间段内，卖场及滞货区内如果出现商品空包装，由夜补负责人调查并赔偿一定的经济损失。

自从开业以来，上夜班的防损员是很受经理关注的。经常叮嘱夜班防损员要认真检查出入人员，及其携带物品，要定时定点巡逻和不定时不定点巡逻相结合。防损员也都认真执行，但收效甚微，门口从没检查出东西，而卖场里也很少有空包装的出现。所以时间一长，大家一直以为晚间出"活儿"的概率应该不大，直到上个月这个"活儿"的出现。

某月中旬的一天，综合部的电工在滞货区里维修天花板的石膏吊顶。很偶然地在吊顶上面发现了为数较多的空包装，以食品类居多。这引起了经理的重视，从空包装的数量上来看，不是一天两天能造成的。经过分析，认为夜补的嫌疑最大。这不是随意猜想！因为首先要想白天在滞货区内偷吃食品的可能性很小，人太多，还要爬上货架把空包装藏在吊顶里，这不可能不被发现。而晚间值班巡逻都是和夜补经理一起巡，单独巡时，必须走主通道，为了让摄像头看见（这可能也是不出"活儿"的原因之一）。晚间保洁又不能进入滞货区，只有夜补人员有条件在晚间无人时进出滞货区，且不需要走主通道。于是经理特意挑选了一名责任心强，又有经验的内巡"Z"，让他第二天在滞货区蹲坑守候，一定要抓住这个"家贼"。

那天 Z 下了班打卡后没走，而是依经理吩咐进入滞货区最里面的隐蔽处，耐心等待。夜补人员上岗开始工作后，Z 在里面一边仔细听着夜补人员的对话，一边看着他们工作。

一个小时后，一名夜补员独自进来，伴随着 RF 枪的滴答声后，他又出去了。原来是找条码！

两个小时后，这名夜补员又一个人进来了，还东张西望的。Z这时连自己的心跳声都能听见，眼睛一眨都不敢眨，只见这个夜补周围看了一圈后，突然向一个角落走去，速度极快！Z这时心想："要下手了。"当这个夜补人员一转过身来，手里多了一样东西！Z仔细一看，是手台（对讲机）！原来是把手台落下了，回来找啊！

又是两小时后，已经半夜了。Z想："可能今天要白熬了"。正想着突然听见了翻东西的声音，一看，不知何时一名夜补已经进来了，从一个纸箱里拿出了一些食品和饮料，开始吃上了！！！Z于是走了出来，夜补人员开始还一个劲儿说好话想求饶，但被Z拒绝了。一看没办法，也不费话了，接受处理吧，还能怎么办？

资料来源：http://www.lingshou.com

**思考问题：**

1. 员工偷盗应如何处理？
2. 怎样加强防损员的忠诚度？

## 技能训练

**一、思考题：**

1. 对待顾客偷窃应如何处理？
2. 如何预防员工偷窃？
3. 如何防止供应商偷窃？

**二、能力训练：**

1. 如果你是门店的一名普通员工，发现有一名顾客偷盗了门店的商品，你要如何做？
2. 假使你是一家便利店的店长，你要怎样设计你的门店，减少其被盗的可能性？

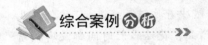
综合案例分析

### 要命的赠品酒

春节前一天，某购物广场人山人海，所有收银台前排起了长队（每个收银台也都安排了公司工作人员协助收银员为顾客装袋。）在36号收银台，一对夫妇排队等了好长时间，最后总算轮到他们了，便推着满满一购物车的商品来到收银台前买单。就在收银员为这位顾客服务的时候，站在收银台出口的防损员走过来告诉正在收银员旁边帮忙装袋的同事："请提醒收银员询问顾客是否还有需要买单的商品。"因为防损员刚才看到顾客购物车里有一瓶红酒没有拿出来。装袋的同事听到后就把防损员的话传给了收银员，收银员在输完柜台上所有的商品后，伸头看了一下顾客的购物车，问到："请问，还有其他商品吗？"这时那位女士马上把那瓶红酒放到收银台上并大声说:"这是赠品,怎么了?你们把刚才那位防损员叫过来,还说我们是小偷?你们这是什么商场?"同时嘴里还骂骂咧咧的,她的爱人也在一边不停附和。收银员马上向他们解释说:"我们没有任何人说您是小偷,只是所有的赠品我们都要核对一下,并且要通过收银台消磁,否则在出收银台时,防盗门铃就会响,会给您带来不必要的麻烦,请您理解。"装袋的同事也向顾客解释道歉。但是顾客根本不理会,坚持说刚才那位防损员说她是小偷,一定要说清楚。

接着,她又说:"你们俩挺好的,就是那个防损员说的,如果你们不把那个防损员叫过来,我们今天就不买单,别人也别想在这买单!"这时真巧那位防损员换了岗不在,于是工作人员就叫来了另外一位防损。顾客把她的经历告诉了这位防损员,防损员也表示理解,但随后顾客还是坚持要找到刚才那位防损员,并口口声声嚷着要见经理,并要这位防损员去找刚才的防损员。

这时那位男士又说道:"你们赶快把你们经理找来,否则我把这瓶红酒砸在这里,谁也别想在这里买单!"这时工作人员边道歉边又耐心解释:"请您不要生气,我们的同事已经去找经理和那位防损员了。大过年的,大家都不要动气,有问题我们一定会解决好的。"(在这期间,其他同事也查清楚了,这瓶没有任何标志的红酒,的确是赠品,不知是什么原因,赠品的标志没有了)。

由于排队的人很多,这两位顾客又一直堵在那里不让买单,后面的顾客开始不耐烦了,收银员请大家去邻台买单,他们都不愿意去,装袋的工作人员不断地向那位顾客道歉也无济于事。这时,在后边等候的顾客已经十分不耐烦了,纷纷议论起来,一位小伙子大声冲收银员喊:"那瓶红酒到底多少钱?算在我的商品里,让他们快走!我们还要回家过年呢",还有一位说:"人家工作人员都道歉解释了半天,他们还纠缠不休,太不像话了!"另外一位老板模样的顾客又向收银员说:"不就一瓶酒吗,我来买单,算我送他们的礼物吧,不能让大伙都等在这儿吧!"后面的顾客听到后也都大声吵嚷起来。

这时这位女顾客感觉很不好意思,赶快找台阶下,便突然冲着收银员喊道:"你们这儿的人工作效率怎么这么慢啊?让你们去查一下到底是不是赠品,花这么长时间都没有搞清楚,让人等这么长时间,不是赠品我们买单不就完了嘛。真是慢!"收银员看顾客态度发生了改变,便立刻对顾客说:"这瓶红酒是赠品,只不过赠品的标识不见了,所以耽误了您的时间,请您原谅。"顾客就势马上买了单,什么也没有说就离开了收银台。

资料来源:http://blog.sina.com.cn

**思考问题:**
1. 卖场内商品防损管理有哪些注意事项?
2. 该防损员的言辞有哪些需要注意的方面?
3. 如果红酒不是赠品而顾客确实没有结账应如何处理?

# 项目十一　顾客投诉处理及服务质量评价

- **项目介绍**

　　顾客抱怨既是门店经营不良的直接反映，同时又是改善门店销售服务十分重要的信息来源之一。应妥善处理每一位顾客的不满与投诉，并在情绪上使之觉得受到尊重，进行自我检查，提升服务质量。

- **学习目标**

　　能力目标：能够正确对待顾客的投诉，并能够正确处理顾客的投诉；会进行顾客服务质量调查，制定调查问卷。

　　知识目标：理解顾客投诉原因，掌握处理顾客投诉的程序，以及化解顾客投诉的技巧，掌握顾客满意度调查方法和调查问卷的设计。

　　社会目标：能与顾客进行良好沟通并处理投诉事件。

- **学习内容**

1. 顾客意见的处理。
2. 顾客服务质量调查。

## 任务 1　顾客投诉意见处理

　　连锁企业门店自我服务的方式比较传统的零售业来说，更多地体现了顾客购物的自主性，它可以避免面对面柜台销售中营业员与顾客可能发生的较多冲突，但不能避免由于顾客对商品或服务的不满，而对连锁企业门店提出意见或投诉。因此，如何处理好顾客投诉意见，是连锁企业门店作业管理中的重要一环，处理得好，矛盾得到化解，企业信誉和顾客利益得到维护；反之，往往会成为连锁企业门店经营的危机。

## 资料：正确对待顾客投诉

不管企业是多么友好、高效地对待顾客，顾客仍然会经常产生抱怨。抱怨问题不可小视，它往往体现了企业在经营运作中存在的问题和顾客的潜在需求。以顾客为导向的服务，能激励顾客对企业的信任和支持，保持长期的购买关系，传播积极的口碑效应，使企业在市场竞争中处于有利地位。

随着人们消费观念的日趋成熟，因产品不能达到顾客满意度而导致的各类投诉事件，已是当前司空见惯的现象。面对顾客的投诉，商家最常见的处理办法有以下三种：

（1）百般抵赖，对产品存在的问题视而不见，对顾客的要求不理不睬；

（2）光有态度没有行动，这类商家或厂家的代表在处理顾客投诉时，态度相当好，但就是不肯付诸行动去解决实际问题，其实际效果跟前一种是一样的；

（3）道歉并马上付诸行动、解决问题。

但是有的商家认为，顾客的投诉并没有多重要，即使流失一些顾客也不要紧，因为会有新的顾客来到店里。但是要知道获得一个新顾客的成本是保住一个老顾客的八倍。据专家调查统计：公司一般每年平均流失 10% 的老顾客；一个公司如果将其顾客流失率降低 5%，其利润就可能增加 25%～45%。

有一些详细的数据更能说明问题。美国白宫全国消费者协会调查统计：

（1）顾客不满意，也不投诉，但还会继续购买你商品的有 9%，而 91% 的顾客不会再回来；

（2）投诉过但没有得到解决，还继续购买你商品的顾客有 19%，而 81% 的顾客不会再回来；

（3）投诉过但得到解决，会有 54% 的顾客继续购买你的商品，而有 46% 的顾客不会回来；

（4）投诉后迅速得到解决，会有 82% 的顾客继续购买你的商品，只有 18% 的顾客不会回来。

销声匿迹是个可怕的事情。沉默的顾客也是最危险的顾客。如果你想保住你的顾客，你应该让他们积极地投诉。这些抱怨的顾客也许就是你最大的财富。

有的企业鼓励顾客上门投诉，进行"换位思考"，正确辨别顾客的不满意，针对顾客投诉的问题，迅速查找出引起顾客不满的真实原因，在处理过程中做到心中有数、有的放矢。树立"顾客至上"的理念，善于站在顾客的角度，以顾客的心理去思考，采取主动，有针对性地加以解决。道歉只是最基本的，而不是最佳的处理顾客投诉的方法，应该提倡的做法是感谢顾客，并采取一定的措施进行奖励。只有这样，才能树立良好的品牌形象，增加产品的美誉度及信任度，从而使企业在竞争中立于不败之地。有的企业就一贯坚持产品"零缺陷"标准和推行"揭短"工程，企业请员工来"揭短"，市场请顾客来"揭短"，以挑战自我和服务无限的精神，赢得市场顾客的普遍赞誉。

顾客永远是对的，剩下来的就是我们的错误，只有我们承认错误、面对错误、改正错误，才能赢得顾客的信任，留住顾客，建立牢固的顾客关系。

**要求：**

1. 顾客投诉的主要原因有哪些？
2. 制定一个顾客投诉管理制度。
3. 如何做才能鼓励顾客上门投诉？

 **相关知识**

### 一、如何对待顾客的投诉

做生意不仅要创造顾客，更要留住顾客。无论处理什么样的抱怨，都必须要通过研究顾客的思维模式寻求解决问题的方法。正确对待和处理顾客的投诉，化不利因素为有利因素，可以改进顾客服务质量，并与顾客形成长期合作的良好关系。投诉处理原则包括以下几个。

（1）正确的服务理念。需要经常不断地提高全体员工的素质和业务能力，树立全心全意为顾客服务的思想，确定"顾客永远是正确的"的观念。并始终牢记自己代表的是门店或企业的整体形象。

（2）有章可循。要有专门的制度和人员来管理顾客投诉问题，使各种情况的处理有章可循，保持服务的统一规范。另外要做好各种预防工作，对各种顾客投诉防患于未然。

（3）及时处理。处理抱怨时不要拖延时间、推卸责任，各部门应通力合作，迅速作出反应，向顾客清楚地说明事件的缘由，并力争在最短的时间里全面解决问题，给顾客一个圆满的答复。拖延或推卸责任，只会进一步激怒投诉者，使事情进一步复杂化。

（4）分清责任。不仅要分清造成顾客投诉的责任部门和责任人，而且需要明确相关部门、人员的具体责任与权限。

（5）留档分析。对每一起顾客投诉及其处理情况要做出详细的记录，包括投诉内容、处理过程、处理结果、顾客满意程度等。通过记录来吸取教训、总结经验，为以后更好地处理和预防顾客投诉提供参考。

### 二、顾客投诉的主要类型

顾客投诉既是门店经营不良的直接反映，同时又是改善门店销售服务十分重要的信息来源之一。最新研究表明，如果一个顾客不再去某家商店购物，可能的原因如表11-1所示。

表 11 –1　顾客不再光顾商店的原因

| 比例 | 1% | 3% | 5% | 9% | 14% | 68% |
|---|---|---|---|---|---|---|
| 原因 | 死亡 | 搬迁 | 兴趣转移 | 转向竞争者 | 对商品不满 | 对服务不满 |

从表 11 –1 中可以看出，68% 的顾客不再去某商店的原因是对服务不满，从中可以看出顾客对门店的服务更看重。其次顾客对商品的不满也较易引起顾客不再光顾商店。而美国消费者研究统计的数据进一步显示：96% 的顾客不打算对产品或服务进行投诉，只有 4% 的顾客会投诉。研究表明，96% 不投诉的顾客是以"拒绝再次光临"的方式来表达其不满的情绪，甚至会影响他所有的亲朋好友来采取一致的对抗行动。反过来说，如果顾客是以投诉来表达其不满的话，至少可以给门店说明与改进的机会。通常，顾客的投诉主要包括对商品、服务、安全与环境等方面的意见。

## （一）对商品的抱怨

商品是满足顾客需要的主体，顾客对商品的投诉主要集中在以下几个方面。

（1）商品质量差。商品质量问题往往是顾客投诉最集中的问题。商品质量问题主要是坏品、过保质期、品质差或不适用，许多商品的品质往往要打开包装进行使用时才能作出判别或作出鉴别。当打开包装发现商品质量不好时，顾客的反应通常较强烈，意见较大，引起的投诉也较多。

（2）价格过高。超市门店销售的商品大部分为非独家经营的商品，顾客对各商家的价格易于作出比较，特别是顾客经常购买的商品，顾客对商品的价格十分熟悉，对同一商品在不同商场价格的高低和同一商场的同一商品的价格因季节性因素或促销因素而发生的价格变动十分敏感，顾客往往会因为商品价格过高向门店提出意见，要求改进。

（3）标识不符。商品包装标识不符往往成为顾客购物的障碍，进而成为顾客的投诉对象。顾客对商品包装标识的意见主要有：商品的价格标签看不清楚；商品上有几个不同的价格标签；商品上的价格标识与促销广告上的价格不一致；进口商品上无中文说明等。

（4）商品缺货。顾客对门店商品缺货的投诉，一般集中在热销商品和特价商品，或是门店内没有销售而顾客想要购买的商品，这往往导致顾客空手而归。致使顾客产生抱怨。

## （二）对服务的抱怨

消费者在购买商品的同时需要门店提供良好的服务，其对门店服务的不满直接影响门店商品的销售。对服务的抱怨主要有以下几个方面。

（1）营业员的服务方式欠妥。接待慢，搞错了接待顺序；缺乏语言技巧，不会打招呼，也不懂得回话；说话没有礼貌，过于随便；说话口气生硬，不会说客套话等。

（2）营业员的服务态度欠佳。只顾自己聊天，不理会顾客的招呼；紧跟在顾客身后，表现出过分的殷勤，不停地劝说顾客购买，让顾客觉得对方急于向自己推销，在心理上形成一定的压力；对顾客挑选商品不耐烦，甚至冷嘲热讽。

（3）营业员自身的不良行为。营业员对自身工作流露出厌倦、不满情绪；营业员自身衣着不整、浓妆艳抹、举止粗俗、言谈粗鲁、打闹说笑、工作纪律差，给顾客造成不良的印象，直接影响顾客的购买兴趣；营业员之间发生争吵，互相拆台。

（4）服务作业不当。如结算错误、多收钱款、少找钱；包装作业失当，导致商品损坏，装袋不完全，遗留顾客的商品；结算速度慢、收银台开机少，造成顾客等候时间过久；顾客寄放物品遗失、存取发生错误；送货太迟或送错了地方；不遵守约定，顾客履约提货，货却未到等。

（5）对服务内容的抱怨。主要是对营业时间、商品退换、存包规定、售后服务及各种服务制度（规定）等方面问题的投诉，如不提供送货服务、无保修或店内无维修点等。

### （三）对安全和环境的抱怨

顾客在卖场购物时因安全管理不当，受到意外伤害而产生不满，如因地滑而摔跤，因停电而碰撞或受到损失。顾客感觉环境不舒适，如门店内的音响声音太大，照明亮度不够，空气不流通，温度过高或过低；卖场走道内的包装箱和垃圾没有及时清理，影响卖场整洁和卫生；商品卸货时影响行人的通行等。

卖场设施不当也有可能导致顾客投诉，如货架高度不当，拿取不方便；无休息的凳椅；收银机少，交款排队的时间较长；商场布局指示不清；无电梯、洗手间等。

## 三、顾客投诉方式

通常顾客投诉的方式有电话投诉、信函投诉、直接到门店内或到连锁企业总部进行当面投诉这三种方式。根据顾客投诉方式的不同，可以分别采取相应的行动。

### （一）电话投诉的处理方式

电话投诉简单迅捷，这是顾客常选用的投诉方式。许多企业都设有免费投诉电话。电话投诉只有通过有限的声音信息了解顾客的情绪，因此处理时要谨慎小心。

（1）有效倾听。仔细倾听顾客的抱怨，应站在顾客的立场分析问题的所在，同时可以利用温柔的声音及耐心的话语来表示对顾客不满情绪的支持。

（2）掌握情况。尽量从电话中了解顾客所投诉事件的基本信息：何时、何地、何人、何事、其结果如何，并进行详细记录（见表11-2），同时留下顾客的电话，已备日后回复。

（3）存档。如有可能，把电话的内容予以录音存档，尤其是特殊的或涉及纠纷的投诉事件。存档的录音带一方面可以作为日后必要时的证明，另一方面可以作为日后教育训练的教材。

表11-2 门店顾客投诉意见处理记录表

| 门店名称 | | 编号 | |
|---|---|---|---|
| 顾客姓名 | | 受理日期 | |
| 地址 | | 发生日期 | |

续表

| 联系电话 | | 最后联系日期 | |
|---|---|---|---|
| 投诉项目 | | 结束日期 | |
| 发生地点 | | 投诉方式 | |

投诉事件经过：

处理原则依据：

事件处理经过：

事件处理结果：

| 处理人员： | | 经理： | | 店长： | |
|---|---|---|---|---|---|

意见备注：

### （二）　书信投诉的处理方式

书信投诉便于记录和保存，投诉较理性，很少感情用事。门店收到顾客的投诉信时，应立即转送负责人。相关人员应立即联络顾客，告知其收到信函，向其表达谢意，以表达商店的诚恳态度和解决问题的意愿。同时请顾客告知联络电话，以便日后沟通和联系。并尽快处理其投诉。

### （三）　亲自上门投诉

顾客不惜时间和精力亲自上门投诉，表明顾客的不满可能很严重，或者对投诉处理的期望值很高。对于顾客当面投诉的处理，门店应尽量迅速解决问题。在处理顾客当面投诉时，应注意以下几点。

（1）将投诉顾客请至会客室或门店卖场的办公室，以免影响其他顾客的购物。

（2）创造亲切轻松的气氛，以缓解对方的紧张心情；尽可能保持谈话明朗和态度诚恳。

（3）不可在处理过程中中途离席太久，让顾客在会客室等候。

（4）谨慎使用各项应对措辞，避免导致顾客的再次不满。

（5）严格按规定的"投诉意见处理步骤"妥善处理顾客的各项投诉。

（6）一旦处理完毕顾客的投诉意见，必须立即以书面的方式及时通知投诉人，并确定每一项投诉内容均得到解决及答复。

（7）填写顾客投诉记录表，对于表内的各项记载，尤其是姓名、住址、联络电话及投诉内容复述一次，请对方确认。

（8）如有必要，应亲赴顾客住处去访问、道歉、解决问题，体现出门店解决问题的诚意。

（9）所有的投诉处理都要制定结束的期限。

（10）与顾客面对面处理投诉时，必须掌握机会适时地结束，以免因拖延时间过长，既无法得到解决的方案，又浪费双方的时间。

（11）由消费者协会移转的投诉事件，在处理结束之后要与消费者协会联系，以便让对方知晓整个事件的处理过程。

（12）对于有违法行为的投诉事件，例如寄放柜台的物品遗失等，应与当地的派出所取得联系。

（13）注意记住每一位提出投诉意见的顾客，当该顾客再次来店时，应以热诚的态度主动向对方打招呼。

此外，顾客也逐步开始采用网络投诉。如果顾客通过网络进行投诉，相关人员应立即处理投诉，并将处理结果在网上公布，以显示连锁企业门店处理投诉的及时性和有效性，也显示门店对处理投诉的诚恳态度和认真解决该问题。

## 四、建立顾客投诉意见处理系统

对连锁企业来说，虽然顾客的投诉意见大多发生在下属的各个门店，但为了防止由于一个门店的处理不当而波及连锁企业的全系统门店，建立顾客投诉意见处理系统是十分重要的。连锁企业应当把顾客投诉意见处理系统纳入整个企业的服务系统中，既要有统一的处理规范，又要培育服务人员及有关主管人员的处理技巧。

### （一）顾客投诉意见处理系统的规划

顾客投诉意见处理系统具有两大功能：一是投诉意见的执行功能；二是投诉意见的管理功能。其内容如表 11 - 3 所示。

表 11 - 3 顾客投诉意见处理系统的两大功能

| 执行功能 | 管理功能 |
| --- | --- |
| 受理顾客的投诉意见 | 流程控制： |
| 时间的记录与分类 | 门店立即处理的事件<br>由总部处理的事件追踪 |
| 处理：<br>了解事实 | 记录存档 |
| 解决问题 | 资料存档 |
| 处理事件的过程 | 资料统计与分析 |
| 顾客回应 | 评估 |
| 善后追踪 | 建议 |
| 呈报：<br>店长 | 责任规划 |
| | 奖惩 |
| 总部的相关部门 | 政策的制定与执行 |
| 记录的传送 | 公布 |

连锁企业应该对顾客投诉意见处理系统进行系统的规划，主要应做好以下几个方面的工作。

（1）建立受理顾客投诉意见的通道。如投诉电话、投诉柜、意见箱、投诉电邮等。

（2）制定处理顾客各类投诉的准则。

（3）明确各类人员处理顾客投诉意见的权限及变通范围。

（4）必须将投诉事件进行档案化管理，并由专人负责整理、归纳、分析和评估。

（5）经常通过教育与训练，不断提高门店服务人员处理顾客投诉意见的能力。

（6）对所有顾客投诉事件要及时通报，并对有关责任人员作出相应的处理。

### （二）顾客投诉意见处理系统的权责处理层次划分

连锁企业对顾客投诉意见处理系统进行系统规划后，就必须根据该系统的每一项功能来划分投诉意见处理的权责层次，以及每一层次所拥有的处理权限。一般分为三个层次。

**1. 门店服务人员或部门管理人员**

连锁企业在事前都会明确基层服务人员或部门管理人员的任务，并授予其处理顾客投诉意见的具体权限，让门店现场直接发挥顾客投诉意见处理系统的执行功能。对门店的商品缺货、通道不畅、价格标签错误、单纯的收银错误等可以立即处理的事件，或者是顾客附带的小型建设性意见，可由基层服务人员或该层级部门管理人员根据连锁企业总部的既定政策，以及个人的经验与判断后当场做出处理，给予消费者比较满意的答复，并做好相应的记录，事后及时向店长汇报。

**2. 门店店长（或副店长）**

门店店长在顾客投诉意见处理的权责上，除了负有执行功能外，还有管理的功能。就执行而言，对一些并非只涉及单纯的商品赔偿的事件，基层服务人员与部门管理人员在权限上往往无法处理，必须立即转给店长，由店长亲自来处理，以免因处理不当再次发生顾客投诉。店长不在时，则由副店长代为负责。

门店店长除了具有一定的处理权限外，对顾客的投诉意见处理还有管理功能。店长要负责将投诉意见及时汇总上报，并参与投诉事件责任确定、作业与管理具体改进措施的建议等投诉管理处理工作。

**3. 连锁企业总部专职部门经理**

在顾客意见处理系统中，有关属于决策性质的管理，例如，投诉事件的整理分析、评估、建议，重大事件的追踪，处理政策拟定和具体奖惩条例的公布等，都应由连锁企业总部专职部门经理负责处理，对于一些具有较大社会影响的投诉事件，甚至需要由连锁企业总经理亲自来处理。例如，门店的重大意外事故、食物中毒及由消费者协会转来的投诉事件等。

连锁企业在规划顾客投诉意见处理系统的权责层次时，应尽量将层级缩减，避免因门店的层层汇报而降低处理的效率，或增加处理成本。各层级在处理顾客投诉意见时，都必须依照总部所制定的投诉处理原则操作，对于无法处理的投诉事件，必须在事态扩大之前，迅速将事件移交至上一层的权责单位处理。

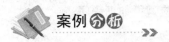案例分析 ➤➤➤

## 正确对待顾客投诉

在美国有一家地方性超级市场，这家超级市场的规模不大，它是由父子俩联手经营的，但由于其建立了特殊的顾客关系制度，以至于许多顾客宁愿长途开车来购买商品，它的成功秘诀是什么呢？根据其经营者介绍，他们的做法如下。

（1）每天在店内与顾客寒暄打招呼，并寻找机会询问顾客意见。

（2）设置顾客意见箱，每天早上将前一日顾客投入的一大堆意见书逐一审阅，并寻求门店的改善之道。

（3）每周一次以座谈会方式邀请热心消费者进行双向沟通意见，探索门店需改进之处。

正是因为经营者非常重视正确处理顾客关系，因而门店的建设，大都来自于顾客的意见。这样做也让提案的顾客，感觉真正受到重视，而且这是他们参与规划的卖场或商品，自然要常来捧场了。

例如，该超市原先所销售的鱼产品，一直是加工处理好，包装后再销售的。但常常收到顾客的抱怨，认为鱼产品被包装在宝丽龙盒中，其中的产品可能不新鲜（但顾客并无确实的证据）。鱼产品部门听到此类抱怨，心里十分反感，因为事实上这些鱼产品都是每天早上直接从渔港运来的，非常新鲜，而且到目前为止，还没有发生顾客买到不新鲜鱼产品的事件发生。尽管如此，该超市还是很慎重地进行多方面的讨论，最后鱼产品部门的主管提出一个方案，即增加一处鲜鱼面对面的销售场所，这些鲜鱼与其他已包装好的鱼，唯一不同的就是它以未包装形态放在碎冰上，让顾客可以触摸。结果，原来已包装好的鱼产品销售量非但没减少，反而增加了一倍的鲜鱼销售量。

由于这种良性循环，顾客觉得每天不来超市逛一逛、看一看、买点东西，是很难过的，同时顺便来监督一下，看看这家店还有哪些地方不符合自己的理想，来帮助它改善。如果连锁企业都能做到这点，那么还用愁没有市场吗？

资料来源：宿春礼. 成功店长训练. 北京：经济管理出版社，2006.

**思考：**

1. 这家超市的成功秘诀是什么？
2. 如何正确对待顾客的投诉？

## 五、顾客投诉意见的处理程序

相关研究表明，争取一位新顾客所花费的费用是保住一位老顾客所花成本的 5～6 倍。因此，门店一定要重视并处理好顾客投诉。顾客投诉意见处理的基本原则是：妥善处理每一位顾客的不满与投诉，并且让顾客觉得受到尊重。无论处理什么样的抱怨，都必须要以顾客的思维模式寻求解决问题的方法。因此，在处理顾客投诉意见时应遵循如下程序。

**1. 保持心情平静**

发生了顾客投诉，门店接待人员不应过多地强调是有理由投诉还是无理由投诉。只要是顾客投诉，都应该分析门店工作中是否存在不足和缺陷。

面对情绪激动的顾客，门店人员应保持心平气和、高度关注，这是处理顾客投诉的基本态度。其实顾客的投诉意见，只是针对门店本身或所购买的商品，并不一定针对个别的服务人员。因此，为了安抚顾客气愤的情绪，让彼此可以客观地面对问题，一开始最好的处理方式，是心平气和地保持沉默，用和善的态度请顾客说明事情的原委。

**2. 有效倾听**

有效倾听就是指诚恳地倾听顾客的诉说，并表示完全相信顾客所说的一切，要让顾客先发泄完不满情绪，使顾客情绪平静，然后再倾听顾客不满的发生细节，确认问题所在。

有效倾听主要是在处理时首先应把握顾客所投诉问题的实质和顾客的真实意图，了解顾客想表达的感觉与情绪。为后面提出解决方案做好准备。

**3. 与顾客产生共鸣**

当顾客投诉时，他希望自己的意见受到对方的尊重，自己能被理解。建立与顾客的共鸣就是要促使双方交换感受。在投诉处理中，有时一句体贴、温暖的话，往往能起到化干戈为玉帛的作用。与顾客共鸣是真诚地理解顾客，而非同情。只有站在顾客的角度，想顾客之想，急顾客之急，才能与顾客形成共鸣。要站在顾客的立场想问题，模拟顾客的境地，换位思考。

**4. 表示歉意**

不论顾客提出的意见其责任是否属于本连锁企业门店，店方都应诚心地向顾客表示歉意，并感谢顾客提出的问题，这是顾客衡量该连锁企业对自己是否尊重的重要因素。

**5. 分析顾客投诉的原因**

（1）抓住顾客的投诉重点。掌握顾客投诉问题的重心，仔细分析该投诉事件的严重性，要判断问题严重到何种程度。同时要有意识地充分试探和了解顾客的期望，这些都是处理人员在提出解决方案前必须先评估的部分。因为多数消费者的要求往往低于门店的预期。

（2）确定责任归属。顾客投诉意见的责任不一定是在店方，可能是供应商或是顾客本人所造成的，因而门店应确认责任归属。针对责任归属的不同，门店提出的解决方案就会不同。

**6. 提出解决方案**

对所有的顾客投诉意见，都应有处理意见，都必须向对方提出解决问题的方案。在提出解决方案时，以下几点必须加以考虑。

（1）连锁企业既定的顾客投诉意见处理规定。一般连锁企业对于顾客的投诉意见都有一定的处理政策，门店在提出解决顾客投诉的方案时，应事先考虑到连锁企业的方针及顾客投诉意见的有关处理规定，既要迅速，又不能轻率地承担责任。

（2）处理权限的规定。处理负责人还必须考虑到每一个处理人员的权限规定，或是否能在权限内处理。有些可由服务人员或部门管理人员立即处理，有些则必须由店长或副店长来处理，有些必须移交连锁企业总部所属部门处理。在服务人员无法为顾客解决问题时，就必须尽快找到相应具有处理决定权的人员来解决，使顾客的意见迅速得到解决，以取得顾客的谅解。

（3）利用先例。处理顾客投诉最重要的事情之一，就是要让每一个投诉事件的处理质量具有一致性。如果同一类型的顾客投诉意见，因为处理人员的不同而有不同的态度与做法，势必让顾客丧失对这家连锁企业的信赖与信心。因此，处理责任人在处理顾客投诉时要注意适当地利用先例，和以前类似顾客投诉事件相比，了解是否有共同点，参照该投诉事件的解决方案，即处理同类抱怨问题的方式基本保持一致。而对于门店来说，能坚持以公平一致性的态度对待所有顾客的投诉，也能提高门店对顾客投诉意见处理的效率。

（4）让顾客同意提出的解决方案。要做到这一点，往往不很容易，所以处理人员要和顾客作耐心的沟通，直至对方同意。

**7. 执行解决方案**

（1）亲切地让顾客接受。如果是权限内可处理的，应迅速利落、圆满解决。此时应向顾客陈述解决的具体方法并详细说明，以促使顾客愉快地接受。当双方都同意解决方案之后，门店就应立即执行该解决方案。

（2）不能当场解决的投诉。若由于种种原因（如不在负责人的权限范围内，必须与厂商联系后方能答复等），门店不能当场处理该顾客的投诉，应告诉顾客原因，特别要详细说明处理的过程和手续，双方约定其他时间再做出处理。此时应将经办人的姓名、电话等告知顾客，并留下顾客的姓名与地址等联系方式，以便事后追踪处理。在顾客等候期间，处理人员应随时了解该投诉意见的处理过程，若有变动必须立即通知对方，直到事情全部处理结束为止。

至于移转总部或其他单位处理的投诉意见，也必须了解事情的发展情况，进行定时的追踪。如果顾客询问，应迅速且清楚地回应对方。

**8. 深刻检讨，改善提高**

在检查顾客投诉的过程中，负责投诉处理的员工要记录好投诉过程的每一个细节，把顾客投诉的意见、处理过程与处理方法在处理记录表上进行记录，而每一次的顾客投诉记录，门店都将存档，以便日后查询；投诉负责人应深入分析顾客的想法，并定期检讨产生投诉意见的原因，充分调查此类事件发生的原因，仔细思考为了防止此类事件的再次发生是否需要进行变革，对服务程序或步骤要做哪些必要的转变，从而提出预见性的解决方案，即改善卖场服务质量的方法，以便降低或避免将来发生类似的投诉。

对所有顾客投诉意见，其产生的原因、处理结果、处理后顾客的满意情况及门店今后的改进方法，应及时用各种固定的方式，如例会、晨会或者是连锁企业的内部刊物等，告知门店的所有员工，使全体员工能迅速改进造成顾客投诉意见的种种因素，并充分了解处理投诉事件时应避免的不良影响，以防止今后类似事件再次发生。

### 六、化解顾客投诉的技巧

#### （一）商品投诉处理技巧

在连锁企业投诉的案例中，关于商品的投诉占有较大的比例，在处理商品投诉的时候要注意处理的方法。

**1. 商品质量问题**

（1）如果顾客买的商品发生质量问题，说明企业在质量管理上不过关，遇到这类情况，最基本的处理方法是诚恳地向顾客道歉，并更换质量良好的新商品。

（2）如果顾客因为该商品的质量问题而承受了额外的损失，企业要主动承担起这方面的责任，对顾客的损失包括精神损失都应给予适当的赔偿。

（3）在处理结束后，就该质量存在问题的商品如何流入顾客手中查找原因，采取相应的措施以避免再次发生类似问题，并向顾客说明情况，增强顾客再次购买本企业商品的信心。

（4）将商品的质量问题向供应商反映，要求给予解决或更新，以利于企业的发展。

**2. 商品使用不当**

如果是因顾客自己使用不当而导致的商品质量问题，卖场员工要意识到，这不仅是顾客自身的问题，或许也是营业员在销售商品时未向顾客交代清楚注意事项，或者营业员出售了不适合顾客使用的商品，属于这类原因的，卖场也应该承担一定的责任，一定要向顾客真诚地道歉，并根据具体情况给予顾客适当的赔偿。

#### （二）服务投诉处理技巧

顾客的抱怨有时候是因门店员工的服务而引起的，服务是无形的，不能像商品那样事实明确、责任清晰，只能够依靠顾客与员工双方的叙述，因此，对服务质量问题要明确责任是比较困难的。

（1）处理类似问题时，客服人员首先要明确"顾客就是上帝"这一宗旨，认真听取顾客的不满，向顾客诚恳地道歉，向顾客承诺以后保证不会再发生类似的事件。

（2）必要时与当事人（员工）一起向顾客表示歉意，这样做的基本出发点是让顾客发泄自己的不满，使顾客在精神上得到一定的满足，从而赢得顾客对卖场的信赖。

（3）事件处理完毕，卖场要对在事件中受到委屈的员工在精神上、物质上给予一定的补偿，同时要在处理顾客关系技巧方面对员工进行必要的培训，使企业员工能够在措辞和态度上应对得体，以减少类似投诉的发生。

#### （三）索赔处理技巧

（1）要迅速、正确地获得有关索赔的信息。

（2）索赔问题发生时，要尽快确定对策。

（3）客服主管对于所有的资料均应过目，以防下属忽略了重要问题。

（4）要访问经办人，或听其报告有关索赔的对策、处理经过、是否已经解决等。与供应商保持联系，召开协商会。

（5）对每一类索赔问题，均应制定标准的处理方法（处理规定、手续、形式等）。

（6）防止索赔问题的发生才是根本的问题解决之道，不能总是等索赔问题发生后，才去被动地寻找对策。

### （四）特殊顾客投诉处理技巧

**1. "别有用心"的顾客**

在现实生活中卖场对这类顾客都感到棘手。

（1）这种类型的顾客喜欢抓住卖场的弱点，提出难题，暗中索取金钱或贵重物品。

（2）满足此类顾客的无理要求，会令卖场员工的士气大为降低；如果做出激烈的对抗，又会使事态恶化，极大地损害卖场的形象。

（3）对待此类顾客，卖场管理人员及员工一定要保持清醒的头脑和冷静的判断力，利用法律武器保护自己的正当权益。

（4）卖场方面也要管好自己的言行举止，否则将会给这类顾客留下可乘之机。

**2. 挑剔的顾客**

这类顾客在心目中已经有了一定的标准，因此常常能看出商品及服务的不足，他们因挑剔而给出的建议通常具有一定的代表性并很有价值，值得卖场员工认真研究，从而改进商品和服务质量，做到精益求精。

（1）认真接待。在商业中有一句名言："一百减一等于零。"也就是说，卖场即使让一名顾客一百次感到满意也不能保证他永远满意，如果得罪了一次，就会前功尽弃。顾客对卖场的印象一旦形成，就会有先入为主的观念。如果第一印象差，即使卖场的商品很好、整体服务很优秀，这一看法也难以转变。

因此，要求卖场员工一定要注视这类顾客的接待，让其感到自己的建议会受到卖场的重视。

（2）应对程序。首先要耐心地听取他们的意见，弄清他们明确的服务标准，表示他们的要求卖场已给予相当的重视，然后向对方道歉，期望对方继续支持，并赠送小礼物以表示感谢。通常挑剔的顾客容易被客服人员的挚诚感动，从而愿意接受其道歉和调解。最后把挑剔的顾客所引出的卖场漏洞堵住，以免再发生类似的顾客抱怨和不满，影响企业的形象和声誉。

## 七、建立顾客关系管理制度

建立顾客关系管理的目的是形成以顾客为中心的营销机制，从而达到吸引顾客，留住顾客，并且与顾客建立长期稳定关系的目的。在企业参与市场竞争的资源中，顾客资源是至关重要的资源，顾客资源的有效管理与维护应该是整个公司的事情，是企业健康发展的前提。顾客关系是连锁企业至关重要的外部公共关系，是连锁企业赖以生存和发展的土壤。顾客关系处理的好坏，将直接关系到连锁企业的命运。建立顾客关系管理制度，连锁企业门店通常可从以下几个方面开展工作。

（1）顾客档案管理。首先建立统一共享的顾客数据库资料，共享的顾客资料库可以把销售、市场和顾客服务连接起来。顾客管理主要包括以下内容。

① 顾客的基本信息。姓名、职务、生日、婚姻家庭情况、兴趣爱好、关系等级、地址、电话等。这些资料是顾客管理的起点和基础。

② 顾客的需求。顾客需求、购买记录、服务记录、顾客关系状况等动态信息，并提供充分的顾客状况分析。

（2）顾客意见访问。连锁企业可以设置网址、意见箱等，对本连锁企业门店的消费者及商圈内的潜在消费者进行问卷调查，征询消费者的意见，并给予回复，对提供意见者要给予奖励，每月抽奖并公布姓名，以鼓励参与。门店还可由门店店长出面邀请商圈内经常购物的消费者，或公开召集热心提供意见的顾客，来担任连锁企业门店商圈顾问团的团员、消费者服务员，并由店长担任召集人，定期举行咨询会议，了解顾客的需求和意见。

（3）提供日常生活信息。以定期的方式向消费者提供日常生活信息。如在卖场内特定商品的前方制作 POP，说明商品特色、用途或食用（使用）方法；在服务台免费派送消费信息印刷品；也可利用门店设置的固定公布栏来提供。但是要注意信息要有知识性、科学性和趣味性；控制好成本；门店还应该有计划的长期实施，并不断更新，切不可虎头蛇尾。

（4）举办公益活动。发起慈善公益活动，如献血、救济（商圈内的特困学生、老人）；关心社会公益活动，如赞助当地消防队救火器材、赞助当地学校等；关心社区公益活动，如认养动物、树木等；根据门店消费者资料卡上的信息，适时向消费者寄发生日卡、节庆贺卡等，代表门店向其表示祝贺。

 **知识拓展**

## 加强顾客访问，挖掘消费需求

某大型连锁超市采用这样的顾客访问方式与顾客建立关系。

### 1. 例行性访问

例行性访问并不是无主题访问，而是有一个相当灵活的、范围相当广泛的主题。就像老朋友见面似的，有一种朋友式的主动问候、关心，无话不谈。比如："您好几天没到我们商店来了，是不是出去旅游了？""这几天连续下雨，您外出可要当心哦，要是想买什么东西，打个电话给我就行，我帮您送去。""您家的热水器坏了？我来帮你联系维修单位，保您今天晚上就能用上热水洗澡。"

这些寒暄式的日常话题、征询式的探索摸底、热切式的帮助主题，很容易与消费者之间架起沟通的桥梁、交上朋友，同时，门店也知道了消费者的新需求。

**2. 调查性访问**

列出一些门店里与销售相关的问题，以重要性为序，从 1～10 分，排出一个调查问题询问表。然后对顾客进行调查，请他们对这些问题以满意程度打分，从 1～10 分，在图表上标出坐标，如下图所示。

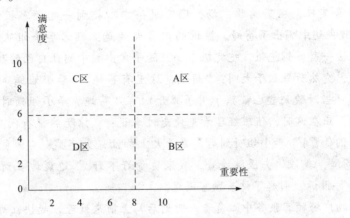

调查内容包括：商品价格；品种齐全；可信赖程度；商店的清洁；员工的亲切感；耐心服务；价格标志等。

标在 A 区的，说明商店认为很重要的问题，做得不错，顾客满意；标在 B 区的，说明尽管商店认为很重要，但做得还不够，顾客不满意，需要花费大力气，重点整改……

虽然每个门店的问题重要性分支不一样，但从连锁管理的角度可以按坐标落在各区的数量来考核门店管理状况和对顾客服务的质量，也可以作为商店管理工作改进的一个方向。

**3. 专题性访问**

专题性访问是一种消费信息直接交流的形式。门店选择与 DM（Direct Mail Advertising，直接邮寄广告）促销主题相关的顾客进行专题访问，一方面可以调查 DM 投递率，另一方面还可以向顾客传递促销信息，让顾客方便地选择最佳时间、最合适的数量实现最理想的购买行动。

尤其是在 DM 以外所做的特刊，主题性更明确，对专业客户更有效。

在访问的同时，还可以得到消费者的各种意见，进行反馈，有利于改进和提高。比如，有一次"啤酒节"主题访问的过程中，许多酒吧反映他们生意不好，主要是他们不知道如何经营酒吧，更不知道在国外酒吧也是有星级标准的，三星级的酒吧必须备有什么牌子的酒，五星级的酒吧必须备有什么牌子的酒。门店马上请了资深的洋酒经销商，免费为酒吧经营者开了一期培训班，事后效果相当好，这些酒吧都反映经营状况有明显好转，光顾酒吧的老外也明显增多了，而门店的洋酒销量也直线上升。

资料来源：张晔清. 连锁企业门店营运与管理. 上海，立信会计出版社. 2006.

### 有苍蝇的酸奶

　　2001 年某日，在某购物广场，顾客服务中心接到一起顾客投诉，说他从商场购买的"晨光"酸牛奶中喝出了苍蝇。投诉的内容大致是：顾客李小姐从商场购买了晨光酸牛奶后，马上去一家餐馆吃饭，吃完饭李小姐随手拿出酸牛奶让自己的孩子喝，自己则在一边跟朋友聊天，突然听见孩子大叫："妈妈，这里有苍蝇。"李小姐循声望去，看见小孩喝的酸牛奶盒里（当时酸奶盒已被孩子用手撕开）有只苍蝇。李小姐顿时火冒三丈，带着小孩来商场投诉。正在这时，值班经理看见便走过来说："你既然说有问题，那就带小孩去医院，有问题我们负责！"李小姐听到后，更是火上加油，大声喊："你负责？好，现在我让你去吃 10 只苍蝇，我带你去医院检查，我来负责好不好？"边说边在商场里大喊大叫，并称要去"消协"投诉，引起了许多顾客围观。

　　该购物广场顾客服务中心负责人听到后马上前来处理，赶快让那位值班经理离开，又把李小姐请到办公室交谈，一边道歉一边耐心地询问了事情的经过。询问重点：① 发现苍蝇的地点（确定餐厅卫生情况）；② 确认当时酸牛奶的盒子是撕开状态而不是只插了吸管的封闭状态；③ 确认当时是小孩先发现苍蝇的，大人不在场；④ 询问在以前购买"晨光"酸牛奶有无相似情况。在了解情况后，商场方提出了处理建议，但由于李小姐对值班经理"有问题去医院检查，我们负责"的话一直耿耿于怀，不愿接受商场的道歉与建议，使交谈僵持了两个多小时，依然没有结果，最后商场负责人只好让李小姐留下联系电话，提出换个时间与其再进行协商。

　　第二天，商场负责人带领李小姐去"晨光"牛奶场进行了参观，生产全过程全是在无菌封闭的操作间进行的。同时也对他们就餐的环境、发现苍蝇等情况进行了分析。

　　通过商场负责人的不断沟通，李小姐终于不再生气了，最后告诉商场负责人：她其实最生气的是那位值班经理说的话，既然商场对这件事这么重视并认真负责处理，所以她也不会再追究了，她相信苍蝇有可能是小孩喝牛奶时从外面掉进去的。

资料来源：http：//www.kesum.com.

**思考问题：**

1. 案例中，商场负责人处理好顾客投诉的关键是什么？

2. 处理顾客投诉时有哪些注意事项？

**技能训练**

**一、思考题**

1. 简述顾客投诉意见的主要类型。

2. 简述顾客意见的投诉方式。

3. 如何有效建立顾客投诉意见处理系统?

4. 门店如何建立顾客关系制度?

**二、能力训练**

1. 模拟填表 11 - 2 "门店顾客投诉意见处理记录表" 中的各项内容。

2. 把学生分为 4 人一组,分别扮演顾客、店员、店长,设计顾客投诉场面,对顾客的投诉进行处理,包含投诉的原因、处理的过程、处理的结果。

# 任务 2 顾客服务质量评价

在激烈的服务竞争中,谁的服务质量好,谁的信誉就高,谁就能在竞争中赢得顾客,求得生存和发展。所以,顾客服务质量是企业十分关注的问题,也是现代营销学研究的重要课题。

**工作任务** ······

### 资料:大鑫珠宝的顾客调查问卷

大鑫珠宝在经营了一段时间以后,想知道顾客对大鑫珠宝的顾客服务评价如何,设计了以下的顾客满意度调查问卷。

1. 您对大鑫珠宝的了解程度。( )

A. 很了解      B. 知道一点      C. 基本不了解

2. 您喜欢大鑫珠宝的各种产品吗?( )

A. 很喜欢      B. 还可以      C. 不喜欢

3. 您对我们的服务满意吗?( )

A. 很满意      B. 一般,有好有坏      C. 不满意,应该改进

4. 以下几项中您认为我们最应该改进的是?( )

A. 产品      B. 服务      C. 活动

5. 您的身份是?( )

A. 学生      B. 在职工作人员      C. 退休工作人员

6. 您一年在珠宝、礼品上消费多少钱?(　　)

　A. 1 000 元以下　　　　　　B. 1 000 ～ 5 000 元　　　　　C. 5 000 元以上

7. 您在珠宝、礼品上的消费有多少比例是在大鑫珠宝消费的?(　　)

　A. 30% 以下　　　　　　　B. 50% 左右　　　　　　　　　C. 60% 以上

8. 您认为大鑫珠宝的信誉度如何?(　　)

　A. 很好　　　　　　　　　B. 一般　　　　　　　　　　　C. 不好

9. 您的家人或您周围的人有了解大鑫珠宝的吗?(　　)

　A. 很多　　　　　　　　　B. 有,但不多　　　　　　　　C. 几乎没有

10. 您对大鑫珠宝的了解是通过什么途径?(　　)

　A. 报纸宣传　　　　　　　B. 电视宣传　　　　　　　　　C. 网络

11. 您对我们现在的什么产品比较感兴趣?(　　)

　A. 珠宝首饰　　　　　　　B. 高档工艺礼品　　　　　　　C. 奥运产品、纪念藏品

12. 您从大鑫珠宝购买产品的原因是什么?(　　)

　A. 送给亲友　　　　　　　B. 自己需要　　　　　　　　　C. 商业往来

13. 您购买珠宝、礼品时没有选择大鑫珠宝的原因是什么?(　　)

　A. 价格太贵　　　　　　　B. 款式过时　　　　　　　　　C. 服务一般

14. 您希望我们组织的活动中应该出现什么?(　　)

　A. 优惠　　　　　　　　　B. 互动交流　　　　　　　　　C. 集体活动

15. 您认为我们的工作人员的素质如何?(　　)

　A. 很好　　　　　　　　　B. 一般　　　　　　　　　　　C. 很差

16. 您在挑选珠宝产品时,更注重什么?(　　)

　A. 品牌　　　　　　　　　B. 价格　　　　　　　　　　　C. 款式

17. 如果我们给您发送短信服务,您认为如何?(　　)

　A. 很方便　　　　　　　　B. 无所谓　　　　　　　　　　C. 很讨厌

18. 您经常给您的首饰清洗、保养吗?(　　)

　A. 经常　　　　　　　　　B. 很少　　　　　　　　　　　C. 从不

19. 当您购买饰品、礼品时,您会因为什么选择大鑫珠宝?(　　)

　A. 服务　　　　　　　　　B. 款式　　　　　　　　　　　C. 品牌

20. 您认为大鑫珠宝工作人员的态度怎么样?(　　)

　A. 很热情　　　　　　　　B. 一般　　　　　　　　　　　C. 不够热情

资料来源:http://epaper.xplus.com/papers/lzck/20080519/n96.shtml

**要求:**

1. 你认为这份问卷内容是否齐全?

2. 顾客满意度的调查要包括哪些内容?

3. 如果最后的调查服务质量不能令人满意,应如何改进服务质量?

**相关知识**

## 一、顾客满意度调查

顾客满意是指顾客通过对一种产品或服务的可感知效果与他的期望值相比较后所形成的一种愉悦或失望的感觉状态。顾客满意度就是指顾客对企业所提供的产品或服务满足其要求的程度。

顾客满意度调查的主要目标：确定让顾客满意的关键业绩指标，评估组织的业绩，判断改善主要业绩指标所需措施的轻重缓急并采取正确行动。

### （一）内部工作计划

内部工作计划通常包括确定公司内部参与制定计划阶段的人选；了解组织各层次将如何获取并利用调查结果；确定顾客，列出拟作为调查对象的顾客名单；向员工和主要顾客传达调查的意图；组织主要管理层参与调查过程，开展讨论，明确调查的目的和问题。

必须让组织主要管理层和顾客了解顾客满意度调查的目标、方法、结果和影响。主要管理层积极参与顾客满意度调查计划的制订，有助于他们对全过程的理解，使其易于接受调查结果，并且激发他们对改进工作的责任感。

### （二）选择外部专门的调研机构

若企业不具备顾客满意度调查的人力或能力，必须请外部专业调研机构协助组织进行调查。可以从技术、能力和经验、成本三个方面来考察调查机构，选择一家拥有良好数据收集设施、具备数据分析能力并能提出合理建议的调研机构进行调查。

### （三）识别顾客

在顾客满意度调查的过程中，识别顾客是非常重要的。识别顾客应不仅局限于曾经同企业有过往来的顾客，潜在顾客的识别对企业也是至关重要的，识别顾客还应包括竞争者的顾客，准确地获取有关企业竞争者的顾客信息对于本企业来说具有很大的价值。

一旦本企业的顾客识别完毕，应罗列出具体清单，从中筛选出本企业的重点顾客，作为顾客满意度的调查对象。

### （四）确定顾客满意级度

顾客满意级度指顾客在消费相应的产品或服务之后，所产生的满足状态等次。心理学家认为情感体验可以按梯级理论划分为若干层次，相应可以把顾客满意程度分成七个级度或五个级度。

七个级度为：很不满意、不满意、不太满意、一般、较满意、满意和很满意。

五个级度为：很不满意、不满意、一般、满意和很满意。

管理专家根据心理学的梯级理论对七梯级给出了如下参考指标。

### 1. 很不满意

指征：愤慨、恼怒、投诉、反宣传。

分述：很不满意状态是指顾客在消费了某种商品或服务之后感到愤慨、恼羞成怒、难以容忍，不仅企图找机会投诉，而且还会利用一切机会进行反宣传以发泄心中的不快。

### 2. 不满意

指征：气氛、烦恼。

分述：不满意状态是指顾客在购买或消费某种商品或服务后所产生的气愤、烦恼状态。在这种状态下，顾客尚可勉强忍受，希望通过一定方式进行弥补，在适当的时候，也会进行反宣传，提醒自己的亲朋好友不要去购买同样的商品或服务。

### 3. 不太满意

指征：抱怨、遗憾。

分述：不太满意状态是指顾客在购买或消费某种商品或服务后所产生的抱怨、遗憾状态。在这种状态下，顾客虽心存不满，但想到现实就是这个样子，别要求过高吧，于是认了。

### 4. 一般

指征：无明显正、负情绪。

分述：一般状态是指顾客在消费某种商品或服务过程中所形成的没有明显情绪的状态。也就是对此既说不上好，也说不上差，还算过得去。

### 5. 较满意

指征：好感、肯定、赞许。

分述：较满意状态是指顾客在消费某种商品或服务时所形成的好感、肯定和赞许状态。在这种状态下，顾客内心还算满意，但按更高要求还差之甚远，而与一些更差的情况相比，又令人安慰。

### 6. 满意

指征：称心、赞扬、愉快。

分述：满意状态是指顾客在消费了某种商品或服务时产生的称心、赞扬和愉快状态。在这种状态下，顾客不仅对自己的选择予以肯定，还会乐于向亲朋好友推荐，自己的期望与现实基本相符，找不出大的遗憾所在。

### 7. 很满意

指征：激动、满足、感谢。

分述：很满意状态是指顾客在消费某种商品或服务之后形成的激动、满足、感谢状态。在这种状态下，顾客的期望不仅完全达到，没有任何遗憾，而且可能还大大超出了自己的期望。这时顾客不仅为自己的选择而自豪，还会利用一切机会向亲朋好友宣传、介绍推荐，希望他人都来消费。

五个级度的参考指标同顾客满意级度的界定是相对的，因为满意虽有层次之分，但毕竟界限模糊，从一个层次到另一个层次并没有明显的界限。之所以进行顾客满意级度的划分，目的是供企业进行顾客满意程度的评价之用。

### （五）选择调查的方法

在顾客满意度调查过程中，需要收集大量关于顾客的信息资料，具体的收集方法大体上有以下几种。

（1）访谈调查法：收集口头资料，且可以记录访谈观察，具有直接性与灵活性。

（2）问卷调查法：设计出问卷后分发给个别零售户。范围广，结合访谈效果更佳。有开放型问卷和封闭型问卷两种，各有优缺点，两者结合更好。

（3）电话抽样调查法：抽样调查的方法有随机抽样、等距抽样、分层抽样、整体抽样。电话抽样调查的方法用得较多，不过电话抽查法受时间、人物、语言等诸多因素影响过多，效果不如前两者，可作辅助之用。

信息来源渠道除了这些主动收集的外，还有顾客抱怨、顾客反馈、消费者组织的报告、媒体的报道等。

选择调查方法应根据本企业的实际情况而定，包括考虑是否选择外部专业调研机构、资金情况、时间因素。应选择最适于本企业特点，又能够获得高回收率、高效率、低成本的调查方法。

### （六）设计调查问卷并实施调查

设计调查问卷是一个关键环节，调查结果的好坏取决于所问的问题。准备调查问卷是一项相当繁重的工作，应围绕所确定的企业的关键绩效指标来设计调查问卷，尽量使用顾客的语言，多提开放性的问题，选择恰当的提问用语。

一旦设计了调查问卷，就应按照调查计划的要求，采用经选择的适当的调查方法进行调查、收集信息。

### （七）分析调查结果

分析时可以采用适当的统计技术方法，对顾客满意度调查的统计分析主要包括如下内容：调查问卷回收率的统计分析、每项业绩指标的满意得分分析、总体满意分析等。

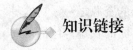 知识链接

## 顾客满意度调查的注意事项

### 1. 满意度高 ≠ 忠诚度高

满意的顾客并不一定是忠诚顾客。只有对自己购买和使用的产品和服务满意，愿意一直使用或者再次购买，而且推荐给自己的朋友等，才是忠诚顾客的标志。顾客忠诚与否还与行

业的竞争强度有关。一般情况下，电信业就是一个低满意度而高忠诚度的领域，而计算机、汽车行业就是相对高满意度而低忠诚度的领域。所以，当企业调查的目的是为了了解或预测顾客忠诚度时，不要轻易从满意度指标推导。

**2. 满意度测定内容应该与时俱进**

随着市场及顾客需求日新月异的变化，今天顾客可能不在意的问题，很有可能成为顾客明天关注的"焦点问题"，因此对顾客的期望和要求应做连续跟踪研究，从而了解顾客期望和要求的变化趋势，并对顾客满意指标体系做出及时的调整和采取相应的应对措施。

**3. 不要指望出现顾客"百分百满意"的时候**

所谓"金无足赤，人无完人"，"没有最好，只有更好"，服务也永无止境。只有顾客的不满意，才能鞭笞我们不断提高服务水平，让服务更上一层楼。因此如果出现顾客"百分百满意"，不禁要反思，是否调查方法本身存在问题，有待改进。

资料来源：http：//www.tobaccochina.com

## 二、改变服务质量

连锁企业在服务质量管理方面应该做的工作是了解顾客的期望；制定提供给顾客的服务标准；执行符合标准的服务程序；检查服务质量，对出现的问题进行修正；做好沟通工作，让顾客了解企业提供的服务内容；创造性地执行标准，让员工根据顾客的特点做好服务。

### （一）了解顾客的期望

做好服务工作的第一步是了解顾客对连锁企业的期望和对连锁企业提供服务的感受。获得这些信息的方法主要有两点：倾听顾客意见，重视顾客投诉。

倾听顾客意见即询问顾客对连锁企业门店的评价。门店可以从顾客调查、员工调查、顾客意见及建议簿、顾客联谊会等途径了解顾客的意见。许多连锁企业通过倾听顾客意见，改进工作，赢得了顾客的赞许。

顾客投诉能够促进连锁企业加强与顾客的相互联系，从而获得顾客关于他们提供的商品和服务的详细信息。处理投诉是一种难得的发现问题和寻求解决问题办法的好机会。在企业为获取市场信息而进行的努力中，顾客投诉是最常见却又利用得不充分的资源之一。它本身就可以成为改进和提高服务水平的依据，利用得好，会给企业带来多方面的收益，包括帮助发现企业工作中的失误，开创新的商机；使企业获得再次赢得顾客的机会；为企业提供建立良好形象的素材。

### （二）制定服务标准

连锁企业在收集了顾客的期望和感受后，接下来就是利用这些信息来制定服务标准。为了使这些标准易于实施，应将标准进行量化处理。为检查服务质量，企业应当建立严格的服务绩效监督制度。比如，可以采取定期进行稽查、顾客调查、设建议投诉簿、利用比较性购买等方法来检查服务质量。同时，应鼓励员工参与制定标准，这样可使其更好地理解和接受这些标准，并制定相应的奖惩制度，从而激励员工达到或超过服务标准。

### （三）加强培训，充分授权

连锁企业要减少传递距离，使服务达到和超过服务标准，还需要重视员工的培训和充分授权。一般而言，服务通常是由一线工作人员传递给顾客的。一线员工的素质、技术水平、工作态度决定了服务质量。企业必须通过严格的培训，使员工正确理解服务标准的含义，掌握相应的服务技能，才能有效地进行服务。授权意味着允许门店的一线员工做出怎样为顾客提供服务的决策。当负责提供服务的员工被授予一定的决策权时，服务质量得到了改善。当然，在授权时，管理者应指导和培训员工运用好授予的权力，避免引起混乱。

### （四）定点超越

企业提高服务质量的最终目的是在市场上获得竞争优势，而获得竞争优势的有效途径就是向竞争对手学习并超越对手。定点超越是企业将自己的产品、服务和市场营销过程等同市场上的竞争对手，尤其是最强的竞争对手的标准进行对比，在比较和检验的过程中逐步提高自身的水平。

定点超越表现在三个方面：在策略上，把自身的服务营销策略与成功企业相比较，总结经验，制定新的、符合自身条件和市场需求的服务策略；在具体竞争上，要集中了解竞争对手是如何降低竞争成本而又提高竞争差异的；在职能管理上，根据竞争者的做法，重新评价有关职能部门在整个企业中的作用。

### （五）创造性地执行服务标准

连锁企业制定了服务标准，但并不等于让员工刻板地执行这些标准。有时根据实际情况仍需要灵活地掌握服务标准以满足顾客需求。顾客在购物活动中可能会有各种各样的问题需要解决，这就要求每个员工能够理解企业制定服务标准的根本目的是增加顾客的满意度，在不违反硬性制度的前提下，创造性地执行服务标准，为顾客提供灵活的满意的服务。

 知识拓展

## 超市卖场服务人员的顾客服务质量提升

所有员工和促销员在工作中保持良好的精神状态，仪容仪表符合公司的规定，以礼貌的服务礼仪，专业的服务水平、用心服务好每一位顾客。所有服务人员应坚持以下原则。

**1. "五、三、一"原则**

顾客距离我们 5 米时我们应该先观察、3 米时预备服务、1 米时主动服务。确保服务的主动性和实效性。

### 2. "三多一跟踪"原则

多观察，多转身，多走动，一跟踪——全程跟踪服务，确保每一位顾客都能得到优质的服务。

### 3. 3A5C 原则

3A——① 心怀感激地迎接顾客；② 适时地接近顾客；③ 提供有效的建议。

5C——销售五部曲：① 主动问候顾客；② 明白顾客的需求；③ 满足顾客对于产品的需求；④ 主动小结并提出建议；⑤ 在适当的时候结束此单销售。

所有员工和促销员除做好卖场中的现场服务外，必须认真做好顾客的售前、售中、售后服务工作。售前认真做好宣传和解释工作，建立良好的第一服务印象；售中认真对顾客的要求，做好详细的介绍和说明，满足顾客的需求；售后即时跟进商品送货、安装和顾客的使用情况，保证每一笔的销售都让顾客 100% 满意。

资料来源：http：//www. juran. com. cn

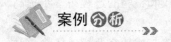

案例分析

## 关于华帝炉具爆炸引发的顾客投诉

2006 年 7 月在惠州人人乐购物广场，顾客华某购买了一台价值约 1 100 多元的华帝双盘式煤气炉。不久后的某日，华某母亲在厨房做饭时煤气炉发生了爆炸，炉具表面的玻璃钢全部炸裂，喷出的火焰不仅烧伤了华母的头发、脸面，而且全身多处也大面积烧伤（当时是夏天，华母身穿遇火易燃的薄丝面料衣服）。事故发生后，华某马上把母亲送入医院，并让家人用照相机、摄影机对事故现场进行了拍摄，随后华某打电话到商场顾客服务中心投诉，要求商场对事故发生做出合理解释并对患者予以 20 万元的经济赔偿。商场顾客服务中心接到投诉电话后，马上与华帝炉具的厂家取得联系，迅速协同厂家代表去医院看望，与此同时又立刻通知市有关质量监督部门、华帝厂家技术部门前往出事地点进行现场鉴定与调查。

在医院，商场负责处理此事故的工作人员一边安抚患者家属，一边通过患者的口述对事故的整个过程进行了全面详细的了解，并做了笔录，并让患者家属确认后在笔录上签了字。与此同时，市质量检查监督局及华帝炉具技术人员对火灾现场也进行了检查与鉴定，并由市质量检查监督局出具了有效的质检报告，在报告中对引发事故的责任做了明确的划分。通过质检报告得知：由惠州人人乐购物广场销售的价值 1 100 多元的华帝煤气炉并无质量问题，引发该起事故的主要原因是由于顾客华某的母亲在使用炉具前没有仔细看该产品的使用说明书，操作不当造成。事发当天，华母用华帝煤气炉烧开水时，由于当时煮沸的开水温度过高而在取壶时将壶整个打翻，壶里的开水大量地泼洒到正在燃烧的左侧炉面和右侧未打开的炉面上，由于左、右侧炉面一个处于开启状态，一个处于冷却状态，在大量开水喷溅时里面受热温度不均匀而引发了煤气炉爆炸。

由于商场工作人员及时通知相关质量检查部门对事故现场进行了检查鉴定，并对鉴定结果出具了有效的质检报告，明确了该事故并非产品质量问题，因此对华某提出的要求 20 万元的赔偿商场可以不予接受。出于对商场消费者和华帝炉具消费者——患者本人及家属的慰问和人道主义的关怀与帮助，经商场和华帝炉具最后协商决定，由华帝炉具厂家提供 3 000 元的慰问金（但声明不是赔偿金）给予患者及其家属协助治病。

资料来源：张晔清. 连锁企业门店营运与管理. 上海：立信会计出版社, 2006.

思考问题：

1. 商场工作人员应该如何维护商场的利益？

2. 如何才能对实际情况和规章制度进行很好的协调处理？

## 技能训练

**一、思考题：**

1. 顾客满意度调查包括哪些方面？

2. 顾客满意度有哪几个级度？

3. 如何提升顾客的服务质量？

**二、能力训练：**

1. 假如你是一家连锁便利店的店长，顾客对你所在门店的商品质量提出投诉，你要如何提升此方面的服务质量？

2. 制定一份关于提升顾客服务质量的管理规定。

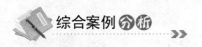

## 综合案例分析

# 购买统一鲜橙多

两位顾客到某商场选购商品时，看到此商场的促销价签写着"统一鲜橙多 7.5 元/瓶"。当时看到货架上摆的是两支促销装，便拿了好几瓶，然后很高兴地选购了其他的商品到收银台结账。她们在付款时，听到收银员告诉的总金额，两位小姐很奇怪地想"怎么会这么贵呢？"但是谁也没有问，以为是东西较多的原因。付款之后两个人随便一看小票，原来 7.5 元/瓶的"鲜橙多"变成了 15.9 元！

两位顾客当下便询问了收银员怎么回事。收银员礼貌地告诉顾客到总服务台咨询一下，到了总服务台，两位顾客将当时的情况告诉了接待员，接待员听后便叫该商品部的主管来解决此问题。主管到后提出去复合价格，他们来到柜台时，负责人看了价格又看了促销商品，便对顾客说："小姐，我们上面写得很清楚，7.5元一瓶，因为缺货，所以摆的就是这个。"顾客听后便问："但是这里也没有其他的标价。"负责人听后便说："反正7.5元一瓶，就这样吧。"说完就走了。

两位顾客顿时便有点上当受骗的感觉，便来到总服务台投诉。当时的值班经理不但没有及时接待，反而在与其他员工讨论休息的事情。两位顾客等了好一会儿，终于有人搭理她们了，又将此事反映给值班经理，原以为这位经理会给一个合理的解释，但是没有。经理对她们说："小姐，刚才他们已和你们说得很清楚了，是7.5元一瓶！""但是上面没有15.9元的标价！"两位顾客很生气地告诉他。"哪有7.5元两瓶这么便宜的！""但是上面摆的就是这样的。""既然这么便宜，你为什么不拿一箱呢，这样吧，我退钱给你吧！"两位顾客听后更生气了。

资料来源：张明明. 连锁企业门店营运与管理. 北京：电子工业出版社，2009.

**思考问题：**

1. 两位顾客投诉的原因是什么？常见的顾客投诉有哪些？
2. 面对这两位顾客的投诉应如何处理？
3. 这样的顾客服务会对商场有什么影响？应如何提高顾客服务水平？

# 项目十二 安全作业管理

- **项目介绍**

  一家良好的门店除了满足消费者的购物需求之外，还必须给消费者提供一个安全舒适的购物环境，同时也要给员工提供一个安全的工作环境。有效实施卖场的各项安全管理作业是门店不可推卸的责任。

- **学习目标**

  能力目标：能发现哪些地方存在安全隐患，并能制定简单的预防措施；能建立人员安全管理部门，并能够进行分工。会使用安全设备，进行安全项目管理。

  知识目标：了解门店发生安全事故的主要原因，安全管理部门的构成及责任，安全项目管理的方法及突发事件的处理。

  社会目标：能和队友达成默契，协调工作。

- **学习内容**

  1. 门店安全作业管理的重要性。
  2. 门店发生安全事故的主要原因。
  3. 门店安全作业管理。

## 任务 1 门店安全事故发生的主要原因

消费者权利的保护是由美国总统约翰·肯尼迪在 1962 年提出来的，已快有半个世纪之久了。当今世界各国仍在为保护消费者人身及财产安全做着努力。我国于 1993 年 10 月 31 日通过了《消费者权益保护法》，其中第七条规定："消费者在购买、使用商品和接受服务时享有人身、财产安全不受损害的权利。"这一条当然也包括消费者在购买商品或接受服务时，有权要求有关服务环境、服务设施等符合安全要求，不存在安全隐患。如果经营者在经营过程中未向消费者提供安全服务环境，致使消费者的人身及财产遭受损害的，应承担法律责任。

由此可见，一家良好的门店除了满足消费者的购物需求之外，还必须给消费者提供一个安全舒适的购物环境，尤其是越来越多的连锁门店，由于需求时间营业和现金交易，而且主要采取敞开式销售方式，因而安全绝对不能放松。有效预防卖场的各项安全管理是门店不可推卸的责任。

## 资料：促销安全分析

商家促销活动的根本目的是吸引人气，从而达到宣传商品和增加商家知名度的目的。因此，越是场面大、参与的人数多，越符合商家的需求。在很多时候，商家为了达到所谓场面和参与人数多的效果，更是采取超低价折扣或随机抛洒礼品等方式，为促销活动推波助澜。

不可否认，商家通过合法和适当的形式进行商品促销，不仅有利于市场繁荣，在很多时候对顾客也是一种优惠。但时下愈演愈烈的促销活动，过度强调效果，甚至不择手段追求促销场面和人数的"唯我独尊"。在这种畸形促销文化和变味的促销形式下，安全隐患往往被抛之脑后，发生事故的可能性也大大增加。

最近几年陆陆续续发生过好几起因为促销引起的踩踏事件，使人们对促销既有期望又有担心。

2001年9月杨浦大润发超市在举行"公司庆"促销活动时，以4元每公斤的价格促销鸡蛋，导致400多名顾客聚集在1号门，最终造成32个顾客被挤伤。

2002年8月河北省邯郸市天客隆超市在开业两周年纪念日推出促销活动，上千名顾客拥进超市，秩序混乱，15名顾客被挤伤踩伤，其中2人伤势严重，1人抢救无效身亡。

2003年太原美特好超市迎宾店发生一起促销伤人事故：数千名希望购买该店特低价花生油的消费者在超市门前互相拥挤，混乱中导致多人被挤倒在地，20多人被踩伤。其中一位妇女伤势严重，一直处于昏迷状态，最终因抢救无效死亡。

2004年上海康仁乐购超市贸易有限公司下属11家门店开展鸡蛋促销活动，每500克鸡蛋售价1.99元，每人限购2公斤，每店限购5 000公斤。在开展鸡蛋促销活动时，部分门店场面出现混乱。在乐购光新店，超市的自动扶梯被挤得弯曲变形，而在乐购镇宁店及莘庄店内，一些顾客则因此被挤倒在地。

最终，在公安部门的出面配合下，场面才得以控制，避免了更大挤伤事件的发生。乐购部分门店的工作人员在接受采访时坦言，超市事前对事件发展结果确实估计不足。上海康仁乐购超市贸易有限公司表示，各门店对混乱局面都采取了相应措施，并将多名受伤的顾客送往医院医治。

2007年，重庆沙坪坝区的家乐福超市促销时，引发踩踏事故，造成3人死亡，30余人受伤的惨剧。当时有顾客提醒拿号排队买油，但工作人员没有理睬。一位曾亲眼目睹发生在重庆家乐福超市促销现场的踩踏惨剧的男士在这次经历之后看见超市有促销商品抢购，都会本能地离开超市，说不想看到悲剧重演。

2009年，位于重庆涪陵城区的某电子有限责任公司，在宣传促销保健产品并发放礼品时，发生踩踏事故，导致2人死亡，11人受伤。

以上资料说明商家在做促销的时候，除了考虑经济利益外，必须要有安全意识。在让消费者享受促销活动带来优惠的同时，必须保证消费者的生命安全，毕竟安全对于消费者来说是第一位的。

**要求：**

1. 门店安全作业的重要性是什么？
2. 如何做能增强门店促销时的安全性？
3. 门店日常发生安全事故的主要原因有哪些？

## 相关知识

安全的经营环境是连锁企业门店所有工作顺利开展的前提保证，没有一个安全的购物环境就没有消费者。因此，连锁企业门店的安全管理绝对不能放松，要确保消费者和员工的安全。

### 一、门店安全的含义及其重要性

#### （一）门店安全

所谓安全，是指没有危险、不受威胁、不出事故。所谓门店安全，是指门店及顾客、员工的人身和财物在门店所控制的范围内没有危险，也没有其他因素导致危险的发生。

门店安全包含三层含义。

（1）门店及顾客、员工的人身和财物，在门店所控制的范围内不受侵害。门店内部的生活秩序、工作秩序、公共场所秩序等内部秩序保持良好的状态。

（2）门店员工及其顾客的人身和财产不受侵害，即门店安全状态是一种既没有现实危险，也没有潜在危险的状态。如果存在危险因素，又没有相应的防范措施，就很难保证门店安全。例如，门店中混进了盗贼、骗子、精神病人和其他违法犯罪分子；门店通道地面湿滑、地毯破损或铺垫不平；营业厅的电源插头损坏、电线裸露、吊灯安装不牢固等。所有这些因素都可能在一定条件、一定场合、一定时间内突然发生危险，从而造成人身伤亡和财产损失。所以，门店安全就是在门店内不发生危险及对潜在危险因素的排除。

（3）把门店各方面的安全因素作为一个整体加以反映，而不是单指门店的某一个方面的安全。因此，门店安全是指无危险存在，或无其他因素可能导致发生危险。

#### （二）安全管理的重要性

（1）安全工作的好坏，直接关系到顾客的满意程度。连锁企业门店要满足顾客的需要，固然需要完善的设施、齐全的项目、优良的服务，但还需要令人放心的安全措施和制度，因为安全是顾客的基本需求。如果连锁企业门店的安全措施和制度残缺不全或形同虚设，监督不力，致使门店的治安秩序混乱、偷窃案件屡屡发生，火灾及食物中毒事件连续不断，顾客的生命和财产没有保障，又如何能为顾客提供高质量的服务，带给顾客满意的感受呢？

（2）安全工作的好坏，直接关系到门店的经济效益。连锁企业门店安全工作不利所造成的损失，不仅表现为直接的经济损失，如发生火灾、食物中毒的财产损失、赔偿费的支出等，而且更主要地表现为一种无形资产的损失，一次食物中毒事件就会导致名誉的损失，即形象的破坏。这种损失具有一种辐射作用，往往难以用直接的数量指标来计算。具有安全"金字招牌"的商场，其牌子就是一种吸引力，使顾客纷至沓来，反之，则会使顾客望而却步。

（3）安全工作的好坏，直接关系到员工的积极性。门店的安全管理也包括员工的安全。所以，如果一家门店各种防范和保护措施不力，工伤事故不断，健康状况不佳，就很难使员工积极而有效地工作。

门店安全，是连锁企业门店一切工作的保障。现代连锁企业门店是一个大型的综合型企业，机构庞大，业务范围广泛。连锁企业门店工作的正常运行，一要靠连锁企业门店总经理有力的领导，二要靠科学的、严密的行政管理，三要有安全保障，三者缺一不可。如果门店内经常混杂着小偷、骗子；经常失火；食物质量也不能保证，顾客就不能光顾门店。因此，做好门店的安全保卫工作是保证门店其他部门正常运转的基本条件。

## 二、门店发生安全事故的主要原因

根据一些统计资料显示，门店发生的安全事故中，较多的意外突发事件，往往并不是意外，而是由于门店人为的疏忽。概括起来，门店发生安全事故的主要原因如下。

（1）门店设备的老化。许多连锁企业门店的设备老化或从不作定期保养和检查，如门店的各项消防设施、工作器械（补货梯、卸货车、铲车）等，一旦使用，往往会导致安全事故。这样不仅可能危害到消费者的利益，门店内部员工的工作安全也无法得到保障。

（2）员工基本常识的不足。门店的员工对于安全方面的常识往往不足，有时甚至在观念上也有偏差。例如：在用电方面，出现超负荷用电或电源使用不当；在工作方面，存在不良的作业习惯；在遇到意外伤害时，出现不当医疗护理和时效上的延误；在消防设施、设备和器材方面，员工不知如何操作和根本不重视消防设施的维护等，这些也都是造成门店安全事故的主要原因之一。

（3）员工警觉性的缺乏。门店的许多意外事故演变成重大伤害，往往是由于门店员工缺乏高度的警觉性，从而导致最终一发不可收拾的局面。例如：对于小火苗的发生掉以轻心，而演变成一场大火灾；使用各项器材设施，发现不良或故障时不引起注意；对于购物过程中顾客的特殊异常的行为或要求不予理会，而导致顾客受伤或使店内遭受财物损失等。因此，门店员工良好的警觉性是减少门店意外事件发生的有力保障。

### 知识拓展

## 内部安全管理

大部分超市在非作业时间内，并未安排人员留守。但是为了防止窃贼夜间闯入窃取财物，通常会与保安公司合作，安装保安系统。因此有必要对开、关门的作业加以规范，以确保卖场的夜间安全。有关的管理内容如下。

（1）开店必须由特定人员（如店长、副店长，或其他干部）在规定的时间开（关）保安设施，本人在记录簿上记录并签名，还必须附有至少两人的附属签名作为证明。

（2）开店后，当值主管应检查正门入口、后门、金库门及所有门窗有无异状，要确保一切正常，没有被破坏迹象。

（3）关店前后应做好以下事项：

① 清点现金，检查收银机、金库、店长室并且上锁。

② 除必要的电源外，其他不必要的电源应关掉，所有插头也应拨起。

③ 检查店内每一角落，包括仓库、作业场、机房、员工休息室、厕所等，防止有人藏匿于店内。

④ 员工安全检查。例如，检查员工撤离公司的手提袋及物品。

⑤ 开关门时应提高警觉，注意周围有无可疑状况。

资料来源：http：//www. kesum. cn

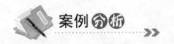

### 案例分析

## 弯曲的货架层板

8月5日中午，卖场内人潮汹涌，二楼百货部的通道内挤满了顾客和购物车，各供应商派驻的促销员也在起劲地做着商品推销。此时，二楼洗化用品区域挤满顾客，纷纷抢购洗化用品。商场准备了充足的货源，货架上摆得满满的。突然，洗化用品区域传来"轰"的一声，引起一阵惊叫。值班经理马某马上赶到现场，发现香皂撒了一地，购物车都堵塞在通道上，促销员站在一旁发呆。后来据有关负责人指出：商场二楼楼层的承重指数为400 kg/m$^2$，按照量贩店的销售需要，二楼必须采用重型货架，但是二楼承重远远达不到要求，所以被迫采用中型货架。结果这种货架在洗化用品部、文体部都发生层板被压弯、脱落，导致压坏商品的现象，因此不得不经常更换层板和其他配件。马某赶紧指挥疏导顾客，迅速组织理货员整理商品，更换货架，幸好没有发生人员受伤的情况。

资料来源：http：//download. it168. com

**思考问题:**

1. 连锁企业门店在选购设备及商品陈列时应考虑哪些因素?

2. 连锁企业门店应如何建立一个安全的顾客购物环境、员工工作环境?

## 技能训练

**一、思考题**

1. 门店安全的主要含义是什么?

2. 简述门店安全作业管理的重要性。

3. 简述门店发生安全事故的主要原因。

**二、能力训练**

1. 到大型百货商场进行观察,仔细分析百货商场的安全路线、通道是否畅通? 安全设施管理是否有不足,应如何改进?

2. 通过调查,了解门店的安全主要考虑哪几方面并写一份门店安全管理规定。

# 任务 2　安全作业管理

在门店安全管理的主要项目中,绝大多数都属于临时发生的状况。即使平时已有相当完善的防范措施,仍然会有一些无法控制的因素产生。因此,为了尽力避免和减少任何财物上的损失及人员的伤亡,连锁企业各门店的安全管理不仅应注重事前防范,还要能够对突发事件进行及时的处理。

工作任务 ......

### 资料:唐山市林西百货大楼特大火灾

**1. 事故概况及经过**

1993 年 2 月 14 日,河北省唐山市东矿区林西百货大楼发生特大火灾。唐山市林西百货大楼位于唐山市以东 30 公里处,是东矿区最大的商业中心。自 1992 年秋季开始,大楼为了扩大营业面积,在主楼东侧原为一层的家具部基础上加层扩建。由于大楼领导只求效益,不顾安全,采用了边施工、边营业的办法。结果形成大楼内顾客忙购物,大楼外施工人员忙作业的情况。火灾发生前一天,一名无电焊操作合格证的焊工在从事焊接时,焊渣两次穿过房顶凿开的孔洞掉入楼下的家具营业厅,引燃了物品,幸亏发现及时,小火被及时扑灭。其中一次落到办公桌上,烧着桌上一个纸盒,被营业员用水扑灭。如此严重的征兆报告到大楼经理室。经理孟某知道后只是说了一句:"不能干就别干了。"未采取果断措施。2月14日13时15分,无证电焊工董某在既不清理现场,也无任何监护措施的情况下动焊。电焊熔渣掉入厅内一人多高的海绵床垫上。因该楼刚刚装修过,采用的装修材料全部是易燃的,遇火即着。火着起后,用脸盆的水扑不灭,在场的一个营业员抱来灭火器,但是却不会使用。营业员把灭火器交给在场的一位顾客,那位顾客也不会用,再问别人也都不会用。这时,火已经很大了。有人想去报警,但因电话机被锁,只能打进,不能打出。一个营业员跑到相邻的单位借电话报警,可惜,那里的电话也被锁住。那位营业员不得不跑到对面的照相馆去打电话。拿到电话,却又不知火警号码,只好查电话簿。当查出报警电话,已经过了十多分钟,海锦床垫上的火已经上了房。公安局消防队接到报警后,立即调集消防车赶赴火灾现场,公安局的领导同志,亲赴现场指挥灭火和抢救遇险人员,共出动消防车24部,消防指战员164人,经过消防指战员的英勇扑救,大火于16时30分被扑灭。此次火灾造成80人死亡,55人受伤,大楼全部商品被烧毁,直接经济损失达400万元。

**2. 事故原因**

经调查组对有关人员了解和现场勘察,认定是由于电焊工违章操作,电焊熔珠引燃可燃物质是事故发生的直接原因。负责唐山市林西百货大楼扩建施工的唐山市东矿区劳动服务公司建筑工程公司管理混乱,是造成事故的重要原因。唐山市林西百货大楼安全管理薄弱,安全意识不强也是造成此次特大事故的重要原因。

**3. 事故处理结果**

对相关责任人都给予了相应处罚。

**4. 预防措施**

(1) 建立健全领导防火安全责任制。各有关单位要明确第一把手或企业法人代表是安全工作第一责任人。强调对本单位的安全工作负主要责任。特别要结合承包责任制和领导任期目标责任制,层层建立安全责任制。要把安全责任制同奖惩制度结合起来,有奖有罚,奖罚分明。

(2) 做好职工的消防安全教育和培训。职工的消防安全意识和素质,是企业做好消防安全的根本。因此要运用多种方法,增强职工的安全意识。特别是一些特殊工种,如电焊工,一定要做好上岗前的培训,绝不能违章操作。

(3) 树立"安全第一、预防为主"的思想,坚决克服"重生产经营、轻安全"的做法。真正认识到:"安全就是效益,安全促进生产",杜绝"边设计,过施工,边生产经营"的"三边工程"。有关部门一定要把好消防安全关,不符合安全条件的一定要督促整改,直至停产整顿,把隐患消灭在萌芽之中。

资料来源:http://www.gyaj.gov.cn

**要求:**

1. 如要给百货大楼建立安全管理小组,其组织结构应如何设置?
2. 应如何对消防安全进行管理?
3. 门店中还有哪些安全管理项目?应如何进行管理?

4. 如何应对门店的突发事件？

 **相关知识**

## 一、建立安全管理小组

保证连锁企业门店的安全除需要设施和措施外，最重要的是要有组织保证。通常是在门店内成立安全管理小组，事先明确各类人员的任务分工及处理办法，一旦发生突发事件，能够迅速做出应变处理，针对重点进行有效的处理，而不至于发生混乱。

安全管理小组人员构成如下。

（1）总指挥。总指挥一人，一般由门店店长担任，负责指挥、协调现场的救灾作业，掌握全店员工的动态，并随时将灾害的发展状况及应变处理作业向连锁企业总部主管部门报告。

（2）副总指挥。副总指挥一人，由副店长或值班长担任，负责截断门店的所有电源，并协助总指挥执行各项任务。

（3）救灾组。救灾组主要负责各种救灾设施和器材的检查、维护与使用，水源的疏导，障碍物的拆除，以及灾害抢救等任务。各项救灾设施及器材应予以编号，并指定专人负责。

（4）人员疏散组。灾情一旦发生，应立即通过广播传达店内的危险状态，并迅速打开门店的各安全门和收银通道，协助顾客疏散到安全地带。同时要警戒灾区四周，以防止不法分子乘机偷窃。

（5）财物抢救组。该组应立即关上收银机，将钱款、重要文件及财物等锁入门店的保险箱，或带离现场另行保管。

（6）通信报案组。报案人员应指定专人负责，主要负责对外报案及内外通报联络等任务。

（7）医疗组。医疗组主要负责伤员的抢救及紧急医护等任务。

以上各小组应各设组长一名，负责各组人员的任务指派。店长则应将安全管理小组列成名册，并特别注明总指挥、通信报案人及重要工作代理人的姓名。同时将"防灾器材位置图"和"人员疏散图"张贴在店内指定位置。在事故发生时，各人员都有自己的任务，迅速应变处理，进行有效的安全管理作业。

## 二、安全管理项目

门店安全管理所包括的项目相当广泛。以地点而言，除了卖场购物区域外，还包括购物区以外的公共场地及员工的工作场所；在对象上，除了人之外，还有财物的安全；在事件上，除了突发的意外事件之外，还有日常的例行作业；至于时间，更是随时都可能发生。因而，门店必须做经常性的安全作业管理。门店安全管理的重点项目是：消防、防抢、防偷、防骗及防意外事件发生等。

## （一）消防安全管理

### 1. 事前预防

"火灾猛于虎"，无情的大火不知给人们带来多少损失，商店一定要时时警惕做好防火工作。主要防范措施如下。

（1）将"防火器材位置图"和"人员疏散图"张贴在店内的指定位置。

（2）设立紧急出口及安全门，并随时保持通畅，若该店无其他出口时，则大门口应保持畅通。

（3）依消防规定在门店的明显处设置足够的灭火器，并定期保养及检查各项消防设备。

（4）安全小组负责人定期对全体员工进行培训，讲解灭火设备的功能、使用方法，及防火注意事项，考试合格后方可上岗。

（5）门店内醒目处悬挂禁止吸烟牌，若顾客吸烟要及时提醒。

（6）定期（如每半年一次）实施消防演习（含灭火器使用）。

（7）消防安全人员随时检验插座、插头的绝缘体是否脱落、损坏。

（8）提醒负责打扫卫生人员，随时注意有无火种等易燃物，并且电器、插座、马达附近应经常清扫，不留杂物。

（9）门店全体人员皆应知道总电源开关的位置及使用方法。

（10）店内不能存放易燃物，店内的装饰材料也要选用耐火材料。

### 2. 事中处理

火灾的发生有轻有重，如果发生的是轻度火灾，报告店长，召集店员一起扑火。如果发生的是重大火灾，则必须按以下程序进行。

（1）立刻拨打"119"火警电话，并报告店长，除电灯外，关掉所有电器设备。

（2）告知全店员工立即根据"安全管理小组"的编制执行任务，并保持镇定，按平时消防演习的程序行动。

（3）疏散组人员立即分散在店内不同位置，疏通安全通道，打开安全门，指挥店内顾客迅速离开现场；如有浓烟出现时，应匍匐在地上爬行，迅速离开现场；尽量避开电器设备，不要用手或身体触摸；不要使用电梯，尽量由楼梯疏散。

（4）医疗组及时救助受伤顾客及员工，并将受伤者立即送到医院。

（5）通信报案组随时与消防人员保持联系，并在他们来到之时介绍店内情况，帮助消防人员救火。

（6）安全管理组长或负责人应指挥店员按平时消防演习抢救金钱、财物和重要资料等，并迅速将现金及贵重财物转移到安全位置。但要注意的是，人身安全第一重要，不要因收集现金或救火而危及自身安全。

### 3. 事后检讨改善

（1）离开卖场后，到附近指定地点集合，并迅速清点人数，并告知店员在未经许可的情况下不得进入火灾现场。

（2）如有必要，可向公安部门报案，并协助公安人员在现场的调查取证。

（3）店长组织员工清点财物的损失，并编列清单，向上级领导汇报。

（4）安全管理总指挥仔细调查火灾发生的原因、分析责任及应变处理过程。

（5）事件损失评估、检讨并提出整改措施。

### （二）防抢管理

由于商店的现金流量相当庞大，来往的人员也非常复杂，一些超市的收银柜台又邻近出入口的位置，在金钱一进一出的同时，难免引起不法之徒心生歹意，发生抢劫事件。抢劫的对象，除了商店本身外，也会发生歹徒在卖场抢劫其他顾客的事件，这会对商店的形象和声誉造成极坏的影响。

**1. 容易遭歹徒抢劫的商店特征**

（1）商品堆放、陈列凌乱，这等于告诉歹徒"这是一家疏于管理的店"，所以遭抢的可能性就比较大。

（2）卖场内灯光暗淡，一片昏暗，这是歹徒最喜欢的作案环境。

（3）橱窗乱贴海报，遮住了视野，使歹徒在作案时不太显眼。

（4）顾客稀少，服务员站在柜台内，这是最容易遭劫的时候。

（5）太多钱财外露，因为门店未设保险柜，现金（尤其是大钞）直接存放于收银机内，很容易引起抢劫。

（6）店外马路岔路多，有容易逃走的路线。

**2. 事前预防**

（1）应随时避免以上歹徒最容易下手的六种状况的出现。

（2）可装置监视器或安全系统。

（3）建立投库制度，应规定收银机内的现金不得超过一定金额；超过则须投库，收到大钞则应立即投入保险柜内。

（4）尽量保持店内的明亮度及店内外的整齐、不凌乱。

（5）大门、玻璃上不得张贴太多海报、POP，不得堆置太高的物品，以免降低柜台区的能见度。

（6）提高警觉，发觉可疑人物时，应尽快通知全体营业人员。

（7）与警务机构或保安公司建立紧密合作关系，并张贴告示。

（8）平时要对店员进行教育与训练。

**3. 事中处理**

遇抢时应保持冷静沉着，具体要注意以下七点。

（1）不作任意的惊叫及无谓的抵抗，以确保顾客和店员的人身安全为主要原则。

（2）双手动作应让歹徒看得清楚，以免歹徒误解而造成伤害。

（3）不必试图说服歹徒。

（4）为避免意外伤害，应告诉歹徒，仓库、厕所或其他地方是否还有同伴。

（5）在不影响人身安全的情况下，尽可能拖延时间，假装合作。

（6）可乘歹徒不备时，迅速按下报警器。

（7）尽力记住歹徒的特征。

**4. 事后检讨改善**

（1）歹徒离开后应立即报警，并尽快通知连锁企业总部有关人员。

（2）小心保持犯罪现场的完整性，不要破坏歹徒双手触摸过的物品及设备的现场。

（3）立即填好歹徒特征表。

（4）将遇抢过程写成报告，并呈送上级相关主管单位。

（5）被抢之店往往很容易再度成为歹徒目标，故更须针对事前防范的各项重点，改进原有的缺陷。

### （三）防骗管理

当今社会，骗人的花样不断翻新，骗子的骗术可谓千奇百怪，因而门店员工应随时提高警惕，防止歹徒的诈骗。常见的案例有：要求兑换零钱、送货、以物抵物，或是声称存放在寄物柜内的贵重物品失窃等。

**1. 事前预防**

（1）店员应避免与顾客过于接近，以免发生意外。

（2）不要背对或离开已打开的钱财放置处或保险箱。

（3）视线不要离开已打开的钱财放置处或保险箱。

（4）收到顾客所付钱财时，应等确定顾客给付金额符合后，才可将钱放入钱财放置处。

（5）收到顾客大钞时，应注意钞票上有无特别记号及辨识假钞。

（6）注意顾客以"零钱掉落法"及"声东击西法"骗取已打开的钱财放置处或保险箱中的钱财。

（7）收款一定要按既定程序进行，且必须唱收唱付。

（8）在便利店中，若门店店员只有一位，且进仓库搬货无法照顾到收银机，那么除了固定熟客外，尽量不要离开卖场，并婉拒顾客。

（9）对各种骗术手法，应实施在职训练，以熟练防范技巧。

**2. 事中处理**

切记不可因人手不足，顾客拥挤等原因，而自乱阵脚，疏忽了上述防范措施。

**3. 事后检讨改善**

做成示范个案，通报门店注意，避免再中圈套。

### （四）停电的处理

**1. 事前预防**

（1）门店内应备有紧急照明灯、手电筒等应急照明工具，有条件的店铺可装置自动发电机。

（2）掌握电力公司有计划的停电信息，并做好各项准备。

**2. 事中处理**

（1）应迅速查明停电原因，以便作出相应的对策。

（2）若长时间停电，应起用自动发电机，并立即与连锁企业总部主管部门联系。

（3）若停电是在晚上，且时间很长，可考虑停止营业。

（4）停电时收银机无法打出发票，此时可利用空白纸张填上购买金额，并盖上发票章，请消费者下次来店时凭证兑换发票。

（5）店长应立即将门店的保险箱和店长室锁好。

（6）收银人员迅速将收银机抽屉关好。

（7）店长应迅速将人员分配至收银台附近及卖场内，以保证现金及商品的安全。

（8）以客气的语调安抚顾客，并请顾客谅解因停电所带来的不便。

（9）指派副店长或其他干部两人以上，在后门把关，以防止员工在此时发生不良行为。

**3. 事后处理**

（1）检查门店内外是否有异常的状况。

（2）清查门店内的财物和商品。

（3）待一切恢复正常之后再开始营业。

**（五）卖场陈设及员工作业安全管理**

**1. 不安全的卖场陈设与员工作业**

不安全的卖场陈设与员工作业，容易使顾客或员工在卖场活动时发生意外故，主要包括以下几种情况。

（1）商品陈列不安全。门店商品的陈列高度过高，或是在货架上摆放不整齐，都容易因人为碰撞而使商品倒塌或掉落，造成顾客或员工的意外伤害。

（2）卖场装潢不安全。连锁企业经营者为了吸引消费者，往往在装潢上作相当大的投资。但是在美观之余，还必须注意安全。例如：部分连锁企业门店喜欢利用玻璃做装饰，但玻璃制品易碎，除了容易引起伤害之外，还不容易清理干净。

（3）货架摆设不安全。货架摆设的位置不当、不稳固或是有突角产生，都可能使顾客在购物时发生意外事故。

（4）地面缺乏安全。地面湿滑或有水迹出现时，若未能立即处理，也会造成顾客或员工在行进时滑跤而导致受伤。

（5）员工作业方式不当。员工作业方式不当，可能会造成顾客或员工本身的伤害。例如：补货作业不当、大型推车使用不当、卸货作业不当，都可能造成商品掉落，砸伤或压伤顾客和员工。

**2. 事前预防**

（1）门店内外凡有打破的玻璃碎片及尖锐的破碎物，应立即清扫干净。

（2）受损或有裂痕的玻璃器具有割伤之虑时，应先用胶布暂时贴住，或暂停使用。

（3）员工登高必须使用牢固的梯子。

（4）员工不可站到纸箱、木箱或其他较软而易下陷、倾倒的物品上。

（5）员工抬重物时，应先蹲下，再将腿伸直抬起物品。

（6）员工不可用背部力量抬物。

（7）在玻璃柜、压克力柜中不可置放过重物品，亦不可将双手或上半身压在其上。

（8）只要发现走道上有任何障碍物，就应立即清除，以免顾客或员工撞到或跌倒。

（9）陈列商品的陈列架或 POP 展示架，有突出的尖锐物时，应调整改善，以免伤害到人。

（10）员工在门店内不可奔跑，应小心慢走。

**3. 事中处理**

（1）若受伤害者系本店员工，视情况处理或送医院治疗，并向连锁企业总部有关主管部门汇报，严重者还应通知家人。

（2）若受伤害者系顾客，若属轻微，则先为顾客做简单处理，并由店长赠送小礼物致歉；若须送医院治疗者，则须通报连锁企业总部有关主管部门，由上级出面及赠送礼物致歉，并负担医药费；严重者应立即通知其家人。

（3）以抢救、送医院治疗为第一优先，不要在现场争吵或追究责任是非。

（4）现场要尽速清理，以免影响门店的继续营业或再度发生意外。

**4. 事后检讨改善**

（1）检讨事情发生原因及实际处理的结果。

（2）做成个案，通报总部，并将处理的程序与结果传达给门店所有员工。

知识拓展

## 大型商场、超市火灾事故的防治对策

（1）严把源头，做好审核、验收工作。从建筑设计审核上严把源头关，加强对大型商场、超市在使用或者开业前的检查。根据中华人民共和国《消防法》规定，凡新建、扩建、改建、改变使用性质及进行装修的建筑，建设单位应当将消防设计图纸及有关资料送当地公安消防机构进行审核，经审核同意后方可施工；竣工后应经消防机构验收合格后方可投入使用。

（2）完善消防安全制度，履行消防安全职责。目前，大型商场、超市基本都制定了有关的消防安全制度，对不同岗位上的人员也确定了职责，但随着经营机制的转变，许多大型商场、超市把柜台承包、出租，其管理能力明显弱化，许多管理流于形式。出租柜台各行其是，人员也不断调换，违章严重。商场、超市负责人一心只抓经济，忽视消防安全，值班人员不履行职责。预防火灾的发生，必须完善各项消防安全制度和逐级防火责任制，加强火源、电源的管理，使制度深入人心，责任到人，并加强制度的落实和检查，从上到下形成消防工作齐抓共管的局面。

（3）认真执行消防安全操作规程，杜绝违章现象。消防安全操作规程不是一纸空文，而是从血的教训中总结出来，能够最大限度地避免事故发生的一种操作方法，是日常工作的准则。①施工前应制定计划，分析其发生火灾的危险性，确定施工时间及范围，并报商场、超市相应防火负责人批准。商场、超市在营业期间严禁进行电焊、油漆等具有火灾危险性的施工。②施工队伍或人员应具有施工资质，无相应岗位资格证人员不得进行施工操作。有火灾危险性的施工现场应安排一定数量具有消防经验的人员进行监护，并应配备一定的消防器材。③施工中应严格遵守操作程序，不得随意改变，如需要变化应报防火负责人批准后，在符合消防安全的条件下方可进行。④施工后要及时对现场进行清理，并派专人检查，防止遗留火种引起火灾。

（4）加大消防投入，确保消防设施完好有效。随着消防社会化进程的不断深入，人们的消防意识也有了很大提高，但往往是在工程新建时舍得投入，肯花钱，所有的消防设施、设备都配齐配全，但等到建筑投入使用后，却疏于管理，缺乏维护，运行一段时间后，由于人为、自然等原因造成部分损坏，需要投入资金维修时，由于没有直接经济效益，领导以各种理由拒绝或仅投入少量资金整改，久而久之，整个消防系统就会部分或全部功能瘫痪，一旦发生火灾，起不到应有的作用，损失巨大。消防安全是一项需要长期投入的工作，它是一种无形的资产，可以保护企业财产不受损失或减少损失，它所产生的效益是任何商品都无法替代的，所以应当把眼光放长一些，加大对消防的投入，确保消防设施完好有效，这才是"百年大计"。

（5）做好消防宣传工作，加大消防培训力度。消防宣传、教育、培训是消防工作的重要基础。搞好消防宣传教育培训，对于提高人们的消防法制观念和消防安全意识，增强大型商场、超市抗御火灾的能力具有重要意义。近年来，由于违反安全操作规程和违章用火、用电、用气导致火灾发生的事故越来越多，另外由于不懂得自救逃生常识或者盲目逃生导致死亡伤残的事件也屡见不鲜。这些问题反映出加强对公民的消防宣传教育、培训的重要性、迫切性。

（6）加强公共消防设施建设。各级政府及有关职能部门必须正确处理好经济效益和消防安全、发展与保障的关系，站在可持续发展的战略高度，把包括消防布局、消防站、消防供水、消防通信、消防车通道、消防装备等消防规划纳入城市总体规划，并负责组织实施，从根本上解决消防设施建设严重滞后的问题，增强城市抗御火灾的整体能力。

（7）加强处置预案的制定。大型商场、超市灭火救援行动能否成功，关键是制定和熟悉应急处置预案。因为消防部队流动性大，有部分指战员调任新岗位后，对辖区大型商场、超市的位置、功能分区和处置预案不熟悉、不了解。因此，消防部队要认真对辖区内大型商场、超市开展全面细致的"六熟悉"工作，熟悉掌握其建筑结构、布局特点、消防设施、消防水源、疏散通道及不同时间的客流量等情况，及时修订、完善灭火救援预案，开展实地、实战和夜间灭火救援演练，切实提高部队灭火救援的实战能力。

（8）贯彻"救人第一"的指导思想。大型商场、超市发生火灾，通常会有人员被困。因此，消防人员必须坚持救人第一的原则，把抢救和疏散人员作为主要任务。到达火场后，首先应立即进行火情侦察，尽快了解火场被困人员的数量、地点和抢救疏散的通道，火场有无倒塌或爆炸的危险，同时利用喊话器和现场广播稳定被困人员的情绪，避免因人员恐慌骚乱导致相互挤压、践踏或盲目跳楼逃生而造成不必要的伤亡。随即，要组织精干力量积极搜寻、抢救和疏散火场受伤人员、窒息昏迷人员和被烟火围困人员，必要时可架设各类消防梯、软梯或利用缓降器、救生气垫、举高车等设备抢救人员，救人地点宜选在上风或侧风方向，并在水枪掩护下实施救人作业，不惜一切手段尽量避免群死群伤。

资料来源：http：//www.795.com.cn

 案例分析 ➤➤

# 北京沃尔玛超市一颗草莓身上检出 13 种农药残留

超级市场给顾客提供了大量可选购的商品，在消费者购物的过程中不仅要保证消费者的人身安全，同时提供符合质量要求的合格商品也是超级市场的责任。国际绿色和平组织近日发布了在北京、上海和广州三地进行的常见蔬菜和水果农药残留检测结果，结果触目惊心：选取的 45 个样品中，40 个样品检测出 50 种农药残留，30 个样品残留着至少 5 种以上不同的农药。著名的沃尔玛超市（北京宣武门店）一颗草莓身上竟含有 13 种农药残留！

绿色和平组织调查员于 2008 年 12 月和 2009 年 2 月，以三口之家一天所需量为标准，购买了当地普通家庭中常见的蔬菜和水果，包括白菜、菠菜、豇豆、苦瓜、黄瓜、西红柿、草莓和砂糖橘等。每份样品重约 1 公斤。

调查员在京沪穗三地分别购买了 15 个品种，具体样本来源为：广州 15 个样品，10 个来自华润万家超市，5 个来自农贸市场；上海 15 个样品，5 个来自易初莲花超市，5 个来自农工商超市，5 个来自农贸市场；北京 15 个样品，10 个来自沃尔玛超市宣武门店，5 个来自沃尔玛超市昌平店。

所有样品均被送往青岛一家通过国家认证的、独立的第三方检测机构进行检测。结果发现：在 45 个样品中，共有 40 个样品检测出 50 种农药残留，25 个样品残留至少 5 种农药，5 个样品甚至含有 10 种以上农药残留。

在北京沃尔玛超市所购买的草莓样品和在广州的华润万家超市所购买的黄瓜样品中，均检测出了 13 种之多的农药残留成分，吃这些食物的居民犹如每天饮用一杯"农药鸡尾酒"！

更严重的是，9个样品还检测出5种被世卫组织认定为高毒的农药，以及多种可能致癌的农药。在上海易初莲花超市购买的荠菜和豇豆样品中，检测出了甲胺磷和克百威两种被国家严令禁止销售使用的高毒农药。

资料来源：http：//shipin. people. com. cn

**思考问题：**

1. 你认为商场对食品安全应负什么责任？

2. 查阅资料，了解国家关于食品安全有哪些管理规定？

## ■ 技能训练

**一、思考题：**

1. 简述安全管理小组的人员构成和责任。

2. 什么样的门店容易出现偷窃？应如何预防？

3. 遇到抢劫事件应如何处理？

4. 哪些不安全的陈设容易使员工和顾客受到伤害？

**二、能力训练：**

1. 查阅消防演习的过程，进行消防安全的模拟。

2. 模拟演习，如果你是门店的店长，将怎样进行安全管理？如何保证员工和顾客的安全？

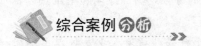

## 综合案例分析

### 发放贵宾卡引起的拥挤事件

某商店为庆祝开业，决定向顾客免费发送5 000张可在商店享受九七折优惠的贵宾卡，并刊登了广告进行宣传。在开业当天上午还不到9时，商店门前就已经聚集了不少人。开业时间一到，人群涌入商店直奔贵宾卡的赠送柜台，开始大家都很守秩序，几分钟后，队伍开始往前涌动，队伍的后面忽然变得混乱起来，人们不停地往前拥挤，大人呼喊和小孩哭闹声混成一片，现场的秩序一度变得十分混乱。保安员介绍当时的情景说："当时仅地下一层就有将近1 000人等待领取贵宾卡，队伍乱了以后我们拼命维持着现场秩序，生怕出现伤人的事情。一名保安员站到桌子上大声呼喊，可结果桌子被挤塌了，保安员摔了下来，幸好没有受伤。"

商店管理人员认为，商店事前有较为充分的思想准备，发卡地点分成几处并选在人流稀少的地方，但汹涌的人群还是超过了预计，仅上午发送活动截止时商店实际上就送出了近万张贵宾卡。现场混乱了几分钟后，局面很快得到控制，商店临时决定将原来直接发送贵宾卡改为发放贵宾卡的申请单，并在一定期限内再到商店换取贵宾卡，使拥挤的人群得以较快疏散。

　　类似事件在其他地区也继续上演，有的商店开业时玻璃门被挤成两段，有的店庆促销挤伤了人……虽然商店管理人员事先都做了一定的准备，但仍然没有料到顾客如此踊跃，以至于闹出了一些人身伤亡，反而给商店造成了负面影响。

资料来源：http：//news. sina. com. cn

**思考问题：**

　　1. 你认为造成商店拥挤混乱的原因是什么？如何防止类似现象发生？

　　2. 遇到突发事件应如何解决？保安人员需要具有什么样的能力？

# 项目十三　门店经营目标及绩效评估

- **项目介绍**

　　企业经营必须有目的地进行。连锁企业要永续经营和发展，必须建立经营理念与经营目标，并获得全体员工的共识，团结全员向着目标努力，最终使各个门店达到良好的经营绩效。

- **学习目标**

　　能力目标：能进行门店经营状况的分析；能根据门店的经营状况计算门店的经营指标；

　　知识目标：掌握门店经营指标的分类和计算方法；

　　社会目标：能够陈述门店经营指标及内容。

- **学习内容**

1. 门店经营目标。
2. 门店经营的评价分析。
3. 门店经营绩效的评估指标。
4. 门店经营绩效指标分类计算。

 工作任务 ……

## 资料：沃尔玛：快快收钱慢慢付款

　　《财富》杂志公布的 2007 年世界 500 强排行榜中，美国零售大王沃尔玛公司以 3 511.39 亿美元的年营业收入跃居榜首。有关人士分析认为，沃尔玛利用"快快收钱，慢慢付款"的财务策略，获得了丰厚的营运资金，提升了企业竞争力。

　　会计学认为，衡量企业是否有足够的能力支付短期负债，经常使用的指标是流动比率。流动比率的定义是：流动比率＝流动资产÷流动负债。流动比率显示企业利用流动资产偿付流动负债的能力，比率越高，表示流动负债受偿的可能性越大，短期债权人越有保障。一般而言，流动比率不小于1，是财务分析师对企业风险忍耐的底线。台湾大学会计学教授刘顺仁分析认为，多年以来，沃尔玛的流动比率保持在2.4左右，现在已经下降到0.9，但这不代表沃尔玛的流动资产不足以偿付流动负债。

据了解，消费者在沃尔玛超市用信用卡购买商品2～3天之后，信用卡公司就必须支付沃尔玛现金。但对于供货商而言，沃尔玛维持一般商业交易最快30天付款的传统。这种"快快收钱，慢慢付款"的办法，为公司带来了丰厚的营运资金。由于现金来源充裕且管理得当，沃尔玛不必保留大量现金，并且能在快速增长的条件下，控制应收账款与存货的增加速度。

沃尔玛与供应商的关系，也有值得借鉴的地方。沃尔玛不仅不收取供货商的任何进场费，而且还带动供货商改进产品工艺，降低劳动力成本，甚至分享沃尔玛的信息系统。这种良好的亲商形象，伴随着它在内地供应链体系的日趋成熟，将越来越显示出其价值。

资料来源：超市168——零售动态

**要求：**

1. 试分析本案例中沃尔玛的经营策略从哪几方面提高了经营绩效？
2. 在本案例中，衡量沃尔玛超市经营发展的指标有哪些？

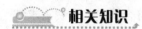 **相关知识**

## 一、门店经营目标

连锁企业的经营目标就是各个门店在一定时期内预期可达到并要求保证达到的成果，它可以用计量的指标或指标群来具体表达。通过对经营目标进行评价，全面分析评价目标制定过程中的得失，从而不断地对连锁企业各个门店的经营目标进行修正和改进，使其更符合连锁企业经营的需要。

### （一）门店经营目标的重要作用

企业经营必须有目的地进行。连锁企业要永续经营与发展，必须建立经营理念与经营目标，并获得全体员工的共识；团结全员向着目标努力，最终使各个门店达成良好的经营绩效。

（1）为企业各方面活动提供基本方向，是企业一切经济活动的目标和依据，对企业经营活动具有指导、统率的作用。

（2）目标反映一个组织所追求的价值，是衡量企业各方面活动的价值标准，也是企业组织生存和发展的意义所在。

（3）实现企业与外部环境的动态平衡，使企业获得长期稳定协调的发展。

### （二）门店的经营目标

企业经营目标是在分析企业外部环境和内部条件的基础上确定的企业各个经济活动的发

展方向和奋斗目标，是企业经营思想的具体化。门店的经营目标不仅是一个单纯的目标，而且是一个综合的体系。目标是企业经营动机的表现形式，也是企业经营动力的来源之一。门店的各项经营活动都应当围绕着一定的经营目标来组织进行。门店主要的经营目标有如下几个。

**1. 销售目标**

组织商品流通，扩大商品销售，是连锁企业门店最基本的经营任务和社会责任。各个门店在一定时期内所实现的商品销售量或销售额大小，一方面反映连锁企业的经营机制是否有效运行，其商业职能能否充分发挥；另一方面也说明了门店求生存、求发展的能力大小，其经营前景将如何。显然，只有销售量大的门店才能取得较大的销售额。在商业利润率相近的条件下，连锁企业门店要创造较高的利润，首先就一定要创造较高的销售额。可以说，销售目标（包括销售量目标和销售额目标）是门店最基本的经营目标。

**2. 产品组合与服务目标**

商品交换的效率，在很大程度上依赖于商品的适销对路性。"适销"主要指品质好（具有适销性）和时令得当，"对路"则指目标顾客明确（商品适合于目标顾客的要求），在目标顾客方便购买的地点销售，价格和信息沟通受到消费者欢迎。"向消费者提供适销对路的商品"有两层含义：一是指每个产品都适合消费者的需要，拥有较大的现实需要，消费者愿意以现行价格踊跃购买；二是指门店的所有产品都是适销对路的，符合现实的消费需求结构，并且按照消费者购买要求提供给消费者。商品的适销对路性将直接影响到门店的商品销售量。连锁企业门店如能适时淘汰滞销品，经常调整产品组合结构，增加适销产品项目，提高产品组合深度和广度，就能增加消费者选择购买的商品范围。

同时，周到良好的门店服务也能够促进商品销售量的增长。这是因为，周到良好的服务意味着在商品之外增加了对消费者需求的满足。对于连锁企业门店来说，提供周到良好的服务，既是吸引消费者或用户、扩大商品销售量的一种手段，也是以服务竞争取代价格竞争、创造较高经营收入的重要途径。因此，门店提供多少服务项目、达到多高服务质量水平，都应严格按照连锁企业总部所作出的目标性规定来操作，并定期考核。

**3. 经济效益目标**

提高经济效益、增加利润是连锁企业门店经营活动的基本动力。一个企业不仅要求生存，而且要求发展。发展的前提之一是企业必须有资本积累。连锁企业要获得扩大经营规模的资本条件，主要应依赖于其各个门店不断地提高经济效益，增加利润。通常，可以用多项指标来反映门店的经济效益。资金利润率是其中的一项综合指标。提高经济效益意味着门店要增加商品销售额，相对降低经营成本，减少资金占用量，提高流动资金周转速度，从而提高资金利润率。

**4. 发展目标**

企业的经营能否不断取得发展，一方面取决于企业管理体制和经营机制，另一方面也依赖于连锁企业各个门店的经营素质。门店的经营素质是指门店的员工素质、技术素质和经营管理素质三者的状态及由三者综合形成的经营能量。建立健全科学的管理体制和经营机制，不断提高门店的素质和经营质量，使其始终处于良性循环状态，是连锁企业经营管理的一项重要任务。

## 二、门店经营绩效评估

### （一）门店经营绩效评估标准

连锁企业门店的经营绩效评估是指对门店的经营成果与预期经营目标比较，评估其实现程度。经营绩效的评估标准应体现在：

（1）具有挑战性而且可以达成；

（2）经过管理者及执行者双方同意；

（3）具体而且可以评估衡量；

（4）有明确的期间限制；

（5）具有灵活性；

（6）简单易懂、便于计算；

（7）有助于持续性改善。

### （二）门店经营目标的评价内容

目标评价是在目标实施的基础上，对其成果作出客观评价的活动。通过对经营目标进行评价，全面分析评价目标制定过程中的得失，从而不断地对连锁企业各个门店的经营目标进行修正和改进，使其更符合连锁企业经营的需要。

门店经营目标的评价内容主要包括如下几部分。

**1. 门店经营目标的实现程度**

这是目标成果评价的核心内容，包括数量、质量、时限等。评价经营目标的实现程度应注意：第一，要正确计算目标成果。在正常情况下，期初制定的目标值就是期末进行目标成果评价的标准。但是，由于受内外各种客观因素的影响，期初制定的目标值不一定符合门店的实际情况。这样，在评价目标成果时就需要重新确定目标成果的评价标准，以使目标成果的计算更准确合理。第二，评价用相对数表示的目标值时，要与绝对数结合起来，这样才能对目标成果作出比较正确的评价。第三，评价定性目标值时可采用集体审定或群众评议等方法来进行。

**2. 门店内的协作情况**

协作是保证整体目标实现的重要条件，因此各个门店内的具体协作情况是门店经营目标评价的主要内容之一。评价门店内的协作情况具体包括：第一，目标分解时规定的协作项目执行情况；第二，承担目标部门或个人临时向其他部门或个人求援协作的情况；第三，主动帮助其他部门或个人的协作情况。

**3. 门店经营目标完成进度的均衡程度**

它是连锁企业门店按照预定的计划进度，组织目标实现的一种特性。只有保持良好的均衡性，才能避免目标实施的时紧时松、搞突击等现象发生。为了评价目标完成进度的均衡程度，连锁企业总部通常设立了目标进度均衡率指标。这个指标反映了目标实施进度与目标计划进度之间的偏离程度。其计算公式为：

$$年度目标进度均衡率(\%) = 1 - (目标实施进度 \div 目标计划进度) \times 100\%$$

**4. 门店经营目标对策的有效性**

评价门店经营目标对策的有效性，是连锁企业对各个门店和个人在实施目标过程中主动采取的对策措施进行评价，主要包括：第一，经营方面的对策是否符合连锁企业长期战略的要求；第二，门店业务管理方面的对策是否符合现代管理方向；第三，门店具体技术方面的对策是否符合技术进步的要求；第四，在门店劳动组织方面的对策是否科学合理，等等。

## 三、门店经营绩效的评估指标

所谓绩效，是指为了实现企业的整体目标或门店目标所必须达成的经营成果。经营绩效是指企业的经济性成果，可以用一定的数量来衡量。门店经营绩效的评估就是将一定时期门店的经营绩效与上期、同行、预定标准进行比较。门店经营绩效的指标可以分为安全性、收益性、发展性和经营效率性四个方面。

### （一）安全性指标

安全性主要是通过财务结构来反映的，评估主要指标有：流动比率、速动比率、负债比率、固定比率、自有资本率等。

（1）流动比率。流动比率是指流动资产与流动负债的比率，主要用来测量连锁企业门店的短期偿债能力。流动比率越高表示其短期偿债能力越强，反之则弱。

其计算公式为：

$$流动比率 = 流动资产 \div 流动负债 \times 100\%$$

流动比率的参考标准一般在 100% ~ 200% 之间，一般为 200% 以上。

（2）速动比率。速动比率是指速动资产总额与流动负债总额之比，即用来偿还一定流动负债所具有的速动资产额。所谓速动资产，是指现金、有价证券、应收票据、应收账款、银行存款等能立刻或在较短时间内变为现金的流动资产，不包含变现能力较差的存货及预付费用。其计算公式为：

$$速动比率 = 速动资产 \div 流动负债 \times 100\%$$

速动比率比流动比率更能表明连锁企业的短期偿债能力。速动比率的参考指标为 100% 以上。

（3）负债比率。负债比率是指负债总额与资产总额之比，即每一元资产中所负担的债务数额。其计算公式为：

$$负债比率 = 负债总额 \div 资产总额 \times 100\%$$

一方面，该项指标反映了连锁企业在经营上的进取性，负债比率高说明企业的举债较多。一般来说，在经济情况较好，各个门店稳定发展的情况下，适当举债说明企业具有活力，在经营上有进取性，有利于连锁企业的开拓经营，增加利润。但如果经济状况不佳，各个门店的经营不稳定，增加负债就会带来很大的风险。另一方面，负债比率也反映了债权人的风险程度，负债比率越高，说明连锁企业的偿债任务越重，债权人的风险也就越大。

负债比率的参考标准是50%。

负债比率小于50%表明企业经营安全性高，有充分的偿债能力；

负债比率等于50%表明企业资产与负债相等，偿债后会影响正常的经营活动；

负债比率大于50%表明企业资不抵债。

（4）固定比率。固定比率是指固定资产与所有者权益的比率，反映的是自有资金占固定资产的比重。其计算公式为：

$$固定比率 = 固定资产 \div 所有者权益 \times 100\%$$

当固定比率小于100%时，说明连锁企业自有资金雄厚，全部固定资产由自有资金来保证还有余。当比率大于100%时，说明企业负债进行固定资产投资，固定资产贡献不足，财政结构不合理，存在经营风险。固定比率的参考标准是100%以下。

（5）自有资本率。自有资本率是指所有者权益与全部资产的比率。它表示连锁企业自有资本占总资产的比例，反映企业长期偿债能力。其计算公式为：

$$自有资本率 = 所有者权益 \div 资产总额 \times 100\%$$

该项指标越高，表示连锁企业的举债数额越少，偿债能力越强，债权人的风险越小。自有资本率的参考标准是50%以上。

自有资本率小于50%，表明企业借入资金大于自有资金，资不抵债；

自有资本率等于50%，表明企业借入资金等于自有资金，存在经营风险；

自有资本率大于50%，表明企业有足够的偿债能力，经营安全性高。

## （二）收益性指标

收益性指标反映连锁企业的获利能力。评估的主要指标有：营业额达成率、毛利率、营业费用率、净利额达成率、净利率、总资产报酬率等。

（1）营业额达成率。营业额达成率是指连锁企业各个门店的实际营业额与目标营业额的比率。其计算公式为：

$$营业额达成率 = 实际营业额 \div 目标营业额 \times 100\%$$

营业额达成率的参考指标在100%～110%之间。

（2）毛利率。毛利率是指毛利额与营业额的比率，反映的是连锁企业门店的基本获利能力。其计算公式为：

$$毛利率 = 毛利额 \div 营业额 \times 100\% = （销售收入 - 销售成本）\div 销售收入 \times 100\%$$

毛利率的参考标准是16%～18%，不同行业，经营特征不一样，毛利率也不同，要结合行业平均水平进行评价。

当企业经营多种商品时，经营指标为总毛利率（即综合毛利率）。

$$总毛利率 = \Sigma （各类商品的毛利率 \times 该类商品的销售比重）$$

（3）营业费用率。营业费用率是指连锁企业门店营业费用与营业额的比率。它反映的是每一元营业额所包含的营业费用支出。其计算公式为：

$$营业费用率 = 营业费用 \div 营业额 \times 100\%$$

广义的营业费用率 =（营业费用 + 管理费用 + 财务费用）÷ 营业额 × 100%

营业费用率的参考标准是 14% ～ 16%。该项指标越低，说明营业过程中的费用支出越小，门店的管理越高效，获利水平越高。

（4）净利额达成率。净利额达成率是指连锁企业门店税前实际净利额与税前目标净利额的比率。它反映的是门店的实际获利程度。其计算公式为：

$$净利额达成率 = 税前实际净利额 \div 税前目标净利额 \times 100\%$$

净利额达成率的参考标准是 100% 以上。

（5）净利率。净利率是指连锁企业门店税前实际净利与营业额的比率。它反映的是门店的实际获利能力。其计算公式为：

$$净利率 = 税前实际净利 \div 营业额 \times 100\%$$

净利率的参考标准是 2% 以上。

（6）总资产报酬率。总资产报酬率是指税后净利润与总资产的比率。它反映的是总资产的获利能力，总资产报酬率的参考标准是 20% 以上。其计算公式为：

$$总资产报酬率 = 税后净利润 \div 总资产 \times 100\% = 净利 \div 总资产 \times 100\% =$$
$$税后净利润 \div [（期初总资产 + 期末总资产）\div 2] \times 100\%$$

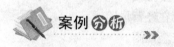

案例**分析**

　　A 连锁超市有各类门店数十家，以总店为例，有效流转商品达 1 万种，日均营业额 80 万元左右。在分析商品构成问题时，发现平均 5 000 个单品实现了 40 万元左右的销售额。该地另一家 B 超市公司却出现了一个相反的现象：10% 左右的商品实现了 90% 以上的销售额。

　　　　　　　　　　　　　　　　　　　　　　　　　　　　资料来源：国际连锁经营师

**思考问题：**

1. 上述案例中，体现了哪些门店经营绩效评价的指标？
2. 这两家超市的商品构成有问题吗？如何进行自我诊断评估？

## （三）发展性指标

发展性指标主要是指连锁企业门店的成长速度。其评估的主要指标有：营业额增长率、开店速度、经营利润增长率、卖场面积增长率等。

（1）营业额增长率。营业额增长率是指门店的本期营业额同上期相比的变化情况。它反映的是门店的营业发展水平。其计算公式为：

$$营业额增长率 = （本期营业额 ÷ 上期营业额 - 1）\times 100\%$$

一般来说，营业额增长率应高于经济增长率，理想的参考标准是高于经济增长率两倍以上。

（2）开店速度。开店速度是指连锁企业本期门店数与上期门店数相比的增长情况。它反映的是连锁企业连锁化经营的发展速度。其计算公式为：

$$开店速度 = （本期门店数 ÷ 上期门店数 - 1）\times 100\%$$

例如：超级市场在一般情况下，其连锁经营应在3年内达到基本规模。每月开业一家门店为快速开店，每2～3个月开一家门店为一般开店速度。在确定开店速度时，一定要注意与本企业连锁化经营的制度建立、人才培养、后勤支援能力等相适应，否则，连锁化经营快速发展的风险是很大的。

（3）营业利润增长率。营业利润增长率是指门店本期营业利润与上期营业利润相比的变化情况。它反映的是连锁企业门店获利能力的变化水平。营业利润增长率至少应大于零，最好高于营业额增长率，因为这表示门店本期的获利水平比上期好。其计算公式为：

$$营业利润增长率 = （本期营业利润 ÷ 上期营业利润 - 1）\times 100\%$$

（4）卖场面积增长率。卖场面积增长率是指连锁企业本期门店的卖场面积与上期卖场面积相比的变化情况。其计算公式为：

$$卖场面积增长率 = （本期卖场面积 ÷ 上期卖场面积 - 1）\times 100\%$$

一般来说，卖场面积增长率至少应大于零，最好低于营业额增长率，这表明营业额的增加高于卖场面积的增加，这样单位面积营业额才会增加。

### （四）经营效率性指标

经营效率性指标主要指连锁企业门店的生产力水平。评估的主要指标有：来客数、客单价、盈亏平衡点、经营安全率、商品周转率、交叉比率、每平方米销售额、人均劳效、劳动分配率、总资产周转率、固定资产周转率等。

（1）来客数及客单价。来客数是指某段时间内进入门店购物的顾客人数；客单价是指门店的每日平均销售额与每日平均来客数的比率。其中客单价的计算公式为：

$$客单价 = （每日平均销售额 ÷ 每日平均来客数）\times 100\%$$

$$销售额 = 来客数 \times 客单价$$

因此，来客数与客单价的高低会直接影响到门店的营业额。

（2）盈亏平衡点。盈亏平衡点也称为保本点、损益平衡点，是指连锁企业门店的营业额为多少时，其盈亏才能达到平衡。其计算公式为：

$$\begin{array}{l}盈亏平衡点\\时的营业额\end{array} = 固定费用 ÷ （毛利率 - 变动费用率） = 固定费用 ÷$$

$$（1 - 变动费用率） = 固定费用 ÷ （毛利率 - 变动费用率）$$

由上面的公式可以看出，毛利率越高，营业费用越低，则盈亏平衡点越低。一般情况下，盈亏平衡点越低，表示该门店盈利就越高。

（3）经营安全率。经营安全率是指连锁企业门店的实际销售额减盈亏平衡点销售额的差与实际销售额的比率。它反映的是各门店的经营安全程度，其计算公式为：

$$经营安全率 = 安全销售额 \div 实际销售额 \times 100\% =$$

$$（实际销售额 - 盈亏平衡点销售额）\div 实际销售额 \times 100\%$$

经营安全率数值越大，反映该门店的经营状况越好，一般来说，经营安全率在 30% 以上为良好；25% ~ 30% 为较好；15% ~ 25% 为不太好；10% ~ 15% 为不好，应保持警惕；10% 以下则为危险。

（4）商品周转率。商品周转率是指连锁企业门店的销售额与平均库存的比率。商品周转率越高，表明商品的销售情况越好，该项指标的参考标准为 30 次/年以上。不同商品的周转率不同，要结合行业平均水平进行评价。其计算公式为：

$$商品周转率（次数） = 销售额 \div 平均库存 = 销售收入 \div [（期初库存 + 期末库存）\div 2]$$

（5）交叉比率。交叉比率是指毛利率与商品周转率的乘积。它反映的是连锁企业门店在一定时间内的获利水平，该项指标越高，门店的获利能力就越强。其计算公式为：

$$交叉比率 = 毛利率 \times 商品周转率$$

（6）每平方米销售额。每平方米销售额是指连锁企业各个门店的销售额与卖场面积的比率。它反映的是卖场的有效利用程度。其计算公式为：

$$每平方米销售额 = 销售额 \div 卖场面积$$

不同类的商品所占的面积、销售单价、周转率不同，其每平方米销售额也不同，评价时要结合行业平均水平进行评价。例如：一般来说，烟酒、畜产品、水产品的周转率较高，单价高，所占面积小，因此每平方米销售额也高；而一般食品的每平方米销售额则较低。

（7）人均劳效。人均劳效是指连锁企业门店的销售额与员工人数的比值。它反映的是门店的劳动效率。其计算公式为：

$$人均劳效 = 销售额 \div 员工人数$$

由上面的公式可以看出，如果门店的人员越少，销售额越高，则人均劳效也越高，劳动效率也就越高。

（8）劳动分配率。劳动分配率指员工的人工费用与毛利额的比率。它反映的是人工费用对盈利的贡献程度。其计算公式为：

$$劳动分配率 = 人工费用 \div 毛利额 \times 100\%$$

式中的人工费用包括员工的工资、奖金、加班费、劳保费及伙食津贴等。该项指标越低，表明员工的劳动效率越高，人工费用对盈利的贡献程度越高。劳动分配率的参考标准是在 50% 以下。

（9）总资产周转率。总资产周转率是指连锁企业的年销售额与总资产的比值，它反映的是连锁企业总资产的利用程度，该项指标越高，说明总资产的利用程度越高。一般情况下，总资产周转率的参考标准是 2 次/年以上。其计算公式为：

总资产周转率(次数) = 年销售额 ÷ 总资产 = 年销售总额 ÷ [(期初总资产 + 期末总资产) ÷ 2]

（10）固定资产周转率。固定资产周转率是指连锁企业的年销售额与固定资产的比值。它反映的是连锁企业固定资产的利用效果。该项指标越高，表明固定资产的使用效果越好。一般来说，固定资产周转率的参考标准为4次/年以上。其计算公式为：

$$\begin{matrix} 固定资产 \\ 周转率 \\ (次数) \end{matrix} = \frac{年销}{售额} ÷ \frac{固定}{资产} = \frac{年销}{售额} ÷ \left[ \left( \frac{期初}{总资产} + \frac{期末}{总资产} \right) ÷ 2 \right]$$

## 知识拓展

# 如何提高便利店毛利率

如今，随意徜徉在大城市的马路和社区，就能看到一家家便利店。便利店林林总总，而在北京，真正盈利的便利店却少之又少。据专家透露，除了北京人消费方式和黄金地段的高租金等环境因素外，便利店本身的盈利模式也明显存在问题。如何提高便利店的毛利率已成为众多商家关注的焦点。

**1. 重新定位**

目前便利店市场的服务对象概念十分模糊，基本上是定位在12～40岁之间的人群。而且商家企图为这一部分的人群提供所有服务。实际上，便利店到底能提供给什么人什么服务一直是便利店迫切需要解决而到目前依然没有答案的问题。定位模糊导致商品结构不合理，从而导致毛利率较低，很难盈利。因此，便利店首先需要有明确的目标市场。目标市场的定位清晰之后，对商品结构进行有针对性的调整，才能提高商品的周转率，从而达到利润的增长。

**2. 拓展服务内涵**

在市场渐渐成熟的时候，靠销售基本商品来获取高的毛利率已经变得越来越困难了。这时候，我们需要利用便利店的网点资源优势来拓展各种服务。这些服务大多数是利用自己的网点优势、24小时营业的时间优势和人力优势来实现的，因此利润能达到50%以上。然而，目前京城便利店从事这种高报酬的服务来提高毛利率的零售企业并不多。经过了解，其实，这种增值服务的拓展是相当有难度的。许多人津津乐道7 - 11的各种便利服务，如代订机票、洗衣、送餐等，而实践证明，各种服务的扩展是一个艰难的过程。只有对商圈内顾客的消费习惯和生活习惯仔细研究，才有可能拓展出"双赢"的增值服务。否则，草率模仿其他商家的服务内容，其结果只能是一种"表面服务现象"——没有消费者愿意再来享受商家的服务，商家自然也是入不敷出。

**3. 开发自有品牌，创造独特卖点**

针对整个零售市场来看，毛利率下降是普遍趋势。而开发自有品牌几乎是所有零售企业的曙光。自有品牌除了增强企业形象，达到宣传企业的效果外，更为本质的是提高毛利率和企业竞争力。剔除了中间环节费用的自有品牌商品成本比同类同质商品成本更低，销售价格自然有更多的空间，而以等同或稍低于同类同质商品的价格出售，便利店依然能得到更多的利润。另外一方面，自有品牌商品是企业自己开发的，在价格上没有横向比较性，其售价除取决于产品的品质外，更多的是依赖零售商的知名度和品牌价值。因此，在便利店品牌具有一定知名度时，开发自有品牌可大幅度提高毛利率。便利店是以满足顾客即刻需求为核心的，因此在冷饮、熟食、盒饭等即食品的自有品牌开发上比其他业态更具优势。

有资料表明，目前美国和日本便利店的毛利率为30%左右，而根据中国连锁经营协会的最新调查表明，北京便利店毛利率只有14%左右。由此可见，国内便利店在提高毛利率上还必须下大工夫。

资料来源：http://www.chaoshi168.com

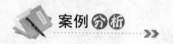 **案例分析** ➤➤

## 加强坪效增加单店盈利

单体店铺的经营中，内部营业系统梳理是增进店面盈利的一个重要方式，除了员工培训与营销推广外，做好店面坪效优化也是经营者必须做好的工作。

坪效指的是单店营业面积内每平方面积上每天所创造的销售额，以公式来换算，如营业面积为100平方米，当天营业额为20 000元，则换算公式为：20 000÷100＝200元；200元就是每平方米面积的销售额。

留意一下，如果将平均坪效的销售额提高到220元，就意味着每平方米面积内增加了10%的销售额，所以说增加坪效效益也是立竿见影的提升店铺盈利的方式。

增强坪效的方法有如下几种。

**1. 重新检查柜台商品，提高无边际商品淘汰率**

很多店铺货架中，无边际（负毛利）产品占据了很大的陈列台面，这类商品的存在，严重影响了正常商品的出货周转率，同时由于商品结构老化会减少顾客购物兴趣，就会导致所在坪效的低下，继而影响整个店面的销售情况，针对此类产品，要实行高淘汰率，使其不影响坪效的利润，增加顾客消费兴趣与信心。

对于边际产品，要根据顾客选购消费心理做好陈列展示，增加购物指示说明等，引导顾客消费，使每个单位面积都能产生销售回报。

**2. 合理利用供应商，增加营业外收入**

店铺货架上端的墙面与部分空白墙面，可以作为一个营业外的收入来源，门店完全可以与供应商进行洽谈，将闲置部分区域出租给供货商，为其做形象与产品广告，增加门店每月的盈利收入。

### 3. 检查店内，创造新的坪效

经营实体店中都会或多或少地浪费一些营业面积，有的是作为休闲区，有的是在功能区划分上造成空闲面积过大，经营者应该重新检查归整店面营业面积，减少无效的坪数，尽可能地使其转化为能产生销售的有效坪数。举例来说，休闲区的沙发与茶几上，都可以摆放一些随机产品来进行销售。在合理利用坪效上，可以向国内的KA（Key Accountant，重点零售客户）店学习，货架两端、收银台等位置都摆满了产品来增进坪效，无形中就会增加整个店面的销售额。

增加产品货架陈列也是改进坪效的办法，可以通过动线的整顿，将货架陈列合理规划，使动线设计与坪效提升结合，再配合陈列区域内的营业氛围布置，增加有效坪效。

### 4. 增加创益项目，多种经营增加利润

单体店铺以创造利润为主，在不影响主体经营的前提下，可适当考虑在合适的面积上增加其他经营项目，以多元化品种来增加整个店面的有效坪效。

例如：某特色饮品连锁店，在其下属加盟店空闲的柜台增加了当地的土特产展示售卖，平均每年为其带来了近五百万元的销售收入，完全有效地加强了坪效的利润机能。

经营者在整顿坪效，或进行动线设计时，一定要对产品的利润贡献率进行详细核算，根据产品的利润贡献进行内部产品线梳理，以确保店内的有效坪效，全面增加销售额。

资料来源：http：//www. chaoshi168.com

**思考问题：**

1. 你认为坪效增加，销售额是否会取得显著的增加？
2. 还有哪些方法可以增加销售额？

## 技能训练

**一、思考题：**

1. 简述连锁企业门店确立明确的经营目标的重要性。
2. 简述连锁企业门店经营目标的内容。
3. 简述连锁企业门店经营目标之间的关系。
4. 简述安全性指标的评估内容。
5. 简述收益性指标的评估内容。

**二、能力训练：**

1. 小组讨论，怎样才能更好地实现连锁企业门店所确立的各项目标？
2. 5人一组讨论，在实际的经营过程中，连锁企业门店如何贯彻落实，并正确处理这各个目标之间的关系？
3. 以5～8人为一小组，到当地著名的连锁业态形式（超市、便利店、专卖店）去调

查相关的经营数据，并运用所学的绩效评估的方法来衡量和评价你所调查门店的经营绩效状况，并针对存在的问题提出改进门店经营绩效的举措。

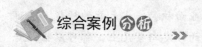

综合案例**分析**

## 客单价带来营业额的新突破

作为 8 周年店庆的促销大戏，世纪联华华商店从 2007 年 12 月 22 日开始进行了招商区（收银区外面的区域）满 400 元送 400 元赠券的活动。促销期过后，计算机系统显示出仅招商区三天营业额就超过了 500 万元，最重要的是，加上这一笔以后，截至 12 月 23 日，世纪联华华商店今年的营业额已经累计突破 7 亿元。

"离 2007 年结束还有一周时间，算上最后一周的消费高峰，我们预计今年华商店的年度营业额应该在 7.2 亿元左右。"世纪联华华商店冯宣华店长说，这样一来，华商店将超过世纪联华庆春店，成为杭州以及浙江省内超市零售额排名第一的单店。而在今年 5 月份杭州市贸易局出炉的一份超市营业额排名里，还是庆春店第一、华商店第二的格局。

这将是位于城西的华商店在全年营业额上第一次超过位于市中心、营业面积相当的世纪联华庆春店，而让华商店营业额突飞猛进的功臣是客单价的提高。"客单价的增幅速度远远大于客流量，"冯宣华说，华商店的消费客单价在节假日能高达 400 ～ 500 元，这高于杭州其他区块的超市客单价。而和冯宣华工作过的温州、无锡等城市的超市相比，"差距不止一点点"，其他城市的普通卖场正常情况下平时客单价四五十元，节假日 100 多元。

今年 7 月份，华商店进行了一次迎合城西消费需求的结构调整，变动最大的是招商区，清空了整个招商区并进行了重新装修和招商，从耐克、阿迪达斯到百丽、天美意等，引进的全是商场品牌。在生鲜区，包装菜全面取代了散装蔬菜，有机蔬菜的比例高达 40%。而因为引进了夏普、索尼等品牌的液晶电视、苹果的 iPod 和笔记本电脑、同仁堂、双立人等品牌专柜，华商店开始出现一次消费上万元的消费者。

客单价的提升在杭州的超市里已经成为普遍现象。今年中秋节，文一路华润万家运河店的客单价比去年中秋高了 48%，原因是买月饼的人少了，购买数码、电器等享受型商品的人多了，茅台酒销量上升了 200%。

这背后一方面是城市居民消费实力的突飞猛进，另一方面也说明，城西缺乏大型商场，华商店在一定程度上代替了一些商场的功能。以华商店为例，2000 年，华商店开业后第一年的营业额是 2 个亿，2001 年攀升到 2.5 亿元，2004 年，华商店进行了一次大改造，改造成功后，2005 年营业额第一次突破 5 个亿，2006 年营业额突破 6 个亿，算上 2007 年突破 7 亿元的营业额，华商店的营业额一直在提升。

在城西，从最早崛起的以桂花城、南都德加等为代表的高档楼盘，到 2002、2003 年交付使用的华立星洲、紫桂花园，再到 2005 年交付的世纪新城等楼盘，不断带来了被超市定义为"优质消费群"的入住人群。

"对城西的主流消费群来说，鸡蛋、大米的超低价促销意义不大，"业内人士说，现在城西的超市已经很少用这一招来促销了。在华商店最近组织的一次顾客访谈调研中，几乎没有人提到价格，而是不断地对品牌、品质提出要求。

资料来源：张明明. 连锁企业门店营运与管理. 北京：电子工业出版社，2009.

**思考问题：**

1. 怎样理解目前连锁企业门店尤其是超级市场消费中客单价大幅提升这种现象？
2. 从本案例中总结提炼，提升门店消费客单价的举措有哪些。

# 参 考 文 献

[1] 葛春凤．连锁企业门店开发与营运管理．北京：中国财政经济出版社，2008.
[2] 胡启亮，霍文智．连锁企业门店营运管理．北京：科学出版社，2008.
[3] 曹泽洲．连锁企业门店营运与管理．北京：北京交通大学出版社，2008.
[4] 甲田佑三．卖场设计151诀窍．于广涛，译．北京：科学出版社，2009.
[5] 陈险峰．收银实务．北京：中国财政经济出版社，2006.
[6] 张晔清．连锁企业门店营运与管理．上海：立信会计出版社，2006.
[7] 黄国雄，肖怡．现代零售实务．北京：中国物资出版社，2007.
[8] 王吉方．连锁企业门店开发与设计．北京：科学出版社，2008.
[9] 张明明．连锁企业门店营运与管理．北京：电子工业出版社，2009.
[10] 赵凡禹．沃尔玛零售业．北京：北京工业大学出版社，2006.
[11] 陈广．家乐福内幕．深圳：海天出版社，2007.
[12] 龚震波．零售终端实战培训手册．北京：中国经济出版社，2009.
[13] 于恬，胡启亮．连锁经营管理原理．北京：科学出版社，2008.
[14] 奚华．商场超市金牌主管经营与管理．北京：中国商业出版社，2008.
[15] 李光明，李伟其．客户管理实务．北京：清华大学出版社，2009.
[16] 姚昆遗，邹炜．超市经营管理实务．沈阳：辽宁科学技术出版社，2004.
[17] 汪永太，李萍．商品学概论．大连：东北财经大学出版社，2006.
[18] 刘北林，白世贞．商品学．北京：中国人民大学出版社，2006.
[19] 肖怡．现代零售实务．北京：中国物资出版社，2007.
[20] 白继洲．卖场管理实务．广州：广东经济出版社，2005.
[21] 窦志铭．连锁店经营管理实务．北京：中国财政经济出版社，2005.
[22] 吴定兵．超市经理案头手册．深圳：海天出版社，2007.
[23] 朱春瑞．杰出仓库管理员工作手册．北京：中华工商联合出版社，2007.
[24] 程莉，郑越．品类管理实战．北京：电子工业出版社，2006.
[25] 胡占有．现代商场超市管理工具箱．北京：机械工业出版社，2007.
[26] 余文声．卖场管理．广州：广东经济出版社，2006.
[27] 付艳．收银员从业规范．北京：中国经济出版社，2005.
[28] 赵涛．商场经营管理．北京：北京工业大学出版社，2005.
[29] 侯章良．超市管理实务手册．北京：人民邮电出版社，2005.
[30] 奚华．连锁店专卖店金牌主管经营与管理．北京：中国商业出版社，2008.
[31] 宿春礼．成功店长训练．北京：经济管理出版社，2006.